改訂第2版　CD2枚付・音声ダウンロード付

塾よりわかる

中学英語

ena新宿セミナー英語講師
高久 智弘

＊この本は，小社より2014年に刊行された『改訂版　塾よりわかる中学英語』
　の改訂版です。
＊この本には「赤色チェックシート」がついています。

はじめに

　英語を学習していてわからなくなったとき，みなさんはだれに質問を
しますか？　学校・塾の先生，ご両親，兄姉など自分より英語が得意だ
と思う人にたずねたり，参考書を読んだりしますよね。そこですべて満
足できる回答を得られた人はとても幸せです。

　しかし完全に満足できない人はどうしたらいいのでしょう？　わから
なくても英語とはそういうものだから覚えてしまえ！　とわりきれます
か？　少なくとも私が中学生のときはわりきれませんでした。それでも
中間テスト・期末テストや高校入試が待ちかまえています。私はそのわ
りきれなさに不満をいだきつつ，英語は暗記科目だと思い込み，なんと
か高校入試はクリアしました。

　ところが，わりきれなさという悪夢はくり返されます。とうてい暗記
だけでは通用するはずのない高校英語を中学英語と同様に「暗記してし
まえ！」とやってみたものの，中学生のときには想像もつかないほどの
膨大な知識事項が私をおそってきました。もう無理だ＿｜￣｜○，と思っ
たときから勉強以外に興味をもち，完全に勉強から背を向けて逃げた結
果，クラスでビリのほうにいたという経験があるのです。

　今，必死に英語を覚えるだけでなく「わかりたい」と思っている中学
生の読者には，私のような経験をしてほしくないのです。しかし今書店
で売られている中学英語の参考書は，説明が少なく，問題の解説すら載
せていないものが多いのです。本書には，ごくふつうの，しかしヤル気

に満ちた2人の中学生（マメ君とみぃちゃん）が登場し，おそらくみなさんも疑問に思うところやつまずきやすいところを必死に考えていく姿を見せています。そんな彼らといっしょに悩み考えることで，確実に英語力はあがっていくはずです。

たしかに英語は覚えることもたくさんありますが，決して暗記科目だと思わないでください。ただ漠然と言いたいことをバラバラに並べて話したり書いたりする言語ではありません。必ず，ある原則・規則にしたがっているのです。その「つじつまが合う」感覚を身につけてもらうために本書は生まれました。

希望に満ちた目で英語を楽しみにしている中学1年生から高校入試を控えている中学3年生まで，または英語を一からやり直したいすべての方に本書を熟読していただけたら幸いです。読み終えたあとに確実に英語力がついているはずです。マメ君，みぃちゃんといっしょに，さっそく学習を始めましょう！

今回，2度目の改訂にあたって，学習指導要領が高校範囲から中学範囲に移動した項目があります。その中の重要項目として「現在完了進行形」「仮定法」があげられます。正直に言うと中学生には難しい範囲だと思いますが，ていねいに解説したのでじっくり考えながら読んでください。

このたびも改訂版を作成するのに強力なサポートをしてくださったKADOKAWA山川徹様、オッズオン曽根裕子様にはこの場をお借りしてお礼を申し上げます。ありがとうございました。

高久　智弘

この本の特長と使い方

　本書は国公立中学校・私立中学校の教科書内容に配慮して構成されておりますので，学習の段階に合わせ，予習・復習のさいにお使いください。**授業の単元名＝レッスン名**となっておりますので，疑問が残るレッスンをしっかり理解しながら学習を進めてください。

教科書の単元に対応したレッスン

みぃちゃん。いっしょに高久先生の授業を受けます

そのレッスンを学習する学年

34

● Lesson
2　現在の文①（be 動詞）

I　be 動詞を使った肯定文

　さて，英語は本当に規則にしばられる言語だということがわかったところで，これから，さまざまな英語の文を学習していこう。
　英文には基本的に，肯定文・否定文・疑問文という3種類の文があるよ。その中で，肯定文とは否定文でも疑問文でもない文のことをいうんだ。なぜだかわからないね。
　それじゃ，日本語の文を参考にしてみよう。マメ君，どうかな？

●問題❶　次の日本文の中から，肯定文を選びなさい。

❶　彼は毎朝新聞を読みます。
❷　彼女は医者ではありません。
❸　あなたは先生ですか。
❹　私は中学生です。

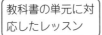

すぐわかりました。❷は「〜ではありません」と否定している文で，❸は「〜ですか」と相手に問いかけている文ですよね。だから肯定文は❶と❹ですね。

　そのとおりだよ。つまり肯定文とは，否定文でもなく疑問文でもない，ふつうの文なんだね。

問題❶の解答 ▶　❶　❹

Lesson 13　未来の文　223

え!?　じゃあ，そのまとまりを will で考え直すと……，動詞 watch は意志動詞だから，「彼らはそこでサッカーの試合を観るつもりです」。こんな感じでしょうか。going 自体の意味を訳さないのは，どうもすっきりしないけど。

　そう，それで正解！　たしかに going の訳が出てこない感じが気分悪いよね。日本語と英語の単語が1対1で対応できない例なんだよ。

問題❸の解答 ▶　彼らはそこでサッカーの試合を観るつもりです。

！　ポイント　be going to 〜を使った未来の文
・〈主語 ＋ be 動詞（am / is / are）＋ going to ＋ 動詞の原形 〜〉

② be going to 〜 の意味
　will では単純未来と意志未来を区別したね。それと同じように，be going to 〜 もまた2つの意味をもつんだ。

・It is going to rain.「雨が降りそうです」

　この文は無意志動詞 rain があるので，「雨が降るだろう」と訳せばいいと思ったでしょ？　定期テストや受験ではそれでもまちがいではない。でも，もっと奥深い内容まで広げると，この文は，will よりも近い未来に確実にそのことが起こるだろうと予測できる未来のことを表すん

中学1年　中学2年　中学3年

文法事項などをわかりやすく学習するための基本例題。2人の生徒が取り組み，先生が解説します

マメ君もいっしょに勉強します

重要なポイントをわかりやすくまとめています

本書のレッスンの基本は授業スタイルです。目の前で実際に講義が展開されているかのような臨場感たっぷりの解説に前向きに取り組んでください。

本書での学習を始めるにあたって，以下の説明をお読みください。

● 単語の発音について

1年：すべての英文＋初出の英単語にカタカナで発音をつけています。

2年・3年：初出の英単語にカタカナで発音をつけています。

● 単語の意味

本書に出てくる単語については，初出の箇所で，以下のように語義を説明し，発音を示しています。

　＊ student：学生
（スチューデント）

● 本文中で使用されている記号や省略について

S：主語　　V：動詞　　O：目的語　　C：補語

（2年の「文型のお話①」以降で，文の構成などを説明するさいに使用）

注：例文や解説についてのさらなる注意事項。

例：解説などに対する例文など。

（　　　）：英文中の省略可能な部分

[　　　]：英文中の置き換え可能な部分

to *do*：不定詞／ *be*：be 動詞／ -ing 形：進行形の分詞，動名詞

● 参照ページについて

（☞ p.112）（☞ Lesson 6）：説明されている重要項目の詳細，または説明があるページやレッスン。わからないことがあれば，ここに戻って復習しましょう。

目　次

はじめに……………………………………………………………… 2

この本の特長と使い方……………………………………………… 4

この本の音声について……………………………………………… 17

中学 1 年

入門編　アルファベットと発音 ……………………… **20**
  Ⅰ　アルファベットの書き方と読み方……………… 21
  Ⅱ　英単語の発音 ……………………………………… 24

Lesson 1　英文の書き方 ……………………………… **26**
  Ⅰ　英文と「主語と動詞」………………………… 26
  Ⅱ　英文の語順 ……………………………………… 28
  Ⅲ　英文の文頭と単語の間隔 ……………………… 29
  Ⅳ　英文中の動詞の数 ……………………………… 30
  Ⅴ　英文中に出てくる記号 ………………………… 31

Lesson 2　現在の文①（be 動詞） ………………… **34**
  Ⅰ　be 動詞を使った肯定文………………………… 34
    1　be 動詞とは何か？…………………………… 35
    2　be 動詞の種類………………………………… 36
    3　be 動詞を使った肯定文……………………… 36
  Ⅱ　be 動詞を使った否定文………………………… 40
  Ⅲ　be 動詞を使った疑問文………………………… 42
  実践問題 ……………………………………………… 47

Lesson **3**　現在の文②（一般動詞） ················ **52**

Ⅰ　一般動詞を使った肯定文 ················ 52
　❶　be 動詞と一般動詞 ················ 52
　❷　一般動詞の使い方 ················ 54
　❸　主語と一般動詞の関係 ················ 56
Ⅱ　一般動詞を使った否定文 ················ 59
Ⅲ　一般動詞を使った疑問文 ················ 62
　実践問題 ················ 65

Lesson **4**　現在進行形の文 ················ **70**

Ⅰ　現在進行形の肯定文 ················ 71
　❶　現在進行形のつくり方 ················ 71
　❷　動詞の -ing 形のつくり方 ················ 73
　❸　進行形にできない動詞 ················ 73
Ⅱ　現在進行形の否定文 ················ 75
Ⅲ　現在進行形の疑問文 ················ 76
　実践問題 ················ 78

Lesson **5**　命令文・感嘆文 ················ **84**

Ⅰ　命令文とは？ ················ 84
　❶　命令文の考え方とつくり方 ················ 84
　❷　呼びかけるとき ················ 87
　❸　ていねいな命令文 ················ 87
Ⅱ　否定の命令文 ················ 88
Ⅲ　Let's 〜. の文 ················ 89
Ⅳ　感嘆文とは？ ················ 91
　❶　how を使った感嘆文 ················ 92
　❷　what を使った感嘆文 ················ 94
　❸　感嘆文の注意点 ················ 97
　実践問題 ················ 98

Lesson 6　疑問詞の文 ・・・・・・・・・・・・・・・・・・・・・・・・・・・・・・・・・・ **104**

　Ⅰ　疑問詞を使った疑問文 ・・・・・・・・・・・・・・・・・・・・・ 104
　Ⅱ　疑問詞の種類 ・・・・・・・・・・・・・・・・・・・・・・・・・・・・ 106
　　１　疑問代名詞を使った疑問文 ・・・・・・・・・・・・・・・・・ 106
　　２　疑問形容詞を使った疑問文 ・・・・・・・・・・・・・・・・・ 110
　実践問題 ・・・・・・・・・・・・・・・・・・・・・・・・・・・・・・・・・・・ 117
　　３　疑問副詞を使った疑問文 ・・・・・・・・・・・・・・・・・ 121
　実践問題 ・・・・・・・・・・・・・・・・・・・・・・・・・・・・・・・・・・ 128

Lesson 7　助動詞① ・・・・・・・・・・・・・・・・・・・・・・・・・・・・・・・ **132**

　Ⅰ　助動詞とは？ ・・・・・・・・・・・・・・・・・・・・・・・・・・・・ 132
　Ⅱ　助動詞 can の文 ・・・・・・・・・・・・・・・・・・・・・・・・・ 133
　　１　助動詞 can の肯定文 ・・・・・・・・・・・・・・・・・・・・ 133
　　２　助動詞 can の否定文 ・・・・・・・・・・・・・・・・・・・・ 133
　　３　助動詞 can の疑問文と答えの文 ・・・・・・・・・・・・・ 133
　実践問題 ・・・・・・・・・・・・・・・・・・・・・・・・・・・・・・・・・・ 135

Lesson 8　名詞・代名詞 ・・・・・・・・・・・・・・・・・・・・・・・・・・・ **138**

　Ⅰ　名　　詞 ・・・・・・・・・・・・・・・・・・・・・・・・・・・・・・・・ 138
　　１　名詞のはたらき ・・・・・・・・・・・・・・・・・・・・・・・・ 138
　　２　名詞の種類 ・・・・・・・・・・・・・・・・・・・・・・・・・・・ 140
　　３　名詞の単数形と複数形 ・・・・・・・・・・・・・・・・・・・ 144
　　４　名詞の所有格 ・・・・・・・・・・・・・・・・・・・・・・・・・ 146
　実践問題 ・・・・・・・・・・・・・・・・・・・・・・・・・・・・・・・・・・ 149
　Ⅱ　人称代名詞 ・・・・・・・・・・・・・・・・・・・・・・・・・・・・・ 152
　　１　人称代名詞の人称と格 ・・・・・・・・・・・・・・・・・・・ 152
　　２　人称代名詞 it の特別用法 ・・・・・・・・・・・・・・・・・ 154
　Ⅲ　所有代名詞 ・・・・・・・・・・・・・・・・・・・・・・・・・・・・・ 156
　Ⅳ　指示代名詞・指示形容詞 ・・・・・・・・・・・・・・・・・・・ 158
　実践問題 ・・・・・・・・・・・・・・・・・・・・・・・・・・・・・・・・・・ 160

Lesson **9**　冠詞・形容詞・副詞 ······················ **164**

Ⅰ　冠詞の種類と用法 ···························· 164
- ❶ 不定冠詞 a と an ······························ 165
- ❷ 定冠詞 the ·································· 166

Ⅱ　形容詞の用法 ······························ 167

Ⅲ　副詞の用法 ······························ 170
- ❶ 副詞の見つけ方 ···························· 170
- ❷ 副詞のはたらき ···························· 171
- ❸ 副詞の種類 ······························ 172

実践問題 ································· 174

Lesson **10**　接続詞① ······························ **178**

Ⅰ　接続詞のはたらき ······················ 178

Ⅱ　等位接続詞（and / but / or など）·············· 179
- ❶ and / but / or ······························ 179
- ❷ so / for ·································· 180
- ❸ セットで使う接続詞 ······················ 181

実践問題 ································· 182

Lesson **11**　過去の文① ······························ **184**

Ⅰ　一般動詞の過去形 ························ 185
- ❶ 一般動詞の過去形の種類 ···················· 185
- ❷ 規則動詞の過去形のつくり方 ················· 185
- ❸ 規則動詞の過去形の発音 ···················· 186
- ❹ 不規則動詞の過去形のつくり方 ··············· 187

Ⅱ　一般動詞の過去の文 ······················ 189

Ⅲ　一般動詞の過去の否定文と疑問文 ·········· 191

実践問題 ································· 195

中 学 **2** 年

Lesson **12** 過去の文② ····················· **200**

Ⅰ be 動詞の過去形の種類 ······················ 201
Ⅱ be 動詞の過去の文 ························· 203
  1 be 動詞の過去の肯定文 ··················· 203
  2 be 動詞の過去の否定文 ··················· 204
  3 be 動詞の過去の疑問文と答えの文 ············· 204
Ⅲ 過去進行形 ····························· 206
  実践問題 ······························ 209

Lesson **13** 未来の文 ······················ **214**

Ⅰ 助動詞 will を使った未来の文 ················ 216
  1 助動詞 will の使い方 ··················· 216
  2 助動詞 will の意味 ···················· 216
  3 助動詞 will の否定文と疑問文 ··············· 219
Ⅱ be going to ～を使った未来の文 ············· 222
  1 be going to ～を使った未来の文の形 ··········· 222
  2 be going to ～の意味 ·················· 223
  3 be going to ～の否定文と疑問文 ·············· 225
  実践問題 ····························· 226

Lesson **14** 助動詞② ····················· **230**

Ⅰ 助動詞 may の文 ························· 230
Ⅱ 助動詞 must の文 ······················· 232
Ⅲ 助動詞 should の文 ······················ 234
Ⅳ have to ～の文 ························· 235
Ⅴ be able to ～の文 ······················ 237
Ⅵ 会話で使われる助動詞の文 ·················· 239
  1 Will you ～ ? ······················· 239
  2 Shall I ～ ? と Shall we ～ ? ·············· 241
  実践問題 ···························· 242

Lesson **15**　〈There + be 動詞 ～.〉の文 ············ 248

　Ⅰ　〈There + be 動詞 ～.〉の文の考え方 ········· 248
　Ⅱ　〈There + be 動詞 ～.〉の否定文 ············· 252
　Ⅲ　〈There + be 動詞 ～.〉の疑問文 ············· 253
　Ⅳ　〈There + be 動詞 ～.〉の過去の文 ··········· 255
　Ⅴ　〈There + be 動詞 ～.〉の未来の文 ··········· 256
　実践問題 ··· 257

Lesson **16**　比較の文① ································· **260**

　Ⅰ　比較の変化 ··· 260
　　1　比較の規則変化 ····································· 260
　　2　比較の不規則変化 ································· 262
　Ⅱ　原級の文 ··· 263
　　1　原級を使った同等比較の文 ·············· 263
　　2　原級を使った同等比較の否定文 ········· 264
　　3　原級を使ったさまざまな文 ·············· 266
　Ⅲ　比較級の文 ·· 268
　　1　比較級の文のつくり方 ····················· 268
　　2　注意すべき比較級の文 ····················· 270
　Ⅳ　最上級の文 ·· 273
　　1　最上級の文のつくり方 ····················· 273
　　2　注意すべき最上級の文 ····················· 274
　実践問題 ··· 276

Lesson **17**　比較の文② ································· **282**

　Ⅰ　疑問詞を使った比較の文 ························ 282
　　1　疑問詞を使った比較級の文 ·············· 282
　　2　疑問詞を使った最上級の文 ·············· 284
　Ⅱ　最上級の代用表現 ···································· 286
　実践問題 ··· 288

Lesson 18 文型のお話① ····························· **292**

　Ⅰ　文型は解釈におけるすべての基本·············· 292
　　1　文型がなぜ大切なのか ···················· 292
　　2　5文型とは？ ·························· 293
　Ⅱ　自動詞と他動詞 ··························· 297
　Ⅲ　第1文型の文 ···························· 299
　Ⅳ　第2文型の文 ···························· 300
　Ⅴ　第3文型の文 ···························· 303
　Ⅵ　第4文型の文 ···························· 305
　Ⅶ　修飾語の発見 ···························· 309
　実践問題 ································· 311

Lesson 19 不定詞① ····························· **316**

　Ⅰ　不定詞の性質 ···························· 316
　Ⅱ　名詞用法不定詞 ··························· 320
　　1　主語（S）になる名詞用法不定詞 ·············· 320
　　2　補語（C）になる名詞用法不定詞 ·············· 321
　　3　目的語（O）になる名詞用法不定詞 ············· 321
　Ⅲ　形容詞用法不定詞 ························· 323
　　1　名詞を説明する形容詞用法不定詞のルール ······ 324
　　2　形容詞用法不定詞が現れる場所 ··············· 326
　Ⅳ　副詞用法不定詞 ··························· 328
　　1　目的を表す副詞用法不定詞 ················· 328
　　2　感情の原因を表す副詞用法不定詞 ············· 331
　実践問題 ································· 333

Lesson 20 動 名 詞 ····························· **338**

　Ⅰ　動名詞の性質 ···························· 338
　Ⅱ　主語になる動名詞 ························· 339
　Ⅲ　補語になる動名詞 ························· 341
　Ⅳ　目的語になる動名詞 ······················· 343

Ⅴ　前置詞の目的語になる動名詞 ・・・・・・・・・・・・・・・・・ 347
実践問題 ・・・・・・・・・・・・・・・・・・・・・・・・・・・・・・・・・・・・・・・ 349

Lesson **21**　受 動 態 ・・・・・・・・・・・・・・・・・・・・・・・・・・・・ **354**

Ⅰ　受動態の意味とつくり方 ・・・・・・・・・・・・・・・・・・・ 354
　1　受動態の意味 ・・・・・・・・・・・・・・・・・・・・・・・・・・・・・・ 354
　2　受動態のつくり方 ・・・・・・・・・・・・・・・・・・・・・・・・ 355
　3　受動態と時制 ・・・・・・・・・・・・・・・・・・・・・・・・・・・・・・ 359
　4　by ～が省略される場合・・・・・・・・・・・・・・・・・ 360
Ⅱ　受動態の否定文と疑問文 ・・・・・・・・・・・・・・・・・・・ 362
Ⅲ　受動態の文をつくるときの条件・・・・・・・・・・・・・・ 363
Ⅳ　by 以外の前置詞を使う受動態 ・・・・・・・・・・・・・ 365
実践問題 ・・・・・・・・・・・・・・・・・・・・・・・・・・・・・・・・・・・・・・・ 368

Lesson **22**　前 置 詞 ・・・・・・・・・・・・・・・・・・・・・・・・・・・・・・ **372**

Ⅰ　前置詞とは？ ・・・・・・・・・・・・・・・・・・・・・・・・・・・・・・・ 372
　1　前置詞のはたらき ・・・・・・・・・・・・・・・・・・・・・・・ 372
　2　前置詞のイメージと意味 ・・・・・・・・・・・・・・・・ 373
Ⅱ　いろいろな前置詞 ・・・・・・・・・・・・・・・・・・・・・・・・・ 375
　1　時を表す前置詞 ・・・・・・・・・・・・・・・・・・・・・・・・・ 375
　2　場所を表す前置詞 ・・・・・・・・・・・・・・・・・・・・・・ 377
　3　方向などを表す前置詞 ・・・・・・・・・・・・・・・・・ 380
　4　そのほかの前置詞 ・・・・・・・・・・・・・・・・・・・・・・ 381
Ⅲ　前置詞を使った熟語表現 ・・・・・・・・・・・・・・・・・・・ 382
実践問題 ・・・・・・・・・・・・・・・・・・・・・・・・・・・・・・・・・・・・・・・ 383

Lesson **23**　接続詞② ・・・・・・・・・・・・・・・・・・・・・・・・・・・・・・ **388**

Ⅰ　接続詞のはたらきと種類 ・・・・・・・・・・・・・・・・・・・ 388
Ⅱ　単文・重文・複文とは？・・・・・・・・・・・・・・・・・・・・・ 389
　1　単文を使った英文 ・・・・・・・・・・・・・・・・・・・・・・ 390
　2　重文を使った英文 ・・・・・・・・・・・・・・・・・・・・・・ 390
　3　複文を使った英文 ・・・・・・・・・・・・・・・・・・・・・・ 391

Ⅲ　名詞のカタマリをつくる接続詞(that / whether / if) 392
　　❶　that ・・・　392
　　❷　whether / if ・・・・・・・・・・・・・・・・・・・・・・・・・・・・・・・・　395
Ⅳ　副詞のカタマリをつくる接続詞・・・・・・・・・・・・・・・　396
　　❶　副詞のカタマリをつくる接続詞の文の形 ・・・・・・・　396
　　❷　副詞のカタマリをつくる接続詞の種類 ・・・・・・・・・　398
実践問題 ・・・　403

中 学 **3** 年

Lesson **24**　現在完了 ・・・・・・・・・・・・・・・・・・・・・・・・・・ **412**

Ⅰ　現在完了とは？ ・・・・・・・・・・・・・・・・・・・・・・・・・・・・・　413
Ⅱ　現在完了の否定文と疑問文 ・・・・・・・・・・・・・・・・・・・・　417
　　❶　現在完了の否定文 ・・・・・・・・・・・・・・・・・・・・・・・・・・　417
　　❷　現在完了の疑問文 ・・・・・・・・・・・・・・・・・・・・・・・・・・　417
Ⅲ　現在完了の用法と意味 ・・・・・・・・・・・・・・・・・・・・・・・　419
　　❶　完了用法の文とよく使われる語句 ・・・・・・・・・・・・・　419
　　❷　継続用法の文とよく使われる語句 ・・・・・・・・・・・・・　420
　　❸　もう１つの継続用法の文(現在完了進行形) ・・・・・・　421
　　❹　経験用法の文とよく使われる語句 ・・・・・・・・・・・・・　425
Ⅳ　現在完了といっしょに使えない語句・・・・・・・・・・・・　428
実践問題 ・・・　431

Lesson **25**　間接疑問文・付加疑問文 ・・・・・・・・・・・・・・・ 436

Ⅰ　間接疑問文 ・・・・・・・・・・・・・・・・・・・・・・・・・・・・・・・・・・　436
　　❶　間接疑問文とは？ ・・・・・・・・・・・・・・・・・・・・・・・・・・　436
　　❷　間接疑問文の形 ・・・・・・・・・・・・・・・・・・・・・・・・・・・・　437
　　❸　間接疑問文の注意すべき用法 ・・・・・・・・・・・・・・・・・　438
Ⅱ　付加疑問文 ・・・・・・・・・・・・・・・・・・・・・・・・・・・・・・・・・・　440
　　❶　付加疑問文とは？ ・・・・・・・・・・・・・・・・・・・・・・・・・・　440
　　❷　付加疑問文のつくり方 ・・・・・・・・・・・・・・・・・・・・・・　441
実践問題 ・・・　447

Lesson 26　文型のお話② ･･････････････････････ **452**

　Ⅰ　５文型の復習と品詞の話 ･････････････････ 452
　Ⅱ　第５文型の文 ･･････････････････････････ 454
　　❶　補語が形容詞の場合 ･････････････････ 454
　　❷　補語が名詞の場合 ･･･････････････････ 457
　実践問題 ･･････････････････････････････ 461

Lesson 27　不定詞② ･･････････････････････ **464**

　Ⅰ　〈疑問詞＋ to *do* ～〉の文･･･････････････ 464
　Ⅱ　〈It is ＋形容詞＋ for（＋人）＋ to *do* ～.〉の文 ･･ 468
　Ⅲ　〈S ＋ V ＋ O ＋ to *do* ～.〉の文 ･････････････ 472
　Ⅳ　副詞用法不定詞のさまざまな文 ･･･････････ 476
　　❶　too ... to *do* ～ の文 ････････････････ 476
　　❷　enough to *do* ～ の文･･･････････････ 478
　実践問題 ･･････････････････････････････ 480

Lesson 28　分　　詞 ･･････････････････････ **484**

　Ⅰ　分詞とは？･･･････････････････････････ 484
　Ⅱ　分詞の形容詞用法 ･･････････････････････ 486
　　❶　名詞を修飾する分詞 ･････････････････ 486
　　❷　補語になる分詞 ･･･････････････････ 491
　実践問題 ･･････････････････････････････ 496
　Ⅲ　分詞構文（学習指導要領範囲外）･･･････････ 503
　　❶　分詞構文とは？ ･･･････････････････ 503
　　❷　分詞構文のつくり方 ･････････････････ 504
　　❸　熟語として使われる分詞構文 ･･･････････ 505

Lesson 29　関係代名詞 ・・・・・・・・・・・・・・・・・・・・・・・・・・・ **506**

Ⅰ　名詞を修飾する語句 ・・・・・・・・・・・・・・・・・・ 506
Ⅱ　関係代名詞の仕組み ・・・・・・・・・・・・・・・・・ 510
  1　関係代名詞の形とはたらき ・・・・・・・・・ 510
  2　関係代名詞 who の位置と意味・・・・・・・・・・ 511
Ⅲ　関係代名詞の種類 ・・・・・・・・・・・・・・・・・・・ 515
  1　主格の関係代名詞 ・・・・・・・・・・・・・・・・・ 515
  2　目的格の関係代名詞 ・・・・・・・・・・・・・・・・ 517
Ⅳ　特殊な関係代名詞 that ・・・・・・・・・・・・・・・ 522
Ⅴ　所有格の関係代名詞（学習指導要領範囲外）・・・・・・・ 525
実践問題 ・・・・・・・・・・・・・・・・・・・・・・・・・・・・ 528

Lesson 30　仮 定 法 ・・・・・・・・・・・・・・・・・・・・・・・・・・・ **536**

Ⅰ　仮定法とは？ ・・・・・・・・・・・・・・・・・・ 537
Ⅱ　現在のことを述べる仮定法 ・・・・・・・・・・・・・ 539
Ⅲ　過去のことを述べる仮定法 ・・・・・・・・・・・・・ 541
Ⅳ　未来のことを述べる仮定法 ・・・・・・・・・・・・・ 543
実践問題 ・・・・・・・・・・・・・・・・・・・・・・・・・・・・ 546

Lesson 31　使役動詞・知覚動詞（学習指導要領範囲外）・・ **550**

Ⅰ　使役動詞の用法 ・・・・・・・・・・・・・・・・・・・・ 550
Ⅱ　知覚動詞の用法 ・・・・・・・・・・・・・・・・・・・・ 553
  1　知覚動詞 see / hear ・・・・・・・・・・・・・・・ 553
  2　知覚動詞 find ・・・・・・・・・・・・・・・・・・・ 554

チェックコーナー ・・・・・・・・・・・・・・・・・・・・・・・・・・・・・・・・・・・・・ 557
さくいん ・・ 568
音声読み上げ英文リスト ・・・・・・・・・・・・・・・・・・・・・・・・・・・・・・・ 575

本文イラスト　日南田　淳子

この本の音声について

- この本の各 Lesson の末尾にある実践問題の問題文，および解答部分の英文読み上げ音声が，CD もしくは音声ダウンロードによって聴けます。CD と音声ダウンロードファイルの収録内容は同じです。
  - ＊なお，収録されている英文とその日本語訳は，本書 p.575 から一覧でまとめられています。復習用にお役立てください。
- CD の収録時間は，1 枚目（Disk 1）が約 18 分，2 枚目（Disk 2）が約 13 分 です。Disk 1 には Lesson 2 ～ 17 の内容，Disk 2 には Lesson 18 ～ 30 の内容が収録されています。
- CD のトラック（Track）番号はそれぞれ，Disk 1 が 01 ～ 66，Disk 2 が 01 ～ 41 の通し番号になっています。
- 音声は，以下からダウンロードして聴くことができます。
  - https://www.kadokawa.co.jp/product/321906000706/
  - ID：jukuwaka　　パスワード：chugakueigo
- 音声ダウンロードファイルの番号は〝DL：◆-■〟となっており，〝◆〟は Lesson 番号を，〝■〟は同一 Lesson 内での通し番号（設問の上にある**1**，**2**，……などの番号）をそれぞれ表しています。ただし，設問ごとの番号は省略されています。
- 各 Lesson の実践問題の見出しの下に，CD と音声ダウンロードの番号との対応を示すアイコンがあります。
- 上記ウェブサイトには，パソコンからアクセスしてください。携帯電話・スマートフォン・タブレット端末からはダウンロードできないので，ご注意ください。
- ダウンロードされた音声のファイル形式は MP3 です。パソコンに保存して，パソコンで再生するか，携帯音楽プレーヤーに取り込んでご使用ください。また，再生方法などについては，各メーカーのオフィシャルサイトなどをご参照ください。
- ダウンロードがうまくいかない場合は，お使いのブラウザが最新であるかどうかをご確認ください。また，ダウンロードする前に，パソコンに十分な空き容量があるかどうかをご確認ください。
- 音声ダウンロードサービスは，予告なく終了する場合があります。
- 声の出演：Howard Colefield ／ Karen Haedrich
- 音声収録：ELEC 録音スタジオ

本書のキャラクター紹介

たかく
高久先生

マメくん
元気な男の子

みいちゃん
しっかりものの女の子

中 学 **1** 年

入門編　アルファベットと発音

　さて，これから，小学校で習い始めた英語という教科を本格的に学習していくんだけど，今の正直な気持ちをマメ君とみぃちゃんにきいてみようかな。

　マメ君，こんにちは。はじめまして。君は中学に入って，どんな気持ちで英語に取り組んでいこうと思ってるかな？

　　　先生，こんにちは。よろしくお願いします。
　　僕は幼いころに英会話教室に通っていたけれど，宿題が多くて途中でやめてしまいました。小学校の英語は楽しかったから，中学生になって，今度は本気で取り組みたいと思っています。もう途中でやめることはできませんから。

　なかなかやる気になっているようだね。がんばっていこうね。
　みぃちゃん，こんにちは。はじめまして。君は今どんな気持ちでいるのかな？

　　　先生，こんにちは。いよいよ英語の勉強が始まるんですね。小学校の授業以外で，ちゃんと英語を習ったことはありませんが，街のいたるところに英語があふれています。勉強はたいへんそうだけど，目標をもってがんばります。

　ちょっと不安そうだけど，がんばっていこうね。ところでみぃちゃん，英語学習するうえでの目標って何かな？

とりあえずは高校入試の合格ですが，それだけだとつまらないので，「ハリー・ポッターシリーズ」など，映画になっている小説を原書で読めたらいいなと思っています。

　それはすばらしい目標だね。中学生が習う英文法で十分読めるようになるから，がんばろうね。2人とも今の気持ちを忘れずに英語と向かい合っていこうね。

　さあ，英語を学習するうえでまずやらなければならないことは，アルファベットの書き方と読み方をマスターすることだよ。

アルファベットの書き方と読み方

　英語のアルファベットは全部で26文字あるのは知っているかな？日本語にも「あ・い・う・え・お……」という五十音があるのと同様に，英語にもそれぞれの単語のもとになる26文字があるんだ。それを大文字と小文字に分けて，さらにブロック体と筆記体に分けると，全部で104文字になるんだ。まずはそれらを書けるようになろう！

 ポイント　英語の書体

● ブロック体 ➡ 手書きするときの書体
● 筆　記　体 ➡ ノートなどに書くときの書体
　　　　　　　（筆記体を教えない先生もいる）

　注　ブロック体はより公の場で使うことが多く，筆記体はより私的な書体というイメージが強い。

ブロック体

【大文字】

A [エイ]　B [ビー]　C [スィー]　D [ディー]　E [イー]　F [エフ]　G [ジー]

H [エイチ]　I [アイ]　J [ジェイ]　K [ケイ]　L [エル]　M [エム]　N [エン]

O [オウ]　P [ピー]　Q [キュー]　R [アール]　S [エス]　T [ティー]　U [ユー]

V [ヴィー]　W [ダブリュー]　X [エクス]　Y [ワイ]　Z [ズィー]

【小文字】

a　b　c　d　e　f　g

h　i　j　k　l　m　n

o　p　q　r　s　t　u

v　w　x　y　z

筆記体

【大文字】

A B C D E F G
H I J K L M N
O P Q R S T U
V W X Y Z

【小文字】

a b c d e f g
h i j k l m n
o p q r s t u
v w x y z

ブロック体は必ず覚えないとダメだよ。

　今の中学校の学習指導要領では，筆記体は必ずしも教えなくてもよいことになっているんだけど，君たちが高校・大学と進学すると，なかには筆記体しか使わない先生もいるから，覚えておいたほうがいいよね。

　まずはアルファベットを書けて読めるようになろう。

 ## 英単語の発音

　さて，英語の発音だ。

　もちろん，なるべくなら外国人に近い原則どおりの発音をしたほうがいいんだけど，じつはカタカナ発音でもけっこう通じるんだ。この先，発音記号というものをすこしずつ覚えるにつれてちゃんとした発音ができるようになるから，今は心配しなくていいよ。

　私たちが使っている日本語は五十音のつづりと単語の発音が一致しているのはわかるよね。

　たとえば，「かばん」は，か行の「か」，ば行の「ば」と「ん」を発音すれば，だれにでも通じる語になるよね。

　ところが英語で「かばん」の意味をもつ bag を，アルファベットの b ［ビー］，a ［エイ］，g ［ジー］を続けて読んでも，「バッグ」という音にはならないね。

　つまり，アルファベットの読み方と単語の読み方はまったく別のものになってしまうという悲しいことが起こるんだ。

　そこで英単語のつづりと発音を効果的に覚える方法というのがあるんだ。これは，すべてのつづりと発音があてはまるというものではないけど，比較的その音で発音されることが多いので有効だということで紹介しておこう。

●英単語の中でのつづりと発音

音	ア, エイ	ブッ	ク, ス	ドゥ	エ, イー	フッ	グ
つづり	A/a	B/b	C/c	D/d	E/e	F/f	G/g

音	ハッ	イ	ジュ	ク	ル	ム	ヌ
つづり	H/h	I/i	J/j	K/k	L/l	M/m	N/n

音	ア, オウ	ブッ	ク	ル	ス	トゥ	ア
つづり	O/o	P/p	Q/q	R/r	S/s	T/t	U/u

音	ヴ	ウ	クス	イ	ズ
つづり	V/v	W/w	X/x	Y/y	Z/z

　先ほどの bag だと,「ブッ・ア・グ」と発音されて,より英語の発音に近くなったのがわかるよね。

　これは日本人の幼児英語教育などに用いられる「フォニックス」というものなんだ。中学生の学習でも十分使えると思うので,アルファベッドを「エイ, ビー, スィ……」と覚えるのと同じように,「ア・ブッ・ク……」と何度も声に出して覚えていこう。

中学1年

中学2年

中学3年

英文の書き方

アルファベットの書き方と，そのアルファベットの文字がいくつかくっついた単語の発音に関しての基本的なルールはわかってくれたかな？　英語の基本の基本だよ。

英単語はこれからたくさん習っていくので，新しい単語が出てくるたびに単語帳に書き込んで，どん欲に覚えていこう。

文法をどんなにたくさん覚えても，単語を知らなければ英語は上達しないからね。

Ⅰ 英文と「主語と動詞」

まず英文，日本文にかぎらず，「文」というものがどんなものか，わかるかな？

マメ君，どうかな？

はい。日本語では，文は「句点」までのカタマリだと習ったことがあります。

そうだね。たとえば，「私は学生です」という感じで，言いたいことをひととおり伝えられるまとまりのことを「文」というよね。

「君は，社会人？」ときかれて，「学生です」と答えても，日本語では通

じるよね。つまり，日本語というのは，「私は」という主語がなくても
通じてしまう言語なんだ。

　ところが英語ではそうはいかないよ。

　英語の文は基本的に，主語と動詞がないと成立しない。

- ●日本語：だれ，あるいは何について言っているのかがわかるとき
  は，主語を言わなくてもよい。
- ●英　語：文として成立させるためには，基本的に「主語と動詞」
  が必要。

さあ，いよいよスタートだよ。

緊張しているけど，
楽しみな気持ちもいっ
ぱいです。

私も……。マメ君，いっ
しょにがんばろうね。

中学1年

中学2年

中学3年

英文の語順 ……………………………………………

　日本語と英語の語順には大きなちがいがあるんだ。いくら単語をたくさん覚えたところで，語順のルールを知らなければ正しい英文は書けないよ。

　では，英語の語順はどうなっているのかというと，必ず〈**主語＋動詞〜**〉の語順で書かないとダメなんだ。

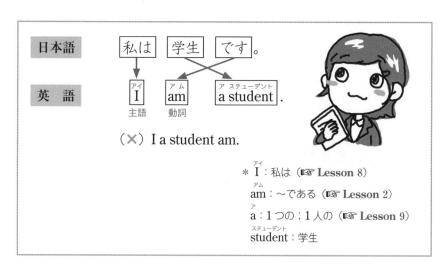

| 日本語 | 私は | 学生 | です。 |

英　語　　I　am　a student .
　　　　　主語　動詞

（×）I a student am.

* I：私は（☞ Lesson 8）
 am：〜である（☞ Lesson 2）
 a：1つの：1人の（☞ Lesson 9）
 student：学生

　日本語と同じ語順で，I（私は）a student（学生）am（です）なんてやってはダメですね。

　そうだね。そこは基本の基本だね。

Ⅲ 英文の文頭と単語の間隔 ⋯⋯⋯⋯⋯⋯⋯⋯

> 文頭は必ず大文字で書き始めて，単語と単語のあいだをあける！

正しい文とまちがった文を見比べてみよう。

（○）　I have a pen.「私はペンをもっています」
<small>アイ ハヴ ア ペン</small>
　　 注 「私は」という意味のIは，文のどこ
　　　　にあっても大文字で書く。

（×）　Ihaveapen.

単語どうしがくっついている

（○）　The flower is beautiful.「その花は美しい」
<small>ザ フラワー イズ ビューティフル</small>

英文は大文字で始める

＊ have：〜をもっている：〜を食べる
<small>ハヴ</small>
　 pen：ペン
<small>ペン</small>
　 flower：花
<small>フラワー</small>
　 beautiful：美しい
<small>ビューティフル</small>

　主語以外は，基本的には小文字で書けば大丈夫。そうじゃないときもあるけど，そのつど指摘していくのでご安心を！

Ⅳ 英文中の動詞の数 ……………………………………

> 動詞は，1つの文に1つだけ！

　中学1年の最初のほうで習う文では，1つの文に動詞が2つ以上あったら，その英文はまちがっていると思ってほしい。また逆に，動詞が1つもない文もまちがいなんだ。

　よくあるまちがいを例に出そう。「私は彼を知っています」を英語にするとき，「知る」が know で，「います」が be 動詞の am と考えて，（✕）I am know him. と書く人がいるんだ。気持ちはわかるけど，know も am も動詞なので，この文は，I know him. と書かないといけないんだ。

　また，「その花は美しい」を英語で（✕）The flower beautiful. とまちがえる人もいるね。このままだと動詞がないので，be 動詞の is を使って，The flower is beautiful. と書くのが正しいんだ。

　動詞については，**Lesson 2** と **Lesson 3** で学習するよ。

　　　　＊ know：〜を知っている　　him：彼を（☞ Lesson 8）
　　　　　 is：〜である（☞ Lesson 2）

●「私は彼を知っています」
　（✕）I am know him. ➡ （〇）I know him.
　　　　↑ いらない。am も know も動詞

●「その花は美しい」
　（✕）The flower beautiful. ➡ （〇）The flower is beautiful.
　　　　　↑ 動詞がない

英文中に出てくる記号

　英文をちゃんと完成させるための基本的なルールをいくつか見てきたけど，最後にこれをつけるのを忘れてしまったらせっかくの正しい文も誤りの文になってしまうという記号があるんだ。たとえば，こんな日本語を見て誤りだと思うかな？　みぃちゃん，どうかな？

- 彼女は看護師ですか。
- 彼女は看護師ですか？

　えっ？　どこかまちがいはあるんですか？　〈。〉と〈？〉のちがいがありますが，どちらもとくに問題はないと思います。

　日本語では，疑問文の文末は〈。〉でも〈？〉でも正しい文だよね。でも英語では，疑問文の文末には必ず「クエスチョンマーク〈？〉」をつけるよ。
　英語で使う記号をまとめておくので，ひととおり見てほしい。まだ習っていない文ばかりだけど，くわしいことはあとで学習するよ。

1　ピリオド（終止符）〈.〉
　英文の最後に必ずつけなければならない記号。日本語の句点〈。〉に相当するものだと考えればいいね。

中学1年　中学2年　中学3年

● 彼女は看護師です。
シー イズ ア ナース
She is a nurse.⤶

* she：彼女は（☞ Lesson 8）
nurse：看護師

⬆ 前の単語とのあいだはあけなくていい
（ほかの記号もすべて同じ）

2 クエスチョンマーク（疑問符）〈？〉

疑問文の最後に必ずつける記号。日本語ではつけなくてもかまわない
けど，英文では絶対に必要なもの。

● 彼女は看護師ですか。
イズ シー ア ナース
Is she a nurse?

3 コンマ（休止符）〈,〉

疑問文の答えの Yes や No のうしろや，呼びかけ・あいさつのあと，
英文の中のひと区切りとして使う。　　　　　* yes：はい　　no：いいえ

● Is she a nurse?　「彼女は看護師ですか」
　── Yes, she is.　「はい，そうです」

　　　⬆ Yes/No のあと

● Tom, open the door.「トム，ドアを開けなさい」

　⬆ 呼びかけのあと　　　　　　　　* open：～を開ける　　door：ドア

● Hi, Miho.「やあ，ミホ」　　　　　　　　　* hi：やあ

　⬆ あいさつのあと

● When I was young, I was honest.「私は若いときは正直者でした」

　　　　　⬆ 文中のひと区切り

　* when：～のとき（☞ Lesson 23）　was：～だった（☞ Lesson 12）
　young：若い　honest：正直な

4　エクスクラメーションマーク（感嘆符）〈！〉

　いわゆる「ビックリマーク」。驚きを表す感嘆文（☞ Lesson 5）の最後につける記号。

- ホワット　ア　ビューティフル　　　ウマン　　シー　イズ
  What a beautiful woman she is！

  「彼女はなんて美しい女性なんでしょう」
  　　　　　　　　　　　　　　ホワット
  　　　　　　　　　　　　＊ what：なんという（☞ Lesson 5）　　woman：女性
  　　　　　　　　　　　　　　　　　　　　　　　　　　　　ウマン

5　アポストロフィー（省略符）〈’〉

　「トムの〜」などと所有を表すときや，文字を省略するときに使う。

- トムズ　デスク
  Tom's desk「トムの机」　　　　　　　　　　　＊ desk：机
  　　　　　　　　　　　　　　　　　　　　　　　デスク
  　⬆ 上のほうに〈,〉をつける
- アイム　　アイ　アム　　ア　ドクター
  I'm（＝ I am）a doctor.「私は医者です」　　＊ doctor：医者
  　　　　　　　　　　　　　　　　　　　　　　ドクター
  　⬆ I と m を離さずに書く

　ほかに**ダブルクォーテーションマーク**〈"　"〉や**コロン**〈：〉や**ハイフン**〈-〉などもあるけど，順々に覚えていこう。守らなければならない細かなルールがたくさんあるけど，どんどん慣れていくから心配ないよ。

とにかく英語とともに君たちは走り出したんだ！ その足を止めずに前を向いて，いっしょにがんばろうね！

34

2 現在の文①（be 動詞）

I ▶ be 動詞を使った肯定文 ·······················

　さて，英語は本当に規則にしばられる言語だということがわかったところで，これから，さまざまな英語の文を学習していこう。

　英文には基本的に，**肯定文・否定文・疑問文**という３種類の文があるよ。その中で，肯定文とは否定文でも疑問文でもない文のことをいうんだ。って，何だかわからないよね。

　それじゃ，日本語の文を参考にしてみよう。マメ君，どうかな？

問題① ▶ 次の日本文の中から，肯定文を選びなさい。

❶ 彼は毎朝新聞を読みます。

❷ 彼女は医者ではありません。

❸ あなたは先生ですか。

❹ 私は中学生です。

　すぐわかりました。❷は「〜ではありません」と否定している文で，❸は「〜ですか」と相手に問いかけている文ですよね。だから肯定文は❶と❹ですね。

　そのとおりだよ。つまり肯定文とは，否定文でもなく疑問文でもない，ふつうの文なんだね。

問題①の解答 ▶　❶，❹

　それでは，英語の肯定文を学んでいこう。

　肯定文といっても，主語や動詞によっていろいろな形に変化するのが，これまた英語の特徴なんだよ。大丈夫！　あせらずにゆっくり考えていこうね。

　まずは，「…は～です[である]」という文を，書いたり読んだりできるようになろう。

　先ほどの 問題❶ では，肯定文が❶と❹だったね。その2つの中で，「…は～です[である]」の形式になっている文はどっちかな？　みぃちゃん，どうかな？

　　　　はい，❹の「私は中学生です」のほうだと思います。それでは，❶の「彼は毎朝新聞を読みます」は，どういう文の形式なんですか？

　そうだね。❹が「…は～です[である]」の形式だね。「…は～です[である]」は主語のようすや状態を述べる表現で，一方の❶の形式の「…は～する」は主語の動作を述べる表現なんだ。英作文は，この2種類の文のちがいから学ぶと理解しやすいよ。❶の表現は Lesson 3 で学習するよ。

　ここで使う「～です[である]」という意味をもつ動詞をまとめて，be 動詞というんだ。この be 動詞の使い方をマスターすることから始めていこう。

１　be 動詞とは何か？

「私は中学生です」という文では，「私＝中学生」の関係が成り立つよね。ほかにも「これは机です」ならば，「これ＝机」というイコール関係だね。このように「A ＝ B」という関係を示すときに，英語では〈A ＋ be 動詞＋ B.〉という書き方をするんだ。つまり，be 動詞は別名「イコール動詞」といってもいいだろう。

ポイント be 動詞とは？

- 〈A＋ **be** 動詞＋ B.〉➡「A は B です［である］」という意味をあらわし，「A ＝ B」という関係が成り立つ。**be** 動詞は A と B をつなぐはたらきをする。

---

2 be 動詞の種類

　be 動詞のはたらきがわかったところで，今度は be 動詞の種類を見ていこう。be 動詞は主語によって形がかわり，現在の文の場合，**am / is / are** の 3 種類があるよ。

3 be 動詞を使った肯定文

- **am を使う文** 　　　　注　下線部は〈主語 ＋ be 動詞〉の短縮形。
  - 「私はクリスです」
    <small>アイ アム クリス</small>　　　<small>アイム クリス</small>　　<small>クリス</small>
    I am Chris. = I'm Chris. ＊ Chris：クリス（人の名前）
- **is を使う文**
  - 「彼はクリスです」
    <small>ヒー イズ クリス</small>　　　<small>ヒーズ クリス</small>
    He is Chris. = He's Chris.
  - 「彼女はベスです」
    <small>シー イズ ベス</small>　　　<small>シーズ ベス</small>
    She is Beth. = She's Beth. ＊ Beth：ベス（人の名前）
  - 「それは本です」
    <small>イット イズ ア ブック</small>　　　<small>イッツ ア ブック</small>
    It is a book. = It's a book. ＊ it：それは　book：本
  - 「これは本です」
    <small>ディス イズ ア ブック</small>　　　　　　　　＊ this：これは
    This is a book.
  - 「あれはオレンジです」
    <small>ザット イズ アン オーレンジ</small>　　　<small>ザッツ アン オーレンジ</small>
    That is an orange. = That's an orange.
    ＊ that：あれは　orange：オレンジ

- ● **are を使う文** ＊ you：あなた(たち)は　are：〜です

  - ●「あなたは生徒です」
    You are a student. = You're a student.

  - ●「あなたたちは生徒です」
    You are students. = You're students.

  - ●「私たちは生徒です」
    We are students. = We're students.

  - ●「彼らは友達です」　＊ we：私たちは
    They are friends. = They're friends.
    ＊ they：彼ら[彼女たち：それら]は
    friend：友達

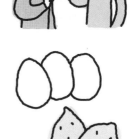

  - ●「これらは卵です」
    These are eggs.　＊ these：これらは
    egg：卵

  - ●「あれらはレモンです」
    Those are lemons.　＊ those：あれらは
    lemon：レモン

  注　they には「彼らは」のほかに「彼女たちは；それらは」の意味
  もあるので注意しよう。
  くわしくは Lesson 8 で学習するからね。

　I / you / he / she / it / we / they などを人称代名詞，this / that / these / those などを指示代名詞というんだけれど，これらについては Lesson 8 で説明するよ。

　一気にこんなにたくさん例をあげられても困ってしまうね。

　でもね，覚えるときは一気にやったほうが効率はあがるから，がんばっていこう！

ポイント be 動詞の使い方

- 主語が単数 I「私は」のとき ➡ am
  you「あなたは」のとき ➡ are
  それ以外の人・モノ（1人，1つ）のとき ➡ is
- 主語が複数（2人以上，2つ以上）のとき ➡ are
  注　you は，「あなたは」（1人）でも「あなたたちは」（2人以上）で
  も are を使う。

- 固有名詞の大文字，a と an，名詞の複数形
  be 動詞のうしろの単語にも注意しよう。
  - **人の名前など固有名詞：必ず大文字で始める**（Chris / Beth / Japan「日本」など）。
    例　I am Beth.「私はベスです」
    固有名詞は必ず大文字で始める
  - **数えられる名詞で1つのとき：a か an をつける**。その名詞の発音が**子音**で始まるときは a を，**母音**で始まるときは an をつける。母音とは［ア・イ・ウ・エ・オ］に似た音。母音以外の音は子音というよ。
    例　This is an egg.「これは卵です」
    母音
  - **主語が複数の文のとき：be 動詞（are）のうしろにくる名詞は複数形**（student + s / friend + s / egg + s / lemon + s）にする。
    例　We are students.「私たちは生徒です」

数えられる名詞，名詞の複数形については，**Lesson 8** で説明するよ。

I am を I'm にしたり He is を He's にしたりというように，主語と be
動詞を短縮することもあるので覚えておこう（☞ p.36-37）。

be 動詞は，I am 〜. / He is 〜. というように，主語との組み合わせで
何度も声に出して覚えていこうね。

マメ君，みぃちゃん，be 動詞について質問はあるかな？

be 動詞にはいろんな
種類があるんですね。そ
れがよくわかりました。

そうだね。覚えるのがたいへんだと思っているでしょ？
でも，これからたくさんの英文に出合うことになるから，今の段階で
確実に覚えておこうね。

主語によって使い分け
るのがたいへんそう……。

そう，そこが be 動詞のポイントだね。がんばろう！

be 動詞を使った否定文 ……………………

　be 動詞を使った肯定文の次は，be 動詞を使った否定文を学習する
よ。先ほどの 問題❶ （☞ p.34）で，マメ君が肯定文を選んでくれたよね。
そして，❷の「彼女は医者ではありません」は否定している文だとも
言ってくれたね。

　ここでは，❷のように，「…は〜ではない」という文を書いたり読ん
だりできるようになろう。

　つくり方はとても簡単で，be 動詞（am / is / are）のうしろに $\overset{\text{ノット}}{\underline{\text{not}}}$
をつける，これでいいんだ。

　次の文を見てごらん。

● be 動詞の肯定文と否定文

　　肯定文：She is a doctor.　　「彼女は医者です」
　　　　　　　シー　イズ　ア　ドクター

　　否定文：She is **not** a doctor. 「彼女は医者ではありません」
　　　　　　　シー　イズ　ノット　ア　ドクター

　どうかな，簡単でしょ？

　〈主語 + be 動詞〉と同じように〈be 動詞 + not〉にも短縮形があるよ。

●〈be 動詞 + not〉の短縮形

　　● **is not** の短縮形　➡ $\overset{\text{イズント}}{\text{isn't}}$

　　● **are not** の短縮形 ➡ $\overset{\text{アーント}}{\text{aren't}}$

　　　注　am not には短縮形はない。

- be 動詞の否定文
  - <small>アイ アム ノット</small>　<small>アイム ノット</small>
    I am not 〜. = I'm not 〜.「私は〜ではない」
  - <small>ユウ アー ノット</small>　<small>ユウ アーント</small>　<small>ユア ノット</small>
    You are not 〜. = You aren't 〜. = You're not 〜.

  「あなたは［あなたたちは］〜ではない」
  - <small>ヒー イズ ノット</small>　<small>ヒー イズント</small>　<small>ヒーズ ノット</small>
    He is not 〜. = He isn't 〜. = He's not 〜.「彼は〜ではない」
  - <small>シー イズ ノット</small>　<small>シー イズント</small>　<small>シーズ ノット</small>
    She is not 〜. = She isn't 〜. = She's not 〜.

  「彼女は〜ではない」
  - <small>イット イズ ノット</small>　<small>イット イズント</small>　<small>イッツ ノット</small>
    It is not 〜. = It isn't 〜. = It's not 〜.「それは〜ではない」
  - <small>ウィ アー ノット</small>　<small>ウィ アーント</small>　<small>ウィア ノット</small>
    We are not 〜. = We aren't 〜. = We're not 〜.

  「私たちは〜ではない」
  - <small>ゼイ アー ノット</small>　<small>ゼイ アーント</small>　<small>ゼア ノット</small>
    They are not 〜. = They aren't 〜. = They're not 〜.

  「彼らは［彼女たちは；それらは］〜ではない」
  - <small>ディス イズ ノット</small>　<small>ディス イズント</small>
    This is not 〜. = This isn't 〜.「これは〜ではない」
  - <small>ザット イズ ノット</small>　<small>ザット イズント</small>　<small>ザッツ ノット</small>
    That is not 〜. = That isn't 〜. = That's not 〜.

  「あれは〜ではない」
  - <small>ズィーズ アー ノット</small>　<small>ズィーズ アーント</small>
    These are not 〜. = These aren't 〜.「これらは〜ではない」
  - <small>ゾウズ アー ノット</small>　<small>ゾウズ アーント</small>
    Those are not 〜. = Those aren't 〜.「あれらは〜ではない」

！ ポイント　be 動詞の否定文

- 〈主語 + be 動詞 + not 〜.〉「〜ではない［ではありません］」
- **are not** の短縮形 ➡ **aren't**　　**is not** の短縮形 ➡ **isn't**
  注　am not の短縮形はない。

be 動詞を使った疑問文·····················

　さて，最後に be 動詞を使った疑問文を学習してみよう。たくさんありすぎてイヤになってないかい？　でもこの疑問文が終われば，ひととおり be 動詞を使った英文を書いたり読んだり話したりできるんだ。がんばってみようか。

　 問題❶ （☞ p.34）の文をまた取り上げてみると，❸「あなたは先生ですか」が疑問文であることをマメ君が指摘してくれたね。ここでは，❸の文のように，「…は〜ですか」とたずねる文を書いたり読んだりできるようにしてみよう。

　じつは疑問文のつくり方も簡単で，主語と be 動詞の場所を逆にして，文末にクエスチョンマーク〈？〉をつける，これでいいんだ。例文を見てみよう。

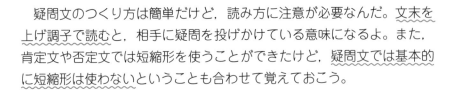

　疑問文のつくり方は簡単だけど，読み方に注意が必要なんだ。文末を上げ調子で読むと，相手に疑問を投げかけている意味になるよ。また，肯定文や否定文では短縮形を使うことができたけど，疑問文では基本的に短縮形は使わないということも合わせて覚えておこう。

- be 動詞の疑問文　肯定文 ➡ 疑問文
  - I am ～.（アイ アム） ➡ **Am I ～?**（アム アイ）　「私は～ですか」
  - You are ～.（ユウ アー） ➡ **Are you ～?**（アー ユウ）「あなたは[あなたたちは]～ですか」
  - He is ～.（ヒー イズ） ➡ **Is he ～?**（イズ ヒー）　「彼は～ですか」
  - She is ～.（シー イズ） ➡ **Is she ～?**（イズ シー）　「彼女は～ですか」
  - It is ～.（イットイズ） ➡ **Is it ～?**（イズイット）　「それは～ですか」
  - We are ～.（ウィ アー） ➡ **Are we ～?**（アー ウィ）　「私たちは～ですか」
  - They are ～.（ゼイ アー） ➡ **Are they ～?**（アー ゼイ）　「彼らは～ですか」
  - This is ～.（ディス イズ） ➡ **Is this ～?**（イズ ディス）　「これは～ですか」
  - That is ～.（ザット イズ） ➡ **Is that ～?**（イズ ザット）　「あれは～ですか」
  - These are ～.（ズィーズ アー） ➡ **Are these ～?**（アー ズィーズ）　「これらは～ですか」
  - Those are ～.（ゾウズ アー） ➡ **Are those ～?**（アー ゾウズ）　「あれらは～ですか」

中学1年

中学2年

中学3年

ポイント　be 動詞の疑問文

- 〈be 動詞＋主語＋～ ?〉「…（主語）は～ですか」
  文末は上げ調子で読む。

　ここで大切なことをもう１つ。人に何かをたずねたら，その返答が気になるよね。疑問文に対する答え方も見てみよう。

- be 動詞の疑問文と答えの文
  - 疑 問 文：**Are you a teacher?**（アー ユウ ア ティーチャー）「あなたは先生ですか」
  - 答えの文：── **Yes, I am.**（イェス アイ アム）　「はい，そうです」
  - ── **No, I'm not.**（ノウ アイム ノット）　「いいえ，ちがいます」

「はい」と答えるときは **Yes**,「いいえ」と答えるときは **No** を使おう。そして，Yes と No のうしろにはコンマ〈 , 〉をつける。

〈**Yes, 主語 + be 動詞.**〉あるいは〈**No, 主語 + be 動詞 + not.**〉という形になるよ。答えるとき，例文では文末の a teacher を省略しているね。くり返しを避けるために省略するということを覚えてね。

　さて，みぃちゃん，「あなたは？」と聞かれたら，答える人はだれかな？

はい，2 人のやりとりだったら，答えるほうは「私」になると思いますが。

　そうだね。疑問文では，たずねる側と答える側の主語が異なることがあるよ。その関係をまずは日本語で整理して，それから英語の場合を見てみよう。

● 疑問文と答えの文の主語の関係（日本語の場合）	
疑問文	**答えの文の主語**
「私は〜ですか」	「あなたは」
「あなたは[あなたたちは]〜ですか」	「私は[私たちは]」
「彼は〜ですか」	「彼は」
「彼女は〜ですか」	「彼女は」
「それは[これは；あれは]〜ですか」	「それは」
「私たちは〜ですか」	「あなたたちは」
「彼らは〜ですか」	「彼らは」
「これらは[あれらは]〜ですか」	「それらは」

それでは英語の場合を見てみよう。

- **be 動詞の疑問文と答えの文の主語の関係**
  - Am I a captain?「私が船長ですか」 ＊captain：船長；キャプテン
    - ——Yes, you are.「はい，そうです」
    - ——No, you aren't.「いいえ，ちがいます」
  - Are you a student?「あなたは生徒ですか」
    - ——Yes, I am.　「はい，そうです」
    - ——No, I'm not.「いいえ，ちがいます」
  - Is he Kenny?　「彼はケニーですか」＊Kenny：ケニー（人の名前）
    - ——Yes, he is.　「はい，そうです」
    - ——No, he isn't.「いいえ，ちがいます」
  - Is she a nurse?　「彼女は看護師ですか」
    - ——Yes, she is.　「はい，そうです」
    - ——No, she isn't.「いいえ，ちがいます」
  - Is it [this / that] a bird?「それは[これは；あれは]鳥ですか」
    - ——Yes, it is.　「はい，そうです」 ＊bird：鳥
    - ——No, it isn't.「いいえ，ちがいます」
  - Are we teachers?　「私たちが先生ですか」
    - ——Yes, you are.　「はい，そうです」
    - ——No, you aren't.「いいえ，ちがいます」
  - Are you students?「あなたたちは生徒ですか」
    - ——Yes, we are.　「はい，そうです」
    - ——No, we aren't.「いいえ，ちがいます」
  - Are they doctors?　「彼らは医者ですか」
    - ——Yes, they are.　「はい，そうです」
    - ——No, they aren't.「いいえ，ちがいます」

中学1年

中学2年

中学3年

- Are these[those] books? 「これらは[あれらは]本ですか」
 _{アー　　ズィーズ　　ゾウズ　　　　ブックス}
 ——Yes, they are. 「はい，そうです」
 _{イェス　　ゼイ　　アー}
 ——No, they aren't. 「いいえ，ちがいます」
 _{ノウ　　ゼイ　　アーント}

 ポイント　be 動詞の疑問文の答え方

- 「はい」のときは Yes，「いいえ」のときは No で答える。
 〈**Yes**，主語 + be 動詞.〉〈**No**，主語 + be 動詞 + **not**.〉
 「はい，そうです」　　　主語に合わせる　　　「いいえ，ちがいます」
- 疑問文の主語と答えの文の主語の関係に注意する。
- 答えの文でも，be 動詞は主語に合わせる。

　be 動詞を使った肯定文・否定文・疑問文をひととおり学習したことになるんだけど，マメ君，正直な感想はどうかな？

　はい，最初は簡単に考えていましたが，そうではなさそうな気がしてきました。英語は本当に形にこだわることばなんですね。日本語では主語がなくてもある程度は通じてしまいますから。

　そうだね。外国のことばを学習するということはちがう国に住む人たちの考え方や文化も学習することになるんだよ。外国語の習得には根気とねばり強さも必要だね。

　それでは，**実践問題**を解いて，一気に身につけてしまおう！

実 践 問 題

Disk 1：01〜04／DL：2-1〜2-4 🎧

1 次の日本文にあうように，（　）内に適する語を書きなさい。

(1) これは鳥です。

（　　　） is a bird.

(2) あなたは先生です。

You （　　　） a teacher.

(3) それらは卵ですか。

（　　　） they eggs?

(4) あれはネコではありません。

That is not （　　　） cat.　＊cat：ネコ

2 次の文の誤りを直し，正しい文を書きなさい。

(1) This is an window.　＊window：窓

(2) I amn't a pilot.　＊pilot：パイロット

(3) Yes, it's.

(4) This is a Mike.　＊Mike：マイク（人の名前）

3 次の疑問文に対する正しい答えをア〜カから選び，記号を書きなさい。

(1) Is this a dog?　＊dog：犬

(2) Are you a nurse?

ア　Yes, it's.　　　イ　Yes, it is.　　　ウ　Yes, this is.

エ　Yes, you are.　　オ　No, it is.　　　カ　Yes, I am.

4 次の文を〔　〕内の指示にしたがって書きかえなさい。

(1) This is a map.〔map を album にかえて〕

(2) They are Japanese girls.〔疑問文に〕

＊map：地図　　album：アルバム

Japanese：日本人の；日本の；日本語　　girl：少女

さて，**Lesson 2** で学習してきた内容のおさらいだよ。

1

　まずは日本文を読んで，肯定文・否定文・疑問文のどれにあたるかを区分けしてしまおう。

(1)　肯定文でいいね。「**これは**」にあたる英語を空らんに入れるんだけど，This でいいね。this ではないから注意だよ。英文は大文字から始めることを忘れずに！

(2)　これも肯定文だね。空らんに入る語は，日本語の「**〜です**」にあたる be 動詞。be 動詞は主語によって決まるから注意すること。You「あなたは」があるから be 動詞は are で決まりだね。

(3)　「**〜ですか**」だから疑問文だよ。疑問文のつくり方は，**主語と be 動詞を逆にする**，だったね。そして，主語が they だから be 動詞は are。ただし文頭は大文字で書くよ。

(4)　「**〜ではありません**」とあるので否定文でいいね。否定文は be 動詞のうしろに not を置けば正解だけど，すでに not はある。そこでさらにうしろを見ると cat があるね。数えられる名詞が 1 つのときは，a か an をつけることを思い出せたかな？　cat は［k］という子音で始まるから，a をつければ正解。

2

　今度は日本文がないので，よく注意しよう。

(1)　数えられる名詞 window が 1 つと考えていいよね。a か an をつければいいけど，window は［w］という子音から始まるので，an ではなく a にしよう。正しい文の意味は「これは窓です」。

(2)　I am not は I'm not としか短縮できないことを思い出そう！　正しい文の意味は「私はパイロットではありません」。

(3)　疑問文に対する答えの文だということに気がついたかな？　答えの文では，**短縮形は否定文でしか使わない**ので，it's は誤り。正しく書くと，Yes, it is. となるよ。

(4)　肯定文であるのはいいよね。Mike は人の名前（固有名詞）だから，大文字で始まっているのも大丈夫。

　　ところが，人の名前の前には a や an はつけられないというルールもあるので注意しよう。

　　そして，〈This [That] is ＋人の名前.〉の訳し方は，「**こちらは[あちらは]～です**」となるんだ。人をさして，「これは[あれは]～です」と言うのは失礼だからね。正しい文の意味は「こちらはマイクです」。

3

　疑問文に対する答え方の問題だよ。まずは疑問文の意味を日本語で考えてみよう。

(1)　Is this a dog? は「これは犬ですか」。近くにあるものをさして「これは？」と聞かれたら，「それは～です」と答える。it で書かれているものを選択すればいいので，**ア・イ・オ**が候補になるね。アは Yes のうしろに it's と短縮形があるけど，Yes で答える文では短縮形は使えないのでまちがい。オは No と否定しているのに，not がないのでまちがい。**イの Yes, it is. 「はい，そうです」が正解。**

(2)　Are you a nurse?　は「あなたは看護師ですか」。「あなたは？」と聞かれたら，「私は」で答える。I「私は」が使われている**カの Yes, I am.「はい，そうです」**を選べばいいよね。

50

4

最後の問題は，(1)をマメ君に，(2)をみぃちゃんにやってもらおうか。では(1)からお願いするよ。

(1)

はい，This is a map. の map を album にかえると，This is a album. でよさそう。あっ，でも，album は母音で始まる単語だから，This is an album. にすれば正解ですか？

そのとおりだよ。**an album** によく気づいたね。
では(2)をみぃちゃんにお願いするよ。

(2)

はい，まずは日本語で考えてみます。They are Japanese girls. は「彼女たちは日本人の女の子です」という意味で，それを疑問文にすると「彼女たちは日本人の女の子ですか」となりますよね。主語とbe 動詞を逆にして，Are they Japanese girls? とすればいいんですか？

正解！ その調子で，さらにがんばっていこう！

1 (1) This　(2) are　(3) Are　(4) a

2 (1) This is a window.　(2) I'm[I am] not a pilot.
　　(3) Yes, it is.　(4) This is Mike.

3 (1) イ　(2) カ

4 (1) This is an album.　(2) Are they Japanese girls?

中学1年

中学2年

中学3年

be 動詞は英語の基本の基本だから，しっかり復習しておこうね！

3 現在の文②（一般動詞）

I 一般動詞を使った肯定文

Lesson 2 では be 動詞の使い方を学習してきたけど，主語によって be 動詞は am / is / are と 3 通りに変化することは忘れていないよね。

さて，これからはさらに一歩進んだ学習として，一般動詞というものを見ていくよ。……すごく不安そうな顔をしているね，マメ君。

はい，英語という，なんか，たいへんな世界に本格的に足を踏み入れてしまった感じで，これから理解していけるのか不安です。

大丈夫だよ！　君は今，日本語という言語を使って，人と話したり文章を書いたりしているよね。その能力は幼いころからとても苦労して身につけたものだということを忘れてしまっているんだ。何ごともはじめてのことはたいへんだけど，あせらなくていいからね。

さて，本題に戻るよ。英語の動詞には 2 種類あって，1 つは Lesson 2 で学習した be 動詞，そしてもう 1 つはこれから学習する一般動詞というものなんだ。

1 be 動詞と一般動詞

一般動詞は be 動詞とまったく異なる意味で用いられ，eat「〜を食べる」や play「（スポーツなど）をする」のような動作を表す動詞と，have「〜を持っている」や know「〜を知っている」のような状態を表す動詞があるんだ。

中学1年

中学2年

中学3年

ポイント　be 動詞と一般動詞

動詞 ─┬─ be 動詞（**am** / **is** / **are**）
　　　└─ 一般動詞 ─┬─ 動作を表す（**eat** / **play** など多数）
　　　　　　　　　　└─ 状態を表す（**have** / **know** など多数）

　一般動詞は，出てくるたびに覚えなくてはならないけど，暗記は後回しにして，まずは考え方とルールの学習から始めよう！

　次の例文を使って be 動詞とのちがいを見てみよう。

● **be 動詞の文**

　例　アイ アム アレックス
　　　I am Alex.　「私はアレックスです」
　　　　　補語　　　　＊ Alex：アレックス（人の名前）

● **一般動詞の文**

　例　アイ ノウ アレックス
　　　I know Alex.　「私はアレックスを知っています」
　　　　　目的語

　ちがいがわかったかな。どちらも主語（I）のうしろに動詞があり，そのうしろに人の名前（Alex）があるのはわかるよね。

　2つの文の語順にちがいがないことがわかったら，今度は日本語訳に注目してごらん。be 動詞の文には「私＝アレックス」の関係があり，一般動詞の文には「私＝アレックス」の関係がないよね。

　はじめのうちは，このようにイコールの関係が成立しない動詞を一般動詞として考えていこう。「はじめのうちは」と言ったのは，中学2年，3年になるとそうじゃないのも出てきてしまうからなんだ。ま，今はそれで大丈夫！

そして be 動詞のうしろの Alex は，主語（I）の状態やようすを説明している語ともいえるよね。このようなことばを補語というんだ。

また，一般動詞のうしろの Alex は，主語（I）とはまったくの別人で，「私が知っている相手」と考えていいよね。主語の動作の相手・対象などを表す語を目的語というよ。

なんだか難しいことばを使ってしまったけど，中学 2 年，3 年でしつこいくらい出てくる用語だから，今のうちから慣れておこうね。

! ポイント　be 動詞と一般動詞の考え方

- 〈主語＋ be 動詞＋補語.〉　➡主語＝補語の関係
- 〈主語＋一般動詞＋目的語.〉➡主語≠目的語の関係

  注　「目的語」は，「～を」以外にも「～に」「～が」と訳すほうが
  いい場合もあるので注意！

2　一般動詞の使い方

ちょっと問題をやってみようか。

問題① ▶　次の日本文を，（　）内の一般動詞を使って英語で言いなさい。

❶　私は 1 冊の本を持っています。（have）

❷　あなたはテニスをします。（play）
　　　　　　　　＊テニス：tennis

❸　彼はリンゴが好きです。（like）
　　　　　　　＊ like：～が好きだ　　リンゴ：apple

❹　彼女はピアノをひきます。（play）
　　　　　　　　　　　　＊ピアノ：piano

さて，みいちゃん，いきなりだけど，❶の問題をお願いするよ。

中学1年

中学2年

中学3年

はい，「1冊の本」は a book だと思うので，I have a book. でいいですか？

よくできたね。では，マメ君。❷をお願い。

はい，「あなたは」が you でテニスが a tennis だと思うので，You play a tennis. だと思うんですが……。

　今までの学習内容からすれば，当然名詞の tennis には a をつけると思うだろうけど，じつは球技スポーツには a や an をつけないのがルールなんだ。そうすると，You play tennis. となるね。
　それでは，❸をみぃちゃんにお願いしよう。

はい，リンゴはスポーツではないので，a か an をつけるんですよね。apple は母音から始まるので，He like an apple. だと思います。

　自信をもって答えてくれたのにごめんね。これにもひっかけがあるんだ。主語が I「私は」/ you「あなたは」以外の単数で，現在の文の場合は，一般動詞の最後に（e)s をつける，これがルールなんだ。

先生，ずるい。だったら
答えは，He likes an apple.
でいいですか？

そのとおり！ それをふまえて，マメ君，❹をきれいにキメてよ。

はい，彼女は，I や you
以外の主語で単数だから，
She plays a piano. でどう
ですか？

　正解！ と言いたいところだけど，これも私がいじわるをしてしまったんだ。ごめんね。
「楽器を演奏する」というときは，楽器を表す語の前に **the** をつけて，〈**play the** ＋ 楽器を表す語〉の形で書く，これもルールだよ。the は〔ザ〕と読むよ。そんなにイジケないでよ，マメ君。ちゃんとまとめるからね。
　the については，**Lesson 9**（☞ p.166）でくわしく説明するよ。

問題❶ の解答▶　❶ I have a book.　　❷ You play tennis.
　　　　　　　　 ❸ He likes an apple.　❹ She plays the piano.

③　主語と一般動詞の関係
　さんざんいじわるをしてしまった反省をこめて，しっかり説明させていただきます。

1.　主語の人称
英語の主語には，１人称（いちにんしょう）・２人称（ににんしょう）・３人称（さんにんしょう）というのがあるんだ。

- 1人称：単数の **I**「私は」／ 複数の **we**「私たちは」
- 2人称：単数の **you**「あなたは」／ 複数の **you**「あなたたちは」
- 3人称：単数の **he**「彼は」／ **she**「彼女は」／ **it**「それは」／
　　　複数の **they**「彼らは；彼女たちは；それらは」

　1人称は話し手，2人称は聞き手（相手），3人称はそれ以外，と考えるといいね。

人称＼数	単　数	複　数
1人称	I	we
2人称	you	you
3人称	he / she / it など	they など

2.　3人称・単数・現在の文

　主語が3人称・単数で，現在の文の場合は，一般動詞の語尾に **s** や **es** をつけなければならないことに注意しよう。このような s / es を，3単現の（e)s と呼ぶんだ。

- <ruby>I<rt>アイ</rt></ruby> <ruby>like<rt>ライク</rt></ruby> <ruby>tennis.<rt>テニス</rt></ruby>　（主語が1人称）
　「私はテニスが好きです」
- <ruby>He<rt>ヒー</rt></ruby> <ruby>likes<rt>ライクス</rt></ruby> <ruby>tennis.<rt>テニス</rt></ruby>　（主語が3人称・単数）
　　語尾に s をつける
　「彼はテニスが好きです」

3.　動詞の(e)s のつけ方

　一般動詞の語尾に s や es をつけるときにもルールがあるよ。語尾の文字に注意しよう。

- 動詞の (e)s のつけ方
  - 原則：語尾に s をつける　likes / plays など
  - o / s / ch / sh / x で終わる動詞：語尾に es をつける
    goes / teaches など　　　　　　＊ go：行く　　teach：〜を教える
  - 〈子音字＋y〉で終わる動詞：y を i にして es をつける
    study ➡ studies / cry ➡ cries など
    ＊ study：〜を学ぶ　　cry：叫ぶ
    注　子音字とは，子音を表すアルファベット文字のこと。
  - have：特別に has になるよ！

4. 動詞の (e)s の発音

一般動詞の語尾の発音によって，4 通りに分けられることに注意！

- 動詞の (e)s の発音
  - 語尾の発音が ［プ］［ク］［フ］の一般動詞：(e)s の発音は ［ス］
    likes / makes など　　　　　　＊ make：〜をつくる
  - 語尾の発音が ［ス］［ズ］［シュ］［チ］［ジ］の一般動詞
    ：es の発音は ［イズ］　uses / washes など
    ＊ use：〜を使う　　wash：〜を洗う
  - 語尾の発音が ［ト］で終わる一般動詞
    ：ts / tes の発音は ［ツ］　cuts / hits など
    ＊ cut：〜を切る　　hit：〜を打つ
  - その他の一般動詞
    ：(e)s の発音は ［ズ］　goes / plays など

be 動詞とは比べものにならないくらい，たくさんのルールがあるね。

Ⅱ 一般動詞を使った否定文 ·········

　一般動詞の否定文を説明するよ。みぃちゃん，be 動詞の否定文のつくり方を覚えているかな？

> はい，be 動詞（am / is / are）のうしろに not をつければできました。

　そうだったね。じゃあ，今回も同じことを期待しちゃいそうだけど，そうはいかないのがつらい人生……。
　とりあえず，be 動詞の否定文とのちがいを見てみよう。

- **be 動詞の否定文**

　例　You **are not[aren't]** James.　＊ James：ジェームズ（人の名前）
　　　ユウ　アー　ノット　アーント　ジェイムズ　　　ジェイムズ

　　　　「あなたはジェームズではありません」

- **一般動詞の否定文**

　例　You **do not[don't]** know James.
　　　ユウ　ドゥ　ノット　ドント　ノウ　ジェイムズ
　　　　　　　↑　動詞の原形
　　　do not の短縮形「あなたはジェームズを知りません」

---

　be 動詞の否定文は，not をうしろにつければよかったのに対して，一般動詞の否定文は，動詞の前に **do not[don't]** なんてものを置かないとダメなんだね。
　また，**do not[don't]** のうしろには必ず動詞の原形を置く，というルールがあるんだ。動詞の原形とは，辞書の見出しになっている，s やes などがつかないもとの形のことだよ。

3単現の文ではまたちがうルールがあるよ。

肯定文では3単現の(e)sをつけて，He plays the guitar. となったよね。否定文では，He のうしろに **does not[doesn't]** がついて，動詞の原形 play が続くわけだ。

この文を，（×）He doesn't plays the guitar. や（×）He plays not the guitar. などと書かないように注意しないとね。

 ポイント　一般動詞の否定文のつくり方

- 主語が I / you / 複数のとき ➡ I / you / we / they など

  〈主語 ＋ **do not[don't]** ＋動詞の原形 〜.〉

  例　I **do not[don't]** play the guitar.

  「私はギターをひきません」

- 主語が3人称・単数のとき ➡ he / she / it など

  〈主語 ＋ **does not[doesn't]** ＋動詞の原形 〜.〉

  例　He **does not[doesn't]** play the guitar.

  「彼はギターをひきません」

  ＊ guitar：ギター

それでは，マメ君，次の英文を否定文にするとどうなるかな。

- He has some brothers.

some というのは習ったことがないけど……。でも否定文はつくれます。主語がHeだから，否定文は doesn't を使って，has を原形の have にして，He doesn't have some brothers. でいいですか？

　doesn't を使ったことや，動詞を原形にしたことは正解だよ。よく理解しているね。

　でも some がまちがいなんだ。マメ君が言っていたように，まだ説明していなかったね。

　じつは，否定文では，some を any にかえて，He doesn't have any brothers. としなくてはいけないんだ。

　ここで，some と any について説明するよ。肯定文の brothers の前の some という単語は「不特定の数量」で「**何人かの：いくらかの**」という意味をもつんだ。数量を特定する必要がないときに使う単語なので覚えておこう。これを否定文にすると，some brothers ではなく any brothers になるので注意しよう。**not** と **any** はセットで使われると「**1人も［1つも］〜ない**」の意味があることも合わせて覚えておこうね。

　He has some brothers. は「彼には何人かの兄弟がいます」，He doesn't have any brothers. は「彼には兄弟は 1 人もいません」という意味になるよ。

　ややこしいルールだから，しっかり整理しておこう。

一般動詞を使った疑問文 ·····························

be 動詞の疑問文は，主語と be 動詞を逆にして，文の最後を上げ調子
で読めばよかったのは覚えているかな？

● be 動詞の疑問文

　肯定文：**You are ～.**

　　　　　　　入れかえる

　疑問文：**Are you ～？** 　上げ調子で読む

　ところが，一般動詞の疑問文はまたまたそうはいかないのがつらい人
生パート 2……。

　一般動詞の疑問文は，主語と動詞を逆にしたところで何も始まらな
い。まちがっても You have a pen. の疑問文を（✕）Have you a pen?
なんてしないでよ。

●一般動詞の疑問文のつくり方

　肯定文：**You play soccer.** ＊soccer：サッカー

　　　　「あなたはサッカーをします」

　　　⬇ 主語の前に do を置く

　疑問文：**Do you play soccer?** 「あなたはサッカーをしますか」
　　　　　　動詞の原形

　見てのとおり，〈主語＋動詞〉の語順はそのままで，文頭に **do** を置く
とできあがり。否定文のときと同様に動詞を原形にすることにも注意。

　そして，またまた登場の主語の 3 人称・単数・現在形ルールをお忘れ
なく！ **does** を文頭に置いて，動詞を原形にするよ。

ポイント　一般動詞の疑問文のつくり方

- 主語が **I / you** / 複数のとき ➡ **I / you / we / they** など

  〈**Do** ＋主語＋動詞の原形 ～ ?〉

  例　ドゥ　ユウ　ライク　ベイスボール↑
  　　Do you like baseball? ＊ **baseball**：野球

  「あなたは野球が好きですか」

- 主語が３人称・単数のとき ➡ **he / she / it** など

  〈**Does** ＋主語＋動詞の原形 ～ ?〉

  例　ダズ　シー　ライク　ベイスボール↑
  　　Does she like baseball?

  　　　　　　原形に！

  「彼女は野球が好きですか」

  注　文末は上げ調子で読み，クエスチョンマークを忘れずに！

そして，疑問文に対する答え方もいっしょに学習するよ。

- 一般動詞の疑問文と答えの文

  - 主語が **I / you** / 複数のとき

    疑　問　文：ドゥ　ユウ　ハヴ　ア　ペン↑
    　　　　　　Do you have a pen?「あなたはペンを持っていますか」

    答えの文：—— イェス　アイ　ドゥ
    　　　　　　Yes, I do.　　　「はい，持っています」

    　　　　　—— ノウ　アイ　ドント
    　　　　　　No, I don't.　　「いいえ，持っていません」

  - 主語が３人称・単数のとき

    疑　問　文：ダズ　ヒー　ハヴ　ア　ペン↑
    　　　　　　Does he have a pen?「彼はペンを持っていますか」

    答えの文：—— イェス　ヒー　ダズ
    　　　　　　Yes, he does.　　「はい，持っています」

    　　　　　—— ノウ　ヒー　ダズント
    　　　　　　No, he doesn't.　「いいえ，持っていません」

じゃ，みぃちゃん，次の文を疑問文にしてくれるかな。

- ユウ ウァント サム ペンズ
  You want some pens.　　　　　　　　　　　　　　ウァント
  　　　　　　　　　　　　　　　　　　　　　　　　* want：〜がほしい

はい。You は 3 人称・単数じゃな
いから，ふつうに do を使って疑問文
にします。否定文じゃないから some
はそのままでいいのかな？　Do you
want some pens?　でいいですか。

　some はそのままでいいのかな，と気づいたのはみごとだよ。そう
なんだ。ふつう some は疑問文でも any にかえて，Do you want any
pens? となるよ。You want some pens. は「あなたは何本かのペンをほ
　　　　　　　　　　ドゥ　ユウ　ウァント　エニ　ペンズ
しがっています」，Do you want any pens? は「あなたは何本かのペン
がほしいですか」という意味だね。

　それではここで，some と any をまとめておこうね。

 ポイント　some と any

- 肯定文で使われている some
  ➡否定文では any「1 つも[1 人も]〜ない」
  ➡疑問文では any「何人かの；いくらかの」
  注　some / any については，p.143 でも説明するよ。

　それでは，実践問題をやってみよう！　ちょっと難しい問題もあるけ
ど，ヒントをあげるからがんばってみようか。

実 践 問 題

1　次の文の誤りを直し，正しい文を書きなさい。

(1)　He doesn't has a ball.　　　　　　　　　　＊ ball：ボール

(2)　I don't have some dolls.　　　　　　　　　＊ doll：人形

(3)　Does Mike have a hat? — Yes, he has.　　＊ hat：ぼうし

(4)　They doesn't play basketball.　　　＊ basketball：バスケットボール

2　次の文を〔　　〕内の指示にしたがって書きかえなさい。

(1)　You have a glove.〔You を He にかえて〕　＊ glove：グローブ；手袋

(2)　I have a lemon.〔否定文に〕

(3)　She has a piano.〔疑問文に〕

(4)　He has some sons.〔疑問文に〕　　　　　　　　　＊ son：息子

3　次の（　　）内に適する語を下から選びなさい。

(1)　Do you (　　　　) in the river?　　　　　＊ river：川

(2)　We don't (　　　) in a city.　　　　　　＊ city：都市；都会

(3)　You (　　　) English very well.
　　　　　　＊ English：英語　　very：とても　　well：じょうずに

(4)　I (　　　) an apple〔apples〕very much.　＊ very much：とても

(5)　We (　　　) to school every day.
　　　　　　＊ to：～へ　　school：学校　　every day：毎日

---

live「住んでいる」　like「好きだ」
swim「泳ぐ」　　read「読む」　go「行く」

1

(1) 「彼はボールを持っていません」という文をつくろうとしているのは
わかるよね？ 否定文は〈主語 + don't[doesn't] +動詞の原形 ～.〉
の形だったね。主語が He だから doesn't を使っているのはいいけど，
has は原形の have にしないとダメだね。

(2) 「私は人形を１つも持っていません」という意味にしたい。１人称の
否定文の形は〈主語 + don't + 動詞の原形 ～.〉だから，形としては
まちがいないね。p.61 で学習したことを覚えているかな？ 「１つも～
ない」という否定文では any を使ったよね。

(3) 「マイクはぼうしを持っていますか」という疑問文だね。この主語
の Mike は何人称かな？ マメ君はどう思う？

はい, Mike は, １人称の「私は」でも２
人称の「あなたは」でもないと思うので３
人称ですか？ でも３人称は「彼は；彼女
は；それは」と習ったので，どれにもあて
はまらないような気がするけど……。

途中まではよく考えられていたよ。Mike は「私は」でも「あなた
は」でもないのは大丈夫だね。だから３人称でいいんだよ。Mike が
２回目に出てくると，男性１人だから「彼は」となるよね。Mike は
he と同じように考えればいいんだ。

あっ，なるほど。Does he have a
hat? なら，この疑問文はまちがいで
はないけど，答えの文がおかしいと思
います。Does ～？ の文の答え方は,
〈Yes, 主語 + does.〉でしたよね。

そのとおり！　だいぶ英語に対する考え方が身についてきたようだね。

(4)　「彼らはバスケットボールをしません」という否定文だ。これは主語に注目すると解けるよ。They は 3 人称だけど複数だ。つまり，3 人称・単数ではないので doesn't は使えないということになるね。

2

(1)　「あなたはグローブを持っています」という文の主語を「彼は」にかえて書きかえる。「彼は」（he）は 3 人称・単数なので，動詞の have を has にかえれば正解。

　　和訳「あなたはグローブを持っています」➡「彼はグローブを持っています」

(2)　「私はレモンを持っています」という肯定文を否定文にする。一般動詞 have の否定文は，have not などとしてはダメだったね。1 人称の主語（I）に合わせて，I don't have 〜. で正解。

　　和訳「私はレモンを持っています」➡「私はレモンを持っていません」

(3)　「彼女はピアノを持っています」という肯定文を疑問文に。一般動詞の疑問文では，主語と動詞を逆にするという be 動詞のルールは使えないので，Has she 〜? はまちがい。主語の She が 3 人称・単数であることに注意して，〈Does she + 動詞の原形 〜?〉としよう。

　　和訳「彼女はピアノを持っています」➡「彼女はピアノを持っていますか」

(4)　「彼は何人かの息子を持っています」ではおかしな日本語なので，「彼には何人かの息子がいます」と訳そうね。これを疑問文にすると，「彼には息子が何人かいますか」という意味になる。3 人称・単数の he の疑問文は，〈Does he + 動詞の原形 〜?〉だね。でもね，some が疑問文ではふつう any になることも忘れずに。

　　和訳「彼には何人かの息子がいます」➡「彼には息子が何人かいますか」

3

状況をよりくわしく述べるために，〈in などの<u>前置詞＋名詞</u>〉の形で**文末に場所・時間・程度などを表す**んだ。これらの語句はほとんどが**副詞**（☞ Lesson 9）という用語で呼ばれているので徐々に覚えていこう。前置詞は **Lesson 22** で説明するよ。

⑴　文末の <u>in the river</u>（イン ザ リヴァー）は，「その川で」と訳す副詞なんだ。この意味と合う一般動詞を見つければいいね。

　　和訳「あなたはその川で泳ぎますか」

⑵　文末の副詞 <u>in a city</u> は「都市に；都会に」と訳す。どの一般動詞と合うのか考えよう。

　　和訳「私たちは都会に住んでいません」

⑶　文末の副詞 <u>very well</u> は「とてもじょうずに」と訳す。**English** は「英語」という意味の名詞だね。言語を表す名詞には，**a** や **an** をつけないことも覚えておこう。**French**（フレンチ）「フランス語」，**German**（ジャーマン）「ドイツ語」なども **a** や **an** はつけないよ。

　　和訳「あなたはとてもじょうずに英語を読みます」

⑷　文末の副詞 **very much** は「とても」と訳す。

　　和訳「私はリンゴがとても好きです」

⑸　文末の副詞 <u>every day</u> は「毎日」と訳す。その前にある **to school**「学校に」もじつは副詞なんだ。では，この 2 つの語句と合う一般動詞はなんだろうか？

　　和訳「私たちは，毎日学校に行きます」

■ 解答

1 (1) He doesn't have a ball. (2) I don't have any dolls.
(3) Does Mike have a hat? —— Yes, he does.
(4) They don't play basketball.

2 (1) He has a glove. (2) I do not[don't] have a lemon.
(3) Does she have a piano?
(4) Does he have any sons?

3 (1) swim (2) live (3) read (4) like (5) go

中学1年

中学2年

中学3年

3単現の (e)s はまちがえやすいから，問題をくり返しやって身につけよう！

● Lesson

4　現在進行形の文

　Lesson 2 では be 動詞の文，**Lesson 3** では一般動詞の文を学習して
きたね。主語の種類も多かったし，また主語に合わせる動詞もたくさん
あってたいへんだったと思うけど，よくがんばったね。
　さまざまな主語にさまざまな動詞を組み合わせて英文をつくることに
慣れていく学習から一歩進んで，今回は文の内容（動作・状態）に焦点
をあてて考えてみようか。
　さて，マメ君，次の日本文を見て気づくことを言ってくれるかな。

---

❶　私はギターを持っています。
❷　私は毎日サッカーをします。
❸　私は今サッカーをしています。

　　はい，どの文にも主語に「私」
があります。❶は have，❷は play
の一般動詞を使って書けそうで
す。❸の文は「サッカーをしてい
ます」となってて，今までに習って
いない文のような気がします。

　よく復習できているようだね。❶と❷の文を英語にするときの考え方
はバッチリだよ。
　それでは文の内容についてはどうかな？　これらの文を例にあげたの
は，次のように考えてほしかったからだ。

❶の文：主語「私」の現在の状態がわかる。　（状態の文）

❷の文：主語「私」の現在の習慣がわかる。　（動作の文）

❸の文：主語「私」の目の前の状態がわかる。（状態の文）

　一般動詞の中には，状態の意味を表す動詞と動作の意味を表す動詞の2種類ある，これは Lesson 3 で学習したね。

「サッカーをします」は動作だけれど，じつは今サッカーをしているのではなく，「現在そういう習慣がある」ということなんだ。

　すると❸の「サッカーをしています」というのは，習慣ではなく，目の前の状態といえるね。

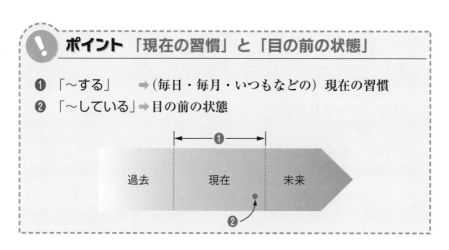

ポイント　「現在の習慣」と「目の前の状態」

❶　「〜する」　➡（毎日・毎月・いつもなどの）現在の習慣

❷　「〜している」➡ 目の前の状態

過去　　現在　　未来

I　現在進行形の肯定文

1　現在進行形のつくり方

　それでは先ほどの❸「私は今サッカーをしています」という文を英語で書くとどうなるか，見ていてね。

日本文：私は今サッカーをしています。
英　文：I am playing soccer now.　　　　　　　＊now：今

どうかな。なんだかまた新しい形の文が登場してきたね。

このような文は**現在進行形**の文といって，今，目の前の状態を表す文なんだ。

現在進行形の文は，〈**主語＋be動詞＋動詞の -ing 形 ....**〉だよ。be動詞は，現在の文と同じように，主語によって am / is / are を使い分ける。動詞の -ing 形は，あとで説明するよ。

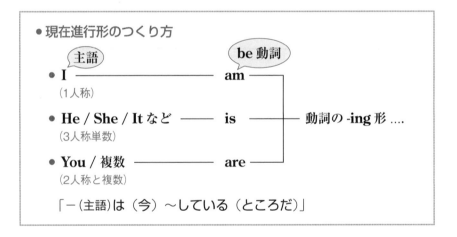

●現在進行形のつくり方

〔主語〕　　　　　　　〔be動詞〕

● **I** ───────── **am**
（1人称）

● **He / She / It** など ── **is** ── 動詞の -ing 形 ....
（3人称単数）

● **You / 複数** ───── **are**
（2人称と複数）

「−（主語）は（今）〜している（ところだ）」

進行形で使われる動詞の -ing 形のことを，**現在分詞**と呼ぶこともあるので覚えておこうね。現在分詞については，**Lesson 28** で学習するよ。

●現在進行形の文

例　I am washing a car.　　　　「私は車を洗っています」

例　He is reading a comic book.「彼はマンガ本を読んでいます」

＊car：車　　comic book：マンガ本

例　They **are walking** now.　　＊walk：歩く
ゼイ　アー　ウォーキング　ナウ　ウォーク

　　「彼らは今歩いています」

注　現在進行形の文では，now「今」という
　　副詞がなくても目の前の状態を表せる。

② 動詞の -ing 形のつくり方

　動詞の原形の語尾に ing をつけるときには，注意が必要なんだ。何も考えずにひたすら ing をつけてもダメなので，しっかりと覚えておこうね。全部で4種類あるから，1つずつ整理しておこう。

●動詞の -ing 形のつくり方

- ●**原則**：そのまま語尾に ing をつける

　　play ➡ playing　　read ➡ reading
　　プレイング　　　　　　リーディング

- ● **e で終わる動詞**：語尾の e をとって ing をつける

　　make ➡ making　　write ➡ writing　　＊write：〜を書く
　　メイキング　　　　　　ライティング　　　ライト

- ●**〈短母音＋子音字〉で終わる動詞**：語尾の1文字を重ねて ing をつける

　　run ➡ running　　swim ➡ swimming　　＊run：走る
　　ランニング　　　　　　スウィミング　　　ラン

　　注　短母音とは，のばさずに短く発音する「ア・イ・ウ・エ・オ」のこと。

- ● **ie で終わる動詞**：ie を y にして ing をつける

　　lie ➡ lying　　die ➡ dying　　＊lie：横たわる　　die：死ぬ
　　ライ　　ライイング　　ダイ　ダイイング　　　ライ　　　　　　ダイ

---

③ 進行形にできない動詞

　進行形とは，動作の意味をもつ動詞（〜する）を使って「〜している」という状態を表す表現だね。ということは，<u>もともと状態の意味を</u>

もつ動詞は進行形にする必要がないということになるね。

　たとえば，**run**「走る」や **swim**「泳ぐ」は動作の動詞だから，進行形にすると「走っている」や「泳いでいる」という意味になるよね。

　ところが，**have**「持っている」や **know**「知っている」は本来状態の意味があるから，ふつう進行形にはしない。これをムリヤリ進行形にすると，「持っているいる（‥）」や「知っているいる（‥）」なんてわけのわからないことになってしまうね。

　次に，進行形にできない代表的な状態の動詞をあげておくので，ちゃんと把握しておこう！

 ポイント　進行形にできないおもな「状態を表す動詞」

- **know**「知っている」
- **see**　「見える」
- **like**　「好きである」

- **have**「持っている」
- **hear**「聞こえている」
- **want**「ほしがっている」

注　**have** が「〜を食べる」という意味で用いられるときは，現在進行形にすることができる。

have のような例外もあるから，気をつけようね！

現在進行形の否定文‥‥‥‥‥‥‥‥‥‥‥‥‥

　進行形の肯定文には，〈主語 ＋ be 動詞 ＋ 動詞の -ing 形 ....〉のように，be 動詞が入っているね。

　否定文のつくり方はじつはとても簡単で，この be 動詞のうしろに not をつければできあがりなんだ。Lesson 2 で学習した be 動詞の否定文とまったく同じようにつくればいいんだ。

　よかったねー，難しくなくて。

- **現在進行形の否定文のつくり方**

肯定文：He is swimming now.

　　　　「彼は今泳いでいます」

　　　　　　be 動詞のうしろに not を入れる
　　　　　　　　　　　↓
否定文：He is not[isn't] swimming now.

　　　　「彼は今泳いでいません」

 ポイント　現在進行形の否定文

- 〈主語 ＋ be 動詞 ＋ **not** ＋ 動詞の **-ing 形** ....〉

➡「－(主語)は（今）〜していません」

注　もちろん短縮形も使えるよ。

　　is not ➡ **isn't**,　are not ➡ **aren't**,　I am not ➡ **I'm not**

現在進行形の疑問文

　現在進行形の疑問文も be 動詞の文と同じように，主語と be 動詞を入れかえて文末にクエスチョンマーク〈？〉をつけ，上げ調子で読む，これでできあがり。

　一般動詞の疑問文で使った do や does は使わないようにね。

● 現在進行形の疑問文のつくり方

肯 定 文：She is making a cake.「彼女はケーキをつくっています」
　　　　　　　　　　　　主語と be 動詞を入れかえる　　　　＊ cake：ケーキ

疑 問 文：Is she making a cake?「彼女はケーキをつくっていますか」

答えの文：── Yes, she is. 「はい，つくっています」
　　　　　── No, she isn't. 「いいえ，つくっていません」

　進行形の疑問文に対する答え方も，be 動詞の文と同じだから難しくないよね。くれぐれも，（✕）Yes, she making. とか，（✕）No, she not making. などとしないようにね。

 ポイント 現在進行形の疑問文と答えの文

● 疑 問 文 ➡〈be 動詞（Is / Are）＋主語＋動詞の -ing 形 …?〉
　　　　　　「─（主語）は（今）〜していますか」

● 答えの文 ➡
　　── 〈Yes, 主語 + be 動詞.〉　　　「はい，〜しています」
　　── 〈No, 主語 + be 動詞 + not.〉「いいえ，〜していません」

　ちょっとここで注意が必要なのは，Am I ～？という疑問文がないということだね。みぃちゃん，君は自分の今していることを相手にたずねたりするかな？

> 自分の今していることはわかってしていることだから，相手にたずねたりするのはヘンだと思います。

　そうだね。Am I swimming now?「僕は今，泳いでいますか」なんて自分から人にたずねるなんておかしいよね。だから**ポイント**の中の be 動詞の種類には，am を入れなかったんだよ。

　さて，今回の現在進行形では，動作の動詞と状態の動詞ということに焦点をあてて考えてもらったけど，わかってくれたかな？
　なにげなく話したり書いたりしている動詞だけど，奥が深いんだね！

> **実践問題**でしっかり練習しよう！

実 践 問 題

Disk 1：08 〜 11 ／ DL：4-1 〜 4-4 🎧

1 次の一般動詞の -ing 形を書きなさい。

(1) walk　(2) skate　(3) study　(4) ski　(5) teach

(6) swim　(7) help　(8) use　(9) begin　(10) lie

(11) cut　(12) write

　　＊ skate：スケートをする　ski：スキーをする　help：〜を助ける；手伝う
　　begin：(〜が) 始まる；〜を始める

2 次の文の(　　)内の動詞を適する形にしなさい。直さなくてもよいもの
　はそのまま書くこと。

(1) Do you (wash) dishes?　　　　　　　　　　＊ dish：皿

(2) We are (have) lunch.　　　　　　　　　　＊ lunch：昼食

(3) Are you (cut) a tree?　　　　　　　　　　＊ tree：木

(4) She doesn't (play) basketball on Monday.　＊ on Monday：月曜日に

(5) I'm not (study) English now.

3 次の文を現在進行形の文に書きかえなさい。

(1) She writes a letter.　　　　　　　　　　＊ letter：手紙

(2) He doesn't speak English.　　　　　　　　＊ speak：〜を話す

(3) Do they help Bob in the kitchen?

　　　　　　　　＊ Bob：ボブ（人の名前）　kitchen：台所

4 次の文の誤りを直し，正しい文を書きなさい。

(1) I am walkking now.

(2) She is liking sports very much.　　　　　＊ sport：スポーツ

(3) He is having a car.

解説

1

(1) walk, (3) study, (4) ski, (5) teach, (7) help はそのまま **ing** をつける。

(2) skate, (8) use, (12) write は語尾の **e** をとって **ing** をつける。

(6) swim, (9) begin, (11) cut は語尾の子音字を重ねて **ing** をつける。

(10) lie は語尾の **ie** を **y** にかえて **ing** をつける。

2

(1)　Do ～? は一般動詞の疑問文だね。そのときの動詞は原形のままであることを忘れないように。

　　和訳「あなたは皿を洗いますか」

(2)　be 動詞のうしろにまた一般動詞があるね。ということは, have を -ing 形にして現在進行形の文にすればいい。名詞 lunch には a がついていないことにも注目。**have** は「持っている」以外に「食べる」という動作の意味もあるから注意!　have breakfast[lunch / dinner]「朝食[昼食：夕食]を食べる」などという意味で使われるときは**動作を表しているから進行形にできる**んだよ。

　　和訳「私たちは（今）昼食を食べています」

(3)　Are ～? の疑問文。そしてうしろに一般動詞 cut があるので, 現在進行形の文にすればいいね。cut の -ing 形に注意。

　　和訳「あなたは（今）木を切っているところですか」

(4)　doesn't を使って否定文をつくっているから, 進行形の否定文ではないよね。一般動詞の否定文は,〈don't[doesn't]＋動詞の原形〉。文末の on Monday(s) は時を表す副詞で「月曜日に」という意味。

　　和訳「彼女は月曜日にはバスケットボールをしません」

中学1年　中学2年　中学3年

(5) be 動詞の am と一般動詞の study があるので現在進行形の文だね。**not があるから否定文**だよ。

　　和訳「私は今英語を勉強していません」

3

(1) 現在進行形の肯定文にする。主語が She だから be 動詞は **is**。一般動詞 write は，語尾の e をとって -ing 形にすることを忘れずに。

　　和訳「彼女は（今）手紙を書いています」

(2) 現在進行形の否定文にするよ。**現在進行形の否定文は〈主語＋ be 動詞＋ not ＋動詞の -ing 形〉**だったね。主語が He なので be 動詞は is。speak を speaking にすればできあがり。

　　和訳「彼は（今）英語を話していません」

(3) 現在進行形の疑問文にするよ。**現在進行形の疑問文は〈be 動詞＋主語＋動詞の -ing 形 ...?〉**で書くんだったね。主語 they は複数なので be 動詞は are だね。文末の **in the kitchen「台所で」**は場所を表す副詞。

　　和訳「彼らは（今）台所でボブを手伝っていますか」

4

(1) （✕）walkking に注目。もとの動詞は walk で，〈短母音＋子音字〉で終わっている語ではないね。だから k を重ねる必要はないよ。正しい文の意味は「私は今，歩いています」。

(2) さらっと読んでしまうと誤りがなさそうに見えるね。でも liking に注目。動詞 like は「好きである」という状態の動詞だったね。進行形にはできない動詞だということを思い出そう。正しい文の意味は「彼女はスポーツがとても好きです」。

(3)　この問題も(2)と同じように考えてみよう。ここでは <u>have</u> は「持っ
ている」という状態を表しているから，進行形にはできないよ。
　　正しい文の意味は「彼は車を持っています」。主語が He（3 人称・
単数）だから，have を has にすること！

解答

1　(1)　walking　　(2)　skating　　(3)　studying　　(4)　skiing
　　(5)　teaching　　(6)　swimming　(7)　helping　　(8)　using
　　(9)　beginning　(10)　lying　　　(11)　cutting　　(12)　writing

2　(1)　wash　　(2)　having　　(3)　cutting　　(4)　play
　　(5)　studying

3　(1)　She is writing a letter.
　　(2)　He isn't speaking English.
　　(3)　Are they helping Bob in the kitchen?

4　(1)　I am walking now.　　(2)　She likes sports very much.
　　(3)　He has a car.

　問題のできはどうだっ
たかな？　まちがえたと
ころは，しっかり復習し
ておこう。

中学1年

中学2年

中学3年

be 動詞の文，一般動詞の文，現在進行形の文とずいぶんいろんな英文を学んできたね。

マメ君，どうかな？

ここでちょっと落ち着いて復習してみます。いろんな動詞も覚えたいなあ。

そうだね。復習はいつも大事だよ。それから，まめに辞書を活用しようね。

みぃちゃんはどうかな？

いろんな英文が書けそうで，ワクワクしてきました。

たのもしいね。マメ君もみぃちゃんも，いいスタートがきれたようだね！

次のページの表で，よく使われる重要な動詞の 3 単現の形や，-ing 形をまとめておくよ。復習のさいに利用してね。

● 重要動詞一覧表　　　　　　　　　　　　　　注　赤字の語に注意。

動詞	読み方	意味	3単現の (e)s	-ing 形
begin	［ビギン］	始める	begins	beginning
come	［カム］	来る	comes	coming
do	［ドゥ］	する	does	doing
drink	［ドゥリンク］	飲む	drinks	drinking
eat	［イート］	食べる	eats	eating
get	［ゲット］	得る	gets	getting
go	［ゴウ］	行く	goes	going
have	［ハヴ］	食べる 持っている	has	having
help	［ヘルプ］	助ける	helps	helping
know	［ノウ］	知っている	knows	knowing*
like	［ライク］	好きだ	likes	liking*
live	［リヴ］	住む	lives	living*
make	［メイク］	つくる	makes	making
open	［オウプン］	開ける	opens	opening
play	［プレイ］	（スポーツなどを）する	plays	playing
read	［リード］	読む	reads	reading
run	［ラン］	走る	runs	running
see	［スィー］	見える	sees	seeing*
sit	［スィット］	座る	sits	sitting
speak	［スピーク］	話す	speaks	speaking
stand	［スタンド］	立つ	stands	standing
study	［スタディ］	勉強する	studies	studying
swim	［スウィム］	泳ぐ	swims	swimming
use	［ユーズ］	使う	uses	using
walk	［ウォーク］	歩く	walks	walking
want	［ウァント］	ほしい	wants	wanting*
watch	［ワッチ］	見る	watches	watching
write	［ライト］	書く	writes	writing

注　＊の -ing 形は進行形では使うことができないが，現在分詞として使うことがあるので覚えておこう。

中学1年

中学2年

中学3年

● Lesson 5　命令文・感嘆文

　これまでの学習で，相当いろいろなことが英語で言えるようになったはずだよ。

　私が教える英語を通して，今君たちが話したり書いたりしている日本語という母語をもっと真剣に，より深く理解してほしいという願いもあるんだ。日本語をちゃんと扱えないと，英語も身につかないということになるよ。

 命令文とは？ ………………………………………………………

① 命令文の考え方とつくり方

　さて，今回は命令文という文の形を学習してみよう。みぃちゃん，次の問題を解いてもらえるかな？

> **問題①** ▶ 次の文の意味を日本語で言いなさい。
>
> ❶ You go to school.
> 　ユウ　ゴウ　トゥ　スクール
>
> ❷ You are there.
> 　ユウ　アー　ゼア
> 　　　　　　　　　　　　　　　　　　　　＊ there：そこに

　はい，❶は「あなたは学校へ行きます」で現在の習慣の文，❷は「あなたはそこにです」だとヘンなので，be 動詞のもう１つの意味「いる；ある」を使って，「あなたはそこにいます」と考えればいいですか？

　すばらしい！　この調子だと，英語の先生になれる勢いだね。よく復習できているね。

　2つの文はともに，一般動詞 go と be 動詞 are を使った肯定文だよね。

問題❶ の解答▶　❶　あなたは学校に行きます。

　　　　　　　　　❷　あなたはそこにいます。

では，この文を次のように書くとどうかな？

問題❷ ▶　次の文の意味を日本語で言いなさい。

❸　Go to school.
<small>ゴゥ　トゥ　スクール</small>

❹　Be there.
<small>ビー　ゼア</small>

じゃあ，今度はマメ君に訳してもらおうか。

　　　　はい，❸も❹も誤り
　　の文だと思います。

なぜそう言えるのかな？

　　　だって先生は，肯定文の最初には
　　必ず主語を置くようにと言いました。
　　その主語がなくて，しかも動詞から始
　　まっている文なんて反則です。

　そうだね。たしかに私はそのように教えてきたね。マメ君は正しい。でもね，この❸と❹の文は，じつは正しい文なんだ。

「〜しなさい」と相手に命ずる文を**命令文**といい，英語では**主語がなくて動詞から始まる文**になるんだ。

たとえば日本語でも相手に命令するときには，「あなたは学校に行きなさい」なんて言わずに，「学校に行きなさい」と主語をとって言うよね。それと同じようなことが英語でも起こるんだ。

こんな主語がない反則的な文は命令文しかないから，逆に覚えやすいかもしれないね。

<u>問題②</u> **の解答**▶ ❸ 学校へ行きなさい。 ❹ そこにいなさい。

でも先生，you を省略して命令文をつくるなら，❹の文は Are there. と書くべきではありませんか？

いいことに気づいたね。そう，You are 〜. の You が省略されるなら Are 〜. となりそうなんだけど，命令文は**動詞の原形**から始まるという裏技を使っているので，are の原形，つまり **be 動詞の原形 "be"** から始めるんだ。

● **命令文のつくり方**

　　　　　You go to school. 「あなたは学校に行きます」
　　　　　↓ 主語を省略する
命令文: 　Go to school. 　「学校へ行きなさい」
　　　　　動詞の原形から始める

　　　　　You are there. 「あなたはそこにいます」
　　　　　↓ 主語を省略する
命令文: 　Be there. 　　「そこにいなさい」
　　　　　動詞の原形から始める

---

❷　呼びかけるとき

命令する相手の名前を呼びかけるときには注意が必要だよ。

次の例文を見て考えてみよう！

- Go there, Makoto.
  _{ゴウ} _{ゼア}
  　　　　　　　　「マコト，そこに行きなさい」
- Makoto, go there.
  　　　　_{ゴウ} _{ゼア}

呼びかける相手がいる場合は，名前を必ずコンマ〈 , 〉で区切って，文頭か文末に置くようにね！

コンマがないと，（✕）Go there Makoto. や（✕）Makoto go there. となって，意味不明の文になってしまうので注意！

❸　ていねいな命令文

相手に上からものを言うような命令ばかりしていると嫌われちゃうね。ときには相手に合わせて，「～してください」とていねいな命令文で言わないといけないこともあるよね。

- Go there, please.
  _{ゴウ} _{ゼア} _{プリーズ}
  　　　　　　「どうかそこに行ってください」
- Please go there.
  _{プリーズ} _{ゴウ} _{ゼア}

  ↑
  コンマは不要

  ＊ please：どうぞ：どうか
  _{プリーズ}

文末に please を置く場合は，呼びかけの命令文と同様にコンマ〈 , 〉で区切ることに注意！　ただし，文頭に please を置く場合はコンマは必要ないよ。

 **否定の命令文** ·····························

「〜しなさい」を肯定の命令文というのに対して，「〜してはいけません」や「〜するな」と禁止を表す文を**否定の命令文**というんだ。

　つくり方は，**動詞の原形の前に don't を置け**ばできあがり。

● 否定の命令文

❶ Don't go to school. 「学校へ行ってはいけません」
ドント　ゴウ トゥ　スクール

❷ Don't be there. 「そこにいてはいけません」
ドント　ビー　ゼア

❸ Please don't be there. 「どうかそこにいないでください」
プリーズ　ドント　ビー　ゼア

---

　❷と**❸**の文は，be 動詞を使っているので〈be 動詞 + not〉と書きたくなるかもしれないけど，**Don't be 〜.** というヘンテコな形に慣れていこうね！　また，〈Doesn't + 動詞の原形 〜.〉という文は存在しない。

　たとえばスポーツをしていて，チームメイトがミスをしたら，君たちはなんて声をかけてあげるかな？

　そう，「ドンマイ！」でしょ？

　あれは Don't mind！　のこと。「気にするな！」という意味の英語だったんだね。
ドント　マインド

答えをまちがえても
ドンマイ，ドンマイ♪
さあ，次に進もう！

Let's 〜. の文 ···

　人を誘って「〜しましょう」という文も命令文に属するものとして考えておこう。**勧誘文**と呼ぶこともあるよ。

〈**Let's ＋ 動詞の原形 〜.**〉の形で書けばできあがり。この英文は日本語の会話の中でもよく使われるけれど，今までは英語で書いたことがないよね。

- ●勧誘文「〜しましょう」

　勧誘文：Let's go there.　　「そこに行きましょう」
　応じ方：—— Yes, let's.　　「はい，そうしましょう」
　　　　　　—— No, let's not.　「いいえ，よしましょう」

　人から「〜しましょう」と誘われて，同意するなら **Yes, let's.**，同意しないのであれば **No, let's not.** と言えばバッチリ。

　Yes, let's. のかわりに **O.K.** や **All right.**「いいですよ」でもいいよ。

そういえば，「レッツゴー！」って，ふつうに使っていました。

そうだね。
次に，命令文についてまとめておくよ。

ポイント 命令文

● 肯定の命令文

(1) ふつうの命令文「〜しなさい」➡〈動詞の原形 〜.〉

(2) 名前を呼びかける命令文「○●（相手の名前），〜しなさい」

　❶ 〈相手の名前，動詞の原形 〜.〉

　❷ 〈動詞の原形 〜，相手の名前.〉

(3) ていねいな命令文「〜してください」

　❶ 〈動詞の原形 〜, please.〉

　❷ 〈**Please** ＋動詞の原形 〜.〉

● 否定の命令文

(1) 「〜してはいけません」➡〈**Don't** ＋動詞の原形 〜.〉

(2) 「どうか〜しないでください」➡〈**Please don't** ＋動詞の原形 〜.〉

　　please は文の最後に置いてもいいよ。

● 勧 誘 文

「〜しましょう」➡〈**Let's** ＋動詞の原形 〜.〉

応じ方 「はい，そうしましょう」➡ **Yes, let's.** = **O.K.** = **All right.**

　　　 「いいえ，よしましょう」➡ **No, let's not.**

命令文は，いろいろな場所での会話で使うことができるよ。しっかり復習しておこうね。

Ⅳ　感嘆文とは？ ....

　主語のない命令文を学習して驚いたと思うけど，今度は英語を使って本当に驚く文を身につけてみようか。

　マメ君，日本の中学生は驚きの気持ちを表すのに，だいたいどのような言い方をするかな？

> はい，僕たちはふだん友達とは，「スゲーびびった！」とか「スゲーうまい！」とか言ってますね。親の前で言うと怒られますが……。

　そうだね。最近はこの「スゲー」を，驚いたときに使う若い人が多いみたいだね。私もたまに使ってしまうけど（アララ……）。

　それじゃ，英語の世界ではこの「スゲー」をどのように言ったらいいのかを学習していこう。

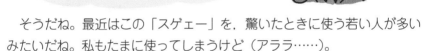

問題❸　▶　次の文の意味を日本語で言いなさい。
❶　She is very beautiful.
　　シー　イズ　ヴェリ　ビューティフル
❷　He works very hard.
　　ヒー　ワークス　ヴェリ　ハード
　　　　　　　＊ work：働く　　　　hard：いっしょうけんめいに
　　　　　　　　ワーク　　　　　　　　　ハード

みぃちゃん，この2つの文を訳してみてくれるかな。

> はい，私も最近辞書を買って，知らない単語を自分でチェックするようになったんです。だから，work の意味も hard の意味も知ってますよ。❶は「彼女はとても美しい」で，❷は「彼はとてもいっしょうけんめいに働く」でいいと思います。

すごいね，みぃちゃん。知的好奇心というものがめばえたのかな。その姿勢でこれからも続けていけば，英語のスペシャリストになれるね。

❶の beautiful「美しい」は形容詞で，主語の She を説明している語だね。そして hard「いっしょうけんめいに」は副詞といって，動詞 works「働く」を説明している語なんだ。

そしてどちらの文にも very「とても」があるね。very は，beautiful や hard を説明している副詞なんだよ。

形容詞や副詞については，Lesson 9 でくわしく説明するよ。

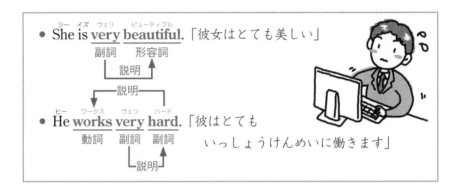

- She is very beautiful.「彼女はとても美しい」
  - 副詞　形容詞
  - 説明
- He works very hard.「彼はとても いっしょうけんめいに働きます」
  - 動詞　副詞　副詞
  - 説明

問題❸の解答 ▶ ❶ 彼女はとても美しい。

❷ 彼はとてもいっしょうけんめいに働きます。

1 how を使った感嘆文

これらの文中にある very が強調するために使われるのはわかるけど，特別に驚きを表している語というわけではないね。

そこで，特別に驚く語である how を very のかわりに用いて，how beautiful / how hard ごと文頭にもってきて，文末にエクスクラメーションマーク（びっくりマーク）〈！〉を置くと，感嘆文という文ができるんだ。

この驚きを表す感嘆文は，very がついた文から書きかえられるよ。

● how を使った感嘆文のつくり方

❶ She is **very** beautiful.「彼女はとても美しい」

↓ very を how に

She is **how** beautiful.

↓ how beautiful を文頭

How beautiful she is.

⬇ 文末に〈！〉マークをつける

How beautiful she is！
形容詞

❷ He works **very** hard.「彼はとてもいっしょうけんめいに働きます」

↓ very を how に

He works **how** hard.

↓ how hard を文頭

How hard he works.

⬇ 文末に〈！〉マークをつける

How hard he works！
副詞

　わかってくれたかな？　では，どう訳したらいいんだろうね。ここで日本人の若者が使う「スゲェー」で訳すのはちょっと気がひけるので，次のように訳すといいね。

● 感嘆文の訳し方

❶ How beautiful she is！「彼女はなんて美しいのでしょう」

❷ How hard he works！

「彼はなんていっしょうけんめいに働くのでしょう」

「スゲェー」と比べると，相当お上品な言い方になったでしょ。このように訳せば，テストでもバッチリだよ。

中学1年

中学2年

中学3年

ポイント　how を使った感嘆文

- ⟨**How** ＋形容詞＋主語＋動詞!⟩
  _{おもに be 動詞}
  「―（主語）はなんて～（形容詞）なんでしょう」
- ⟨**How** ＋副詞＋主語＋動詞!⟩
  _{おもに一般動詞}
  「―（主語）はなんて～に（副詞）…（動詞）するのでしょう」

2　what を使った感嘆文

　how で始まる感嘆文で特別に強い気持ち（驚きなど）を表現できるようになったわけだけど，今度はもう1つの感嘆文を見ていこう。

　マメ君，次の問題を解いてくれるかな。

問題**4** ▶ 次の文の意味を日本語で言いなさい。

_{シー イズ ア ヴェリ ビューティフル レイディ}
She is a very beautiful lady.　　　　　　　_{レイディ} ＊ lady：女性

　　　　はい，「彼女はとても美しいです，女性です」。あれ，なんかヘンですよね。

　そうだね。おかしいよね。こういう文ははじめて見たから無理もないよ。先ほど扱った文は，She is very beautiful. であって，a lady という名詞はなかったもんね。

　じつは，形容詞には，be 動詞のうしろに置いて主語を説明するパターンと，直後の名詞を説明するパターンの2つがあるんだ。上の例文は，形容詞 beautiful がうしろの lady を説明しているパターンだね。

中学1年

中学2年

中学3年

- ●形容詞のはたらき　　注　**Lesson 9**（☞ p.165）でくわしく説明する。
  - ●〈主語＋ **be 動詞**＋形容詞.〉「―（主語）は～（形容詞）です」

    主語の状態を説明する

  - ●〈**a [an]**＋形容詞＋名詞〉「～な（形容詞）…（名詞）」

    直後の名詞を説明する

この説明がわかったら，先ほどの文は，

「彼女はとても美しい 女性です」

名詞を説明する

と訳せばいいとわかるね。

問題❹ の解答▶　彼女はとても美しい女性です。

では，この英文を感嘆文にしてくれるかな，みぃちゃん。

はい，さっき習ったとおりにすると，very を how にかえて how beautiful を文頭に出して，うしろが〈主語＋動詞 …！〉の語順だから，How beautiful she is a lady！　と書けそうです。

たしかに，さっき習ったルールで書くとそうなるんだけど，じつはダメなんだ。これにも新しいルールがあるんだよ。

She is a very beautiful lady. は，形容詞 beautiful がうしろの名詞 lady を修飾しているよね。このようにうしろの名詞を修飾している形容

詞を感嘆文にするときは，**very** を how ではなく **what** にして，what a beautiful lady をひとかたまりにして文頭に出すんだ。

● **what** を使った感嘆文のつくり方

She is a **very** beautiful lady. 「彼女はとても美しい女性です」

↓ very を what に

She is **what** a beautiful lady.

↓ what a beautiful lady を文頭

What a beautiful lady she is.

↓ 文末に〈！〉マークをつける

What a beautiful lady she is !

「彼女はなんて美しい女性なのでしょう」

感嘆文で使う how と what のちがいを理解してくれたかな。
では，次の問題を，マメ君にお願いするよ。

問題5 ▶ 次の英文を感嘆文にしなさい。

These are very tasty cakes.　　　　　　　　* tasty：おいしい

はい，がんばります。tasty「おいしい」が形容詞で，名詞 cakes「ケーキ」を説明しているので，very は what を使うんですよね。そして，cakes は複数形だから，a をつける必要がないので，what tasty cakes を文頭に出して，What tasty cakes these are !「これらはなんておいしいケーキなんでしょう」。

そのとおり！　私の説明はもういらないくらいちゃんと解けてたよ。

名詞が複数形のときは，a や an は必要ないことがわかってほしかったんだ。

問題⑤ の解答▶　　What tasty cakes these are !

 ポイント　what を使った感嘆文

- 〈**What a** [an]＋形容詞＋名詞の単数形＋主語＋動詞!〉
- 〈**What** ＋形容詞＋名詞の複数形＋主語＋動詞!〉

　「—(主語)はなんて〜な(形容詞)…(名詞)なんでしょう」

3　感嘆文の注意点

感嘆文は，目の前の光景など，何に驚いているのかが明らかなときは，〈主語＋動詞〉が省略されることが多いから注意しよう。

- ●〈主語＋動詞〉が省略された感嘆文
  - **How tall !**（ハウ トール）「なんて背が高いのでしょう」　　＊ tall（トール）：背が高い
    - ↑ he is などの省略
  - **What kind boys !**（ホワット カインド ボイズ）「なんてやさしい男の子たちでしょう」
    - ↑ they are などの省略　　＊ kind（カインド）：やさしい；親切な
    - boy（ボイ）：男の子；少年

では，**実践問題**にチャレンジしてみよう！

中学1年　中学2年　中学3年

実 践 問 題

1 次の文の意味を日本語で書きなさい。

(1) Tom, help your mother every day.

＊your：あなた（たち）の　　mother：母親

(2) Don't play baseball here.

＊here：ここで

(3) Let's have lunch. —— Yes, let's.

2 次の文を「～しなさい」という命令文に書きかえなさい。

(1) You are quiet here.

＊quiet：静かな

(2) You read a book.〔Jack に対して〕

＊Jack：ジャック（人の名前）

3 次の文を「どうぞ～してください」という命令文に書きかえなさい。

(1) You play the guitar.〔Mary に対して〕＊Mary：メアリー（人の名前）

(2) You write with a pen.〔John に対して〕

＊with：～で　　John：ジョン（人の名前）

4 次の文を「～しましょう」という勧誘文に書きかえなさい。

(1) We play volleyball.

＊volleyball：バレーボール

(2) We take a walk in the park.　＊take a walk：散歩する　　park：公園

5 次の文の意味を日本語で書きなさい。

(1) How fast he runs !

＊fast：速く；速い

(2) What a fast runner he is !

＊runner：走る人；ランナー

6 次の日本文を英語にしなさい。

(1) 彼女はなんて背が高いんでしょう。

(2) あれはなんて大きな飛行機なんでしょう。

＊大きな：large / big

飛行機：plane

解説

1

(1)　Tom のあとにコンマがついて，動詞の原形 help が続いているよ。もうわかったね！　名前を呼びかける命令文として訳せば大丈夫。

　　この中にはじめて見る単語があるんだけど，マメ君は気づいたかな？

　　　　はい，your mother というところです。名詞の前にはふつう a とか the がつくと習いましたが，your ははじめて見ました。

　そうだね。この **your** は**代名詞**といって，a や the と同じ場所に入って，「**あなた(たち)の**」という意味でうしろの mother を説明しているんだ。くわしいことは **Lesson 8** で学習するからね。

　それ以外はちゃんと訳せそうだね。

(2)　この文には主語がない！　〈**Don't + 動詞の原形 ～.**〉の否定の命令文だと気づいたかな？

(3)　〈**Let's + 動詞の原形 ～.**〉は勧誘文。「**～しましょう**」と訳して大丈夫。応じる文は Yes で答えているから，同意してるんだね。

2

(1)　be 動詞の文は，〈**A + be 動詞 + B.**〉で A = B の関係になっているのは覚えているよね。p.95 で学習したように，B には形容詞を置くこともできるんだね。この quiet は「静かな」という**形容詞**で，You

= quiet の関係を表しているよ。形容詞は主語 A の状態を説明する語だということを覚えておこう！「あなたはここでは静かだ」を「ここでは静かにしなさい」にかえてみよう。

　形容詞は **Lesson 9**（☞ p.167）でくわしく説明するよ。

(2)　「ジャック，本を読みなさい」を英語で書こう。

3

「どうぞ～してください」は，**please** を使って表すんだったね。(2)の
with a pen は「ペンを使って」という意味だよ。
（ウィズ　ア　ペン）

　　和訳 (1)「あなたはギターをひきます」
　　　　➡「メアリー，ギターをひいてください」
　　　　(2)「あなたはペンで書きます」
　　　　➡「ジョン，ペンで書いてください」

4

「～しましょう」は勧誘の文。〈**Let's** ＋ 動詞の原形 ～.〉でつくるよ。

　　和訳 (1)「私たちはバレーボールをします」
　　　　➡「バレーボールをしましょう」
　　　　(2)「私たちは公園で散歩します」
　　　　➡「公園で散歩しましょう」

5

(1)　how で始まる感嘆文だね。fast「速く」はもともと動詞 runs を説明している副詞なんだ。

　　very を使ったもとの文で書くと，He runs very fast.「彼はとても
速く走ります」だよね。How ～！の感嘆文の訳し方にあてはめればできあがり。
（ヒー　ランズ　ヴェリ　ファスト）

(2)　what の感嘆文。**fast「速い」**は今度は形容詞で使われていて，うしろの名詞 **runner「走る人」**を説明している。このように同じ単語でも，副詞と形容詞の両方のはたらきをする語があるので注意しよう。very を使ったもとの文は，He is a very fast runner.「彼はとても速いランナーです」となるよね。あとは What ～！の感嘆文の訳し方にあてはめればいいね。

6

さて，英作文の問題だね。how か what で迷ったら，いつも very を使ったもとの文を考えよう。

(1)　very を使ったもとの文 ➡ She is very tall.
　　　　　　　　　　　　　　　　　　　　　　形容詞

　　形容詞 tall のうしろに名詞がないので，how tall にして文頭に出せばできあがり。

(2)　very を使ったもとの文 ➡ That is a very large plane.
　　　　　　　　　　　　　　　　　　　　　　　　　形容詞　名詞

　　形容詞 large のうしろに名詞 plane があるので，what a large plane にして文頭に出せば完成。

「英語はなんて楽しい教科なんだろう！」と思ってほしいな。

解答

1 (1) トム，毎日あなたのお母さんを手伝いなさい。
(2) ここで野球をしてはいけません。
(3) 昼ごはんを食べましょう。
—— はい，そうしましょう。

2 (1) Be quiet here.
(2) Jack, read a book. [Read a book, Jack.]

3 (1) Mary, please play the guitar. [Please play the guitar, Mary.]
(2) John, please write with a pen. [Please write with a pen, John.]
注 please を文末にもっていって，〈~, please.〉でもよい。

4 (1) Let's play volleyball.
(2) Let's take a walk in the park.

5 (1) 彼はなんて速く走るのでしょう。
(2) 彼はなんて速いランナーなのでしょう。

6 (1) How tall she is !
(2) What a large[big] plane that is !

　これで，〈主語＋動詞〉で始まらない命令文と感嘆文をひととおり学習したことになるよ。ちょっと特殊な文だから，逆に忘れないかもしれないね。
　それでも復習はサボらないように！
　マメ君，みぃちゃん，命令文や感嘆文を使いこなせるようになったかな？

お母さんに，Study English hard.「ちゃんと英語を勉強しなさい」と言われないようにしたいなあ。

私は How hard you study English!「あなたはなんていっしょうけんめいに英語を勉強しているのでしょう」と言われるようになりたいです。

中学1年

中学2年

中学3年

6 疑問詞の文

　今まで学習してきた疑問文は，be 動詞を使った「〜は…ですか」や，一般動詞を使った「〜は…しますか」だったね。

　そして，それに対しては，「はい」か「いいえ」で答えればよかったよね。

　でも，人に何かをたずねる疑問文はそんなに単純なものばかりではないんだよ。相手にもっとくわしい情報を求めるときには，

「何 ?」「だれ ?」「なぜ ?」「いつ ?」「どこで ?」「どれ ?」

などとたずねるよね。このような情報をきくときに使う語を疑問詞といって，これを使うとよりくわしい情報を相手にたずねることができるんだ。

　今回はこの疑問詞をしっかりマスターして，外国人にどんどん質問できるようになろう。

疑問詞を使った疑問文······························

　疑問詞といっても，ただその意味を覚えて使えばいいと思ったらダメだからね。物事には必ずルールがあるので，落ち着いて取り組むことが大事だよ。

　疑問詞を使う文は，もとの肯定文からつくられているということを理解してもらおう。

右側ラベル：中学1年　中学2年　中学3年

● 疑問詞を使った疑問文のつくり方

$\overset{\text{ヒー}}{\text{He}}\ \overset{\text{ハズ}}{\text{has}}\ \overset{\text{ア}}{\text{a}}\ \overset{\text{カー}}{\text{car}}.$「彼は車を持っています」

↓　持っているものをたずねるときに疑問詞を使う

He has <u>what</u>　← たずねるものが名詞で「モノ」のときは what

↓　疑問詞はつねに文頭に置く！

What he has

↓　〈疑問文の語順＋?〉に

$\overset{\text{ホワット}}{\textbf{What}}\ \overset{\text{ダズ}}{\text{does}}\ \overset{\text{ヒー}}{\text{he}}\ \overset{\text{ハヴ}}{\text{have}}?$「彼は何を持っていますか」

↑ 文末は下げ調子で言う

つくり方の手順をまとめると，次のようになる。

ポイント　疑問詞を使った疑問文

● もとの肯定文から，たずねたい内容を疑問詞にかえる。そのさい，どんな疑問詞を使うかを選ぶ。

● 疑問詞はつねに文頭に置く。

● 疑問詞のうしろを疑問文の語順にする。

● 最後にクエスチョンマークをつける。

　注　文末は下げ調子で言う！

このルールは基本的に，これから学習するどの疑問詞の文でも共通だからね。

 疑問詞の種類 ・・

「何 ?」「だれ ?」「なぜ ?」「いつ ?」などを表す, いろいろな種類の疑問詞があるけれど, けっして, 訳だけ覚えておしまいとしてはいけないんだ。

　疑問詞は, 疑問代名詞・疑問形容詞・疑問副詞の 3 つに分けられる。相手にたずねたい内容がどのような単語なのかで使い分けるので注意しよう!

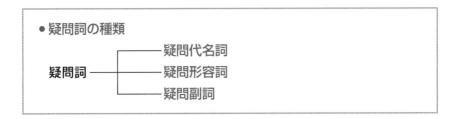

1　疑問代名詞を使った疑問文

　たずねたい内容に名詞のはたらきがあるときに使うものを疑問代名詞というんだ。次の 4 種類があるよ。

- ホワット
  what　「何 ?」
- フー
  who　　「だれ ?」
- フィッチ
  which　「どちら ?」
- フーズ
  whose「だれの ?」

- 疑問代名詞の使い方
  - **疑問代名詞 what**：たずねる内容が名詞で「モノ」のときに使う。
    〈What + 疑問文の語順 ?〉「～は何ですか」
  - **疑問代名詞 who**：たずねる内容が名詞で「人」のときに使う。
    〈Who + 疑問文の語順 ?〉「～はだれですか」

中学1年

中学2年

中学3年

- **疑問代名詞 which**：たずねる内容が名詞で，「2つ[2人]のうちでどちら？」，「3つ[3人]以上のうちどれ？」とたずねるときに使う。

  〈Which ＋疑問文の語順 ?〉「～はどちら[どれ]ですか」
- **疑問代名詞 whose**：たずねる内容が名詞で「人の所有物」のときに使う。

  〈Whose ＋疑問文の語順 ?〉「～はだれのものですか」

実際に問題を解いて練習してみよう。

問題❶ ▶ 次の（　　　）に入る疑問代名詞を書きなさい。

❶ That is a pen.　　　「あれはペンです」
ザット イズ ア ペン

（　　　）ヒント：a pen はモノ。モノのかわりになる疑問代名詞は？

（　　　）is that?

❷ You love your mother.「あなたは自分の母親を愛しています」
ユウ ラヴ ユア マザー

（　　　）ヒント：your mother は人。人のかわりになる疑問代名詞は？

（　　　）do you love?　　＊ love：～を愛する

❸ He likes this.　　　「彼はこれが好きです」
ヒー ライクス ディス

（　　　）ヒント：2つのうちから1つを選択する。

（　　　）does he like?

❹ This bag is yours.　　「このバッグはあなたのものです」
ディス バッグ イズ ユアズ

（　　　）ヒント：yours は「人の所有物」と考えよう。

（　　　）is this bag?

＊ bag：バッグ：かばん　　yours：あなた（たち）のもの

ヒントを参考にして，みぃちゃんに解いてもらおう。

はい，がんばります。❶はモノを
たずねるので what，❷は人をたず
ねるので who，❸は選択するので
which，❹は人の所有物で whose
でいいですか？

よくできたね。ヒントはいらなかったかもしれないね。

問題❶ の解答▶ ❶ What ❷ Who ❸ Which ❹ Whose

　疑問詞を使った疑問文に Yes や No を使って答えることはできない
ね。そういうときには，ふつうの文を使って，相手のたずねている内容
を答えるよ。たとえば，What do you study on Monday?「あなたは月
曜日に何を勉強しますか」ときかれたとしよう。「英語」を勉強するな
ら，I study English（on Monday）. と答えればいいんだ。

　ただし，ここでちょっと注意する必要があるんだよ。注目！
　疑問代名詞が主語のときは，次のように書こう！

●疑問代名詞が主語のとき

- I play baseball every day.「私は毎日野球をします」

　　↓

- Who plays baseball every day

　　↓

- Who plays baseball every day?
　「だれが毎日野球をしますか」

落ち着いて考えていこう！　手順をまとめてみるよ。

---

❶　I「私は」をたずねる文にするので，疑問代名詞 who「だれが」を使う。

❷　疑問代名詞 who が主語の場合は３人称・単数扱いになるので，一般動詞には３単現の s をつける。

❸　who のうしろの文は，疑問文の語順にはできない。疑問詞はつねに文頭なので，（✕）Is who ～？　も（✕）Do who ～？　も無理。

❹　疑問文なので，文末にはクエスチョンマーク〈？〉をつける。

　また，この疑問文に「私です」と答えるときは，もちろん Yes や No は使えないが，I play baseball every day. と答えるのもクドイよね。その場合，英語では主語よりうしろの play baseball every day を do だけで言いかえることができるんだ。

　この do を代動詞というよ。

● 疑問代名詞が主語のときの答え方

疑問文：Who plays baseball every day?
フー　プレイズ　ベイスボール　エヴリ　デイ↓

「だれが毎日野球をしますか」

答えの文：── I do.
アイ　ドゥ

「私です」

── He does.
ヒー　ダズ

主語が３人称・単数のときは does で答える

「彼です」

注　疑問詞を使った文は「何？」「だれ？」「どちら？」「だれの？」とたずねているので，Yes / No では答えられない！

2 疑問形容詞を使った疑問文

　たずねることばに〈形容詞＋名詞〉のはたらきがあるときに使うものを疑問形容詞と呼んだ。この疑問詞はうしろの名詞を説明する形容詞としてはたらくので，必ずセットで登場するよ。全部で3種類！

- 〈What ＋ 名詞〉　：「どんな～？；何の～？」
- 〈Which ＋ 名詞〉：「どちらの～？；どの～？」
- 〈Whose ＋ 名詞〉：「だれの～？」

- 疑問形容詞の使い方
  - 疑問形容詞〈what ＋ 名詞〉：たずねる内容が〈形容詞＋名詞〉で「モノ」のときに使う。
    〈What ＋ 名詞＋疑問文の語順？〉
    「…はどんな[何の]～（名詞）ですか」

  - 疑問形容詞〈which ＋ 名詞〉：たずねる内容が〈形容詞＋名詞〉で，「2つ[2人]のうちの1つ[1人]で，どちらか」，「3つ[3人]以上のうちの1つ[1人]で，どれか」をたずねるときに使う。
    〈Which ＋ 名詞＋疑問文の語順？〉
    「…はどちらの[どの]～（名詞）ですか」

  - 疑問形容詞〈whose ＋ 名詞〉：たずねる内容が〈形容詞＋名詞〉で，「人の所有物」のときに使う。
    〈Whose ＋ 名詞＋疑問文の語順？〉「…はだれの～（名詞）ですか」

　問題を解いて，つくり方をマスターしよう。

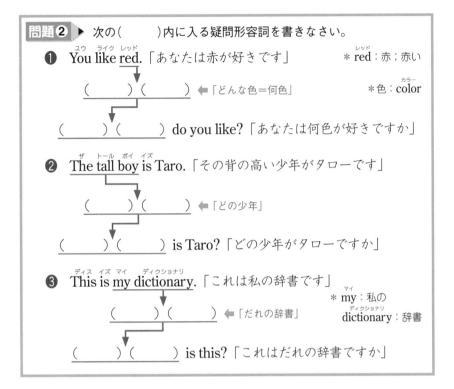

問題❷ ▶ 次の( )内に入る疑問形容詞を書きなさい。

❶ You like red. 「あなたは赤が好きです」　＊ red：赤；赤い
　　　＊色：color

( )( ) ◀「どんな色＝何色」

(　　　)( ) do you like?「あなたは何色が好きですか」

❷ The tall boy is Taro.「その背の高い少年がタローです」

( )( ) ◀「どの少年」

(　　　)( ) is Taro?「どの少年がタローですか」

❸ This is my dictionary.「これは私の辞書です」
　　　＊ my：私の
　　　dictionary：辞書

( )( ) ◀「だれの辞書」

(　　　)( ) is this?「これはだれの辞書ですか」

今回は日本語訳を参考にして，マメ君にやってもらおうか。

　　はい，❶は「どんな色＝何色」とあるので What color，❷は「どの少年」で Which boy，❸は「だれの辞書」で Whose dictionary だと思います。先生，日本語訳があったら簡単に解けちゃいました。

日本語訳のヒントはよけいだったね。正解だよ。

問題❷ の解答 ▶　❶ What color　❷ Which boy　❸ Whose dictionary

〈疑問形容詞＋名詞〉の場合，名詞には **a / an / the** をつけないよ。

■疑問形容詞を使って，時間・日付・曜日などをたずねる

ここで，〈疑問形容詞＋名詞〉を使った，日本人にとてもなじみ深い文を紹介しよう！

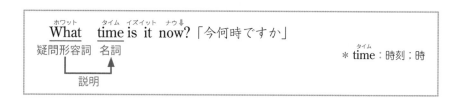

みぃちゃん，この文を聞いたことがあるよね？

> はい，私の父に教えてもらったことがあります。外国人には「掘ったイモいじくるな！」と発音すれば理解してもらえると言っていました。

みぃちゃんのお父さんもなかなかやりますな……。

たしかに発音はそれに近いんだけど，ここでは文の形に注目してほしいんだ。**疑問形容詞 what** が**名詞 time** を説明していて，「**どんな時間＝何時**」となるんだね。主語の **it** は時間に関するものなので，訳す必要がないんだよ。

この疑問文に答えるときは次のように言えばいいんだ。

イッツ　トゥー　サーティ
It's two thirty. 「2 時 30 分です」
　↑　時　　分
この It は訳す必要がない

では，時間・曜日・日付のたずね方と答え方をまとめておくよ。

●時間のたずね方と答え方

What time is it（now）？「（今）何時ですか」

——〈It's ＋ 時 ＋ o'clock.〉「～時です」　　　＊～ o'clock：～時

——〈It's ＋ 時＋分.〉　　　「～時…分です」

例　It's seven o'clock.「7 時です」
例　It's seven twenty.「7 時 20 分です」

●曜日のたずね方と答え方

What day is it today?「今日は何曜日ですか」

——〈It's ＋ 曜日.〉　　　「～曜日です」　　＊ day：日　　today：今日

例　It's Monday.「月曜日です」

●日付のたずね方と答え方

What's the date today?「今日は何月何日ですか」

——〈It's ＋月＋日（序数）.〉「～月…日です」

＊ date：日：日付

例　It's November 7.「11 月 7 日です」

注1　日付は〈月＋日〉の順で言い，日は first「1 日」，second「2 日」，third「3 日」などの「序数」（☞ p.115-116）を使う。

注2　時間・曜日・日付で使われる主語の it は訳す必要がないよ。

中学1年　中学2年　中学3年

曜日，月の名前，基数と序数をまとめておくよ。

● 曜日を表す語
- **Sunday** ^{サンデイ}「日曜日」
- **Monday** ^{マンデイ}「月曜日」
- **Tuesday** ^{チューズデイ}「火曜日」
- **Wednesday** ^{ウェンズデイ}「水曜日」
- **Thursday** ^{サーズデイ}「木曜日」
- **Friday** ^{フライデイ}「金曜日」
- **Saturday** ^{サタデイ}「土曜日」

  注 必ず大文字で書き始める。

● 月を表す語
- **January** ^{ジャニュアリ}「1月」
- **February** ^{フェブラリ}「2月」
- **March** ^{マーチ}「3月」
- **April** ^{エイプリル}「4月」
- **May** ^{メイ}「5月」
- **June** ^{ジューン}「6月」
- **July** ^{ジュライ}「7月」
- **August** ^{オーガスト}「8月」
- **September** ^{セプテンバー}「9月」
- **October** ^{オクトウバー}「10月」
- **November** ^{ノウヴェンバー}「11月」
- **December** ^{ディセンバー}「12月」

  注 必ず大文字で書き始める。

自分の誕生日を英語で言えるかな？

● 基数と序数

基　　数	序　　数 （～番目）
1　**one** ワン	**first**（= 1st） ファースト
2　**two** トゥー	**second**（= 2nd） セカンド
3　**three** スリー	**third**（= 3rd） サード
4　**four** フォー	**fourth**（= 4th） フォース
5　**five** ファイヴ	**fifth** ← ve を f に フィフス
6　**six** シックス	**sixth** シックスス
7　**seven** セヴン	**seventh** セヴンス
8　**eight** エイト	**eighth** ← t は 1 つ エイス
9　**nine** ナイン	**ninth** ← e をとる ナインス
10　**ten** テン	**tenth** テンス
11　**eleven** イレヴン	**eleventh** イレヴンス
12　**twelve** トゥエルヴ	**twelfth** ← ve を f に トゥエルフス
13　**thirteen** サーティーン	**thirteenth** サーティーンス
14　**fourteen** フォーティーン	**fourteenth** フォーティーンス
15　**fifteen** フィフティーン	**fifteenth** フィフティーンス
16　**sixteen** シックスティーン	**sixteenth** シックスティーンス
17　**seventeen** セヴンティーン	**seventeenth** セヴンティーンス
18　**eighteen** ← t は 1 つ エイティーン	**eighteenth** ← t は 1 つ エイティーンス
19　**nineteen** ナインティーン	**nineteenth** ナインティーンス
20　**twenty** トゥエンティ	**twentieth** トゥエンティース
21　**twenty-one**	**twenty-first**
22　**twenty-two**	**twenty-second**

（　）内は略語

13 〜 19 は，語尾に teen をつける

31，32，33 ……なども同じように書く

注　4（fourth）以上は，原則的に語尾に th をつける。

基　　数	序　　数（〜番目）
20　twenty	twentieth
30　thirty サーティ	thirtieth サーティース
40　forty フォーティ	fortieth フォーティース
50　fifty フィフティ	fiftieth フィフティース
60　sixty シックスティ	sixtieth シックスティース
70　seventy セヴンティ	seventieth セヴンティース
80　eighty エイティ	eightieth エイティース
90　ninety ナインティ	ninetieth ナインティース
100　hundred ハンドゥレッド	hundredth ハンドゥレッドス

注　原則的には，序数は〈基数＋th〉で表す。

基数や序数はまちがえやすいから，しっかり覚えようね。

実 践 問 題

Disk 1 : 18 ～ 21 ／ DL : 6-1 ～ 6-4 🎧

1　次の文の（　）内に適する語を書きなさい。

(1)　（　　　）sports does your father play?　　　*father : 父親
　　　—— He usually plays golf.　　　*usually : たいてい　golf : ゴルフ

(2)　（　　　）cooks your dinner?　　　*cook : ～を料理する
　　　—— My mother does.

(3)　（　　　）is your name?　　　*name : 名前
　　　—— My name is Nicky.　　　*Nicky : ニッキー（人の名前）

(4)　（　　　）apple do you want?
　　　—— I want this one.

2　次の疑問文に〔　　〕内の語（句）を使って答えなさい。

(1)　What do you study every day?〔English〕

(2)　Who studies French?〔Dick〕　　　*Dick : ディック（人の名前）

(3)　Whose bag is this?〔my bag〕

3　次の日本文を英語にしなさい。

(1)　彼はどのカメラをほしいのですか。　　　*カメラ : camera
　　　—— このカメラです。

(2)　あなたたちは放課後何をしますか。　　　*放課後 : after school
　　　—— テニスです。

4　次の疑問文に〔　　〕内の語句を使って英語で答えなさい。

(1)　What day is it today?〔土曜日〕

(2)　What's the date today?〔12 月 25 日〕

➡ p.128 に続く

中学1年

中学2年

中学3年

解説

1

(1) 答えの文が「彼はたいていゴルフをします」だから，スポーツの種類をきかれているとわかるはず。疑問詞が入る部分を，「どんな[なんの]スポーツ」と読みとれば，<u>名詞 sports を説明する疑問形容詞 what が入る</u>よね。

> **和訳**「あなたのお父さんはどんなスポーツをしますか」
> ➡「彼はたいていゴルフをします」

(2) 答えの文は「私の母が（料理）します」だね。入れるべき疑問詞のうしろが cooks となっていて，疑問文の語順になっていないこと，疑問詞が3人称・単数の主語になっているのに気づいたかな？　<u>料理するのは「人」だから，疑問代名詞は who でいい</u>ね。

> **和訳**「だれがあなた（たち）の夕食をつくりますか」
> ➡「私の母がつくります」

(3) 答えの文が「私の名前はニッキーです」だから，名前をたずねていることに気づいたよね。疑問代名詞 what / who / which / whose のうち，「あなたの名前は "何" ですか」にふさわしいのは what だね。

> **和訳**「あなたの名前は何ですか」➡「私の名前はニッキーです」

(4) 答えの文の one は，疑問文中の apple「リンゴ」を受ける代名詞。英語では2度めに登場する名詞はほとんど代名詞で書くよ。

this one ＝ this apple「このリンゴ」と考え，「私はこのリンゴがほしい」と訳せるね。限られたものの中から this「この」を選んでいるので，「どのリンゴ？」とたずねているのがわかるね。<u>名詞の apple を説明する疑問形容詞は which で決まり</u>。

> **和訳**「あなたはどのリンゴがほしいですか」
> ➡「私はこれがほしいです」

2

(1) 疑問詞を使った疑問文は，**Yes** や **No** で答えられないのはわかった
ね。「あなた(たち)は毎日何を勉強しますか」には「私(たち)は～」
と答えればいいよ。

(2) 「だれがフランス語を勉強しますか」とたずねている。疑問詞 **Who**
が主語になっている疑問文だね。答えを日本語で考えると，「ディッ
クがフランス語を勉強します」となるね。studies French をくり返し
述べる必要はないよ。

(3) 「これはだれのバッグですか」という疑問文。「これは？」ときか
れたら，答える側は「それは～です」とするのは be 動詞の疑問文
で学習したね。「それは私のバッグです」と答えればいい。ちなみに
my bag を **mine**「私のもの」という1語の代名詞でも書けるんだ。
Lesson 8（☞ p.156）の所有代名詞のところでくわしくやるからね。

3

さあ，英作文だ！　語順に気をつけてがんばってみよう。

(1) 「**彼は**」は **he**，「**ほしい**」は **want**。ここまでは大丈夫かな？　次
に，「**どのカメラ**」はどんな疑問詞を使えばいいかな。**限られた数か
ら選ぶ疑問詞で「カメラ」を説明している疑問形容詞 which で書い
てみよう。

答えの日本文には主語がないね。日本語は主語がなくてもいいけれ
ど，英語には主語が絶対必要だよ。「彼はこのカメラがほしい」と書
けるね。

(2) 「**あなたたちは**」は **you**，「**する**」は **do** だったね。「放課後」は，文
末に置けば OK！

そして，この文の答えも主語がない日本文になっている。「私たち
はテニスをします」という英文にすればいいね。

中学1年

中学2年

中学3年

4

(1) 「今日は何曜日ですか」とたずねている。訳さない **it** を主語にして答えよう。

(2) 「今日は何月何日ですか」とたずねているよ。(1)と同様に主語は **it** で！ 25 日は 25，**25th** か **twenty-fifth** で答えれば大丈夫。

解答

1 (1) What (2) Who (3) What (4) Which

2 (1) I[We] study English (every day).

(2) Dick does. (= Dick studies French.)

(3) It is[It's] my bag.

3 (1) Which camera does he want?

—— He wants this camera[one].

(one は camera をさす代名詞)

(2) What do you do after school?

—— We play tennis (after school).

4 (1) It is[It's] Saturday.

(2) It is[It's] December 25[25th / twenty-fifth].

疑問文はいろいろな場面で使うよ。ゆっくりあせらずに身につけよう。

3　疑問副詞を使った疑問文

1では疑問代名詞を，**2**では疑問形容詞を学習したけど，わかってもらえたかな，マメ君。

はい，名前が難しくてちょっとややこしいですが，疑問詞の意味を覚えるとなんとかわかります。

たしかに「疑問代名詞」「疑問形容詞」「疑問副詞」などと漢字ばかりでいやになっちゃうけど，じつはこの（代）名詞・形容詞・副詞ということばは，これから君たちが英語を学んでいくうえで，とても大切なものになるんだ。

意味だけでなくそのはたらきまでちゃんと理解していると，2年生，3年生の英語でも苦労しないですむよ。

ということで，ここでは疑問副詞を理解しよう！

たずねることばに「時・場所・理由・方法・程度の副詞」のはたらきがあるときに使うのが疑問副詞だ。次の4種類があるよ。

- when（ホエン）「いつ？」
- where（ホエア）「どこで？」
- why（ホワイ）「なぜ？」
- how（ハウ）「どのように？：どれほど？」

- ●疑問副詞の使い方
  - **疑問副詞 when**：たずねる内容が副詞で「時」のときに使う。
    〈When ＋ 疑問文の語順 ?〉「いつ〜しますか」

  - **疑問副詞 where**：たずねる内容が副詞で「場所」のときに使う。
    〈Where ＋ 疑問文の語順 ?〉「どこに[どこで]〜しますか」

- **疑問副詞 why**：たずねる内容が副詞で「理由」のときに使う。
  〈Why ＋疑問文の語順？〉「なぜ〜しますか」

- **疑問副詞 how**：たずねる内容が副詞で「方法・程度」のときに使う。
  〈How ＋疑問文の語順？〉
  　　　　　　「どのように〜しますか；どれほど〜しますか」

問題を解きながらマスターしよう！

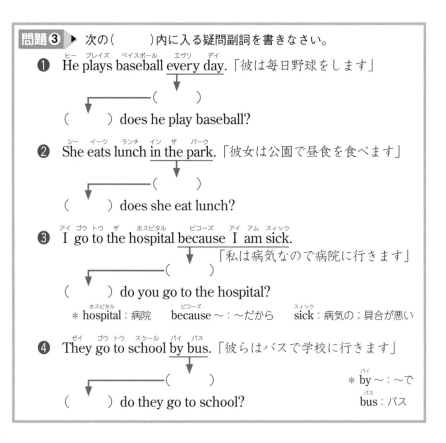

問題❸ ▶ 次の（　　　）内に入る疑問副詞を書きなさい。

❶ He plays baseball every day. 「彼は毎日野球をします」
　　　　　　　　（　　　）
　（　　　）does he play baseball?

❷ She eats lunch in the park. 「彼女は公園で昼食を食べます」
　　　　　　　　（　　　）
　（　　　）does she eat lunch?

❸ I go to the hospital because I am sick.
　　　　　　　　　　　　　　「私は病気なので病院に行きます」
　　　　　　　　（　　　）
　（　　　）do you go to the hospital?
　＊ hospital：病院　　because 〜：〜だから　　sick：病気の；具合が悪い

❹ They go to school by bus. 「彼らはバスで学校に行きます」
　　　　　　　　（　　　）　　　　　＊ by 〜：〜で
　（　　　）do they go to school?　　　bus：バス

もとになる英文の日本語訳を参考にして解いてみよう。

みぃちゃんにお願いするよ。

> はい，❸の because と❹の by bus は見たことがありませんが，日本語訳をヒントにやってみます。
>
> まず，❶ every day「毎日」をたずねる疑問副詞は「時」の when，❷ in the park「公園で」をたずねるのは「場所」の where，❸ because ～が「～なので」と訳されているので，「理由」の why，❹ by bus が「バスで」と訳されているので，「方法」の how でいいですか？

　よくできたね！ はじめて見る単語も日本語からの推理でちゃんと解答できました！ エライ！

問題❸ の解答▶ ❶ When　❷ Where　❸ Why　❹ How

　では❸の because を説明しようね。これは接続詞といって，うしろに〈主語＋動詞 ～〉をしたがえて，「～なので」と理由の意味をもつんだ。**Why ～？** で聞かれたら **Because ～.** で答えるクセをつけよう。

　この接続詞については，中学2年の **Lesson 23** でくわしく説明するよ。

　そして❹の by bus は，〈**by** ＋ 乗り物を表す語〉で交通手段を表し，「～で：～を使って」という意味になるんだ。手段や方法をたずねる文は **How ～？** でいいよね。

　今説明したことを次のページでまとめておくよ。

124

- **Why ～?** とたずねられたら
  - ➡ 〈**Because** ＋主語＋動詞～.〉「～だからです」
- 〈**by** ＋乗り物を表す語〉「～で；～を使って」
  - 注 乗り物を表す語には a / an / the をつけない。

---

1. 〈how ＋形容詞［副詞］〉の文

　先ほどの 問題❸ の ❹ では，how を使って「方法」をたずねる文を見て
もらったね。じつは how にはもう１つの意味があるんだ。

　〈**how ＋形容詞［副詞］**〉のセットで「程度」をたずねることもできる
んだ。これからあげるすべての how は，**どれほどの～**と訳すと納得
できると思うよ。

- **how を使って「程度」をたずねる表現**
  - **How old ～?：年齢をたずねる文**
    - 例 How old are you?（ハウ オウルド アー ユウ）「あなたは何歳ですか」
      - —— I'm thirteen（years old）.（アイム サーティーン イヤーズ オウルド）「13 歳です」
        - ＊ old（オウルド）：～歳の；年老いた　　year（イヤー）：～歳；～年

  - **〈How many ＋名詞の複数形 ...?〉：数をたずねる文**
    - 例 How many pencils does Bob have?（ハウ メニ ペンスィルズ ダズ ボブ ハヴ）
      - 名詞の複数形「ボブはえんぴつを何本持っていますか」
      - —— He has three（pencils）.（ヒー ハズ スリー ペンスィルズ）「3 本持っています」
        - ＊ many（メニ）：たくさんの　　pencil（ペンスィル）：えんぴつ

  - **〈How much ＋数えられない名詞 ...?〉：量をたずねる文**
    - 例 How much money do you have?（ハウ マッチ マニ ドゥ ユウ ハヴ）
      - 「あなたはいくら持っていますか」
      - —— I have 5,000 yen.（アイ ハヴ イエン）「5000 円持っています」
        - 5,000 は［ファイブサウザンド］と読む

注　日本語では数えられても，英語では数えられない名詞として
扱われるものもある。

数えられない名詞：money「お金」/ salt「塩」/
milk「牛乳」/ water「水」など

- **How much ～?：値段をたずねる文**

例　How much is this?「これはいくらですか」
—— It's 600 yen.「600円です」
　　600は［シックスハンドレッド］と読む

- **How tall ～?：身長や高さをたずねる文**

例　How tall are you?「あなたの身長はどのくらいですか」
—— I'm 160 centimeters (tall).「160センチメートルです」
　　160は［ワンハンドレッドアンドシックスティ］と読む
　　　　　　　　　　　　　　　* centimeter：センチメートル

- **How high ～?：高さをたずねる文**

例　How high is Mt. Fuji?「富士山の高さはどのくらいですか」
—— It's 3,776 meters (high).「3,776メートルです」
　　3,776は［スリーサウザンドセブンハンドレッドセブンティ
　　シックス］と読む
* high：～の高さの；(高さが) 高い　　Mt.：mountain「山」の略
　　　　　　　　　　　　　　　　　　　meter：メートル

- **How long ～?：長さや期間・時間をたずねる文**

- 長さ

例　How long is the bridge?

「その橋の長さはどのくらいですか」
—— It's about 200 meters (long).「約200メートルです」
　　200は［トゥーハンドレッド］と読む
　　* long：～の長さの；長い　　bridge：橋　　about：約～

中学1年
中学2年
中学3年

● 時間

例 How long does it take to the station?

「駅までどのくらいかかりますか」

── It takes about ten minutes.「約 10 分かかります」

注 この it は時間を表す it なので, 訳さなくて OK。

* take:(時間が)かかる
station:駅　　minute:分

● **How far ～?：距離をたずねる文**

例 How far is it from here to the place?

「ここからその場所までどのくらいの距離ですか」

* far:遠い　　from:～から　　place:場所

── It's <u>50</u> meters.「50 メートルです」

50 は［フィフティー］と読む

注 この it は距離を表す it で, これも訳さなくて OK。

● **How often ～?：頻度・回数をたずねる文**

例 How often does he play tennis?　　* often:よく:しばしば

「どのくらい彼はテニスをしますか」

── Every week.「毎週です」　　* week:週

注1 頻度・回数を表す語:once（1 回）/ twice（2 回）/
three times（3 回）　　* time:～回

3 回以上は, ～ times で表せる!

注2 How often ～? = How many times ～?

2. 疑問副詞 how の会話表現

あいさつなどの会話表現に **how** が使われることが多いので, いくつかあげておこうね。

中学1年

中学2年

中学3年

- **How are you?**「ごきげんいかがですか」
ハウ　アー　ユウ⬇
—— **I'm fine, thank you. And you?**
アイム ファイン　　サンキュー　　エンジュー⬆
「元気です，ありがとう。あなたはどうですか」

  ＊ **fine**：元気な：すばらしい　　　**Thank you.**：ありがとう。
  ファイン　　　　　　　　　　　　　　サンキュー

- **How do you do?**「はじめまして」
ハウ　ドゥ　ユウ　ドゥ⬇
—— **How do you do, Mika? Nice to meet you.**
ナイス トゥ　ミーチュー
「はじめまして，ミカ。会えてうれしいです」

  ＊ **Nice to meet you.**：会えてうれしいです。
  ナイス トゥ　ミーチュー

疑問詞はたくさんあるけれど，外国人の先生たちにたくさん質問して
自信をつけよう！

さあ，どれくらい理解
しているか，**実践問題**
で確認しよう。

実 践 問 題

➡ p.117 から続く

Disk 1 : 22 ～ 24 / DL : 6-5 ～ 6-7 🎧

5 次の文が答えになるように，〔　　〕内の語で始まる疑問文を書きなさい。

(1) She lives in New York. 〔where〕　　　* New York：ニューヨーク

(2) He comes to Japan in summer. 〔when〕　　　* summer：夏

(3) I go to America by plane. 〔how〕　　　* America：アメリカ

6 次の文の(　　)内に適する語を書きなさい。

(1) How (　　　) is June? —— She is thirteen.

　　　* June：ジューン（人の名前）

(2) How (　　　) is the tower? —— It's thirty meters high.

　　　* tower：タワー

(3) How (　　　) friends do you have?

(4) How (　　　) you do?

(5) How (　　　) you? —— Fine, thank you.

7 次の疑問文に〔　　〕内の語(句)を使って答えなさい。

(1) How old is Mr. Brown? 〔eighty〕

(2) How far is it from here? 〔two kilometers〕

　　　* kilometer：キロメートル

(3) Why do you like Kenny? 〔kind〕

(4) When is your birthday? 〔May 17〕　　　* birthday：誕生日

解説

5

(1)　疑問副詞 **where** を使って、「**場所**」をたずねる文（「彼女はどこに住んでいますか」）にしよう。in New York「ニューヨークに」が「場所」の副詞なので、ここを **where** にかえて文頭に出す。前置詞 in と名詞 New York のセットで副詞になることに注意。

　　　和訳 「彼女はニューヨークに住んでいます」

(2)　疑問副詞 **when** を使って、「**時**」をたずねる文（「彼はいつ日本に来ますか」）にする。文中にある「時」の副詞は in summer「夏に」。これを **when** にかえて疑問文をつくればいいね。

　　　和訳 「彼は夏に日本に来ます」

(3)　疑問副詞 **how** を使って、「**方法**」をたずねる文（「あなたはどのようにしてアメリカに行きますか」）に。文中の by plane「飛行機で」が「方法」の副詞だね。これを **how** にかえて疑問文にする。答えの文の主語は I だが、たずねるときは you に！

　　　和訳 「私は飛行機でアメリカに行きます」

6

　(1)・(2)・(5)は、答えの文の意味をつかまなければ、何をたずねたらいいのかわからないよね。

(1)　答えの文は「彼女は 13 歳です」➡ 年齢をたずねる表現は？

(2)　答えの文は「30 メートルの高さです」➡ 高さをたずねる表現は？

(3)　答えの文がない。でも大丈夫。How (　　) friends は〈How (　　)＋数えられる名詞〉の語順だね。「どのくらいたくさんの友達」と訳せばわかるね。

(4) 答えの文がない。でも大丈夫。会話でよく使われる「はじめまして」を英語で！

(5) 答えの文は「元気です，ありがとう」➡ 会話で，人の調子をたずねたり，あいさつをしたりする表現は？

7

(1) **How old ～?** は年齢をたずねる疑問文だね。Mr. Brown は男性なので，主語は he で受ける。eighty は 80 歳だから，「彼は 80 歳です」という英文を書こう。
　　和 訳「ブラウンさんは何歳ですか」

(2) **How far ～?** は距離をたずねる疑問文。「2 キロあります」という文を 〈**It is** + 距離を表す語句.〉の形で書けば正解。
　　和 訳「ここからどのくらい（距離が）ありますか」

(3) **Why ～?** は理由をたずねる疑問文。答えの文は 〈**Because** + 主語＋動詞 ～.〉で書くんだったね。「彼は親切だからです」を英語で！Kenny は男子だから，答えの文は he で書くよ。
　　和 訳「あなた（たち）はなぜケニーが好きなのですか」

(4) **When ～?** は時をたずねる疑問文。答えの May 17 は「5 月 17 日」のことだね。
　　和 訳「あなたの誕生日はいつですか」

5　(1)　Where does she live?

　(2)　When does he come to Japan?

　(3)　How do you go to America?

6　(1)　old　(2)　high　(3)　many　(4)　do　(5)　are

7　(1)　He is[He's] eighty (years old).

　(2)　It is[It's] two kilometers.

　(3)　Because he is[he's] kind.

　(4)　My birthday is May 17[17th / seventeenth]. / It is[It's]
　　　May 17[17th / seventeenth].

中学1年

中学2年

中学3年

中学1年の範囲
も後半に入るよ。
がんばろう！

助動詞①

 助動詞とは？ ……………………………………………………………

　助動詞（じょどうし）というのは，はじめて耳にすることばだね。英文ではとても便利なはたらきをするんだ。そもそも助動詞とはどういうものなんだろうか。そのへんをちゃんと理解しておこう。

！ ポイント　助動詞とは？
_____

● 助動詞とは，読んで字のごとく「動詞を助ける語」だよ。動詞に意味を加え，表現をより豊かにするはたらきをもつ語なんだ。

　上の**ポイント**で説明したように，助動詞は動詞に意味を加えるはたらきをし，ふつうは動詞の前に置いて，〈主語＋助動詞＋動詞の原形 ～.〉の形で使うよ。助動詞については，次のことに注意しよう。

● 助動詞に続く動詞は必ず原形

● 主語が 3 人称・単数でも，助動詞に（e)s はつけない

　　➡ どんな主語がきても，必ず〈助動詞＋動詞の原形〉の形

　ここで学習する can 以外にも，may / must などいろいろな助動詞があるけど，それは中学 2 年の **Lesson 14** でまとめて説明するよ。

助動詞 can の文 ···

中学 1 年で学習するのは，助動詞の can _{キャン}だよ。

▮ 助動詞 can の肯定文

　動詞の原形とともに使い，「～できる」（能力）と「～してもよい」（許可）の意味をもつんだ。

　次の文を見てみよう。

- My brother　　　swims fast.「私の兄は速く泳ぎます」
　　　　　　　　　　⬇語尾の s をとる　　　＊brother：兄；弟；きょうだい
　My brother <u>can swim</u> fast.「私の兄は速く泳ぐことができます」
　　　　〈can ＋ 動詞の原形〉

▮ 助動詞 can の否定文

　否定文は can を cannot か can't にかえて，〈主語 ＋ cannot[can't] ＋ 動詞の原形 ～.〉で OK。

 ポイント　助動詞 can の否定文

- 否定文 ➡〈主語 ＋ **cannot[can't]** ＋ 動詞の原形 ～.〉
　訳し方 ➡ ❶　能力「～できません」
　　　　　　❷　許可「～してはいけません」

▮ 助動詞 can の疑問文と答えの文

　疑問文は can を主語の前に出して，〈Can ＋ 主語 ＋ 動詞の原形 ～ ?〉の形。簡単だね。答えるときも can を使って，〈Yes, 主語 ＋ can.〉あるいは〈No, 主語 ＋ cannot[can't].〉と言うんだ。

中学1年

中学2年

中学3年

ポイント 助動詞 can の疑問文と答えの文

- 疑問文 ➡ 〈Can ＋ 主語 ＋ 動詞の原形 〜 ?〉
  答えの文 ➡ 〈Yes, 主語 ＋ can.〉／〈No, 主語 ＋ cannot[can't].〉
  訳し方 ➡ ❶ 能力「〜できますか」
  　　　　　　── 「はい，できます。／いいえ，できません」
  　　　　　❷ 許可「〜してもいいですか」
  　　　　　　── 「はい，いいですよ。／いいえ，いけません」

- can の文の基本的な意味と使い方
  ❶ can 〜「〜できる」（能力）
  　肯 定 文：Tom can speak Japanese.
  　　　　　　「トムは日本語を話すことができます」
  　否 定 文：Tom cannot[can't] speak Japanese.
  　　　　　　「トムは日本語を話すことができません」
  　疑 問 文：Can Tom speak Japanese?
  　　　　　　「トムは日本語を話すことができますか」
  　答えの文：── Yes, he can.　　　　「はい，できます」
  　　　　　　── No, he cannot[can't]. 「いいえ，できません」

  ❷ can 〜「〜してもよい」（許可）
  　肯 定 文：You can use this car.
  　　　　　　「あなたはこの車を使ってもいいです」
  　否 定 文：You cannot[can't] use this car.
  　　　　　　「あなたはこの車を使ってはいけません」
  　疑 問 文：Can I use this car? 「この車を使ってもいいですか」
  　答えの文：── Yes, you can.　　　　「はい，いいですよ」
  　　　　　　── No, you cannot[can't]. 「いいえ，いけません」

実 践 問 題

Disk 1 : 25 ～ 28 / DL : 7-1 ～ 7-4 🎧

1 次の文を〔 〕内の指示にしたがって書きかえなさい。

(1) My mother makes nice bags. 〔「～できる」という文に〕

 * nice : すてきな

(2) Tom can read *kanji*. 〔否定文に〕 * Tom : トム（人の名前）

(3) Your brother can speak English. 〔疑問文に〕

2 次の文の（ ）内から適する語を選びなさい。

(1) My brother can (use, uses, using) this computer.

 * computer : コンピューター

(2) (Do, Does, Can) she make breakfast every day?

—— No, she can't.

3 次の日本文にあうように，（ ）内に適する語を書きなさい。

(1) ここで泳いでもいいです。

You ( ) ( ) here.

(2) 私たちは日曜日にサッカーをすることができません。

We ( ) ( ) soccer on Sunday. * on Sunday : 日曜日に

(3) 夕食後にテレビを見てもいいですか。

—— はい，どうぞ。

( ) ( ) watch TV after dinner?

—— Yes, ( ) ( ).

 * watch : ～を見る TV : テレビ after ～ : ～のあとに

4 次の日本文を英語にしなさい。

(1) 私の弟はギターをじょうずに演奏することができます。

(2) あなたは放課後，公園へ歩いて行ってもいいです。

136

解説

1

(1) 「～できる」は助動詞 can を使って，〈can ＋ 動詞の原形〉で表すんだったね。makes の s をとって**動詞の原形**にすることを忘れないように。

> **和訳** 「私の母はすてきなバッグをつくります」
> ➡ 「私の母はすてきなバッグをつくることができます」

(2) can の否定文，つまり「～できない」という文は，**can を cannot か can't** にかえればいいんだね。

> **和訳** 「トムは漢字を読むことができます」
> ➡ 「トムは漢字を読むことができません」

(3) 助動詞 can「～できる」を使っている文だね。疑問文は **can** を文頭に置くよ。動詞は原形のままで OK だね。

> **和訳** 「あなたのお兄さん[弟さん]は英語を話すことができます」
> ➡ 「あなたのお兄さん[弟さん]は英語を話すことができますか」

2

(1) 主語 My brother は 3 人称・単数だけど，can のうしろの動詞はいつも**原形**だね。

> **和訳** 「私の兄[弟]はこのコンピューターを使うことができます」

(2) 疑問文だけを見ると，Does と Can で迷うところだけれど，ヒントになるのは答えの文だよ。**can を使って答えている**ので，Can ～? という疑問文だとわかるね。

> **和訳** 「彼女は毎日，朝食をつくることができますか」
> ── 「いいえ，できません」

3

(1)　can は「〜できる」以外に，「〜してもいい」と許可を表すことも
できるね。この場合も，can のうしろには動詞の原形が続くよ。

(2)　「〜することができません」は〈cannot[can't] ＋ 動詞の原形〉。

(3)　「私は〜してもいいですか」と許可を求めているね。これは，**Can I**
〜？という疑問文で表せるよ。can の疑問文だから，答えるときにも
can を使うこと。答えの文では，主語が you になるよ。

4

(1)　「〜できます」は〈**can ＋ 動詞の原形**〉で表すね。「ギターを演奏す
る」は play the guitar。楽器を表す語の前の the を忘れずに。

(2)　「〜してもいいです」と許可しているね。これは **You can** 〜. で表
せるよ。「〜に歩いて行く」は walk to 〜だよ。

解答

1　(1)　My mother can make nice bags.
　　(2)　Tom cannot[can't] read *kanji*.
　　(3)　Can your brother speak English?

2　(1)　use　(2)　Can

3　(1)　can swim　(2)　cannot[can't] play
　　(3)　Can I / you can

4　(1)　My brother can play the guitar well.
　　(2)　You can walk to the park after school.
　　　注　after school は文頭に置いてもいいよ。

● Lesson 8 名詞・代名詞

　これまでの学習では，おもに英語の文全体に関するルールを見てきたといえるね。相当たくさんのルールがあったけれど，理解してくれたかな。

　今回は英文を全体からながめるのをひと休みして，文をつくるための1つの要素である**名詞・代名詞**に焦点をあてて学習していこう。英文を機械にたとえるなら，その部品にあたるものだね。

　今までも名詞や代名詞を使った文をたくさん見てきたけど，まずは英語に慣れてもらうためにあまり細かいことは言わなかったんだ。

　君たちも英語という世界にだいぶ慣れてきたみたいなので，いよいよ登場というわけだ。

 I 名　詞

1 名詞のはたらき

　名詞とは，人の名前やモノの名前を表す語のことだ。そんなあたりまえのことでも確認は大切だね。

　そしてここからが重要！　**名詞は文中で，主語・補語・目的語になる。**

　さて，マメ君に次の問題を解いてもらおう。

問題❶　▶　次の英文の中の主語・補語・目的語を言いなさい。

❶　He is a teacher.　　　「彼は先生です」

❷　She plays the piano.　「彼女はピアノをひきます」

はい，主語は，❶では He，❷では She ですが，補語と目的語というのが，よくわかりません。

そうだね。**Lesson 3** の一般動詞ですこしふれたんだけど（☞ p.52-61），くわしくはやってなかったね。では説明するよ。

補語は主語のようすや状態を説明する語で，**目的語は主語の動作の相手だ**，と説明したら答えられるかな。

あ，思い出しました。補語は❶の a teacher です。主語 He の状態が補語 a teacher で説明されています。そして目的語は❷の the piano です。主語 She の動作の相手が the piano だからです。

正解だ！　同じ名詞でも，置くところによってはたらきがかわるね。

 問題❶ の解答　　主語：He，She　　補語：a teacher
　　　　　　　　　　目的語：the piano

！ ポイント　名詞のはたらき（1年で習う内容）

- **主　語**➡「～は；～が」
- **補　語**➡（be 動詞などと使って）「～です；～だ」
  　　　：主語の説明
- **目的語**➡「～を；～に」
  　　　：主語の動作の相手

2 名詞の種類

大きく分けて，名詞には**数えられる名詞（可算名詞）**と**数えられない名詞（不可算名詞）**の2種類があるんだ。

数えられる名詞には，単数ならば **a** や **an** をつけ，複数ならば**複数形**にするのはもう学習したね。複数形のつくり方は p.145 で説明するよ。

一方，数えられない名詞には単数も複数も存在しないから，**a** や **an** をつけたり，複数形にしたりすることはできない。

ここで質問をしてみよう。みぃちゃん，答えてくれるかな？

問題② ▶ 英語の世界では，次にあげる名詞を数えられるものとしているか，数えられないものとしているか答えなさい。

❶ book「本」　　❷ paper「紙」　　❸ money「お金」

> はい，私たち日本人の感覚だとすべて数えられる名詞だから英語でも同じだと思うのですが……。

そうだよね。そう思いたくなるよね。しかし，これがめんどうなところで，英語では，数えられる名詞は❶の book だけなんだ。このあたりは1つずつ覚えていくしかないね。

問題② の解答 ▶ ❶ 数えられる名詞　　❷・❸ 数えられない名詞

次に名詞の種類をまとめるよ。

中学1年

中学2年

中学3年

 ポイント　名詞の種類

数えられる名詞 （可算名詞）	普通名詞	boy「少年」/ dog「犬」/ desk「机」/ star「星」など	単数・複数あり
	集合名詞	family「家族」/ audience「聴衆」/ class「クラス」など	
数えられない名詞 （不可算名詞）	物質名詞	water「水」/ milk「牛乳」/ chalk「チョーク」など	単数・複数なし
	固有名詞	Mary「人名」/ London「地名」など	
	抽象名詞	happiness「幸せ」/ truth「真実」/ peace「平和」など	

ポイントでまとめたことを細かく解説していこう。

1.　数えられる名詞

1つのときには〈a[an]＋名詞の単数形〉, 2つ以上のときには複数形で表す。

数えられる名詞には, 普通名詞と集合名詞があるんだ。

● **普通名詞**：一定の形と大きさをもっているものを表す名詞

　例　This is a <u>pen</u>.　　「これはペンです」
　　　　　　　単数

　例　I have three <u>pens</u>. 「私は3本のペンを持っています」
　　　　　　　　　　複数

● **集合名詞**：1つの集合体を表す名詞

　例　Your <u>family</u> is large. 「あなたの家は大家族です」
　　　　　　単数

> 例 Three **families** live there. 「そこには3家族が住んでいます」
> スリー ファミリーズ リヴ ゼア
>   複数
>
> 注 集合名詞 family は，単数の場合は家全体で1つの単位と考える。複数の場合は別々の家族がいくつかあることを表す。

2. 数えられない名詞

複数形にならない名詞だね。

数えられない名詞には，**物質名詞**・**固有名詞**・**抽象名詞**があるよ。

- **物質名詞：液体や粉状などの一定の形をもたない物質を表す名詞**

> 例 I want some **water**. 「私はいくらかの水がほしい」
> アイ ウァント サム ウォーター
>   複数形にはしない
>
> 注 物質名詞を数えるときもあるけど，それは2年生になってからでいいので，とりあえずは複数形にしないことを覚えておこう。

- **固有名詞：人名，地名，月名，曜日名などの1つしかないものを表す名詞。必ず大文字で書き始める**

> 例 I live in **Tokyo**. 「私は東京に住んでいます」
> アイ リヴ イン
>   大文字で始める
>
> 例 It's **Sunday** today. 「今日は日曜日です」
> イッツ サンデイ トゥデイ
>   大文字で始める

- **抽象名詞：人が頭の中で考えたもの，具体的な形がないもの**

> 例 We are not at **peace** now. 「私たちは今平和ではありません」
> ウィ アー ノット アット ピース ナウ
>   a や an はつけない   ＊at peace：平和な；安らかな

---

3. 「多い」「少ない」の表し方

「多い」「少ない」の表し方について，数えられる名詞の場合と数えられない名詞の場合に分けて説明するからね。

- ●「たくさんの〜」「いくらかの〜」「すこしの〜」などの表し方
  - ● **数えられる名詞で使われる語**
    〈**many**（たくさんの）＋名詞の複数形〉：「たくさんの〜」
    〈**a few**（すこしの）＋名詞の複数形〉　：「すこしの〜」
    - 例　I have many balls.「私はたくさんのボールを持っています」
    - 例　I have a few balls.「私はすこしのボールを持っています」

  - ● **数えられない名詞で使われる語**
    〈**much**（たくさんの）＋そのままの形〉：「たくさんの〜」
    〈**a little**（すこしの）＋そのままの形〉　：「すこしの〜」
    - 例　You have much money.
      「あなたはたくさんのお金を持っています」
    - 例　You have a little money.
      「あなたはすこしのお金を持っています」

  - ● **数えられる名詞，数えられない名詞の両方で使われる語**
    〈**some**（いくらかの）＋数えられる名詞［数えられない名詞］〉
    ：「いくらかの〜」
    〈**any**（いくらかの）＋数えられる名詞［数えられない名詞］〉
    ：「いくらかの〜」
    〈**a lot of**（たくさんの）＋数えられる名詞［数えられない名詞］〉
    ：「たくさんの〜」
    - 例　He has some ┌ **friends.**「彼には何人かの友達がいます」
      　　　　　　　　　　　数えられる
      　　　　　　　　　　└ **water.**
      　　　　　　　　　　　数えられない
      「彼はいくらかの水を持っています」

中学1年
中学2年
中学3年

例 Do you have any（ドゥ ユウ ハヴ エニ）

friends?
数えられる
「あなたには何人か友達がいますか」

water?
数えられない
「あなたはいくらかの水を持っていますか」

例 I have a lot of（アイ ハヴ ア ロット オヴ）

friends.
数えられる
「私にはたくさんの友達がいます」

water.
数えられない
「私はたくさんの水を持っています」

注 ふつう，some は肯定文で，any は疑問文と否定文で使うことを忘れずに。

③ 名詞の単数形と複数形

さて，次に数えられる名詞の単数形と複数形の話をするね。マメ君，数えられる名詞につく a と an はどんなふうに使い分けるかな？

はい，名詞が子音で始まるときは a を，母音で始まるときは an をつけました。

そのとおり！ ちゃんと復習しているね。では，みぃちゃん。名詞の複数形につける s と es のちがいは？

あっ，それはまだ習っていませんよね。

　正解！　複数形にするときには，なんでも s をつければいいと思っちゃ
ダメだよ。これから複数形のルールについて見ていこう。

- **名詞の複数形のつくり方**
  - **原則：語尾に s をつける**
    デスク　　　デスクス　　　　　　　　　ブック　　　ブックス
    desk ➡ desks「机」　　　book ➡ books「本」
  - **語尾が s / sh / ch / x / o で終わる語：語尾に es をつける**
    バス　　　バスィズ　　　　　　　　　　　ディッシュ　ディシュイズ
    bus ➡ buses　　　「バス」　　dish ➡ dishes「皿」
    チャーチ　　　チャーチイズ　　　　　　　ボックス　　ボックスィズ
    church ➡ churches「教会」　　box ➡ boxes「箱」
    ポテイトウ　　ポテイトウズ
    potato ➡ potatoes　「じゃがいも」

    注　（例外）radio ➡ radios「ラジオ」

  - **語尾が〈子音字＋y〉で終わる語：y を i にかえて es をつける**
    ストーリ　　　ストーリーズ　　　　　　レイディ　　レイディーズ
    story ➡ stories「物語」　　lady ➡ ladies「女性」

  - **語尾が f / fe で終わる語：f / fe を v にかえて es をつける**
    ライフ　　　ライヴズ　　　　　　　　　ウルフ　　　ウルヴズ
    life ➡ lives「人生；命」　　wolf ➡ wolves「オオカミ」

    注　（例外）roof ➡ roofs「屋根」

  - **不規則な変化をするもの**
    マン　　　メン　　　　　　　　　　ウマン　　　　ウィミン
    man ➡ men　　　「男性」　　woman ➡ women「女性」
    チャイルド　　チルドゥレン　　　　　　トゥース　　ティース
    child ➡ children「子ども」　　tooth ➡ teeth　　「歯」
    マウス　　　マイス
    mouse ➡ mice　　「ネズミ」

  - **単数形も複数形も同じ形のもの（単複同形）**
    シープ　　　　　　　　　ディア
    sheep「ヒツジ」　　deer　　「シカ」
    フィシュ　　　　　　　ジャパニーズ
    fish　「魚」　　Japanese「日本人」

- ● 名詞の複数形の語尾の発音
  - ● 原則：［ズ］と発音する
    pens「ペン」　boys「少年」

  - ● k / p / f のあとの s：［ス］と発音する
    desks「机」　shops「店」　roofs「屋根」

  - ● s / sh / ch / x のあとの es：［イズ］と発音する
    roses　「バラ」　　brushes「ブラシ」
    benches「ベンチ」　boxes　「箱」

  - ● t のあとの s：［ツ］と発音する
    cats「ネコ」　giants「巨人」

    注 （例外）特殊な発音をするもの
    house ➡ houses「家」　mouth ➡ mouths「口」

　複数形は，つくり方だけじゃなくて発音にまでルールがあるんだね。イヤになっちゃうよね。

　でも，これはどうしようもないルールなので，声に出してどんどん覚えていこう！

4　名詞の所有格

　所有格というのは，「友達の自転車」のように「〜の」で表す形をいうんだ。

　前にもそれに似たような文を見たことがあるんだけど，覚えているかな？　問題で確認してみよう。

問題 ❸ ▶ 次の文の中で所有格の単語をあげなさい。

Tom helps his mother every day.
「トムは毎日自分の母親を手伝います」

みぃちゃんに解いてもらおう。

はい, his が「彼の」
という意味で所有格だ
と習った気がします。

そのとおりだね。代名詞 **he**「彼は」が所有格になると **his**「彼の」に
なると習ったね。

ほかにも **your**「あなたの」や **my**「私の」もちょこっと出たことが
あるね。

問題 ❸ の解答 ▶　his

じつはこの所有格は, 代名詞だけでなく, ふつうの名詞にも存在する
んだ。

● 名詞の所有格のつくり方
　【名詞が人や動物のとき】
　　● 名詞の単数形：〈単数形＋**'s**〉
　　　　　　　　　　　　アポストロフィー・エスと読む
　　例　It's my **friend's** desk. 「それは私の友達の机です」
　　　　　　　　　　〈's〉をつける

● **s**のついた名詞の複数形：〈複数形＋'〉

アポストロフィーだけ

例 They are my <u>friends'</u> desks.

〈'〉をつける

「それらは私の友人たちの机です」

注 不規則な変化をする複数形の場合は，〈's〉をつける。

men's「男性たちの」／**children's**「子どもたちの」

【名詞が無生物のとき】

〈A ＋ **of** ＋ B〉：「BのA」（A・Bともに名詞）

無生物の名詞

例 What is <u>the name of the school</u>?

無生物の名詞

「その学校の名前は何ですか」

注 （✕）What is the school's name? は誤り！

ただし，時間と距離を表す名詞の所有格は，〈's〉をつける。

例 Where is **today's** paper? 「今日の新聞はどこですか」

＊ paper：新聞

例 It is five **minutes'** walk from here to the school.

「ここから学校までは歩いて5分です」

　決まりごとがたくさんあってたいへんだけど，ひとまず**実践問題**を解いてみよう！

実 践 問 題

Disk 1：29 ～ 32 ／ DL：8-1 ～ 8-4 🎧

1　次の名詞の複数形を書きなさい。

(1) lady　　(2) monkey　　(3) man　　(4) knife
(5) city　　(6) sheep　　(7) tooth　　(8) mouse

＊ monkey：サル　　knife：ナイフ

2　次の文の(　　)内から適する語を選びなさい。

(1) Some water (is, are) in the glass.　　＊ glass：コップ

(2) He doesn't have much (money, moneys).

(3) Many (child, children) are running in the field.　　＊ field：野原

3　次の日本文にあうように, (　　)内に適する語を書きなさい。

(1) その建物にはたくさんの家族が住んでいます。

(　　) (　　) live in the building.　　＊ building：建物

(2) 私は父親のグローブを使っています。

I am using my (　　) glove.

(3) 彼はたくさんの国を知っています。

He knows a lot of (　　).　　＊国：country

4　次の日本文を英語にしなさい。

(1) これらは, あなたの友人たちのバッグですか。

(2) 私にはあの山の頂上が見えます。

＊山：mountain　　頂上：top

➡ p.160 に続く

中学1年

中学2年

中学3年

解説

1

ルールにしたがって複数形にしてみよう。

(1) 〈子音字＋y〉で終わる名詞。
(2) 〈母音字＋y〉にはとくにルールはないので，そのまま s をつける。
(3) 不規則な変化をする名詞。
(4) fe で終わる名詞。
(5) 〈子音字＋y〉で終わる名詞。
(6) 単複同形の名詞。
(7) 不規則な変化をする名詞。
(8) 不規則な変化をする名詞。

2

(1) be 動詞は主語によって使い分けるんだったね。物質名詞 water は複数形にはできないよ。some water は単数として扱われるから，be 動詞は is で OK !
　　和訳「いくらかの水がコップの中にあります」

(2) 物質名詞 money に複数形はないよね。どんなにたくさんあっても money に s はつかないよ。
　　和訳「彼はお金をあまり持っていません」

(3) many は名詞の複数形といっしょに使われるね。**child** と **children** はよく使う語だからしっかり覚えよう。
　　和訳「たくさんの子どもたちが野原で走っています」

3

(1) 空らんには「たくさんの家族」という英語が入る。family は〈子音字＋y〉で終わる語なので，複数形は **families**。

(2) 所有格「父親の」は英語でどう書けばいいかな？

(3) <u>a lot of ～</u>は「<u>たくさんの～</u>」という意味を表すよ。**country**「国」は数えられる名詞なので複数形にするけれど，〈子音字＋y〉で終わる語なので要注意だよ。

4

(1) 「これらは～ですか」は **Are these ～**？ で表せばいいね。さて，問題は「あなたの友人たちのバッグ」だよ。「友人」は複数いるので，所有を表すときは<u>〈複数形＋'〉</u>となることに注意しよう。

(2) 「私には～が見えます」は **I see ～**. で書けば大丈夫。「山の頂上」は，<u>of を用いて所有格で書く</u>ことに気づいたかな？ **mountain**「山」は無生物名詞なので〈's〉は使えないよ。

解答

1 (1) ladies (2) monkeys (3) men (4) knives
(5) cities (6) sheep (7) teeth (8) mice

2 (1) is (2) money (3) children

3 (1) Many families (2) father's (3) countries

4 (1) Are these your friends' bags?
(2) I (can) see the top of that mountain.

 人称代名詞

すでに話題にのぼっていて，だれをさすのか，何をさすのかわかっている名詞のかわりに用いるのが代名詞だね。ここでは，いろいろな代名詞を紹介するよ。まず，人称代名詞から！

1 人称代名詞の人称と格

次の問題を考えてみよう。

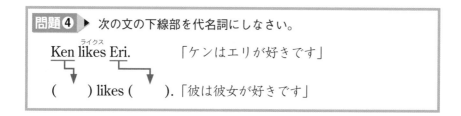

問題❹ ▶ 次の文の下線部を代名詞にしなさい。

Ken likes Eri. 「ケンはエリが好きです」

( ) likes ( ). 「彼は彼女が好きです」

Ken は男の子で主語だから代名詞は He。Eri は女の子で目的語だから代名詞は she。そう思った人がいるかな？

主語の He は正解だけど目的語の she がまちがいなんだ。日本文には「彼女が」と書いてあるので，一見主語に見えてしまうよね。動詞 likes のうしろには目的語を入れないといけないよ。ここで登場するのが，代名詞 she の目的格である her。

問題❹ の解答 ▶ He, her

先生，その her は
まだ習っていないと
思いますが……。

　そのとおり。ゴメンネ。まだ習っていないものを問題にしてしまったんだ。でもわかってほしかったのは，主語ではなく目的語として使う代名詞があるということだよ。表にまとめたので，見てくれるかな。

❗ ポイント　人称代名詞の格変化

	単　　数			複　　数		
	主格 〜は[が]	所有格 〜の	目的格 〜を[に]	主格 〜は[が]	所有格 〜の	目的格 〜を[に]
1人称 (話し手)	アイ I	マイ my	ミー me	ウィ we	アワ our	アス us
2人称 (聞き手)	ユウ you	ユア your	ユウ you	ユウ you	ユア your	ユウ you
3人称 (話し手と 聞き手以外のす べて)	ヒー he	ヒズ his	ヒム him	ゼイ they	ゼア their	ゼム them
	シー she	ハー her	ハー her			
	イット it	イッツ its	イット it			

　人称の説明は **Lesson 3**（☞ p.56-57）で学習したから大丈夫だよね？
今回は，それぞれの**格の変化**というものを理解してみよう。

● **格の変化**
　● 主　格：文中で主語としてはたらく（「〜は；〜が」）
　● 所有格：名詞の前に置かれて所有を表す（「〜の」）
　● 目的格：目的語としてはたらく（「〜を；〜に；〜が」）

　先ほど解いてもらった「彼は彼女が好きです」は，「彼は彼女を好んでいる」というように，目的格のところを「〜を」を使っても言えるよね。
　これらの代名詞の格変化は「アイ，マイ，ミー」「ユウ，ユア，ユウ」と声に出して覚えていくと効率があがるよ。

中学1年　中学2年　中学3年

では，ちょっと難しめの問題を解いてみよう。

問題⑤ ▶ 次の(　　)内に入る代名詞を書きなさい。

❶ You and I are friends. 「あなたと私は友達です」
　ユウ アンド アイ アー　　フレンズ
　＝ (　　) are friends.

❷ Are he and she busy?　　＊busy：忙しい
　アー ヒー アンド シー ビズィ　　　　　ビズィ
　「彼と彼女は忙しいですか」

　── Yes, (　　) are. 「はい，忙しいです」

マメ君，答えてくれるかな。

　はい，❶は「あなたと私は」を1語で表す代名詞ですね。「私」も入っているので「私たちは」だと思います。で，We。
　❷は「彼と彼女は」を代名詞で1語にするんですよね。「私」も「あなた」も入っていないので「彼らは」で，主格のthey ですか？

す〜ばらしい！　and を使うと複数の主語になることを瞬時に見抜いたね。その調子だ！

問題⑤ の解答▶　❶　We　　❷　they

② 人称代名詞 it の特別用法

　では次に，it の特別用法を見ていこう。ふつう it は主格で使うと，「それは」と訳すよね。でも訳さない it も英語にはあったのを覚えているかな，マメ君？

はい，疑問詞のところでやりました。時間・日付・曜日・距離を表す文は主語を it にするけど，それは訳さないと習いました。

　そうだったね。じつは訳さない主語の it は，ほかにも天候などを表すときに使えるんだ。
　ここで全部まとめてしまおう。

- **it の特別用法**
  - **時間**
    - 例　It's eight o'clock.　　　　　「8時（ちょうど）です」
  - **日付**
    - 例　It's February 14th.　　　　「2月14日です」
  - **曜日**
    - 例　It's Sunday today.　　　　　「今日は日曜日です」
  - **距離**
    - 例　It's two hundred meters.　「200メートルです」
  - **天候**
    - 例　It's fine today.　　　　　　「今日は晴れています」
  - **寒暖**
    - 例　It's very hot.　　　　　「とても暑い」　　＊ hot：暑い
  - **明暗**
    - 例　It's dark in this room.　「この部屋は暗い」
      ＊ dark：暗い　　room：部屋

 所有代名詞 ··

　所有物について説明するときには,「これは私の時計です」とか「これは私のです」と言えば相手に伝わるよね。これを英語にしてみるとどうなるかな。

問題❻ ▶ 次の文の（　　）内に適する語を入れなさい。
❶　（　　） watch is this?　　「これはだれの腕時計ですか」
❷　It is （　　） watch.　——「それは私の腕時計です」
❸　It is （　　）.　　　　　——「それは私のです」　＊ watch：腕時計

みぃちゃんにお願いしよう。

　　はい,❶は疑問形容詞の Whose です。❷はうしろの名詞 watch を説明する所有格の my です。❸はうしろに名詞がありませんが,「私の」と日本語があるので所有格の my でいいんですか？

　そうだね。❶と❷はカンペキに答えてくれたので問題なしだ。❸の日本語には「私の」とあるけど, **所有格はうしろに名詞がないと使えない**よね。

　そこでこう考えたらどうだろう。❸「私の」は「私のもの」とも言いかえられるよね。

　じつは,〈所有格＋名詞〉を「～のもの」と1語で言いかえられる語があるんだ。それを**所有代名詞**というので覚えておこうね。

そうすると，**❸**には，my watch を 1 語で表せる所有代名詞の <ruby>mine<rt>マイン</rt></ruby>「私のもの」を入れればいいというわけなんだ。

問題❻ の解答 ▶ **❶** Whose　**❷** my　**❸** mine

ほかにも「彼のもの」とか「彼女のもの」とかいろいろあるので，表にまとめてみるよ。

ポイント　所有代名詞の種類とはたらき

● 所有代名詞 ➡「〜のもの」という意味で，1 語で〈所有格＋名詞〉のはたらきをする

	単　数	複　数
1人称	<ruby>mine<rt>マイン</rt></ruby>「私のもの」	<ruby>ours<rt>アワズ</rt></ruby>「私たちのもの」
2人称	<ruby>yours<rt>ユアズ</rt></ruby>「あなたのもの」	<ruby>yours<rt>ユアズ</rt></ruby>「あなたたちのもの」
3人称	<ruby>his<rt>ヒズ</rt></ruby>「彼のもの」 <ruby>hers<rt>ハーズ</rt></ruby>「彼女のもの」	<ruby>theirs<rt>ゼアズ</rt></ruby>「彼ら[彼女ら]のもの」

注1　所有代名詞は人の所有物について表すものなので，it の変化形は存在しない。

注2　〈人を表す普通名詞＋'s〉〈人の名前＋'s〉で「〜のもの」を表すこともできる。

例　<ruby>This<rt>ディス</rt></ruby> <ruby>cup<rt>カップ</rt></ruby> <ruby>is<rt>イズ</rt></ruby> <ruby>my<rt>マイ</rt></ruby> <ruby>father's<rt>ファーザーズ</rt></ruby>.　「このカップは私の父のものです」

例　<ruby>That<rt>ザット</rt></ruby> <ruby>bike<rt>バイク</rt></ruby> <ruby>is<rt>イズ</rt></ruby> <ruby>Tom's<rt>トムズ</rt></ruby>.　「あの自転車はトムのものです」

＊ <ruby>cup<rt>カップ</rt></ruby>：カップ　<ruby>bike<rt>バイク</rt></ruby>：自転車

指示代名詞・指示形容詞

　またまた難しい用語が出てきちゃったけど，じつは **Lesson 2** の be 動詞の文でも扱った **this** や **that** などのことだよ（☞ p.36-37）。

　<u>指示代名詞</u>を使うと，目の前にいる人やモノが自分とどのくらい離れているのかを表すことができる。日本語では，近くの人やモノには「これは；こちらは」，遠くの人やモノには「あれは；あちらは」と言うよね。

- ● **指示代名詞の種類と意味**

  - ● **近くにいる人やモノをさすとき**

    this　（単数）：「これは；こちらは」
    these（複数）：「これらは；この方々は」

    　　例　This is your bag.　　　　「これはあなたのバッグです」
    　　例　These are his books.「これらは彼の本です」

  - ● **遠くにいる人やモノをさすとき**

    that　（単数）：「あれは；あちらは」
    those（複数）：「あれらは；あの方々は」

    　　例　That is John.　　　　　　「あちらがジョンです」
    　　例　Those are my father's dogs.「あれらは私の父の犬です」

  - ● **前に出た名詞のくり返しを避けるとき**

    that（単数）/ **those**（複数）

    　　例　His <u>manners</u> are not <u>those</u> of a gentleman.
    　　　　　　　　　　　　　manners のくり返しを避けている

    　　　「彼の作法は紳士の作法ではありません」

    　　注　manners が複数なので those を使っている。
    　　　　　　　　＊ manner：作法；方法　　gentleman：紳士

次に形容詞のはたらきをする<u>指示形容詞</u>について説明するよ。

- 〈**this** ＋ 名詞の単数形〉 ：「この〜」

  指示
  形容詞

  説明

  〈**these** ＋ 名詞の複数形〉：「これらの〜」

- 〈**that** ＋ 名詞の単数形〉 ：「あの〜」

  指示
  形容詞

  説明

  〈**those** ＋ 名詞の複数形〉：「あれらの〜」

次の問題でわかると思うよ。

問題 7 ▶ 次の文の（　　）内に適する語を入れなさい。

This is a beautiful flower.　「これは美しい花です」
　＝ This (　　) is beautiful.「この花は美しい」

<u>上の文の This は指示代名詞で主語になっている</u>よね。
　<u>下の文では指示形容詞 This がうしろの名詞を説明</u>して「この花は」
全体で主語になっているんだ。
　つまり空らんに入るのは flower だね。

問題 7 の解答 ▶ flower

さあ，代名詞の**実践問題**にチャレンジ！

160

→ p.149 から続く

5 次の文の下線部を代名詞に書きかえなさい。

(1) I know that boy. Do you know <u>the boy</u>?

(2) He has a dog. I like <u>the dog</u> very much.

(3) <u>He and she</u> like soccer.

(4) Whose desk is this? —— It's <u>my father's</u>.

6 次の文の（　）内の代名詞を適する形にしなさい。

(1) I like (he) songs.

(2) Do you know (they)?

(3) (I) teacher has many English books.

(4) (This) cakes are delicious.

(5) Whose bag is that? —— It's (she).

＊song：歌

7 日本文にあうように，（　）内に適する代名詞を書きなさい。

(1) 私の兄は，私にとてもやさしい。

（　　）brother is very kind to （　　）.

(2) カナダでは英語とフランス語を話します。

（　　）speak English and French in Canada.

＊Canada：カナダ

解説

5

(1) the boy「その少年」を代名詞にする。男の子で単数だから，**he** - **his** - **him** のうちどれかだね。一般動詞 know のうしろには目的語がくるから，「～を」を表す目的格にかえれば正解。

　　和訳「私はあの少年を知っています。あなたはその少年（⇒ 彼）を知っていますか」

(2) 犬は人ではないので，**it** - **its** - **it** のうちのどれか。like のうしろには目的語がくるね。なので目的格の **it**。

　　和訳「彼は犬を飼っています。私はその犬（⇒ それ）がとても好きです」

(3) 「彼と彼女は」を1語で表すなら「彼らは」でいいよね。**they** - **their** - **them** のうち，主格の **they** で決まり！

　　和訳「彼と彼女（⇒ 彼ら）はサッカーが好きです」

(4) 「私の父のもの」を1語で表せる代名詞は？　所有代名詞で OK だね。**his**「彼のもの」が正解。

　　和訳「これはだれの机ですか」
　　　　──「それは私の父のもの（⇒ 彼のもの）です」

6

(1) これはひっかけ問題。like のうしろだから目的格の him と考えたらダメだよ。この文の目的語は songs であり，その名詞 songs を説明する所有格が前にあると考えてね。he の所有格は **his** だったね。「私は彼の歌が好きです」という文になるよ。

(2) know は「～を知る」という意味だから目的語がくる。they の目的格 **them** で正解。「あなたは彼らを知っていますか」という文に。

(3) 主語は teacher だから，それを説明する所有格 **my** を入れれば大丈夫だね。文頭は大文字から始めることにも注意。「私の先生はたくさんの英語の本を持っています」という文になるよ。

(4) （　）内の **This** は主語の **cakes** を説明しているね。**cakes** が複数なので指示形容詞も複数で。「これらのケーキはおいしい」という文に。

(5) 「あれはだれのバッグですか」に対して，「それは彼女のものです」と答えればいいね。所有代名詞 **hers** を使えばいいよね。**her bag** ＝ **hers** と考えよう。

7

(1) 「私の兄」は〈所有格＋名詞〉で **my brother** と書けるね。**kind** は「やさしい；親切な」という意味の形容詞。問題はうしろの空らんだね。「私に」は〈前置詞 **to** ＋ 代名詞〉で書くんだけど，前置詞のうしろの代名詞は目的格ということを知らないとムリだったね。〈**to** ＋ 代名詞の目的格〉で，**me** を入れれば正解。
　前置詞は中学 2 年の **Lesson 22** でじっくりやるよ。

(2) これは難しい。しかもまだ教えていないから，解けなくてもいいんだよ。ではマメ君，この文の主語はだれになるだろうね？

はい，カナダで英語とフランス語を話しているのは当然カナダ人だと思うので，「カナダ人」という単語の Canadian ですか。

とってもおしいなあ。よく問題文を読んでごらん。代名詞を入れると書いてあるね。

では，みぃちゃん，カナダ人に相当する代名詞はなんだろう？

> えっ！　カナダ人の代名詞？　とりあえず複数だと思うので，we / you / they のうちのどれかですよね？　どれでも使えそうですね。

このカナダ人というのは，特定されない複数と考えていいんだ。

つまり，「カナダ人みんなは」ぐらいに考えよう。すると第三者の扱いになって，訳に出す必要のない **they** を使うというルールがあるんだ。いちいち「カナダ人はカナダでは英語とフランス語を話します」なんて言わないものね。英語では必ず主語が必要なので **they** を入れると考えればいいね。

解答

5	(1) him	(2) it	(3) They	(4) his	
6	(1) his	(2) them	(3) My	(4) These	(5) hers
7	(1) My / me	(2) They			

名詞・代名詞は難しかったかな？　ちゃんと復習してね。

冠詞・形容詞・副詞

今回の学習は冠詞・形容詞・副詞だね。今までの学習でもかなり登場しているので，入りやすいと思うよ。

Ⅰ 冠詞の種類と用法

冠詞(かんし)とは名詞の前につく語で，**a / an / the** の3種類があるんだ。もうすでに a と an のちがいは習っているから大丈夫だよね。不安な人は，p.38 を見て復習しておこう。

次の問題で確認してみるよ。

問題❶ ▶ 次の(　　)内に a か an を入れなさい。必要でないときは×を入れること。

❶ She is (　　) English teacher. 「彼女は英語の先生です」

❷ He is my (　　) father. 「彼は私の父です」

❸ I have (　　) pen in my bag.
　　　　　　　　　　「私はバッグの中にペンを持っています」

みぃちゃんに解いてもらおう。

はい，❶はうしろに母音で始まる English があるので，an，❷はうしろに子音で始まる father があるので a，❸はうしろに子音で始まる pen があるので a だと思います。

中学1年

中学2年

中学3年

そのとおり！ と言いたいところだけど，❷がちがったね。

aとanはうしろの名詞の発音が母音か子音で決まる，という考え方は正しいよ。ただ，❷はmyに注目してほしかったんだ。

myのような**代名詞の所有格とaやanはいっしょに使ってはいけない**というルールがあるんだ。だから❷は何も入らないのが正解ということになるね。

 **問題❶の解答** ❶ an ❷ × ❸ a

では，冠詞をまとめてみよう。

1 不定冠詞aとan

ふつう数えられる名詞の単数形の前に置かれ，その名詞が子音で始まるときは**a**，母音（ア・イ・ウ・エ・オに似た音）で始まるときは**an**を使う。これは基本なので，しっかり頭に入れておこう。

不特定の名詞の前につくので**不定冠詞**といい，「ある１つの」という意味があるが，ふつうは訳さなくていい。

Lesson 2で学習したことを覚えているかな？ p.38をもう一度見ておこう。

- 不定冠詞a / an の使い分け
  - 子音で始まる名詞の前：**a**をつける　a book / a ball / a desk
  - 母音で始まる名詞の前：**an**をつける

    an egg / an apple / an hour　　　　　　＊hour：時間

    注　hourはつづりはhから始まるが，発音するときにはhは読まず母音から始まるのでanをつける。

2 定冠詞 the

定冠詞の the は，数えられる名詞の前にも数えられない名詞の前にも置くことができ，<u>特定の名詞を指すときに使われる</u>。名詞が子音で始まるときは［ザ］，母音で始まるときは［ズィ］と発音する。

<u>the は名詞を特定しているので「その」という意味があるが，訳さないことが多いよ。</u>

- **the の使い方**
  - **前に出た名詞をくり返す場合**

    例　I have a dog. The dog is big.　　　＊ big：大きい

    最初は不特定　　　２回目は特定される

    「私は犬を飼っています。その犬は大きいです」

  - **話している人どうしが，何をさしているのかわかる場合**

    例　Open the window, Ken.　「窓を開けなさい，ケン」

    どの窓のことをさしているのか，お互いにわかっている

  - **「楽器を演奏する」というとき，楽器を表す語の前につける**

    例　Mary plays the piano every day.

    「メアリーは毎日ピアノを演奏します」

わかってくれたかな。a / an / the にはほかにもいろいろな用法があるけど，２年生になってからまたじっくりやっていくから大丈夫だよ。

Ⅱ 形容詞の用法

　形容詞の用法について，**Lesson 5**の感嘆文でちょっとだけ学習したのは覚えているかな？（☞ p.95）

　今回は簡単におさらいをしておこう。また，中学1年で学習するおもな形容詞の単語をあげておくから，がんばって覚えてみよう。

　その前に，日本語と英語の形容詞のちがいはあるのかどうか，考えてみようか。

　マメ君，日本語の用言に分類されている形容詞の終止形はどんな語尾で終わっているかな？

えー，終止形ですか？
用言ですか？　……。

　国語の授業で習っていると思うけど忘れてしまったかな？

　日本語の用言（動詞・形容詞・形容動詞）には活用があったよね。その形容詞の終止形は「い」で終わるんだったね。同様に形容動詞は「だ」で終わるんだ。

　いきなり国語を始めてゴメンネ。

　でもここで大切なのは，英語の形容詞は必ずしも日本語の訳が「い」で終わらなくてもいいということなんだ。つまり名詞のようすを説明していれば，日本語の訳が「い」で終わろうが「だ」で終わろうが，すべて形容詞だと思っていいんだよ。

中学1年

中学2年

中学3年

● 英語の形容詞の日本語訳の語尾

　　日本語訳の語尾がなんであろうと，名詞のようすを説明している語は形容詞である。

　　<u>many</u> books　　「たくさんの本」
　　形容詞

　　the <u>next</u> house「となりの家」
　　　　　形容詞

　　　　　　　　　　　　　　　　　　　　　　　　ネクスト
　　　　　　　　　　　　　　　　　　　　　＊ next：となりの：次の

 ポイント　形容詞の用法

● **主語のようすを説明する**➡〈主語 ＋ be 動詞＋形容詞.〉
　　　　　　　　　　　　　　　　　　　　a も the もつかない

　　　　　　ディス キャット イズ　スモール
　例　This cat is <u>small</u>.　「このネコは小さい」
　　　主語　　　　形容詞

● **うしろの名詞を説明する**➡〈a[an / the]＋形容詞＋名詞〉
　　　　　　　　　　　　　　　　　　ふつう，名詞の前に置く

　　　　　ディス イズ ア　スモール キャット
　例　This is a <u>small</u> cat.　「これは小さいネコです」
　　　　　　　　形容詞

　次に意味が似ている形容詞どうし，また反対の意味を表す形容詞どうしをいっしょにまとめたので，がんばって覚えていこう。

　　　　　　　　セットで覚えておくと楽かもしれないですね。

● おもな形容詞

big [ビッグ] 「大きい」	fast [ファスト] 「速い」
large [ラージ] 「大きい」	slow [スロウ] 「遅い」
little [リトゥル] 「小さい」	good [グッド] 「よい」
small [スモール] 「小さい」	bad [バッド] 「悪い」
black [ブラック] 「黒い」	new [ニュー] 「新しい」
white [ホワイト] 「白い」	old [オウルド] 「古い；年とった」
red [レッド] 「赤い」	young [ヤング] 「若い」
pretty [プリティ] 「かわいい」	tall [トール] 「背が高い」
beautiful [ビューティフル] 「美しい」	short [ショート] 「背が低い；短い」
cold [コウルド] 「寒い」	long [ロング] 「長い」
hot [ホット] 「暑い」	thick [スィック] 「厚い」
cool [クール] 「涼しい」	thin [スィン] 「うすい；やせた」
warm [ウォーム] 「暖かい」	fat [ファット] 「太った」
easy [イーズィ] 「やさしい」	dangerous [デインジャラス] 「危険な」
difficult [ディフィカルト] 「難しい」	safe [セイフ] 「安全な」
hard [ハード] 「難しい」	

中学1年

中学2年

中学3年

こんなふうに形容詞を使うと，英語の表現がとても豊かになるね。

● I want a white bag.「私は白いバッグがほしい」
　　アイ ウァント ア ホワイト バッグ
● My brother's guitar is very old.「私の兄のギターはとても古い」
　　マイ ブラザーズ ギター イズ ヴェリ オウルド

　形容詞はほかにもいろいろな種類があるけれど，2年になってから
もっとくわしく学習するよ。

 **副詞の用法**……………………………………………

　副詞<ruby>副<rt>ふく</rt></ruby><ruby>詞<rt>し</rt></ruby>も今までの学習の中でさりげなく登場していたんだけど，今回は
ちゃんとまとめて学習しようね。

1 副詞の見つけ方

> **副詞：主語・補語・目的語のどれにもなれないただの飾りもの！**

　英文では，主語・補語・目的語などがないと文として成立しないこと
もあるね。

　でも，副詞ははじめから，あってもなくてもいいただの飾りものだと
考えるといいよ。

　次の問題で，その飾りものを見つけてみよう。

問題② ▶ 次の文から副詞を選びなさい。

❶ My sister is very cute.　「私の妹はとてもかわいい」
　（マイ　スィスター　イズ　ヴェリ　キュート）
　＊ sister：姉；妹（スィスター）　cute：かわいい（キュート）

❷ He studies English hard.「彼は英語を熱心に勉強します」
　（ヒー　スタディーズ　イングリッシュ　ハード）

　では，みぃちゃん，答えてくれるかな。

　　はい，副詞をさがすには
　　主語・補語・目的語をさがし
　　て，それ以外と考えればいい
　　ですね。ならば，❶は very，
　　❷は hard ですか？

すばらしい！　よくできました。❶は My sister が主語，is が動詞，cute が補語で，very「とても」が副詞だね。❷は He が主語，studies が動詞，English が目的語で，hard「熱心に」が副詞。

問題❷ の解答▶　　❶ very　　❷ hard

２　副詞のはたらき

　次に副詞のはたらきを考えよう。あってもなくてもいい副詞が文中にあるのは，ようすをもっとくわしく述べたり，表現をもっと強調したりすることができるからなんだ。

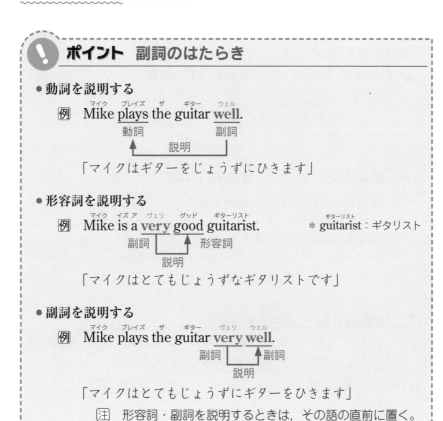

❗ ポイント　副詞のはたらき

● 動詞を説明する

例　Mike plays the guitar well.
　　　　　動詞　　　　　　　　副詞
　　　　　　　└─ 説明 ─┘
「マイクはギターをじょうずにひきます」

● 形容詞を説明する

例　Mike is a very good guitarist.　　＊ guitarist：ギタリスト
　　　　　　　副詞 └─┐形容詞
　　　　　　　　　説明
「マイクはとてもじょうずなギタリストです」

● 副詞を説明する

例　Mike plays the guitar very well.
　　　　　　　　　　　副詞 └─┐副詞
　　　　　　　　　　　　　説明
「マイクはとてもじょうずにギターをひきます」
　注　形容詞・副詞を説明するときは，その語の直前に置く。

中学1年
中学2年
中学3年

3 副詞の種類

1. 頻度・回数を表す副詞

頻度・回数を表す副詞には，次のようなものがあるよ。

- **always**「いつも」 ・ **usually** 「たいてい；ふつう」
- **often** 「しばしば」 ・ **sometimes**「ときどき」

このような主語の動作の頻度や回数を表す副詞は位置が決まっているので注意しよう。

- 頻度を表す副詞の位置
  - **be 動詞の文：ふつう be 動詞のうしろに置く**

    例　He <u>is</u> always busy.
    　　　　be 動詞のうしろ

    「彼はいつも忙しい」

  - **一般動詞の文：ふつう一般動詞の前に置く**

    例　I sometimes <u>play</u> baseball.
    　　　　一般動詞の前

    「私はときどき野球をします」

---

2. 〈前置詞＋名詞〉で表される副詞

副詞には１語ではたらく well や hard などのほかに，前置詞と名詞のセットで副詞のカタマリとしてはたらくものもあるんだ。

おもに時と場所に関する表現が多いので，まとめてみるね。

- ● 時を表す副詞

　〈**at ＋ 時間**〉：at 8:00　　　　　「8 時に」
　〈**on ＋ 曜日**〉：on Sunday　　　　「日曜日に」
　〈**on ＋ 日付**〉：on April 15　　　「4 月 15 日に」
　〈**in ＋ 月**〉：in May　　　　　　「5 月に」
　〈**in ＋ 年**〉：in 2008　　「2008 年に」；in 1998 「1998 年に」

　　注　西暦の読み方：ふつうは 2 桁ずつ区切って読む。「1998」は［ナインティーン ナインティエイト］と読む。

　〈**in ＋ 季節**〉：in spring「春に」

　　注　四季を表す名詞：spring「春」/ summer「夏」
　　　　fall ＝ autumn「秋」/ winter「冬」

- ● 場所を表す副詞

　〈**in ＋ 地名・国名など**〉：in Tokyo　　「東京で」
　　　　　　　　　　　　　in America「アメリカで」
　　　　　　注　正式には（the）United States of America。USA ともいう。

　〈**in ＋ 場所など**〉　　：in the room　　「部屋の中で」
　〈**on ＋ 場所など**〉　　：on the table　　「テーブルの上に」
　〈**under ＋ 場所など**〉：under the desk「机の下に」
　　　　　　　　　　　　＊ table：テーブル　　under：～の下に

中学 1 年

中学 2 年

中学 3 年

〈前置詞＋名詞〉のセットで表される副詞は文頭・文末に置かれることが多いから，注意してさがしてみよう。

　副詞にはそのほかにもいろいろな種類があるけど，中学 2 年の範囲でもっとくわしく見ていこうね。

　さて，それでは，**実践問題**にチャレンジだ！

174

1 次の文の（　　）内に a, an, the を書きなさい。不要なら×を書きなさい。

(1) She plays (　　) piano very well.

(2) Is that (　　) apple?

(3) My book is (　　) old.

(4) Is this (　　) his bike?

(5) Do you have (　　) computer in your room?

2 次の各組の文が同じ意味になるように，（　　）内に適する語を書きなさい。

(1) This is a small house. = This house (　　) (　　).

(2) That's a white dog. = That dog (　　) (　　).

(3) He is a good tennis player. = He plays (　　) (　　).

＊ player：選手

3 次の日本文にあうように，（　　）内に適する語を書きなさい。

(1) 彼は安全運転をする人です。

He is a (　　) driver.

(2) 彼はたいてい早く起きます。

He (　　) gets up early.

(3) メアリーは英語の先生です。

Mary is (　　) English teacher.

(4) 私は日曜日に教会へ行きます。

I go to church (　　) Sunday(s).

＊ driver：運転する人；運転手　　get up：起きる　　early：早く

解説

1

(1) 「(楽器)を演奏する」という場合，play the piano[guitar / violin など] のように，楽器には定冠詞の the をつけるね。

和訳 「彼女はピアノをとてもじょうずに演奏します」

(2) apple はすでに話題にあがっているものではないので，the はおかしいよね。apple は母音で始まる語なので不定冠詞の an をつけよう。

和訳 「あれはリンゴですか」

(3) old は形容詞なので，a / an / the はつけないよ。

和訳 「私の本は古い」

(4) bike の前に所有格の his が入っているから，a / an / the はつけられないことに気づいたかな？

和訳 「これは彼の自転車ですか」

(5) computer は子音で始まる語なので不定冠詞の a をつけるよ。computer ははじめて登場するので，the を選ばないように。

和訳 「あなたは自分の部屋にコンピューターを持っていますか」
＝「あなたの部屋にコンピューターがありますか」

2

(1) 左の文の形容詞 small は名詞 house を説明しているね。右の文の訳は「この家は小さい」となるよね。be 動詞のうしろに補語として形容詞の small を置けば正解。

和訳 「これは小さい家です」＝「この家は小さい」

(2) 考え方は(1)と同じ。「あれは白い犬です」＝「あの犬は白い」と訳

せれば，be 動詞のうしろに形容詞 white が置けるね。

和訳「あれは白い犬です」＝「あの犬は白い」

(3) 「彼はじょうずなテニス選手です」＝「彼はじょうずにテニスをします」と考えればいいね。左の文の名詞 player「選手」が，右の文では動詞 play「（スポーツ）をする」にかわっているんだ。play のうしろにはまず目的語の tennis を入れ，文末に副詞の well「じょうずに」を入れれば完成だね。

和訳「彼はじょうずなテニス選手です」
　　　＝「彼はじょうずにテニスをします」

3

(1) 名詞 driver を説明する形容詞が入るよ。よく日本語で「セイフティドライバー」と言うけど，safety（セイフティ）は「安全」という意味の名詞。ここには形容詞の safe「安全な」を入れればいいね。

(2) 「たいてい」は頻度の副詞 usually で表せるね。ふつう一般動詞の前に置くことを覚えておこう。

always / often / sometimes / usually はふつう，一般動詞の前，be 動詞のあとに置くんですよね？

そうだよ。覚えておいてね。

(3) English teacher は〈形容詞＋名詞〉なので，その前には冠詞を置けばいいね。English は母音で始まる語なので an で正解。

⑷ 「日曜日に」は〈前置詞＋ Sunday(s)〉というセットの副詞で表せる。〈**on** ＋ 曜日〉を覚えているかな？

解答

1　⑴　the　　⑵　an　　⑶　×　　⑷　×　　⑸　a

2　⑴　is small　⑵　is white　⑶　tennis well

3　⑴　safe　　⑵　usually　⑶　an　　⑷　on

　冠詞・形容詞・副詞のはたらきや使い方をわかってくれたかな。ちゃんと復習しておいてね。

形容詞と副詞はたくさんあって，覚えるのがたいへんそう。

ホント！　でも，たくさん覚えて，いろんなことを英語で書いてみたいな。

中学1年

中学2年

中学3年

Lesson 10 接続詞①

さて，今回は接続詞について勉強していこう。

今まで学習してきた英文は基本的に主語（S）と動詞（V）が１組だけの短い単純な文だったんだよ。こんなにいっしょうけんめいがんばって勉強してきた英文が単純な文だなんて言わないでくれって思うよね。

でも，実際に高校入試問題（ちょっと先の話だけれど……）を見ると，やたらに長い英文（長文）を読む力を要求されるよ。この接続詞を勉強すると長い英文をしっかり読めるようになるから，がんばっていこうね。

接続詞のはたらき ·······························

接続詞_{せつぞくし}というのは，単語と単語，語句と語句，文と文を結びつける「つなぎことば」。「マメ君とみぃちゃん」の「と」にあたる日本語からもイメージしやすいよね。

> 英語では，Mame and Miichan の and が接続詞ですか？

マメ君，キミの言うとおり。まさにその and が接続詞の基本なんだ。

接続詞にはほかにもいろいろな種類があって，訳し方や文の中でのはたらきもさまざまなんだ。ここでは，中学１年で覚えておきたいものを説明して，そのほかのものは中学２年の Lesson 23 で学習するよ。

II ▶ 等位接続詞（and / but / or など）················

1　and / but / or

　and は，単語と単語，語句と語句を結んで「〜と…」，文と文を結んで「〜，そして…」の意味を表すよ。but は，「〜，しかし[だが] …」，or は，「〜または[あるいは] …」の意味を表すんだ。例文を見てみよう。

- アイ　ノウ　ボブ　アンド　メアリー
  I know Bob and Mary. 「私はボブとメアリーを知っています」

  　and は，Bob と Mary という名詞を対等に結んでいる。

- ドッグズ　キャン　ラン　バット　ゼイ　キャノット　フライ
  Dogs can run, but they cannot fly.

  「犬は走ることはできますが，飛ぶことはできません」

  　but は，Dogs can run と they cannot fly という文を対等に結んでいる。

- イズ　シー　カインド　オア　アンカインド　　　　　　　　　　　　　　　　　　　　　アンカインド
  Is she kind or unkind?　　　　　　　　　　　　　　　　　＊ unkind：不親切な

  「彼女は親切ですか，それとも不親切ですか」

  　or は，kind と unkind という形容詞を対等に結んでいる。

！ ポイント　等位接続詞が結ぶもの

- 等位接続詞➡その前とうしろの語句を対等の関係で結ぶ
- 等位接続詞が結ぶ語句➡同じ種類の語句（たとえば，名詞と名詞，形容詞と形容詞など）

---

　and と or を命令文のあとに置くと，次のような意味を表すよ。命令文は Lesson 5 で学習ずみだね。

180

- 〈命令文, ＋ and[or] ....〉
  - 〈命令文, and ＋ S ＋ V ＋....〉：「～しなさい，そうすれば…」

    例 Hurry up, **and** you will be in time for school.

    「急ぎなさい，そうすれば学校に間に合いますよ」

    ＊ hurry up：急ぐ　*be* in time for ～：～に間に合う

  - 〈命令文, or ＋ S ＋ V ＋....〉：「～しなさい，さもないと…」

    例 Hurry up, **or** you will be late for school.

    「急ぎなさい，さもないと学校に遅刻しますよ」

    ＊ *be* late for ～：～に遅れる

    注1　接続詞 and と or の前にコンマ 〈 , 〉 を置くことを忘れずに！

    注2　will は未来のことを表すときに使う助動詞。中学 2 年の
    Lesson 13 で学習するよ。

2 so / for

so と **for** は文と文だけを対等に結ぶはたらきがあり，語と語を結ぶことはできない。**so** は結果「それで[だから]…」，**for** は原因・理由「～というのは…だからだ」を表すんだ。so も for も，前にコンマ 〈 , 〉 を置くよ。

以下の例文をチェックしよう。

- She doesn't study English, **so** she can't speak English.

  「彼女は英語を勉強しません，だから，英語を話すことができません」

  前の文が「原因」，あとの文が「結果」の関係になっている。

- She can't speak English, **for** she doesn't study English.

  「彼女は英語を話せません，というのは，英語を勉強しないからです」

  前の文が「結果」，あとの文が「原因」の関係になっている。

3　**セットで使う接続詞**

　ほかの語とセットになって語と語を結びつける接続詞をまとめて覚えておこう。中学１年の英語ではあまり目にしない表現だけど，２年，３年では頻出するよ。

- **セットで使う接続詞**
  - **both A and B**：「A も B も両方とも」
    - 例　Both my father and my mother love me.
      「私の父も母も私を愛しています」
      - 注　both A and B が主語の場合は複数扱いになるので，動詞の形に注意しよう。例文は３人称・単数ではないので，動詞を loves にしないように。

  - **either A or B**：「A か B のどちらか」
    - 例　Either Mike or you are a liar.　　　＊ liar：うそつき
      「マイクかあなたのどちらかがうそつきです」
      - 注　either A or B が主語の場合，動詞は B に合わせる。例文は you に合わせて are にしている。Mike に合わせて is にしないように。

  - **not only A but (also) B**：「A だけでなく B もまた」
    - 例　Not only my father but (also) my mother loves me.
      「父だけでなく母もまた私を愛しています」
      - 注　not only A but (also) B が主語の場合，動詞は B に合わせる。例文は my mother に合わせて loves にしている。

  - **not A but B**：「A ではなく B」
    - 例　Not Mike but you are a liar.
      「マイクではなくあなたがうそつきです」
      - 注　not A but B が主語の場合，動詞は B に合わせる。例文は you に合わせて are にしている。Mike に合わせて is にしないように。

中学１年　中学２年　中学３年

実 践 問 題

1 次の文の( )内から適する語を選びなさい。

(1) Mary (or, but, and) Jane are sisters.   ＊Jane：ジェーン（人の名前）

(2) You can play the piano well, (or, but, and) I can't.

2 次の日本文にあうように，（ ）内の語を並べかえなさい。そのさいに，不足している語を1語補うこと。

(1) 彼は日曜日にサッカーか野球をします。

He (baseball / on / plays / Sunday / soccer).

(2) 彼女は英語もフランス語も両方話せます。

(both / can / English / French / she / speak).

3 次の日本文にあうように，（ ）内に適する語を書きなさい。

(1) 私の母か姉が昼食をつくっています。

My mother ( ) my sister ( ) making lunch.

(2) 私は夏だけではなく春も好きです。

I like ( ) only summer ( ) also spring.

解説

1

(1) <u>主語の名詞 Mary と Jane をつないでいるから，等位接続詞の問題</u>だね。but では「メアリー，しかしジェーンは」となり意味が通じないね。or を使って「メアリーかジェーンが姉妹です」というなら，動詞は単数の主語に合わせるので are ではなく is になる。**and** を使って，「メアリーとジェーンは姉妹です」というのが一番自然だね。

(2)　英語は前に出た同じ情報は極力省略する言語だったね。I can't のあとには，play the piano well が省略されているよ。これを補って考えればわかるね。前半の文が「あなたはピアノをじょうずにひけます」で，後半が「私はピアノをじょうずにひけません」。but でつなげればいいね。

2

(1)　「サッカーか野球」，つまりそのどちらか，ということなので，soccer <u>or</u> baseball と表すよ。この <u>or</u> が不足語ということ。

(2)　主語は「彼女は」，動詞は「話せます」，「何を」にあたる目的語は「英語もフランス語も両方」となりそうだね。「A も B も両方とも」は <u>both A and B</u> だね。加える 1 語は and。

3

(1)　「私の母か姉が」はどちらかをさすので，my mother **or** my sister となるね。A **or** B が主語になる場合は動詞は B に合わせるよ。この英文は「〜しています」という進行形なので，be 動詞を B に合わせて **is** にすること。

(2)　「A だけでなく B も」は **not only A but also B** で表すんだったね。

解答

1　(1)　and　　(2)　but

2　(1)　(He) plays soccer or baseball on Sunday (.)　（不足語は or）

　　　(2)　She can speak both English and French (.)　（不足語は and）

3　(1)　or, is　　(2)　not, but

● Lesson 11 過去の文①

　さあ，中学１年で学習する最後の単元を迎えました。たくさんのルールや単語が出てきてたいへんだったと思うけど，君たちの脳は若いから，刺激すればするほど成長するはずだ。

　英語は暗記だけすればいい教科だなんてだれが言った？　中学１年の学習はたしかに暗記が多いかもしれないけど，それはこれから先の学習の土台づくりだと思ってほしいんだ。何ごとも足腰をきたえないと先に進めないからね。

　ここまで学習した英語はすべて「現在の文」だったんだ。でも，私たちのことばは現在のことだけで成り立っているわけではないよね。昨日見たテレビ番組の話や来週の予定などなど，人間は「過去➡現在➡未来」を意識してことばを使い分けているはずだね。というわけで，「過去の文」がわかれば，表現がより豊かになるよ。

　中学１年では，一般動詞の過去の文を学習するよ。be 動詞の過去の文は２年の最初の **Lesson 12** でチャレンジするからね。
　一般動詞の現在の文は **Lesson 3** で学習したね。英語では過去のことを表すのに，**過去形**（かこけい）を使うんだ。

> では，一般動詞の過去形について説明しよう。

一般動詞の過去形

1　一般動詞の過去形の種類

　一般動詞の過去形には2つのグループがあるんだ。一般動詞の原形の語尾に ed をつけるもの（規則動詞）と，それ以外の不規則に変化するもの（不規則動詞）の2種類だよ。

2　規則動詞の過去形のつくり方

　規則動詞の過去形は通常，動詞の原形の語尾に ed をつけてつくるんだけど，その語尾によって，4通りのつくり方があるんだ。

- ●規則動詞の過去形のつくり方
  - ●**原則**：語尾に ed をつける
    watch ➡ watch**ed**［ウォッチトゥ］「見た」
    cook ➡ cook**ed**［クックトゥ］　「料理した」
  - ●**語尾が e で終わる語**：d だけつける
    like ➡ lik**ed**［ライクトゥ］「好きだった」
    live ➡ liv**ed**［リヴドゥ］　「住んでいた」
  - ●**語尾が〈子音字＋y〉の語**：y を i にかえて ed をつける
    cry ➡ cr**ied**［クライドゥ］「叫んだ」
    　　囲　〈母音字＋y〉で終わる語は，そのまま ed をつける。
    　　　play ➡ play**ed**［プレイドゥ］「遊んだ」
    　　　stay ➡ stay**ed**［ステイドゥ］「滞在した」
    　　　　　　　　　　　　　　＊stay：〜にとどまる；滞在する
  - ●**語尾が〈短母音＋子音字〉の語**：最後の子音字を重ねて ed をつける
    stop ➡ stop**ped**［ストップトゥ］「止まった」
    　　囲　短母音とは，のばさないで短く発音する母音（「ア・イ・ウ・エ・オ」に似た音）のこと　＊stop：止まる；〜を止める

---

3 規則動詞の過去形の発音

　過去形の語尾の（e)d の発音は，動詞の原形の語尾の発音によって，[トゥ][ドゥ][イドゥ] の３通りがあることも押さえておこうね。

- ● 規則動詞の過去形の語尾の発音
  - ●[トゥ]：原形の語尾の発音が [t] 以外の無声音（声帯を震わせないで出す音）の場合

    liked / stopped / helped など
  - ●[ドゥ]：原形の語尾の発音が [ド] 以外の有声音（声帯を震わせて出す音）の場合

    lived / played / stayed など
  - ●[イドゥ]：原形の語尾の発音が [ト][ド] の場合

    wanted / visited / decided など

    ＊ visit：〜を訪れる　　decide：〜を決める

　ここまで説明ばかりだったから，ちょっと問題を解いてみようか。

問題 ❶ ▶ 次の文を〔　　〕内の語(句)を文末に置いて過去の文にしなさい。

❶　He cooks.〔yesterday〕 　　　　　　　　＊ yesterday：昨日

❷　She watches TV.〔last night〕 　　　　　　＊ last night：昨夜

　みぃちゃんにお願いしよう。

　はい，❶は「彼は昨日，料理しました」にすればいいと思うので……，He cooked yesterday., ❷は「彼女は昨夜，テレビを見ました」となるから，She watched TV last night. ですか？

そのとおりだ！　説明をよく聞いててくれたね。ちなみに cooked と watched はどう発音したらいいかな？

> えーと，語尾が［ク］と［チ］の発音になるから，無声音ですね。だから，［クックトゥ］と［ウォッチトゥ］ですね。動詞の形をかえるより，発音のほうがめんどうな感じがします。

そうだね。とにかく発音の規則にあてはめて，くり返し発音する練習あるのみだね。

問題❶の解答▶

❶ He cooked yesterday.

❷ She watched TV last night.

④ 不規則動詞の過去形のつくり方

続いて，不規則動詞を見ていこう。

これは，その名のとおり不規則に変化する動詞で，１つ１つ覚えていくしかないんだ。英語をマスターするうえで，最初にぶちあたる高い壁と思ってもらってもいいね。だけど，これをクリアしないと英語力はアップしないよ。

ただし，まったくバラバラの変化をするわけでもないので，グループごとに覚えていくと頭に入りやすいと思うよ。

次のページの一覧表を見ながら，声に出して根気よく覚えていこう。

悲しくなるほどたくさんあるけど，何度もくり返し書いて読んで覚えていこう！

中学1年
中学2年
中学3年

● 不規則動詞の過去形

● i ➡ a と変化するもの

始める	begin ➡ began
歌う	sing ➡ sang
泳ぐ	swim ➡ swam

● ea ➡ o と変化するもの

壊す	break ➡ broke
話す	speak ➡ spoke
盗む	steal ➡ stole

● i ➡ o と変化するもの

運転する	drive ➡ drove
上がる	rise ➡ rose
書く	write ➡ wrote

● ow ➡ ew と変化するもの

吹く	blow ➡ blew
育つ	grow ➡ grew
知る	know ➡ knew
投げる	throw ➡ threw

● 原形と過去形が同じつづりのもの

切る	cut ➡ cut
置く	put ➡ put
読む	read ➡ read（発音注意）
閉める	shut ➡ shut

● 過去形の語尾が d あるいは de のもの

聞く	hear ➡ heard
作る	make ➡ made
支払う	pay ➡ paid
言う	say ➡ said

| 売る | sell ➡ sold |
| 話す | tell ➡ told |

● 過去形のつづりが t で終わるもの

建てる	build ➡ built
感じる	feel ➡ felt
保つ	keep ➡ kept
去る	leave ➡ left
送る	send ➡ sent
眠る	sleep ➡ slept

● 過去形のつづりが ght で終わるもの

持って来る	bring ➡ brought
買う	buy ➡ bought
捕まえる	catch ➡ caught
教える	teach ➡ taught
思う	think ➡ thought

● その他の不規則動詞

～になる	become ➡ became
来る	come ➡ came
する	do ➡ did
食べる	eat ➡ ate
見つける	find ➡ found
忘れる	forget ➡ forgot
得る	get ➡ got
行く	go ➡ went
持つ	have / has ➡ had
走る	run ➡ ran
見る	see ➡ saw
立つ	stand ➡ stood
とる	take ➡ took

一般動詞の過去の文・・

　Lesson 3 で学習した一般動詞の現在の文を思い出そう。〈主語＋一般動詞 ～.〉が基本の形だったね。この一般動詞を**過去形**にすれば，「～しました」という**過去の文**になるんだよ。

　過去の文では，過去を表す副詞（**yesterday** / **last week** / **then** / **two days ago** など）がともに使われることが多いよ。これらの副詞によって，過去のいつのことを表しているのかがはっきりするね。

● **過去を表す副詞**

- **yesterday**　　　　　　　　「昨日」
- **the day before yesterday**「おととい」　　* before：～の前に
- **then** = **at the time**　　「そのとき」
- **the other day**　　　　　　「先日」　　* other：もう一方の；ほかの
- **in those days**　　　　　　「その当時」
- **～ ago**「～前」　　：two weeks ago「2週間前」
　　　　　　　　　　　　　　　* ago：（今から）～前に
- **last ～**「前の～」：last week「先週」/ last night「昨夜」
　　　　　　　　　　last month「先月」/ last year「去年」
　　　　　　　　　　* night：夜　　month：月

　それじゃ，ここで小テストをしてみようか。

問題❷ ▶ 次の（　　）内の語を適する形にしなさい。

❶ They (dance) very well well last night.

❷ My friend (live) in Yokohama two years ago.

❸ Alex (go) to the park last Sunday.

さて，マメ君，（　　）の動詞を正しい形にしてみよう。

　　はい，❶は last night「昨夜」があるので，動詞 dance を過去形 danceed にします。❷は two years ago「2年前」があるから，動詞 live を過去形にして liveed。❸は last Sunday「この前の日曜日」があるので，動詞 go を過去形にすると……，さっきやった不規則動詞だから went です。

　　とってもおしい……。❸の go の過去形は went で大丈夫だけど，❶と❷で，大切なルールを忘れているよね。動詞の語尾が e で終わるときは？

　　あっ！　d だけつける，でした！　そうすると，❶は danced，❷は lived ですね。

　　はい，正解だよ！　いろいろなルールがあってたいへんだけど，がんばろうね！

問題❷の解答 ▶　　❶ danced　　❷ lived　　❸ went

Ⅲ 一般動詞の過去の否定文と疑問文 ·················

　では，次は一般動詞の過去の否定文と疑問文をつくってみよう。一般動詞の現在の否定文（☞ p.59）はどのようにしてつくったかを復習してみようか。

問題❸ ▶ 次の文を否定文にしなさい。

❶ You have a pen in your hand.　*hand：手
　ユウ　ハヴ　ア　ペン　イン　ユア　ハンド
　　　　　　　　　　　　　　　　　　ハンド

❷ She goes to school every day.
　シー　ゴウズ　トゥ　スクール　エヴリ　デイ

　みぃちゃんにやってもらおう。

> 　はい，主語に合わせて don't か doesn't を使うはずです。えーと，❶は主語が You なので，don't を使って You don't have a pen in your hand.，❷は主語が She なので doesn't を使って She doesn't goes to school every day. だと思います。
> 　これでいいですか？

　うーん……，これまた，おしい解答。
　❶は主語が2人称なので don't have で OK。
　しかし，❷は主語が3人称・単数だから doesn't を使うまではいいんだけど……。もう一度，考えてごらん。

中学1年　中学2年　中学3年

あー，気がつきました。
don't / doesn't を使った否定
文のうしろの動詞は原形です
よね。❷は doesn't go です。

よく思い出したね。正解だよ。このぐらいの度忘れはよくあるけど，
試験では気をつけようね。

問題❸ の解答▶　❶　You don't have a pen in your hand.

❷　She doesn't go to school every day.

ここまでは復習だよ。それでは，一般動詞の過去の否定文はどのよう
につくったらいいのだろう。これは，ポイントとしてまとめたほうがわ
かりやすいね。

❗ ポイント　一般動詞の過去の否定文のつくり方

- 〈主語 + **did not**[**didn't**] + 動詞の原形 ～.〉
  「—（主語）は～しなかった」
  注　どんな主語でも，必ず did not だよ。
  　　did not の短縮形 ➡ **didn't**　（ディドゥント）
  例　They **didn't** play baseball yesterday.
  　　（ゼイ　ディドゥント　プレイ　ベイスボール　イェスタデイ）
  「彼らは昨日，野球をしませんでした」

続いて疑問文。
これまた，中学1年の現在の文の復習からやってみよう。

中学1年

中学2年

中学3年

問題❹ ▶　次の文を疑問文にしなさい。
❶　You walk to school.
　　ユウ　ウォーク　トゥ　スクール
❷　He likes baseball.
　　ヒー　ライクス　ベイスボール

マメ君，お願い。

はい。❶は主語が You なので，do
を使って Do you walk to school?
❷は主語が He なので does を使い，
likes を原形にして，Does he like
baseball? です。

そうだね。疑問文の場合も一般動詞を原形にするんだよね。正解！

問題❹ の解答 ▶　❶　Do you walk to school?

　　　　　　　　　　❷　Does he like baseball?

それでは，一般動詞の過去の疑問文のつくり方をポイントで示すよ。

 ポイント　一般動詞の過去の疑問文のつくり方

● 疑 問 文 ➡ 〈**Did** ＋主語＋動詞の原形 ～?〉
　　　　　　「—(主語)は～しましたか」
● 答えの文 ➡ 〈**Yes,** 主語 ＋ **did.**〉
　　　　　　　〈**No,** 主語 ＋ **didn't.**〉
例　**Did** they play baseball yesterday?
　　ディッド　ゼイ　プレイ　ベイスボール　イェスタデイ
　　「彼らは昨日，野球をしましたか」
　　—— Yes, they did. 「はい，しました」
　　　　イェス　ゼイ　ディド
　　—— No, they didn't. 「いいえ，しませんでした」
　　　　ノウ　ゼイ　ディドゥント

では，一般動詞の過去の肯定文・否定文・疑問文をおさらいしてみよう。

● **一般動詞の過去の文**

　● **規則動詞の文**

　　現在の文：She helps her mother.「彼女はお母さんを手伝います」

　　過去の肯定文：She help<u>ed</u> her mother yesterday.
　　　　　　　　　　　規則変化

　　　　　　　　　「彼女は昨日，お母さんを手伝いました」

　　過去の否定文：She **didn't** <u>help</u> her mother yesterday.
　　　　　　　　　　　　　　　　動詞の原形

　　　　　　　　　「彼女は昨日，お母さんを手伝いませんでした」

　　過去の疑問文：**Did** she <u>help</u> her mother yesterday?
　　　　　　　　　　　　　　　動詞の原形

　　　　　　　　　「彼女は昨日，お母さんを手伝いましたか」
　　　　　　　　　—— Yes, she **did**.「はい，手伝いました」
　　　　　　　　　—— No, she **didn't**.「いいえ，手伝いませんでした」

　● **不規則動詞の文**

　　現在の文：He buys a car.「彼は車を買います」

　　過去の肯定文：He **<u>bought</u>** a car last year.
　　　　　　　　　　　不規則変化

　　　　　　　　　「彼は去年，車を買いました」

　　過去の否定文：He **didn't** <u>buy</u> a car last year.
　　　　　　　　　　　　　　　動詞の原形

　　　　　　　　　「彼は去年，車を買いませんでした」

　　過去の疑問文：**Did** he <u>buy</u> a car last year?
　　　　　　　　　　　　　　　動詞の原形

　　　　　　　　　「彼は去年，車を買いましたか」
　　　　　　　　　—— Yes, he **did**.「はい，買いました」
　　　　　　　　　—— No, he **didn't**.「いいえ，買いませんでした」

実 践 問 題

Disk 1 : 42 ～ 45 / DL : 11-1 ～ 11-4

1　次の単語の意味と過去形を書きなさい。

(1) study　(2) begin　(3) come　(4) write　(5) do

(6) cut　(7) go　(8) sleep　(9) know　(10) say

2　次の文の（　　）内の動詞を適する形にかえなさい。かえる必要のないと
きは，そのまま書くこと。

(1) Mr. Brown is a tennis coach and (teach) tennis at school.

(2) We had a party at his house and (sing) songs.

(3) Did she (write) the letter last week?

(4) Two years ago my friend (marry) her.

*coach：コーチ　party：パーティー　marry：～と結婚する

3　次の語と下線部の発音が同じものを（　　）内から選び記号を書きなさい。

(1) start<u>ed</u>　（ア walk<u>ed</u>　イ listen<u>ed</u>　ウ play<u>ed</u>　エ want<u>ed</u>）

(2) s<u>ai</u>d　（ア w<u>ai</u>t　イ t<u>a</u>ke　ウ br<u>ea</u>d　エ kn<u>i</u>fe）

(3) stopp<u>ed</u>　（ア play<u>ed</u>　イ call<u>ed</u>　ウ lik<u>ed</u>　エ cri<u>ed</u>）

*listen：～を聞く　wait：～を待つ　bread：パン

call：～を呼ぶ；～に電話する

4　次の日本文にあうように，（　　）内に適する語を書きなさい。

(1) 私は先週，彼に会いました。

I (　　) him (　　) week.

(2) 「マナミは英語で話しましたか」

「いいえ，話しませんでした。彼女は日本語で話しました」

"(　　) Manami speak in English?"　　*in English：英語で

"No, she (　　). She (　　) in Japanese."

中学1年

中学2年

中学3年

解説

1

(1)の study は〈子音字 d + y〉で終わっている規則動詞。(2)〜(10)の動詞はすべて不規則動詞。

2

(1) and の前の文は現在の文だね。ここでは is にあわせて現在形にすると考える。主語の Mr. Brown は3人称・単数だね。

　　和訳「ブラウン氏はテニスのコーチで，学校でテニスを教えています」

(2) and の前にある文の動詞が過去形の had だね。だから，and のうしろの動詞もそれに合わせて過去形で書こう。sing は不規則動詞だから，過去形はしっかり暗記してよ。

　　和訳「私たちは彼の家でパーティーをして，歌を歌いました」

(3) Did で始まる一般動詞の過去の疑問文だね。そのとき，動詞を原形にすることを忘れないように！

　　和訳「彼女は先週，その手紙を書きましたか」

(4) 文頭の副詞 Two years ago「2年前」が過去の文であることを教えてくれているね。一般動詞 marry「結婚する」は規則動詞だけど〈子音字 r + y〉で終わっているから，過去形は y を i にかえて ed をつけるよ。

　　和訳「2年前，私の友人は彼女と結婚しました」

3

発音の問題ははじめてだね。ふだんから単語を覚えるときは，発音までチェックをしておこう。

(1)　語尾が t の動詞の ed の発音は［イドゥ］だったね。同じく原形の語尾が t か d で終わるものをさがせばいいね。アの walked は語尾が無声音［ク］なので［トゥ］。イの listened とウの played は語尾が有声音なので［ドゥ］の発音だね。

(2)　said は **say** の過去形。不規則動詞なので，読み方も 1 つずつ覚えるしかないんだ。said は［セド］と読めば OK。決して［セイド］と読まないように注意して！　本当にみんなよくまちがえるんだ。アは［ウェイト］，イは［テイク］，ウは［ブレッド］，エは［ナイフ］と読むよ。

(3)　語尾が無声音［プ］で終わる動詞の ed は［トゥ］と発音するね。同じく語尾が無声音で終わる動詞は liked でいいね。アは［プレイドゥ］，イは［コールドゥ］，ウは［ライクトゥ］，エは［クライドゥ］と読むよ。

4

では，お待たせ。この問題は 2 人にやってもらおう。
(1)　みぃちゃん，たのむよ。

　　はい。日本語に「会いました」とあるので，過去の文ですね。I のうしろは動詞「会いました」だから，meet「〜に会う」の過去形で met, 文末には「先週」が入るので，last week の last ですね。

中学1年

中学2年

中学3年

すごいね！「人に会う」は meet でも see（過去形は saw）でも使えるから，いっしょに覚えておこう。　　＊ meet：～に会う（過去形は met）

(2)　マメ君，お願い。

> はい。これは疑問文ですね。speak は一般動詞だから，過去形の疑問文は did で始めます。答えの文は No だから，didn't にして，最後の文の「話しました」は speak の過去形で spoke ですか？

そのとおり！　speak は不規則動詞。過去形は spoke だったね。

解答

1　(1)　学習する，studied　　(2)　始まる；始める，began

　　　(3)　来る，came　　　　　(4)　書く，wrote

　　　(5)　する，did　　　　　　(6)　切る，cut

　　　(7)　行く，went　　　　　(8)　眠る，slept

　　　(9)　知っている，knew　　(10)　言う，said

2　(1)　teaches　(2)　sang　(3)　write　(4)　married

3　(1)　エ　(2)　ウ　(3)　ウ

4　(1)　saw[met], last　(2)　Did / didn't / spoke

中学 2 年

● Lesson 12 過去の文②

　マメ君，みぃちゃん，こんにちは！　もう中学2年生になったんだね。だいぶ英語にも慣れてきたと思うけど，じつは中学2年は学習する項目が一番たくさんあるんだよ。

> 先生，中学英語は3年生で習う量が一番多くて，内容も難しくなりそうな気がするんですが，ちがうんですか？

　たしかに内容から判断すると3年生の学習内容のほうが難しいんだけど，学習する単元の数は2年生のほうが多いんだ。この学年でつまずいて3年生の内容が理解できなくなってしまう生徒も多いから，ゆっくりあせらずにがんばっていこうね！

> 先生，なんか緊張してきちゃいました。私は大丈夫でしょうか？

　みぃちゃん，落ち着いて！
　あせらずにゆっくり進んでいけば，絶対に大丈夫だよ。

さて，中学 2 年で学習する最初の単元は「be 動詞の過去の文」だよ。中学 1 年の最後の **Lesson 11** では一般動詞の過去の文を勉強したね。ちゃんと復習したかな？

　中学 1 年の **Lesson 2** では，be 動詞を使った現在の文を学習したね。覚えているかな？　〈A ＋ **be** 動詞 ＋ B.〉で A ＝ B という関係が成立したよね。

　この関係は過去の文になってもまったく同じなんだ。日本語では，現在の文「彼は中学生です」が過去の文では「彼は中学生でした」というふうにかわるね。

　では，be 動詞の過去形の種類を見ていこう。

I▶ be 動詞の過去形の種類 ‥‥‥‥‥‥‥‥

　現在の文では，主語によって be 動詞の形がかわったのを覚えているよね（☞ p.36-37）。

　ちょっと復習してみようか。

問題❶ ▶　次の be 動詞を現在形で言いなさい。

❶　主語が I のときに使う be 動詞は何か？

❷　主語が he / she / it / 名詞の単数形のときに使う be 動詞は何か？

❸　主語が you / we / they / 名詞の複数形のときに使う be 動詞は何か？

では，マメ君やってみようか。

先生，あまりにも簡単すぎますよ〜。❶が am，❷が is，❸が are ですよね。

まあ，そう言わずに。念のために確認しただけだから。

 問題❶ の解答 ▶　❶　am　　❷　is　　❸　are

では気を取り直して，be 動詞の過去形も主語によって形がかわることを忘れずに！　種類は **was**（ワズ）と **were**（ワー）の 2 種類だけだから注意しよう！　次のポイントで，まとめてみようか。

！ ポイント　be 動詞の過去形の使い分け

- 現在の文で **am / is** を使うとき ➡ 過去の文では **was**
- 現在の文で **are** を使うとき　　 ➡ 過去の文では **were**

am / is の過去形は was，are の過去形は were。これはしっかり頭に入れておこう！

II⟩ be 動詞の過去の文 ···

1 be 動詞の過去の肯定文

- be 動詞の過去の肯定文
  - **現在形**：I **am** sick.　　　　　「私は病気です」
    過去形：I **was** sick yesterday.「私は昨日，病気でした」

  - **現在形**：She **is** busy.　　　　　「彼女は忙しい」
    過去形：She **was** busy last week.「彼女は先週，忙しかった」

  - **現在形**：We **are** very happy.「私たちはとても幸せです」
    ＊ happy：幸せな
    過去形：We **were** very happy then.
    「私たちはそのときとても幸せでした」

  - **現在形**：The dog **is** in the box.「犬はその箱の中にいます」
    過去形：The dog **was** in the box two days ago.
    「その犬は 2 日前，その箱の中にいました」

！ ポイント　be 動詞の過去の文の訳し方

- 〈主語 ＋ **was**［**were**］＋名詞［形容詞］.〉
  ➡「―（主語）は〜だった」
- 〈主語 ＋ **was**［**were**］＋前置詞＋場所を表す語句.〉
  ➡「―（主語）は〜にいた」
  注　現在の文は **Lesson 2** 参照。

② be 動詞の過去の否定文

be 動詞の過去の否定文の形は，現在の文の場合とまったく同じなんだよ。

be 動詞（was / were）のうしろに not をつけるんだ。

例文を見てみよう。

- be 動詞の過去の否定文
  - 肯定文：I was busy yesterday morning.　　　　　＊ morning：朝
    「私は昨日の朝，忙しかった」
  - 否定文：I was not[wasn't] busy yesterday morning.
    「私は昨日の朝，忙しくなかった」

  - 肯定文：We were happy then.
    「私たちはそのとき幸せでした」
  - 否定文：We were not[weren't] happy then.
    「私たちはそのとき幸せではありませんでした」

 ポイント be 動詞の過去の否定文

- 〈主語＋ was[were] not ～.〉　　「―（主語）は～ではなかった」
- was not の短縮形 ➡ wasn't　　were not の短縮形 ➡ weren't

③ be 動詞の過去の疑問文と答えの文

be 動詞の過去の疑問文の形も，現在の文と同じだよ。主語と be 動詞の場所を逆にして，文末にクエスチョンマークをつければできあがり。疑問文に対しては，〈Yes, 主語＋ was[were].〉あるいは〈No, 主語＋ wasn't[weren't].〉で答えるよ。これも現在の文と同じ形だね。

中学1年

中学2年

中学3年

- be 動詞の過去の疑問文と答えの文
  - **肯定文**：Tom **was** a student last year.
    「トムは去年，学生でした」
  - **疑問文**：**Was** Tom a student last year?
    「トムは去年，学生でしたか」
  - **答えの文**：—— Yes, he **was**.
    「はい，そうでした」
    —— No, he **wasn't**.
    「いいえ，そうではありませんでした」
  - **肯定文**：They **were** busy the other day.
    「彼らは先日，忙しかった」
  - **疑問文**：**Were** they busy the other day?
    「彼らは先日，忙しかったのですか」
  - **答えの文**：—— Yes, they **were**.
    「はい，そうでした」
    —— No, they **weren't**.
    「いいえ，そうではありませんでした」

 ポイント　be 動詞の過去の疑問文と答えの文

- **疑問文** ➡ 〈**Was**[**Were**]＋主語 ～ ?〉 「—（主語）は～でしたか」
  注　文末は上げ調子で読む。
- **答えの文** ➡ 「はい」のときは **Yes**，「いいえ」のときは **No** で答える。
  〈**Yes**, 主語＋**was**[**were**].〉 〈**No**, 主語＋**wasn't**[**weren't**].〉

be 動詞の現在の文をしっかり把握していれば，過去の文は自信をもっても大丈夫だね。

過去進行形 ·······

　最後は過去進行形の文を学習するよ。1年のときに学習した現在進行形は覚えているかな（☞ Lesson 4）。〈主語＋be 動詞＋動詞の -ing 形（現在分詞）～.〉で、「—(主語)は～している」という意味だったね。まさに目の前の状態を表す文だよ。

　今回は、過去のある時点で「—(主語)が～していた」という意味をもつ文をつくってみよう。これが過去進行形の文だよ。

　その前に、現在進行形の復習をしてみよう。みぃちゃんお願い。

問題❷ ▶ 次の文を現在進行形の文にしなさい。

❶ Ben swims.

❷ Does she write a letter?

　はい。❶は「泳ぐ」を「泳いでいる」にするので、Ben is swimming. です。❷は「彼女は手紙を書きますか」を「彼女は手紙を書いていますか」にするから、Is she writing a letter? ですか？

　正解！　日本語で言いかえてから解答すると、まちがいは減るよね。

問題❷ の解答 ▶　❶ Ben is swimming.　　❷ Is she writing a letter?

　まず、過去進行形の肯定文から説明しよう。文の形は現在進行形の文とまったく同じ。ただ、**be 動詞を過去形（was / were）にする**だけだよ。

中学1年

中学2年

中学3年

- **現在進行形**：I am helping Tom.「私はトムを手伝っています」
  ⬇ be 動詞を過去形に
- **過去進行形**：I was helping Tom.「私はトムを手伝っていました」
  〈be 動詞の過去形＋動詞の -ing 形〉

　次の過去進行形の否定文も現在進行形の形と同じだよ。**be 動詞の過去形（was / were）のうしろに not** を置いて，〈**主語 + was[were] not + 動詞の -ing 形 ～.**〉という形になる。

- **肯定文**：He was swimming in the sea.「彼は海で泳いでいました」
  ⬇ be 動詞のうしろに not
  ＊ sea：海
- **否定文**：He was **not** swimming in the sea.
  〈be 動詞の過去形 + not + 動詞の -ing 形〉
  「彼は海で泳いでいませんでした」

　過去進行形の疑問文も現在進行形の形と同じ。**be 動詞の過去形（was / were）と主語を入れかえて**，〈**Was[Were] + 主語 + 動詞の -ing ～ ?**〉で表すんだ。答えるときも，〈**Yes, 主語 + was[were].**〉または〈**No, 主語 + wasn't[weren't].**〉と，be 動詞の過去形を使うよ。

- **肯 定 文**：They were running then.
  「彼らはそのとき走っていました」
  be 動詞と主語を入れかえる
- **疑 問 文**：Were they running then?
  〈be 動詞の過去形＋主語＋動詞の -ing 形〉
  「彼らはそのとき走っていましたか」

  答えの文：—— Yes, they were.　「はい，走っていました」
  —— No, they weren't.「いいえ，走っていませんでした」

では，過去進行形の文のつくり方を次のポイントで一気にまとめてしまおう。-ing 形のつくり方がわからなかったら，もう一度 p.73 を見てみようね。

！ ポイント　過去進行形の文のつくり方

● 肯定文「—(主語)は〜していた」

I / He / She / It など ── was

You / 複数 ──────── were

──── 動詞の -ing 形 ....

● 否定文「—(主語)は〜していなかった」

I / He / She / It など ── was

You / 複数 ──────── were

──── not ＋ 動詞の -ing 形 ....

注　was not / were not の短縮形 wasn't / weren't で書いても OK!

● 疑問文「—(主語)は〜していましたか」

Was ── he / she / it

Were ── you / 複数

──── 動詞の -ing 形 ...?

── 〈Yes, 主語 ＋ was[were].〉「はい，〜していました」

── 〈No, 主語 ＋ wasn't[weren't].〉

「いいえ，〜していませんでした」

注　主語に合わせて was と were, wasn't と weren't を使い分ける。

さて，実践問題を解いて，どのくらい理解しているか確認してみよう。

実 践 問 題

1 次の文の（　）内から適する語を選びなさい。

(1) I (am, is, was, were) busy yesterday afternoon.

＊ afternoon：午後

(2) We (are, is, was, were) not in the park last Friday.

(3) (Are, Is, Was, Were) your sister a student? —— No, she wasn't.

(4) Tom was (enjoy, enjoys, enjoying) music in his room.

＊ enjoy：〜を楽しむ　music：音楽

2 次の日本文にあうように，（　）内の語を並べかえなさい。

(1) カナダは冬でしたか。

(in / was / it / Canada / winter)？

(2) 私は去年，横浜にいました。

I (year / was / Yokohama / last / in).

(3) あなたたちはどこでテレビを見ていましたか。

(watching / where / you / were / TV)？

(4) 「そのとき，だれが寝ていましたか」「ユキが寝ていました」

"(that / who / time / sleeping / at / was)？" "Yuki was."

3 次の日本文を英語にしなさい。

(1) 20年前，私の母はテニスの選手でした。

(2) この本は難しかったですか。

(3) 私はそのとき父と話していました。　＊〜と話す：talk with 〜

解説

1

過去を表す語句がヒントになるよ。

(1) **yesterday afternoon**「昨日の午後」という過去を表す語句がある
ので，過去の文だとわかるね。主語が I だから，**was** が正解。

> 和訳 「私は昨日の午後，忙しかった」

(2) **last Friday**「この前の金曜日」という過去を表す語句があるね。
主語は We という複数だから，be 動詞の過去形は **were** を選ぶよ。
〈**be 動詞の過去形 ＋ in ＋ 場所を表す語句**〉で，「**～（の中）にいた**」
という意味になるね。ただし，**not** があるから，「**～にいなかった**」
という**否定文**だよ。

> 和訳 「私たちはこの前の金曜日，公園にいませんでした」

(3) 過去を表す語句が見当たらないので，現在の文か過去の文か，わか
らないね。こういうときは答えの文にも注目してみよう。was という
be 動詞の過去形で答えているよ。

> 和訳 「あなたのお姉さん［妹さん］は学生でしたか」
> ──「いいえ，そうではありませんでした」

(4) be 動詞 was と一般動詞 enjoy が並んで使われることはないので，
ここは**過去進行形**の文だとわかるね。過去進行形は〈**was［were］＋
動詞の -ing 形**〉で OK だね。

> 和訳 「トムは自分の部屋で音楽を楽しんでいました」

2

(1)　it は季節，つまり時を表す it だよ（☞ p.155）。「それは」と訳さない it だね。疑問文なので，Was it ～ ? という文になるよね。Canada を主語にしないようにね。「カナダでは」という意味で，in Canada で表すよ。

(2)　「～にいました」は was in ～だね。「**去年**」は **last year** となるよ。

(3)　マメ君，「どこで ?」とたずねるときに使うのは ?

はい，疑問詞の where です。1 年で習いました（☞ **Lesson** 6）。

　　そうだね，よく覚えていたね。**where** を文頭において，そのあとには**過去進行形の疑問文**が続くよ。

(4)　疑問詞で始まる過去の文。**疑問詞 who**「**だれが**」が文の主語になっているよね。これは p.108-109 で扱った内容と同じように考えていこう。

　　日本文の「～していましたか」から**過去進行形の疑問文**だとわかるね。けれど，疑問詞は文頭にくるので，who より前に was は置けないよね。だから，who よりうしろを過去進行形の肯定文の語順で書けばいいんだ。ところで，「**そのとき**」は **at that time** だよ。答えの文を最後まで書くと，Yuki was sleeping. になるよね。ここでは sleeping を省略して，Yuki was. となっているんだ。

3

(1) 「20年前」は twenty years ago。これは文頭においても OK。「～でした」だから be 動詞の過去形の文だね。主語は 3 人称・単数なので，**was** を使うよ。

(2) 「この本は難しいですか」は，Is this book difficult[hard]? で表すね。ここでは過去のことをたずねているので，**Was ～ ?** となるよ。

(3) 「～していました」は**過去進行形**の文で表せるね。I「私は」が主語なので，be 動詞は **was** が正解。

ここで一般動詞の過去の文を復習しておいたほうがいいですね。

過去の文を使えば，英語で日記が書けるわ。

1 (1) was　　(2) were　　(3) Was　　(4) enjoying

2 (1) Was it winter in Canada (?)

(2) (I) was in Yokohama last year (.)

(3) Where were you watching TV (?)

(4) Who was sleeping at that time (?)

3 (1) My mother was a tennis player twenty years ago.

(twenty years ago は文頭においても OK)

(2) Was this book difficult[hard]?

(3) I was talking with my father then[at that time].

(then / at that time は文頭においても OK)

過去の文はとても大事だから，しっかり復習して，モノにしてしまおう！

●Lesson 13 未来の文

　これまで，現在の文・過去の文・進行形の文などを学習してきたね。複雑でめんどうな暗記が多かったと思うけど，じつはすでにかなり多くの英語の表現を身につけてきているんだよ。ここで，ちょっと復習してみようか。

問題❶ ▶ 次の日本文を英語にしなさい。

❶　彼女は毎日，勉強します。

❷　彼女は昨日，勉強しました。

❸　彼女は今，勉強しています。

❹　彼女はそのとき，勉強していました。

みぃちゃん，主語と動詞の形に気をつけて英作文してみようか。

　はい。❶は「毎日」が現在の習慣を表しているので，現在の文だと思います。She studies every day. ですね。❷は「昨日」があるので過去の文で，She studied yesterday. ❸は「今」ちょうど「勉強している」状態だから現在進行形で，She is studiing now. ❹は「そのとき」ちょうど「勉強していた」状態だから過去進行形で，She was studiing then. です。

　みぃちゃん，考え方はバッチリだよ。でもね，study の -ing 形がちょっとちがうみたいだね。-ing 形のつくり方は **Lesson 4**（☞ p.73）でやったから復習しておこうね。たぶん，現在形の 3 人称・単数の(e)s のつけ方や過去形のつくり方とごちゃ混ぜで考えちゃったんだね。

問題①の解答▶　❶　She studies every day.

❷　She studied yesterday.

❸　She is studying now.

❹　She was studying then[at that time].

　　　　注　every day / yesterday / now / then / at that time はそれぞれ文頭に置いてもよい。

　これだけの文が書ければ，英語力は相当上達しているはずだよ。今までは，現在と過去の文を中心に学習してきたけど，今回はいよいよ未来の文について考えていこうか！　準備はできたかな。

> ●私は明日，勉強するつもりです。

　この文は「明日」とあるので，明らかに未来のことを述べているのはわかるよね。未来のことを英語で言うには，〈主語 ＋ **will** ＋ 動詞の原形 ～.〉で書けばいいんだ。したがってこの例文を英語にすると，

> ● I **will** study tomorrow.　　　　　　　　ト゚ゥモロウ
> 　　　　　　　　　　　　　　　　　　　＊ tomorrow：明日

となるんだ。この **will**（ウィル）という語は **Lesson 7** で学習した can と同じ助動詞（じょどうし）の仲間だよ。これからくわしく説明するからね。

助動詞 will を使った未来の文 ·························

■ 助動詞 will の使い方

　このはじめて見る**助動詞 will** は，動詞の意味に**未来の意味**を付け加えることができるんだ。〈**主語 + will + 動詞の原形 〜.**〉の語順で書き，主語によって動詞に 3 人称の(e)s をつけたり，will に s をつけたりすることは絶対にないから注意しよう。つまり，**どのような主語がきても，**〈**will + 動詞の原形**〉で **OK** なんだ。

 ポイント　助動詞 will を使った未来の文

● 〈すべての主語 + **will** + 動詞の原形 〜.〉

「ユキオは明日，学校へ行きます」

（○）Yukio **will go** to school tomorrow.

（×）Yukio **wills** go to school tomorrow.
　　　　　　　↑ s はつけない

（×）Yukio will **goes** to school tomorrow.
　　　　　　↑ 必ず原形

■ 助動詞 will の意味

　じつは未来には，単純未来（無意志未来）と意志未来という 2 種類の未来があるんだ。つまり助動詞 will には 2 つの意味があるということだね。日本語で未来のことを話すときに種類なんて考えたことはないと思うけど，ちゃんと区別しないとだめだよ。

1.　単純未来（無意志未来）の will

　単純未来の **will** は，「〜しよう」という意志がまったくなく，放っておいても将来起こってしまうような未来のことを表すんだ。したがっ

て，この場合は「─(主語)は（これから先）〜だろう」というように主語の意志が感じられない訳し方になることを覚えておこう。

そしてこの文では，主語の意志が反映されていない，be 動詞を代表とする**無意志動詞**という動詞が使われるんだ。

次の例を見てごらん。

- I **will** be twenty years old next year.　　＊ next：次の；来〜

  ↑
  無意志動詞
  （will のあとは原形。am なんて書かないように！）

「私は来年，20 歳になる（でしょう）」

主語である I がどんなに気合い（意志）を入れても，来年 20 歳を飛び越して 21 歳にはなれないのはわかるよね。このままふつうに生きていれば放っておいても 20 歳になってしまう未来，ということだね。これを**単純未来**というんだ。そして，使われる be 動詞などを**無意志動詞**というよ。

 ポイント　単純未来の文

- ⟨主語 ＋ **will** ＋ 無意志動詞の原形 〜.⟩

  「─(主語)は〜だろう［でしょう］」

  注　⟨主語 ＋ **will**⟩ は次のように短縮される。

I will	➡ **I'll** アイル	you will	➡ **you'll** ユール	he will	➡ **he'll** ヒール
she will	➡ **she'll** シール	it will	➡ **it'll** イットゥル	we will	➡ **we'll** ウィル
they will	➡ **they'll** ゼイル				

---

2. 意志未来の will

一方，意志未来は，主語の「～しよう」という意志がある未来を表し，「～するつもりだ」と訳す。もちろんここで使われる動詞は意志動詞だね。次の文を見てみよう。

- I will study English hard tomorrow.
  <u>意志動詞</u>

  「私は明日，いっしょうけんめいに英語を勉強するつもりです」

主語である I の強い意志で，明日英語を勉強するんだよね。この文を「私は明日，いっしょうけんめいに英語を勉強するでしょう」なんて，天気予報みたいに訳しちゃだめだよ。

 ポイント　意志未来の文

- 〈主語＋ will ＋意志動詞の原形 ～.〉「—（主語）は～するつもりだ」

また，未来の文では**未来を表す副詞**が使われることが多いので，それらの語句をまとめておこうね。

- 未来を表す副詞
  - tomorrow「明日」/ tomorrow morning「明日の朝」
  - next Friday「今度の金曜日」/ next week「来週」/
    next month「来月」/ next year「来年」
    - 注　next Friday は，日曜日から木曜日に使うと「今週の金曜日」
      となり，土曜日に使うと「来週の金曜日」となってしまうね。
      だから「今度の[次の]金曜日」と訳しておけばいいね。

中学1年

中学2年

中学3年

- **this afternoon**「今日の午後」
- **soon** スーン 「すぐに；まもなく」
- **someday** サムデイ 「いつか」
- 〈**in** + 西暦を表す数字〉「〜年に」　例　in 2025「2025 年に」

3　**助動詞 will の否定文と疑問文**

　助動詞 will の文にも当然，否定文・疑問文はあるんだよ。つくり方はそんなに難しくないから大丈夫。

　否定文は，**will** のうしろに **not** を置いて，〈主語 + **will not** + 動詞の原形 〜.〉で OK。will not の短縮形 **won't** も覚えておこう。否定文にも単純未来と意志未来の区別があるから，訳し方に注意しよう。

　ポイントでまとめてみるよ。

 ポイント　助動詞 will の否定文

- 否定文 ➡ 〈主語 + **will not**[**won't**] + 動詞の原形 〜.〉
- 訳し方 ➡ ❶　単純未来「—(主語)は〜でないだろう」
- ❷　意志未来「—(主語)は〜するつもりはない」

ちょっと問題をやってみよう。

問題❷ ▶ 次の否定文の意味を日本語で言いなさい。

❶　It will not rain tomorrow.　　　* rain：雨が降る レイン

❷　We will not play baseball next Sunday.

マメ君，日本語に直してくれる？

220

はい。動詞の種類によって訳し分ければいいんですよね。雨は気合いを入れても降るものではないので，❶の動詞 rain は無意志動詞ですね。だから，「明日，雨は降らないでしょう」でいいのかな。❷の動詞 play は，しようと思って野球をするのだから，意志動詞ですね。これは否定文だから，「私たちは今度の日曜日，野球をするつもりはありません」。これで OK ですか？

よくできました！　そのとおりだね。
　❶の訳を見て気づくと思うんだけど，天気予報は必ず，will のこの表現でないとまずいよね。天気予報ははずれることもあるから断定できないんだ。

問題❷ の解答 ▶　❶　明日，雨は降らないでしょう。
　　　　　　　　❷　私たちは今度の日曜日，野球をするつもりはありません。

❶の It は天候を表すときに使う it だから，訳す必要のない語ですよね？

そうだよ。中学 1 年の Lesson 8（☞ p.154-155）で学習したね。

では，次は疑問文だよ。つくり方はこれも簡単！　助動詞 will を文頭に置いて，〈**Will** + 主語＋動詞の原形 ～?〉で完成だ。訳し方も2つあるからまとめてみよう。

 ポイント　助動詞 will の疑問文と答えの文

- **疑 問 文 ➡**〈**Will** + 主語＋動詞の原形 ～?〉
  訳 し 方 ➡ ❶　単純未来「—（主語）は～だろうか」
  ❷　意志未来「—（主語）は～するつもりか」
- **答えの文 ➡**〈**Yes,** 主語 + **will.**〉　　　　「はい」
  〈**No,** 主語 + **will not**[**won't**].〉「いいえ」

次の例文で，単純未来と意志未来のちがいを確認してみよう。

- 助動詞 will の疑問文と答えの文（単純未来❶と意志未来❷）
  ❶ Will it rain tomorrow? 「明日，雨は降るでしょうか」
  　　—— **No, it won't.**　　 「いいえ，降らないでしょう」
  ❷ Will you play baseball next Sunday?
  　「あなたは今度の日曜日，野球をするつもりですか」
  　　—— **Yes, I will.** 「はい，するつもりです」

助動詞のルールは共通だから，この機会にマスターしてしまおう！

be going to ～ を使った未来の文 ················

助動詞 will を使った基本的な用法はわかってもらえたかな。

じつはこの未来の意味をもつ助動詞 will とほぼ同じ意味をもつ表現が
もう１つあるんだ。今度はそれを使えるようにしよう。

1 *be* going to ～ を使った未来の文の形

では，予備知識がまったくない状態で，次の文を訳してもらおう。

問題❸ ▶ 次の文の意味を日本語で言いなさい。

They are going to watch a soccer game there.

＊ game：試合：ゲーム（ゲイム）

では，みぃちゃんにお願いしようか。

> はい。これは，〈be 動詞＋動詞の
> -ing 形〉で進行形になっているよう
> だから，「彼らはそこでサッカーの
> 試合を観るのに行っています」だけ
> ど……。意味がわかりません。

そうだよね。進行形の形をしていても明らかにヘンな訳だというのは
気づくよね。文の中には〈**be 動詞 ＋ going to ＋ 動詞の原形**〉が入っ
ているよね。この長ったらしいまとまりが，じつは丸ごと助動詞 **will** の
かわりをしているんだよ。

え!?　じゃあ，そのまとまりを will で考え直すと……，動詞 watch は意志動詞だから，「彼らはそこでサッカーの試合を観るつもりです」。こんな感じでしょうか。going 自体の意味を訳さないのは，どうもすっきりしないけど。

　そう，それで正解！　たしかに going の訳が出てこない感じが気分悪いよね。日本語と英語の単語が 1 対 1 で対応できない例なんだよ。

問題❸の解答 　彼らはそこでサッカーの試合を観るつもりです。

> ❗ **ポイント** *be* going to ～を使った未来の文
>
> ● 〈主語 ＋ be 動詞（**am** / **is** / **are**）＋ **going to** ＋ 動詞の原形 ～.〉

2　*be* going to ～ の意味

　will では単純未来と意志未来を区別したね。それと同じように，*be going to* ～ もまた 2 つの意味をもつんだ。

● **It is going to rain.** 「雨が降りそうです」

　この文は無意志動詞 rain があるので，「雨が降るだろう」と訳せばいいと思ったでしょ？　定期テストや受験ではそれでもまちがいではない。でも，もっと奥深い内容まで広げると，この文は，<u>will よりも近い未来に確実にそのことが起こるだろうと予測できる未来のことを表す</u>ん

だ。状況としては，雲が頭上に広がっていて，雷が鳴ってきているとき
の表現と考えればいいよね。「降りそうだ」と訳したイメージをわかっ
てもらえたかな。一方，It will rain. だと，もうすこし先の，予報が変更
される可能性のある未来を表すんだ。英会話ではこういう細かい使い分
けをよくするので覚えていて損はないよね。

　そしてもう１つの例文で，同じく will よりも近い未来を見てみよう。

- He is going to go to Tokyo Disneyland^{ディズニーランド} tomorrow.
  「彼は明日，東京ディズニーランドに行くことになっています」

　この文は意志動詞 go があるから「行くつもりです」と訳してもかま
わないよ。でももうすこし深く突っ込んでみると，will より近い未来
で，主語の確定している計画や意志を表している。もうすでに東京ディ
ズニーランドへ行くことは決まっていて，明日の準備は万端で，よほど
のことがないかぎり中止にならない未来だね。一方，will go だと，予定
変更の可能性が十分考えられる未来ということになるね。

 ポイント *be* going to ～の意味

- 〈主語 + be 動詞（am / is / are）+ going to + 動詞の原形 ～.〉
  訳し方➡❶　単純未来
  　　　　　　「―(主語)は～だろう［しそうだ］」
  　　　　　❷　意志未来
  　　　　　　「―(主語)は～するつもりだ［することになっている］」

3 *be* going to 〜 の否定文と疑問文

　この文にも，もちろん否定文と疑問文はあるからね。でも，ご安心を！
be 動詞が使われているということは，be 動詞を使った文の否定文・疑問文のつくり方と同じだよ。

　例文を用いて，一気に見てしまおう。

- *be* going to 〜 の否定文・疑問文の形
  - **肯 定 文**：I am going to stay home tomorrow.　　＊ home：家に ^{ホウム}
    「私は明日，家にいるつもりです」
  - **否 定 文**：I am[I'm] **not** going to stay home tomorrow.
    「私は明日，家にいるつもりはありません」
  - **疑 問 文**：**Are** you going to stay home tomorrow?
    「あなたは明日，家にいるつもりですか」
  - **答えの文**：── Yes, I **am**.「はい，いるつもりです」
    ── No, I **am**[I'm] **not**.
    「いいえ，いるつもりはありません」

　単純未来と**意志未来**の微妙なちがいをわかってもらえたかな？
　では，**実践問題** で定着させよう。

will と *be* going to 〜
を両方あやつれるように
なったら，心強いよ。

実 践 問 題

1 次の文を〔　　〕内の指示にしたがって, will を使った未来の文にしなさい。

(1) We make a big Christmas tree in December.〔肯定文に〕
           * Christmas tree：クリスマスツリー

(2) He goes to the station with you.〔否定文に〕

(3) Tom studies science very hard.〔疑問文に〕 　　* science：科学

2 次の文を〔　　〕内の指示にしたがって書きかえるとき, (　　)に適する語を書きなさい。

(1) He will be free tomorrow.〔疑問文に〕 　　* free：ひまな；自由な
  (　　) (　　) (　　) free tomorrow?

(2) She will write to him.〔ほぼ同じ内容の文に〕
  She (　　) (　　) (　　) (　　) to him.

(3) Tom will help his mother.〔否定文に〕
  Tom (　　) (　　) his mother.

(4) They're going to visit Okinawa next summer.〔疑問文に〕
  (　　) they (　　) (　　) (　　) Okinawa next summer?

3 (　　)内の語(句)を使って, 日本文にあう英文を書きなさい。

(1) 私は来週, 新しい車を買うつもりです。
  (will / a new car / next week)

(2) そのバスはまもなく出発するでしょう。
  (is / leave / soon)

(3) 私の祖母は今度の10月で90歳になります。
  (grandmother / will / next October)　　* grandmother：祖母

中学1年

中学2年

中学3年

解説

1

(1) 未来の肯定文の語順を思い出そう。助動詞 will の形は**主語に何がきてもかわらない**よね。また，**will** のうしろは**動詞の原形**。そのあたりに注意すれば大丈夫。

和訳「私たちは 12 月に大きなクリスマスツリーをつくるつもりです」

(2) will の否定文はどんな語順だったかな。〈**主語 + will not[won't] + 動詞の原形 ～.**〉でよかったね。動詞 goes を原形にすることを忘れずに。

和訳「彼はあなたといっしょに駅へ行かないでしょう」

(3) will の疑問文は，〈**Will + 主語 + 動詞の原形 ～?**〉で書けばいいね。これも動詞 studies を原形にかえないといけないね。

和訳「トムはとてもいっしょうけんめいに科学を勉強するでしょうか」

2

(1) 問題文は「彼は明日，ひまでしょう」という意味だね。これを疑問文にすると，「彼は明日，ひまでしょうか」になるね。これを英文にすればいい。will の疑問文の形は？

(2) 問題文の意味は「彼女は彼に手紙を書くでしょう」。ほぼ同じ内容の文にするには，will とほぼ同じ意味をもつ *be going to ～* で書いてみよう。

⑶　問題文の意味は「トムは母親を手伝うでしょう」だね。否定文「手伝わないでしょう」は will のうしろに not を置けばいいね。ここでは空らんの数から，will not の短縮形 **won't** を使うよ。

⑷　問題文の意味は「彼らは今度の夏，沖縄へ行くつもりです」。*be going to ～* の疑問文にするよ。be 動詞の文の疑問文は，be 動詞を文頭にもっていくのがルールだったね。They're は They are の短縮形だよ。

3

最後の問題をやってみよう。じゃあ，まずは⑴をマメ君から。

はい。この文は「買うつもりです」なので，未来の肯定文ですね。will を使って書けるので，I will buy a new car next week. ですか？

そのとおり！　大丈夫だよ。では，⑵をみぃちゃんお願い。

はい。「まもなく」という単語が未来の語句だから，未来の文を書けばいいんですよね。will が見あたらなくて，is があるので，*be* going to を使って書けばいいですね。The bus is going to leave soon. ですか？

正解！　では，最後の問題を説明させてちょうだい。

(3)　日本文に「90歳になります」と書いてあるね。これは，現在のことではなく未来の文だから「90歳になるだろう」とも言いかえられるよ。このように日本語の場合は未来の言い方がいくつもあってまぎらわしいけど，自然な日本語にすればいいからね。

　さて，助動詞 will のうしろの動詞を何にしようかね。現在の文ならどんな動詞を置くかを考えればいい。現在の文の My grandmother is 90 years old.「私の祖母は90歳です」では，be 動詞の is を使っているでしょ。つまり will のうしろには be 動詞の原形 be を置けばいいんだよ。

解答

1　(1)　We will[We'll] make a big Christmas tree in December.

　　(2)　He will not[won't] go to the station with you.

　　(3)　Will Tom study science very hard?

2　(1)　Will he be　　　(2)　is going to write

　　(3)　won't help　　　(4)　Are, going to visit

3　(1)　I will buy a new car next week. / Next week I will buy a new car.

　　(2)　The bus is going to leave soon.

　　(3)　My grandmother will be 90[ninety] years old next October. / Next October my grandmother will be 90[ninety] years old.

Lesson 14 助動詞②

Lesson 13 では，未来の意味をもつ助動詞 will を勉強したね。中学1年で学習した can と will 以外の助動詞をここでまとめて説明するよ。同じものは一気にやってしまったほうが効率いいからね。

ここですこしだけ，助動詞のはたらきと文の形を復習しておこうね。

助動詞は動詞に意味を加えるはたらきをするんだね。can は「～できる；～してもよい」という意味をもっているよ。また will を使うと，「～だろう；～するつもりだ」と未来のことを表すことができるよ。

形は〈**助動詞＋動詞の原形**〉。どんな主語がきても，助動詞の形はかわらないし，そのあとの動詞も必ず原形だよ。

否定文は〈**助動詞 ＋ not ＋ 動詞の原形**〉。そして疑問文は〈**助動詞＋主語＋動詞の原形 ～ ?**〉で，答えるときは助動詞を使って〈**Yes, 主語＋助動詞.**〉〈**No, 主語＋助動詞 ＋ not.**〉などと言うんだったね。

思い出したかな？

助動詞 may の文

まず **may**（メイ）だよ。will や can と同じように動詞の原形とともに使い，can の許可とほぼ同じ意味の「～してもよい」（許可）と，「～かもしれない」（推量）の2つの意味をもつんだ。

● may の文の基本的な意味と使い方

❶ may ～「～してもよい」（許可）

肯 定 文：You **may** use this car.

　　　　　「あなたはこの車を使ってもよいです」

否 定 文：You **may not** use this car.

　　　　　「あなたはこの車を使ってはいけません」

　　注　may not には，cannot や can't のように，1 語で表す語
　　や短縮形はない。

疑 問 文：**May** I use this car?

　　　　　「この車を使ってもいいですか」

答えの文：── **Yes, please.** 「はい，どうぞ」

　　　　　── **No, I'm sorry.** 〔ソゥリ〕

　　　　　　　「申し訳ありませんが，だめです」

　　注　May I ～ ? に対して，Yes, you may. と答えるのは，目
　　上の人が目下の人に言うとき。ふつうは，**Yes, please.** や
　　Sure.「もちろん」，**Yes, of course.**「ええ，もちろんで
　　す」などを使う。「許可」を表す may は can よりもへりく
　　だった言い方。
　　　＊ Sure.〔シュア〕：いいとも；もちろん　　Of course.〔オフ　コース〕：もちろん；たしかに

❷ may ～「～かもしれない」（推量）

肯 定 文：The dog **may** be clever.　　　　＊ clever〔クレヴァー〕：かしこい

　　　　　「その犬はかしこいかもしれません」

否 定 文：The dog **may not** be clever.

　　　　　「その犬はかしこくないかもしれません」

　　注　推量の may はふつう，疑問文で使うことはない。

助動詞 must の文··························

そして，次は助動詞 must^{マスト} だよ。ほかの助動詞と同じように動詞の原形とともに使い，「〜しなければならない」（義務）と，「〜にちがいない」（強い推量）の意味をもつよ。

● must の文の基本的な意味と使い方

❶ must 〜 「〜しなければならない」（義務）

肯 定 文：They **must** speak English here.

「彼らはここで英語を話さなければなりません」

否 定 文：They **must not**[**mustn't**] speak English here.

「彼らはここで英語を話してはいけません」（**禁止**）

注 must の否定文を「〜しなくてもよい」と訳してはダメ。義務の否定ではなく，禁止の意味になる。

疑 問 文：**Must** they speak English here?

「彼らはここで英語を話さなければなりませんか」

答えの文：── Yes, they **must**.

「はい，話さなければなりません」

── No, they **don't have to**.

「いいえ，話す必要はありません」

さて，マメ君。「〜しないとダメ？」ときかれて「いいえ」で答えるとき，「〜してはいけない」「〜する必要はない」のどちらが自然かな？

はい，「〜する必要はない」のほうが自然ですね。

そうでしょ。義務の must の疑問文に対して否定で答えるときは，**mustn't ～**「**～してはいけない**」では答えられないよね。だから，**don't have to ～**「**～する必要はない**」を使って答えるんだ。この表現はあとでくわしく学習するからご安心を。

---

❷ **must ～**「**～にちがいない**」（**強い推量**）

肯 定 文：He **must** be Mr. Smith. ＊ Smith：スミス（人の姓）

「彼はスミスさんにちがいありません」

That white building **must** be a church.

「あの白い建物は教会にちがいありません」

注1 強い推量を表す must の場合，このうしろには be 動詞が置かれることが多いけれど，義務か推量かは文脈で判断しなければならない。

注2 強い推量の否定文はふつう存在しない。また疑問文は高校生になってから学習する。

みぃちゃん，どうかな？ 助動詞 may / must は頭に入ったかな？

はい。形はわかりやすいけれど，must の答え方はちょっと難しいですね。

そうだね。だけど助動詞はいろいろな英文で使われていて，目にすることも多いから，きっと慣れていくよ。よく復習しておいてね。

助動詞 should の文

最後に，助動詞 should の登場だよ。これもほかの助動詞と同じように動詞の原形とともに使い，**「～すべきだ」（義務）** という意味を表すよ。must「～しなければならない」ほど強い意味ではないよ。

さっそく例文を見てみよう。

- should の文の基本的な意味と使い方

  should ～「～すべきだ」（義務）

  肯定文：You **should** call Mary at ten.
  「あなたは 10 時にメアリーに電話すべきです」

  否定文：You **should not**[**shouldn't**] call Mary at ten.
  「あなたは 10 時にメアリーに電話すべきではありません」

  疑問文：**Should** I call Mary at ten?
  「私は 10 時にメアリーに電話すべきですか」
  —— Yes, you **should**.「はい，電話すべきです」
  —— No, you **shouldn't**.
  　　「いいえ，電話すべきではありません」

今まで学習した助動詞 can / will / may / must / should を使って，いろいろな英文をつくってみよう。友達とやりとりしてみてもいいね。

中学1年

中学2年

中学3年

Ⅳ▶ have to ～の文

　ここでは，助動詞の仲間と言える have to ～ について勉強してみよう。〈主語 + have to + 動詞の原形 ～.〉の形で，助動詞 must と同じ「～しなければならない」（義務）と「～にちがいない」（強い推量）の意味を表すよ。have to はカタマリで助動詞のようにはたらくけど，じつはこの have は一般動詞なんだ。have が一般動詞だから，主語の種類によって have と has を使い分けるよ。また，否定文と疑問文の形も，一般動詞の文と同じつくり方なんだ。

● have to ～の文の基本的な意味と使い方

❶　have to ～「～しなければならない」（義務）

肯定文：They **have to** speak English here.
「彼らはここで英語を話さなければなりません」

否定文：They **don't have to** speak English here.
「彼らはここで英語を話す必要はありません」

　注　否定文は「～する必要はない」の意味になり，must not ～
「～してはいけない」（禁止）の意味とはちがうよ！

疑問文：**Do** they **have to** speak English here?
「彼らはここで英語を話さなければなりませんか」

答えの文：―― Yes, they **do.**「はい，話さなければなりません」
―― No, they **don't**（**have to**）.
「いいえ，話す必要はありません」

❷　have to ～「～にちがいない」（強い推量）

肯定文：He **has to** be Mr. Smith.
「彼はスミスさんにちがいありません」

　注　強い推量の have to ～ は，今は肯定文だけ押さえておこう。

236

　この have to は［ハヴトゥ］ではなく［ハフトゥ］, has to は［ハズ
トゥ］ではなく［ハストゥ］と発音することに注意しようね。
　さて, ちょっと次のような問題をやってみようか。

問題❶ ▶ 次の日本文を英語にしなさい。

❶ 彼は明日, 宿題をやらなければならないでしょう。

❷ 彼は昨日, 宿題をやらなければなりませんでした。

　まず, ❶から考えてみよう。未来のことだから will, 「〜しなければ
ならない」と言っているから must の両方を使えばいいかな？　でも,
助動詞は2つ並べて使うことはできないんだ。
　そこで, have to を登場させよう。have は一般動詞だよね。だから,
〈will ＋ 動詞の原形〉の形で使えるんだ。**will have to** だね。これは
引っかけ問題だから, これから気をつけようね。
　では, ❷はどうかな？
「〜しなければなりませんでした」は過去の文で表さなくてはいけな
いね。でも, 助動詞 must には過去形がないんだ。そういうときにこそ
have to を使って, have を過去形の **had** にすれば OK だよ。

問題❶の解答 ▶
❶ He will have to do his homework tomorrow.

❷ He had to do his homework yesterday.

＊homework：宿題

注　tomorrow / yesterday をそれぞれ文頭に置いて
　　もよい。

　must と have to は助け合っているよ。だから must と have to をじょ
うずに使いこなしていこう。

be able to 〜の文··········

最後は，これも助動詞の仲間として扱われる *be* able to 〜 だよ。
〈主語 + be 動詞 + able to + 動詞の原形 〜.〉で，助動詞 can と同じ「〜できる」（能力）という意味を表すんだ。「〜してもよい」（許可）の意味はないので注意しようね。

また，この文には be 動詞があるから，主語に合わせて am / is / are を使い分け，**否定文・疑問文も be 動詞の文と同じルールで書く**んだよ。

- *be* able to 〜 の文の基本的な意味と使い方
  - *be* able to 〜「〜できる」（能力）

  肯　定　文：Tom **is able to** speak Japanese.
  　　　　　　「トムは日本語を話すことができます」

  否　定　文：Tom **is not[isn't] able to** speak Japanese.
  　　　　　　「トムは日本語を話すことができません」

  疑　問　文：**Is** Tom **able to** speak Japanese?
  　　　　　　「トムは日本語を話すことができますか」

  答えの文：―― Yes, he **is**.　　　　　「はい，できます」
  　　　　　―― No, he **is not[isn't]**.「いいえ，できません」

では，ここで問題を解いてみよう。マメ君，どうかな？

問題❷ ▶ 次の日本文を英語にしなさい。

❶ 彼女はピアノをじょうずにひけるようになるでしょう。

❷ 彼女は当時，ピアノをじょうずにひくことができました。

〔be 動詞を使うこと〕

中学1年

中学2年

中学3年

はい。「～なるでしょう」と未来のことを言っていますね。「ピアノをひく」は play the piano でいいと思いますが、「ピアノをひける、ひける……」。あっ、「ピアノをひくことができる」ですね。日本語って難しい……。能力の助動詞の can が使えますが、will といっしょには使えないんですよね。えーと、can を *be able to* にかえて、She will be able to play the piano well. で大丈夫ですか？

すばらしい！ 2度は引っかからないマメ君！ やるね～。じゃあ、❷ もその勢いで頼むよ。

ありがとうございます。❷もがんばります。「当時」があるので過去の文ですね。*be able to* を使うとして……、過去の be 動詞は主語の「彼女」に合わせて was だから、She was able to play the piano well in those days. でいいですか？

よくできました！ いろいろなルールが混ざり合った文も、ちゃんとできるようになってきたね。

問題❷ の解答 ▶ 　❶　She will be able to play the piano well.
　　　　　　　　❷　She was able to play the piano well in those days.
　　　　　　　　注　in those days を文頭に置いてもよい。

会話で使われる助動詞の文……………………

　会話で使われる助動詞についてまとめておこう。これらの文を身につければ，積極的に英語でのコミュニケーションができるようになるよ。英会話の力を身につけたい人には絶対に必要な知識になるからね。

1　Will you ～ ?

　疑問文の Will you ～ ? は，単純未来（無意志未来）では「あなたは～するだろうか」，意志未来では「あなたは～するつもりですか」という意味を表していたね（☞ Lesson 13）。

　そのほかに，**Will you ～ ? は「～してくれませんか」と相手に頼んだり，「～しませんか」と相手を誘ったりする意味も表すんだ。**

　Lesson 13 では扱わなかった内容をここでまとめてみよう。

- Will you ～ ? で依頼や勧誘を表すとき
  - **未来**：**Will you go to the park tomorrow?** ⬅ Lesson 13 で学習
  「あなたは明日，公園に行くつもりですか」
  - **依頼**：**Will you open this box?** 「この箱を開けてくれませんか」
  Will you <u>please</u> **open this box?**
  Will you open this box, <u>please</u>**?**　⎱ ⬅ていねいな依頼
  Would you open this box?
  「この箱を開けてくださいませんか」
  - **勧誘**：**Will you have a cup of coffee?**　＊ coffee：コーヒー
  「コーヒーを 1 杯飲みませんか」　　　　　　a cup of ～：1 杯の～
  - 注　please で，依頼や勧誘の文がよりていねいになる。また，will を過去形の **would** にかえると，さらにていねいな表現になる。would はここでは現在の意味を表すから注意しよう。
  - 例　**Would you go there with me?**
  「私といっしょにそこに行っていただけませんか」

じつは，助動詞 **can** を使って，Will you ～? と同じように「～して
くれませんか」と相手に頼む言い方もできるんだ。

- **Can you** shut the window?「窓を閉めてくれませんか」
- **Could you** help me? 「私を手伝ってくださいませんか」
  　注　**could** は can の過去形。Could you ～? は Can you ～? より
  ていねいな言い方だよ。

依頼や勧誘に対しては，次のように答えるよ。

- **応じる場合**
  - OK. 「いいですよ」 ・ Sure. 「もちろん」
  - All right. 「いいですよ」 ・ Certainly.「もちろん」
  - Yes, please.「はい，お願いします」
    ⬆ 勧誘された場合の答え方
- **断る場合**
  - No, I won't. 「いいえ，だめです」
  - I'm sorry, but I can't.「すみませんが，できません」
  - No, thank you. 「いいえ，けっこうです」
    ⬆ 勧誘された場合の答え方

Will you ～? は会話
でもよく使われる言い方
だから，覚えておこうね。

中学1年

中学2年

中学3年

2　Shall I 〜 ? と Shall we 〜 ?

　じつは未来の助動詞には，もう一つ **shall**（シャル）というものがあるんだ。中学生のうちは，これを使った次のような会話表現だけを覚えておけば大丈夫だよ。

- **Shall I 〜 ? と Shall we 〜 ? の基本的な意味と使い方**

❶　**Shall I 〜 ?**「(私が)〜しましょうか」

：相手に対して，自分の動作を申し出るときに使う

　例　**Shall I close the door?**「ドアを閉めましょうか」

　　　—— Yes, please.

　　　　「はい，お願いします」

　　　—— No, thank you.

　　　　「いいえ，けっこうです」

＊close（クロウズ）：〜を閉める

❷　**Shall we 〜 ?**「(いっしょに) 〜しましょうか」

：**Let's 〜.**（☞ p.87）と同じ意味で，提案するときに使う。

　例　**Shall we go to the park?**（= Let's go to the park.）

　　　「いっしょに公園に行きましょうか」

　　　—— Yes, let's. / Sure.

　　　　「はい，そうしましょう／

　　　　もちろん」

　　　—— No, let's not.

　　　　「いいえ，よしましょう」

　どのくらい理解できたか，さっそく**実践問題**で確認してみよう。

実 践 問 題

1 次の文を〔　　〕内の指示にしたがって書きかえなさい。

(1) He must get up early. 〔未来の文に〕

(2) The man can catch the train. 〔was を使って過去の文に〕
   ＊ catch：(乗り物) に乗る；〜を捕まえる　　train：電車

(3) You may go abroad alone.
   〔「(私は) 〜してもいいですか」という文に〕
   ＊ abroad：海外へ　　alone：1人で

(4) Let's have lunch together. 〔shall を使ってほぼ同じ意味の文に〕
   ＊ together：いっしょに

2 次の文の(　　)内から適する語(句)を選びなさい。

(1) Must I go there now?
   —— No, you (may not, won't, don't have to).

(2) (Shall I, Will you, Do you) open the door?
   —— Yes, please.

(3) (Is, Can, May) he able to swim very well?
   —— Yes, he is.

3 次の日本文にあうように，(　　)内に適する語を書きなさい。

(1) 私たちはいっしょうけんめいにサッカーを練習すべきです。
   We (　　　) (　　　) soccer hard.　　＊練習する：practice

(2) あなたはかしこくしなければなりません。
   You (　　　) (　　　) clever.

(3) 彼は昨日，自転車に乗ることができました。
   He (　　　) ride the bike yesterday.
   ＊ ride：(乗り物など) に乗る

中学1年

中学2年

中学3年

4　次の文の誤りを直し，正しい文を書きなさい。

(1)　You will can find the house soon.　　　*find：〜を見つける

(2)　Shall we play the guitar? —— Yes, we shall.

(3)　Am I have to do my homework now?

解説

1

(1)　助動詞 must の意味「〜しなければならない」を残したまま未来の文にするんだね。まず日本語で言いかえてみよう。「〜しなければならなくなるだろう」という意味の文にすればいいんだね。助動詞 will と must はいっしょには使えないことを覚えているかな？　must を have to にかえて，**will have to** とすれば正解。

　　和訳「彼は早く起きなければなりません」

　　　➡「彼は早く起きなければならないでしょう」

(2)　「was を使って」ということは，can のかわりに *be able to* を使うように，という指示だね。

　　和訳「その男性は電車に乗ることができます」

　　　➡「その男性は電車に乗ることができました」

(3)　「〜してもいいですか」と許可を求める言い方は，**May I 〜?** だったね。動詞 go は原形のままで OK だよ。

　　和訳「あなたは海外に 1 人で行ってもいいです」

　　　➡「海外に 1 人で行ってもいいですか」

(4)　「〜しましょう」（勧誘）の文の書きかえだね。**Let's 〜.** と **Shall we 〜?** はほぼ同じ意味を表すよ。shall の文は疑問文の形だね。

　　和訳「いっしょに昼食を食べましょう」

2

(1) しっかりと日本語に直してから考えてみよう。疑問文は「私は今，そこに行かなければいけませんか」という意味だね。答えの文が No だから「いいえ，その必要はありません」と答えるのが自然だね。「いいえ，行ってはいけません」は不自然な答えだよ。

　　　和訳「私は今，そこに行かなければいけませんか」
　　　── 「いいえ，その必要はありません」

(2) 答えの文を見てみよう。Yes, please.「はい，お願いします」と答えているね。この答えの文にはどんな疑問文がいいかな？　選択肢はそれぞれ，Shall I ～ ?「～しましょうか」，Will you ～ ?「～するつもりですか：～してくれませんか」，Do you ～ ?「あなたは～しますか」と訳せるね。いちばんいい組み合わせはどれかな？

　　　和訳「ドアを開けましょうか」── 「はい，お願いします」

(3) 主語のうしろの able to に注目だよ。*be able to* を覚えていたかな？ここでは疑問文だから，be 動詞が文頭にきているね。

　　　和訳「彼はとてもじょうずに泳ぐことができますか」
　　　── 「はい，できます」

3

お待たせしました。では，(1)をマメ君にお願いしよう。

　　　はい。「～すべきです」は must を使えばいいのかな……。あ，そうか，must は「～しなければならない」だから，ちょっと意味が強いですよね。「～すべきです」は should ～ で表せばいいと思います。We should practice soccer hard. でどうですか？

すばらしい！　正解だよ。should をよく思い出してくれたね。。
では，続いて，(2)をお願いね，みぃちゃん。

はい，これは文が短くて簡単そう。
「～しなければならない」は助動詞
must だと思います。「かしこくする」
は，「かしこい」が clever だから，あ
とは「する」の do を動詞で使って，
You must do clever. でいいですか？

みぃちゃん。とってもおしい……。

助動詞 must は問題ないけど，clever という形容詞とともに使う動詞
は何かな？　もしこの文に助動詞がなくふつうの現在形の文なら，「あな
たはかしこい」はどうなるかな？

You (　) clever. の (　) には何が入るかな？

あーっ！　You = clever だか
ら，be 動詞の are を使えばいい
んだ！　そっかぁ，じゃ，助動
詞 must が入ったら，are の原形
be を使えばいいんですね。

そのとおりだよ！　「かしこくする」は「かしこくある」と考えればい
いんだね。

日本語を変換する能力を身につけると，どんどん英語が得意になって
いくよ。

では, (3)をマメ君にやってもらおう。

> はい。でも先生, この問題は僕には
> できません。「〜することができた」は
> was able to 〜 で書けるけど, 空らん
> は 1 つしかないから無理です……。な
> んか裏技があるんですか?

　そうか, 先生がきちんと説明していなかったね。p.238 の注で can の過去形 could が出てきたでしょ。あの could を使えばいいんだ。**can の過去形 could は「〜することができた」**という意味を表し, 使い方はcan とまったく同じだよ。

〈主語 + **could** + 動詞の原形 〜.〉「—(主語)は〜することができた」

　例　My brother could play the piano five years ago.

　　　「私の兄[弟]は 5 年前ピアノをひくことができました」

4

(1)　will と can はいっしょには使えないよね。can を *be able to* にすれば正解。

　和訳「あなたはすぐにその家を見つけることができるでしょう」

(2)　Shall we 〜? と言われたら, なんて答えればいいんだっけ? 決まり文句があったね。誘いに応じるなら, **Yes, let's.**「はい, そうしましょう」か, **Sure.**「もちろん」だったね。

　和訳「いっしょにギターをひきましょう」——「はい, そうしましょう」

(3)　**have to** の have は一般動詞扱いだったね。一般動詞の疑問文に be動詞の am は使えないよ。主語が I だから, do を文頭に置こう。

　和訳「私は今, 宿題をしなければいけませんか」

中学1年

中学2年

中学3年

解答

1　(1)　He will have to get up early.

　(2)　The man was able to catch the train.

　(3)　May I go abroad alone?

　(4)　Shall we have lunch together?

2　(1)　don't have to　　(2)　Shall I　　(3)　Is

3　(1)　should practice　　(2)　must be　　(3)　could

4　(1)　You will be able to find the house soon.

　(2)　Yes, let's.（= Sure.）

　(3)　Do I have to do my homework now?

急にたくさんの助動詞が出てきたから，すこし混乱しています。ここでちゃんと復習しておこう！

私もそうします。でも助動詞を使えるようになったら，いろんなことを表現できそうな気がします。

Lesson

15 〈There ＋ be 動詞 ～.〉の文

I ▶ 〈There ＋ be 動詞 ～.〉の文の考え方 …………

　これまで習った be 動詞の文では，たとえば，「A は B です」というように，A（主語）＝ B（動詞）の関係だったね。ここでは，それ以外の意味で使われる be 動詞が登場するよ。

　みぃちゃん，「本がある」という文を英語にしてみるとどうなるかな？

> うーん，「本」は a book で，「ある」は be 動詞だと思うので，A book is. ですか？　でも，is のうしろに何もないので，なんかちがう気がします。

　じゃあ，正解を言うよ。この文は，There is a book. と表現するんだ。He is in his room.「彼は自分の部屋にいます」のように，A ＝ B が成り立たないときの be 動詞は，「～が（主語）ある[いる]」という「存在」の意味をもつんだ。

> でも先生，a book が主語なら，文頭には there ではなく a book を置くべきでは？

そうだね。**there** という単語は，**話題をかえるときにみんなの注意を
ひきつける語**なんだ。日本語に訳す必要はないけれど，意味的に「あの
さ」「ねぇねぇ」みたいな感覚で考えると，文の最初に置かれるのも納
得できるよね。そして主語の **a book** は，be 動詞のうしろに回る。疑問
文のような並び方だけど，これでいいんだよ。

　そしてもう 1 つ注意があって，その主語は話題がかわってはじめて出
てくる単語なので，特定されない 1 つの意味をもつ 〈a[an]＋名詞の単
数形〉，あるいは名詞の複数形しか置けないんだ。be 動詞は，主語が**単
数**なら am か is，**複数**なら are と学習したね。am は主語が I のときに
しか使えないから，ここでは is だね。

 ポイント 〈There + be 動詞 〜.〉の文

- **There is** 〜（主語）. 「〜（主語）がある[いる]」
  ➡ 主語は **a** か **an** がつく名詞の単数形
- **There are** 〜（主語）. 「〜（主語）がある[いる]」
  ➡ 主語は名詞の複数形

この文は，次のように文末に場所を表す語句を置くことが多いよ。

● **場所を表す語句**
- There is a clock **on the desk.**「机の上に（置き）時計があります」
  * clock：（置き）時計

- There is a man **in the car.** 「車の中に人がいます」

- There are many animals **here.**
  「ここにたくさんの動物がいます」
  * animal：動物

● There are three chairs **there.** 「そこに３つのいすがあります」

* chair：いす

　場所を表すときは，〈前置詞（on / in など）＋名詞〉や１語の副詞（here など）などを使うよ。　　　　　　　　* on：～の上に　　in：～の中に

　前置詞は **Lesson 22** でまとめて学習するよ。副詞は中学１年の **Lesson 9** でくわしく説明しているね。

　最後の文をよく見てごらん。文頭にも文末にも there があるのがわかるね。２つも there があってややこしいけど，文頭の There は話題をかえるために入った「訳さない there」で，文末の there は「そこに」という意味をもつ副詞なんだ。

　だんだん複雑になってくるけど，あせらずにゆっくりでいいからね。

　〈There ＋ be 動詞 ～.〉を使って「～がある[いる]」の文を学習したけど，今度は「部屋の中に彼がいます」という表現は英語でどう言えばいいと思う？　マメ君，どうかな？

> はい，これも「～(主語)がいる」の型にあてはめて，文末に「部屋の中に」を置いて，There is he in the room. でいいんですか？

　そう考えても無理はないよね。

　しかし！　まちがいなんだよ。残念。ちょっと考えてみよう。

　〈There ＋ be 動詞 ～.〉の文は，話題が新しくなってみんなの注意を引くために使うんだよね。

さて，ここで注意しよう。I「私は」/ you「あなたは；あなたたちは」
/ he「彼は」/ she「彼女は」などの**代名詞**は，すでに話題にあがって
いて，だれのことをさしているのかがわかる名詞，と考えていいんだよ
ね。そういう**代名詞**や Taro や Mike などの**固有名詞**は，〈**There + be
動詞 〜.**〉の文では**使えない**ということを覚えておこう。

さて，「部屋の中に彼がいます」は，次のように言えばいいんだった
ね。復習してしておこうね。

- He is in the room.「部屋の中に彼がいます」

この文では，He = in the room の関係はないので，「A は B です」の
文とはちがう性質の表現だということを覚えておこう。

次の**ポイント**でまとめておくよ。

 ポイント 「〜がある[いる]」で主語が代名詞や
　　　　　　固有名詞のとき

（×）〈**There** + **be** 動詞＋主語(代名詞，固有名詞)＋場所を表す語句.〉
（○）〈主語(代名詞，固有名詞)＋ **be** 動詞＋場所を表す語句.〉

では次に，〈There + be
動詞 〜.〉の否定文や疑問
文について説明するよ。

〈There＋be 動詞 〜.〉の否定文 ·············

〈There ＋ be 動詞 〜.〉の文にも，もちろん否定文と疑問文があるよ。
否定文は is や are のうしろに **not** を置けばできあがり。

- 〈There ＋ be 動詞 〜.〉の否定文
  - 主語が単数のとき
    肯定文：There is a radio on the desk.
    　　　　　　主語　　　　「机の上にラジオがあります」
    否定文：There is not[isn't] a radio on the desk.
    　　　　　「机の上にはラジオがありません」
  - 主語が複数のとき
    肯定文：There are some boys here.
    　　　　　　　　　主語
    　　　　　「ここには何人かの少年がいます」
    否定文：There are not[aren't] any boys here.
    　　　　　「ここには（1人も）少年がいません」
    　　　　注　some boys が否定文では any boys になっていることに注意（☞ p.60-61）。

 ポイント 〈There ＋ be 動詞 〜 .〉の否定文

- 〈**There ＋ isn't ＋**名詞の単数形.〉　　　「〜（主語）はない[いない]」
- 〈**There ＋ aren't ＋**名詞の複数形.〉

〈There ＋ be 動詞 ～.〉の疑問文

　否定文の次は疑問文だよ。be 動詞の疑問文は前にも学習したね。〈There ＋ be 動詞 ～.〉の文にも be 動詞があるので，考え方はまったく同じ。**There と be 動詞を逆にして**，クエスチョンマークを文末に置けば完成するんだ。

● 〈There ＋ be 動詞 ～.〉の疑問文
❶ **主語が単数のとき**
　　肯定文 : There is <u>a radio</u> on the desk.
　　　　　　　　　　　　　　主語　「机の上にラジオがあります」
　　疑問文 : Is there <u>a radio</u> on the desk?
　　　　　　「机の上にラジオがありますか」

❷ **主語が複数のとき**
　　肯定文 : There are <u>some boys</u> there.
　　　　　　　　　　　　　　主語　「そこには何人かの少年がいます」
　　疑問文 : Are there <u>any boys</u> there?
　　　　　　「そこには何人かの少年がいますか」
　　　注　否定文と同様に，疑問文でもふつう any boys と
　　　　　なっている。

疑問文には答えの
文が必要だよね。次の
ページを見てみよう。

中学1年

中学2年

中学3年

- ●〈There + be 動詞 ～.〉の疑問文と答え方

  ❶ 主語が単数のとき

  疑 問 文：Is there <u>a radio</u> on the desk?
  　　　　　　　　　　主語　　「机の上にラジオがありますか」

  答えの文：

  　　　　── Yes, there is.　「はい，あります」
  　　　　── No, there isn't.「いいえ，ありません」

  ❷ 主語が複数のとき

  疑 問 文：Are there <u>any boys</u> there?
  　　　　　　　　　　　主語
  　　　　「そこには何人かの少年がいますか」

  答えの文：

  　　　　── Yes, there are.　「はい，います」
  　　　　── No, there aren't.「いいえ，いません」

Is[Are] there ～ ? に対して答えるとき，Yes / No のうしろはつねに there から始めることに注意しよう！

 ポイント　〈There + be 動詞 ～.〉の疑問文と答えの文

- ●疑 問 文 ➡〈Is[Are] there ＋～（主語）?〉

  「～はありますか[いますか]」

  注　文末は上げ調子で読む。

- ●答えの文 ➡

  ── Yes, **there is**[**are**].　　「はい，あります[います]」
  ── No, **there isn't**[**aren't**]. 「いいえ，ありません[いません]」

〈There + be 動詞 ～.〉の過去の文

「～があった[いた]」と**過去**のことを表すときには，be 動詞の文と同じように，**be 動詞の過去形**を使うよ。〈～〉の主語の部分が単数ならば **was**，複数ならば **were** を使うこと。

● 〈There + be 動詞 ～.〉の過去の文

肯 定 文：There was a hat on the bed.　　　　　＊ bed：ベッド
　　　　　「ベッドの上にぼうしがありました」
　　　　　There were two parks in our town.　　　　＊ town：町
　　　　　「私たちの町には公園が 2 つありました」

否 定 文：There was not[wasn't] a hat on the bed.
　　　　　「ベッドの上にぼうしはありませんでした」

疑 問 文：Was there a hat on the bed?
　　　　　「ベッドの上にぼうしがありましたか」

答えの文： ―― Yes, there was.
　　　　　「はい，ありました」
　　　　　 ―― No, there was not[wasn't].
　　　　　「いいえ，ありませんでした」

中学1年

中学2年

中学3年

現在の文，過去の文……
とくれば，当然，未来の文
の登場だね。次でくわしく
説明するよ。

〈There ＋ be 動詞 〜.〉の未来の文··············

「〜があるだろう[いるだろう]」と未来のことを言いたいときには，もちろん，助動詞 **will** を使うよ。**will** のあとには，**be 動詞の原形である be** がくることはわかるね。

　次にまとめておくから，必ず復習しておこうね。

● 〈There ＋ be 動詞 〜.〉の未来の文

肯 定 文：There will be a school here next year.
　　　　　　「来年，ここに学校があるでしょう」

否 定 文：There will not[won't] be a school here next year.
　　　　　　「来年，ここに学校はないでしょう」

疑 問 文：Will there be a school here next year?
　　　　　　「来年，ここに学校があるでしょうか」

答えの文：Yes, there will. 　　　　　「はい，あるでしょう」
　　　　　　No, there will not[won't]. 「いいえ，ないでしょう」

〈There ＋ be 動詞 〜.〉の文がまとまったところで，**実践問題**をやって定着させよう！

だんだん英語が複雑になってきたけど，1つずつ身につけていけば大丈夫だからね。

実 践 問 題

Disk 1：56 ～ 59 ／ DL：15-1 ～ 15-4

1 次の日本文にあうように，（　　）内に適する語を書きなさい。

(1) 部屋にはピアノがあります。

There (　　　) a piano in the room.

(2) かごにはリンゴがありますか。

(　　　) there any apples in the basket?　＊ basket：かご

(3) 庭に犬はいません。

There (　　　) a dog in the garden.　＊ garden：庭

(4) 木には何羽かの鳥がいました。

There (　　　) some birds on the tree.

2 次の疑問文に対する答えの文を〔　　〕内の語を使って書きなさい。

(1) Is there a map on the wall? 〔Yes〕　＊ wall：壁

(2) Are there any girls in the room? 〔No〕

3 次の日本文にあうように，（　　）内の語（句）を並べかえなさい。

(1) 箱のそばに写真がありますか。＊ by：～のそばに　　picture：写真：絵

(there / by / the box / is / a picture)?

(2) 花びんの中には花が 1 本もありません。

(not / in / there / any flowers / vase / the / are).

＊ vase：花びん

4 次の日本文を英語にしなさい。

(1) 橋の上に彼女がいます。

(2) 明日，富士山の頂上に多くの人々がいるでしょう。

＊富士山：Mt. Fuji　　人々：people

1

(1) 「～があります」は肯定文。〈There ＋ be 動詞 ～.〉の文はうしろ
の主語が単数か複数かによって be 動詞を使い分けるんだったね。う
しろには名詞の単数形 a piano があるので，be 動詞は is でいいね。

(2) 「～がありますか」は疑問文。うしろの主語は apples と複数形に
なっているので，be 動詞 are を使うよ。疑問文だから，be 動詞 are
を文頭に置けばいいね。

(3) 「～はいません」とあるので否定文だね。主語は単数形の a dog。is
not と書きたいけど，空らんが１つしかないので，短縮形の isn't を
入れればいいね。

(4) 「～がいました」とあるので過去の文。some birds は複数なので，
There were ～. となるよ。

2

(1) Yes で答えると，日本語では「はい，あります」になるね。（✕）Yes,
a map is. とか，（✕）Yes, it is. と書いたらダメだよ。
　　和訳 「壁に地図がありますか」
　　　　　── 「はい，あります」

(2) No で答えると，日本語では「いいえ，いません」となるね。これ
も，（✕）No, girls aren't. とか（✕）No, they aren't. と書いてはダメ。
　　和訳 「部屋に何人かの女の子がいますか」
　　　　　── 「いいえ，いません」

3

(1) 「〜がありますか」とあるので，疑問文だということに気づくだろう。「写真」を主語だと考えて，肯定文の **〈There is ＋主語＋場所を表す語句.〉を疑問文の語順**にすれば完成。最後のクエスチョンマークを忘れずに！

(2) 「〜が1本もない」は否定文。「花」が主語であることに気づいたかな？　否定文なので，**not** と **any** を忘れなければ完成だね。

4

(1) これも〈There + be 動詞 〜.〉で書きたいところだけど，主語が代名詞「彼女が」であることに注意。代名詞が主語のときは，〈There ＋ be 動詞 〜.〉の文は使えない。she を主語にして，どんな英文にすればいいかな？　「橋の上に」は on the bridge。

(2) 明日のことを言っているのだから，〈There + be 動詞 〜.〉の未来の文で表せるね。**will** をどこに置けばいいのかな？　「富士山の頂上に」は on the top of Mt. Fuji だね。

解答

1 (1) is　(2) Are　(3) isn't　(4) were

2 (1) Yes, there is.　(2) No, there are not[aren't].

3 (1) Is there a picture by the box (?)
　　(2) There are not any flowers in the vase (.)

4 (1) She is on the bridge.
　　(2) There will be many[a lot of] people on the top of Mt. Fuji tomorrow.

比較の文①

Ⅰ 比較の変化

2つ以上のもの，2人以上の人を比べるときには，比較の文を使って書くことができるんだ。

現実の世の中では，人はつねにこの比較を使って，「優劣」という感覚をとらえていることが多いよね。

比較は，日本語では「〜よりかしこい」「〜の中で一番速く走る」のように表現するけど，英語では形容詞 clever「かしこい」や副詞 fast「速く」などの単語自体の形をかえて表現しないといけないんだ。

英語で比較の文をつくるとき，形容詞と副詞を変化させると言ったけど，変化の種類は3種類（原級・比較級・最上級）あるよ。これを「比較の変化」と名づけよう。

この変化には，動詞の過去形にもあったように，規則変化と不規則変化があるんだ。中学2年の英語はこういった「形を変化させるもの」がとっても多いので，理解度に一番差が出てしまう学年なんだ。ここはがんばりどころだよ。

1 比較の規則変化

では，比較の規則変化から見てみよう。

- 比較の変化

  注　例として，形容詞 young で説明する。
- **原　級**：辞書に載っているもとの形。　　例　young「若い」

- **比較級**：2つ[2人]のあいだの「優劣」の差を表す形。基本的に原級に **er** をつける。

  例　young**er**「より若い」
- **最上級**：3つ[3人]以上の中で「一番」を決めるときに使う形。基本的に原級に **est** をつける。

  例　young**est**「最も若い」

　これだけで比較がすべて表現できれば楽なんだけど，そうはいかない。規則変化も単語の語尾によって，次のように5通りあるよ。

- **比較の規則変化**

  注　以下，原級 - 比較級 - 最上級の順に記す。
  - **原則**：原級の語尾に **er / est** をつける

    long「長い」- long**er** - long**est**
  - **e で終わる語**：原級の語尾に **r / st** をつける

    large「大きい」- larg**er** - larg**est**
  - **〈子音字 + y〉で終わる語**：y を i にかえて，**er / est** をつける

    easy「やさしい」- eas**ier** - eas**iest**
  - **〈短母音＋子音字〉で終わる語**：子音字を重ねて，**er / est** をつける

    big「大きい」- big**ger** - big**gest**
  - **語尾が -ful / -ous / -ing の形容詞，〈形容詞 + ly〉の副詞，3音節以上の長い語**：原級の語の前に，比較級は **more**，最上級は **most** をつける

    slowly「ゆっくりと」- **more** slowly - **most** slowly

    difficult「難しい」- **more** difficult - **most** difficult

中学1年 / 中学2年 / 中学3年

注1 音節の区切りは辞書に〈・〉で示してあり，3音節とはその
ブロックが3つあること。

注2 副詞 early「早く」は形容詞に ly がついた語ではないので，
early – earlier – earliest と変化する。

2 比較の不規則変化

不規則な変化をする形容詞・副詞の比較級や最上級は，次に示すよう
に単語ごとに暗記していくしかないよ。がんばろう！

● 比較の不規則変化

原　級	比較級	最上級
good「よい」 well「よく」	better	best
many「多数の」 much「多量の」	more	most
bad「悪い」 ill「病気の」	worse	worst
little「少ない」	less	least

比較の変化の基本を頭に入れたところで，次から原級・比較級・最上
級を使ったいろいろな比較の文を学んでいくよ。

Ⅱ　原級の文 ···

それでは最初に，2つ[2人]を比べて「AとBは同じくらい〜」という表現を見ていこう。これは，AとBのどちらも程度が同じことを表し，同等比較の文と言われているよ。

■　原級を使った同等比較の文

「AとBは同じくらい〜」は，〈A＋動詞＋as＋原級＋as＋B.〉という形で表す。asとasのあいだには，**形容詞または副詞の原級**を入れればいいんだよ。

---

❶　Mike is **as** <u>old</u> **as** Jack.「マイクはジャックと同じ年齢です」

❷　Mike runs **as** <u>fast</u> **as** Jack.

　　「マイクはジャックと同じくらい速く走ります」

　　　注1　❶は「同じように年をとっている」という意味ではなく，

　　　　　　「（年齢が）同じ」という意味。

　　　注2　それぞれに〜〜〜の部分が省略されていると考える。

　　　　　　Mike is as old as Jack is old.

　　　　　　Mike runs as fast as Jack runs fast.

　　　　　　英語では同じ表現は極力省略するのが原則だからね。

ではここで問題。

問題❶　▶　次の文の意味のちがいを言いなさい。

❶　I know her as well as he.

❷　I know her as well as him.

マメ君，どうかな？

はい。副詞 well は「よく」という意味ですよね。I know her. で「私は彼女を知っています」だから……，わかりました。どちらの文も「私は彼女を彼と同じくらいよく知っています」でいいと思います。

そうだね。たしかに文末の he と him をただ「彼」とだけ訳すとそうなりそうだね。しかし，この２つの文には決定的なちがいがあるんだよ。

❶の文末 he は主格だよね。すると，本来は I know her as well as he (knows her). という文だったはず。これをちゃんと訳すと，「私は，**彼が彼女を知っている程度**と同じくらい，彼女をよく知っています」。

一方，❷の文末 him は目的格だね。すると，本来は I know her as well as (I know) him. という文だったんだ。これを訳すと「私は，**私が彼を知っている程度**と同じくらい，彼女をよく知っています」。

省略されている語句を把握しないと，正確な内容はつかめないね。

問題❶の解答 ▶ ❶ 「私は，彼が彼女を知っている程度と同じくらい，彼女をよく知っています」

❷ 「私は，私が彼を知っている程度と同じくらい，彼女をよく知っています」

２ 原級を使った同等比較の否定文

それでは，みぃちゃん，次の文を訳してみよう。

問題❷ ▶ 次の文の意味を，not に注意して，日本語で言いなさい。

Mike is not as old as Jack.

はい。not があるから否定文ですね。いつもどおりの否定文で訳しますよ。先生のことだから，また引っかけがあると思いますが……。「マイクはジャックと同じ年齢ではありません」ではダメですか？

　みぃちゃん……，私をいじわるな人みたいに言わないでよ。みんながつまずきそうなところを取り上げて，ちゃんと理解してもらおうと思っているだけなんだから（泣）。

　気をとりなおして説明するよ。

　たしかに，みぃちゃんの訳だとまちがいになってしまう。これは，公式化しちゃおうね。

　not as ～ as ... の形で，「…ほど～でない」の意味になるんだ。それに合わせて訳すと，「マイクはジャックほど年をとっていません」となり，マイクが年下で，ジャックが年上という関係を表しているよ。

 問題②の解答▶ マイクはジャックほど年をとっていません。

> ## ❗ ポイント　同等比較の文のまとめ
>
> ● 〈**as ～ as A**〉　　「A と同じくらい～」
> ● 〈**not as ～ as A**〉「A ほど～でない」
> 　注　not so ～ as も not as ～ as と同じ意味を表す。

3 原級を使ったさまざまな文

1. 倍数表現

2つ[2人]を比べて，その程度を「〜倍」という言い方で表現してみるよ。これも同等比較の as 〜 as ... を使うんだけど，今までとちょっと事情が異なるんだ。次の文を見てみよう。

---

❶ That cat is three times as big as this one.
「あのネコはこのネコの 3 倍の大きさです」

❷ I have twice as many books as he.
「私は彼の 2 倍（多く）の本を持っています」

＊ twice：2倍

さあ，どこが今までとちがうかな。まず，as 〜 as ... を使っているのに和訳が「同じくらい」になっていないね。そして，as の前にはえたいの知れない three times や twice なんていうのも混ざっている。

混乱しているみたいだから，公式で説明しよう。

❗ ポイント　倍数表現の公式

● 〈基数 + **times as** 〜（原級）**as** A〉　　「A の…（基数）倍〜だ」

　注　基数とは，ふつうの数字（three / four / five など）のこと。
　　　ただし，「2 倍」は **twice**，「半分」は **half** で表し，times は不要
　　　だということも覚えておこう。　　　　　　　　＊ half：半分だけ

---

❷の文には，ちょっと注意が必要だね。形容詞 many は名詞 book を直接説明する語なので，セットで as 〜 as の中に入れよう。この文を，
（✕）I have books twice as many as he. と書かないようにね！

2.　as ～ as possible「できるだけ～」

<u>as ～ as possible で「できるだけ～」</u>という意味を表すよ。

- 現在の文：Bob <u>runs</u> as fast as possible.
  - = Bob <u>runs</u> as fast as <u>he</u> can.
    - = Bob
  - 「ボブはできるだけ速く走ります」
- 過去の文：Bob <u>ran</u> as fast as possible.
  - = Bob <u>ran</u> as fast as <u>he</u> could.
  - 「ボブはできるだけ速く走りました」

  ＊ possible（ポシブル）：できるかぎりの；可能な

---

possible の部分を〈主語 + can〉で表してもほぼ同じ意味を表すよ。「ボブは自分ができる限界と同じくらいがんばって速く走る」と考えれば，同等比較の as ～ as ...を使うのも納得できるよね。

〈主語 + can〉では，主語はボブを受けた代名詞 he を使うよ。

また，過去の文では，〈主語 + could〉になることも覚えておこう。<u>could は can の過去形だね。</u>

❗ ポイント　as ～ as possible

- **as ～（原級）as possible ＝〈as ～（原級）as ＋主語 + can[could]〉**
  「できるだけ～」

中学1年

中学2年

中学3年

Ⅲ 比較級の文 ·····················

　形容詞・副詞の原級を使った同等比較の文はわかってくれたかな。今度は 2 つ[2 人]を比べて「A は B より〜」という表現を見ていこう。A と B を比べてどちらかの「優劣」を表す比較級の文だね。

　〈A ＋ 動詞＋比較級 ＋ than ＋ B.〉という形で表すよ。比較級のつくり方は，形容詞・副詞の原級に er をつけるのが基本だったね。もう一度 p.260-262 に戻ってしっかり覚えておこう，頼むよ！ than のあとには比べる「モノ」や「人」が入り，「…より」という意味を表すよ。

■ 比較級の文のつくり方

- 比較級の文
  - 形容詞の比較級

    Lucy is tall. 「ルーシーは背が高い」 ＊ Lucy：ルーシー（人の名前）

    　　Beth と比較して ➡ 〈**比較級 taller ＋ than Beth**〉

    Lucy is **taller than** Beth. 「ルーシーはベスより背が高い」

  - 副詞の比較級

    My father goes to bed early. 「私の父は早く寝ます」

    　　I と比較して ➡ 〈**比較級 earlier ＋ than I**〉

    My father goes to bed **earlier than** I.
    「私の父は私より早く寝ます」

　基本的な比較の文はそれほど難しくないかもね。では，次の問題をやってみようか。

問題❸ ▶ 次の文の意味を日本語で言いなさい。

❶ You should be more careful.

❷ You must walk more carefully.

＊ careful：注意深い　carefully：注意深く

さて，みぃちゃんお願い。

はい。❶の careful は形容詞で「注意深い」ですね。should は助動詞「〜すべき」です。あっ，比較級なのに than ... がありませんよ。これじゃ比べる相手がわかりません。自信はないですが，「あなたは，より注意深くあるべきです」でいいですか？

よくできたね，正解だよ。そう，この文は比較級を使った文なのに than ... がないよね。than ... をあえて補って訳してみると，「あなたは（今までより）もっと注意深くあるべきです」となるよね。この「今までより」はわざわざ言う必要がないこととして省略されているんだ。比べる相手がはっきりしている場合は than ... を書かないとダメだけど，この場合は当然の内容なので省略されたんだね。

では，❷をマメ君お願い。

はい。これも than ... がありませんが，考え方が❶と同じならできそうです。副詞 carefully が「注意深く」だから，「あなたはもっと注意深く歩かなければなりません」だと思います。

そのとおりだよ。❷の文も than ... を補って訳すと,「あなたは（今までより）もっと注意深く歩かなければなりません」となるんだ。❶と同じ考え方だね。

問題❸ の解答 ▶ ❶ あなたはもっと注意深くあるべきです。
❷ あなたはもっと注意深く歩かなければなりません。

② 注意すべき比較級の文
1. 比較を強調する場合

比較級の基本文を学習したところで,今度はいろいろな比較級の文を見ていこう。みぃちゃん,「彼の家は大きいです」を英語にしてくれるかな。

はい。His house
is big. ですね。

そうだね。では,「彼の家はとても大きいです」は？

His house is
very big. です。

そのとおり。では,「彼の家は私の家よりずっと大きいです」はどうかな？

> 「…より」があるから比較級を使うんですね。His house is very bigger than my house. ですか？

　そうなりそうだよね。ただ，比較級 bigger を強調するときに **very は使えない**んだ。原級 big なら，very big というふうに強調できるんだけどね。

　比較級は **much** で強調しよう！　そうすると，

- His house is **much** bigger than my house（= mine）.

が正解になるね。いいかな？

 ポイント　比較級を強調する場合

- 〈A ＋ 動詞 ＋ **much** ＋比較級 ＋ **than** B.〉「A は B よりずっと～だ」

　例　You are **much** richer than I.　＊rich：金持ちの：裕福な
　　「あなたは私よりずっとお金持ちです」

- **much** を **a little** にすると「すこし～だ」という表現になる。

　例　He is **a little** shorter than she.
　　「彼は彼女よりすこし背が低い」

2. 〈比較級 + and + 比較級〉「ますます～」

〈比較級 + and + 比較級〉で「ますます[だんだん]～だ」の意味をもつんだ。

- It got **hotter and hotter.**「ますます暑くなってきました」
- She got **more and more beautiful.**
  「彼女はますます美しくなりました」

  　注　〈more + 原級〉型の比較級を and でつなげるときは，〈more and more + 原級〉の形になる。

---

3. like A better than B 「B より A のほうが好き」

like A better than B で「B より A のほうが好きだ」という意味をもつ。

　A と B の関係を見てごらん。好きなほうが A に，比べる相手（好きではないほう）が B に置かれることに注意しよう。

- I **like** motor sports **better than** baseball.　　　＊ motor：自動車
  「私は野球よりモータースポーツのほうが好きです」

原級・比較級を終えて，いよいよ最後の最上級の文だ。

 **最上級の文**

　最後は，3つ[3人]以上のものを比べて「Aは…の中で一番〜だ」という**最上級の文**を見ていこう。主語Aを含めて必ず3つ[3人]以上いないと表現できない文だよね。たとえば，2人の兄弟の中で，「僕が一番背が高い」と言っても変な感じでしょう？

　英語では，この最上級の文を〈**A ＋ 動詞 ＋ the ＋ 最上級 ＋ of [in]** ....〉という形で表す。形容詞と副詞の最上級のつくり方は，原級に **est** をつけるんだったね。最上級の前には **the** をつけるのが基本だよ。

　比較する範囲を決める「…の中で」は，**of** ... や **in** ... で表す。**of** のうしろには**複数の語句**，**in** のうしろには**場所・団体・国**などを表す語句が置かれる。

　説明すると長くなるから，実際に最上級の文のつくり方を見てみよう。

1　最上級の文のつくり方

> ●最上級の文
>
> 　●**形容詞の最上級**
>
> 　　Mike is tall.「マイクは背が高い」
>
> 　　「クラスの中で一番」と範囲を示す。
>
> 　　　➡〈**the ＋ 最上級 tallest ＋ in his class**〉
>
> 　　Mike is **the tallest in** his class.「マイクはクラスの中で一番背が高い」
> 　　　　　　　　　　　　　　　団体を表す語句
>
> 　●**副詞の最上級**
>
> 　　Jim runs fast.「ジムは速く走ります」
>
> 　　「5人の中で一番」と範囲を示す。
>
> 　　　➡〈**the ＋ 最上級 fastest ＋ of the five**〉
>
> 　　Jim runs (**the**) **fastest of** the five.
> 　　　　　　　　　　　　　　　複数を表す語句
>
> 　　「ジムは5人の中で一番速く走ります」

中学1年　中学2年　中学3年

ポイント 最上級の文

- 〈A＋動詞＋（the）最上級＋of［in］....〉
  「Aは…の中で一番〜だ［〜する］」

  注1　〈in＋場所・団体・国などを表す語句〉
  　　　〈of＋複数を表す語句〉
  注2　副詞の最上級にはthe をつけなくてもいい。

2 注意すべき最上級の文

1. 〈one of the ＋ 最上級＋名詞の複数形〉「一番〜の中の１つ」

　最上級の文というのは「一番」が何かを表す文だよね。しかし，実際には同じ分野の中で「一番」だといえるものが人によってちがう場合があるよね。たとえば，自分では一番いい英語の辞書だと思っても，ほかの人は別の辞書が一番いいと思っている場合もある。このように，「一番」の程度が同じくらいなら，一番が複数あってもいいじゃない，という文があるんだ。

　〈one of the ＋ 最上級＋名詞の複数形〉で表し，「一番〜の中の１つ」という意味になるよ。英語特有の表現といえるね。

- This is **one of the best** <u>dictionaries</u> of all.
  　　　　　　　　　　　　　　名詞の複数形
  　　　　　　　　　　　　　　　　　　＊ all：全部（の）；すべて（の）
  「これはすべての中で一番いい辞書の１つです」

中学1年

中学2年

中学3年

2.　like A the best「A が一番好き」

like A the best in〔of〕...で「…の中で A が一番好きだ」という意味
をもつ。

- I **like** summer **the best of** all seasons.

  ＊ season：季節

  「私はすべての季節の中で夏が一番好きです」

- I **like** Yumi **the best in** my school.

  「私は学校でユミが一番好きです」

　比較の文は，今まで学習してきた文より 1 文 1 文が長いよね。でも，
あせらずに慎重に書けるようにしようね。

　では，**実践問題** で確認
してみよう。

実 践 問 題

Disk 1 : 60 ～ 63 ／ DL : 16-1 ～ 16-4 🎧

1 次の形容詞の比較級と最上級を書きなさい。

(1) good (2) many (3) big (4) bad (5) late
(6) early (7) pretty (8) little

2 次の文の(   )内の語を適する形にしなさい。ただし，かえる必要のないものはそのまま書くこと。

(1) My mother gets up (early) of us all.
(2) I feel (well) today than yesterday.
(3) The question is the (difficult) of all.　＊question：質問；問題
(4) In Tokyo, there is (much) rain in June than in December.
(5) This apple is just as (large) as that one.

3 次の各組の文がほぼ同じ意味になるように，(   )内に適する語を書きなさい。

(1) ⎰ Her bag is smaller than mine.
　　⎱ My bag is (   ) than hers.

(2) ⎰ My father is taller than my mother.
　　⎱ My mother is not (   ) (   ) (   ) my father.

(3) ⎰ She can speak English better than I.
　　⎱ I (   ) speak English (   ) (   ) (   ) she.

(4) ⎰ He runs the fastest in our class.
　　⎱ He is the fastest (   ) in our class.

4　次の日本文を英語にしなさい。

(1)　彼は私の3倍（多く）のお金を持っています。

(2)　トムはできるだけ早く起きました。

(3)　イチローはすべての野球選手の中で最もじょうずな選手の1人でした。

（players を使って）

解説

1

　比較の変化には規則変化と不規則変化があったね。この問題では，(3)・(6)・(7)が規則変化，(1)・(2)・(4)・(5)・(8)が不規則変化だ（☞ p.260）。今回はじめて出てくる単語は，(5)の形容詞 late。

　<ruby>late<rt>レイト</rt></ruby> には2つの変化があって，「**時間が遅い**」の意味では late – <ruby>later<rt>レイター</rt></ruby>「より遅い」– <ruby>latest<rt>レイテスト</rt></ruby>「最も遅い＝最新の」になり，「**順序が遅い**」の意味では late – <ruby>latter<rt>ラター</rt></ruby>「よりあとの」– <ruby>last<rt>ラスト</rt></ruby>「最も遅い＝最後の」という変化をするよ。

　pretty は〈**子音字＋y**〉で終わる語なので，**y** を **i** にかえて **er** をつければいいね。

2

(1)　文末に of us all「私たちみんなの中で」があるね。この語句から，3人以上の比較をする最上級の文だということがわかる。early は副詞なので，最上級の the はつけなくてもいいことにも気づいてほしいな。

　ここでひと言。「私たちみんなの中で」を（✕）of all us とは書かないようにね。代名詞 us は all より前に書こう。「私のすべての友達の中で」なら，of all my friends となり，all が my friends より前に置かれるんだ。

　和訳 「私の母は私たちみんなの中で一番早く起きます」

(2) 文中に **than** があることに注目。比較級の文だよ。形容詞 **well** は「身体がいい状態＝健康」の意味だったね。不規則変化だから気をつけて！

　　和訳「私は昨日より今日のほうがより気分がいい」

(3) **the** と **of all** を見た瞬間に最上級の文だと気づいてほしいね。「すべての中で一番難しい」は, 形容詞 **difficult** に **most** をつけて完成だね。

　　和訳「その問題はすべての中で一番難しい」

(4) 文中に **than** があるので比較級の文だよ。この文は「12月に降る雨」と「6月に降る雨」を比較しているんだね。もちろん東京では, 6月は梅雨の時期だから12月より多く雨が降るよね。形容詞 **much** は **much - more - most** と不規則変化するからちゃんと覚えておこう。

　　和訳「東京では, 12月より6月のほうが雨が多い」

(5) **as 〜 as** ... で, 原級を使った同等比較の文だとわかるね。「このリンゴ」と「あのリンゴ」の比較で, 同じくらい「大きい」と考えればいいよね。**just** は as 〜 as といっしょに使うと「ちょうど同じくらい」の意味になるんだ。ここでは apple のくり返しをさけて, that one となっているね。

　　和訳「このリンゴはあのリンゴとちょうど同じくらい大きい」

3

(1) では, みぃちゃん, 解いてくれるかな？ 最初に日本語に直してから解くとわかりやすいよ。

はい。上の文は、「彼女のかばんは私のかばんより小さい」でいいですよね。下の文では、主語が「私のかばん」になっているので、「彼女のかばんより大きい」と考えれば、比較級の larger が入りそうです。

そうそう！　そうやって考えれば難しくないよね。

和訳「彼女のかばんは私のより小さい」
　　＝「私のかばんは彼女のより大きい」

(2)　では、マメ君にやってもらおう。

はい。上の文は、「私の父は母より背が高い」ですね。下の文は、主語が「私の母」なので、「父より小さい」ということですね。あれ？　でも not があるから、「母は父より背が高くない」で入れると、not taller ……。ん？　空らんが余ってしまいます……。

　いいところまでいってるんだよ。これは、比較級で書かなくても同じ意味になりそうじゃないかな？　「私の母は父ほど背が高くない」でも同じ意味になるよね。

あっ。わかりました。同等比較の否定文〈not as ～ as A〉で、「A ほど～でない」で表せますね。My mother is not as tall as my father. です。

よくできました！

> **和訳**「私の父は母よりも背が高い」＝「私の母は父ほど背が高くない」

(3) そうすると，(3)も(2)と同じ考え方でできそうだよ。上の文は「彼女は私より英語をじょうずに話すことができます」となり，下の文は「私は彼女ほど英語をじょうずに話すことができません」で，同じ意味になるよね。ただし，比較級 better をちゃんと原級にできるかがポイントだ  ね。「**じょうずに**」は副詞 well だね。good「じょうずな」は形容詞の原級だからここでは使えないよ。

> **和訳**「**彼女は私よりじょうずに英語を話すことができます**」
> ＝「**私は彼女ほどじょうずに英語を話すことはできません**」

(4) 両方とも最上級の文だね。じつは，**fast** は形容詞でもあるし，副詞でもあるんだよ。形容詞なら「速い〜」，副詞なら「速く（〜する）」という意味になるね。この問題はそこが問われているんだ。上の the fastest は副  詞で，動詞 runs を説明している。下の文には be 動詞の is があるので，「彼は私たちのクラスで一番速いランナーです」という意味。この文の the fastest は形容詞で，名詞を説明していることになるんだ。したがって，(　　　)には名詞の runner を入れれば正解だね。

> **和訳**「**彼は私たちのクラスで一番速く走ります**」
> ＝「**彼は私たちのクラスで一番速いランナーです**」

4

(1) 「A より…倍多く〜」という言い方は，原級を使った〈**基数＋ times as 〜 as A**〉で書けそうだね。ただし，「多くのお金」を表す「形容詞＋名詞」（**much money**）をセットで as 〜 as の中に入れるんだったね。（**✕**）He has money three times as much as I. と書いてはダメだよ。

(2) 「できるだけ〜」は，原級を使った **as 〜 as possible** か〈**as 〜 as ＋ 主語 ＋ can[could]**〉で書けたね。as 〜 as の中に入れる「早く」は「時間が早い」の意味の **early** だよ。〈as 〜 as ＋主語 ＋ can [could]〉を使うなら，過去形の **could** を使うこと。

(3) 「すべての…の中で最も〜の 1 人[1 つ]」は〈**one of the ＋ 最上級 ＋名詞の複数形**〉で表すよ。

解答

1 (1) better – best　　　　　　(2) more – most
　　(3) bigger – biggest　　　　　(4) worse – worst
　　(5) （時間）later – latest /（順序）latter – last
　　(6) earlier – earliest　　　　 (7) prettier – prettiest
　　(8) less – least

2 (1) (the) earliest　(2) better　(3) most difficult
　　(4) more　(5) large

3 (1) larger[bigger]　　　　(2) as[so] tall as
　　(3) can't[cannot], as well as　(4) runner

4 (1) He has three times as much money as I.
　　(2) Tom got up as early as possible[as early as he could].
　　(3) Ichiro was one of the best baseball players of all.

比較の文②

Lesson 16 では，比較の変化と基本的な比較の文のつくり方を中心に学習したね。ここでは，もう一歩進んだ表現を取り上げてみよう。高校入試に出ることもあるから，ここで確認してほしい！

Ⅰ 疑問詞を使った比較の文 …………………………

① 疑問詞を使った比較級の文

2つ[2人]を比べて，「どちら？」と選ばせる疑問文を取り上げよう。中学1年で疑問詞で始まる疑問文を学習したけど，大丈夫かな？

そう，疑問詞は必ず文頭に置き，最後にクエスチョンマークをつけ，文末は下げ調子で読むんだよね。不安な人は，復習しておこう（☞ Lesson 6）。

AとBを比べて，「AとBではどちらのほうがより～ですか」とたずねるときは，〈Which[Who] ... ＋比較級, A or B?〉の形を使うよ。この場合，Aのあとを上げ調子で言い，Bのあとを下げ調子で読むことも覚えておこう。

---

❶ Who is taller, Taro or Hiroshi?
　「タロウとヒロシでは，どちらが背が高いですか」
　── Taro is.「タロウです」
❷ Which do you like better, tennis or baseball?
　「あなたはテニスと野球ではどちらが好きですか」
　── I like tennis better.「私はテニスのほうが好きです」

中学1年

中学2年

中学3年

❶は「タロウ」と「ヒロシ」の2人を比べるので，比較級 taller を使っているね。そして，ここでは答えの文に注目！「タロウです」と答えているが，Taro is taller than Hiroshi. の taller 以下のくり返しを避けるために省略して，Taro is. と書けばいいんだ。Yes や No で答えたり，（✗）He is Taro. と答えたらまちがいだよ。

❷は「テニス」と「野球」を比べて，どちらが好きかとたずねている。比較級 better を使っているね。「あなたは？」とたずねているのだから，「私は～のほうが好きです」と答えるよ。I like tennis better than baseball. の than 以下を省略して I like tennis better. と書こう。❶は Taro is. のように比較級以下を省略しているけど，「～のほうが好きだ」では I like tennis better. と比較級の better は省略しないこと。

では，ちょっと問題をやってみようか。

問題❶ ▶ 次の日本文にあうように，（　　）内に適する語を書きなさい。

　タロウとヒロシではどちらが速く走れましたか。── タロウです。

　　（　　　）（　　　）run faster, Taro or Hiroshi?

　── Taro（　　　）.

では，マメ君，お願い。

　はい。疑問詞を使って書くから，which か who ですね。この文は「タロウかヒロシ」で「人」のことをたずねているから，who を使うと思います。そして，「走れた」は過去形ですね。え～っと，過去で一般動詞 run を使っているから，did を入れればいいかと……。答えは，Who did run faster, Taro or Hiroshi? ── Taro did. です。

とってもおしい……。「人」のことを聞いているから，疑問詞 **who** を使うのは OK。そのあとがおしかった。「<u>走れた</u>」は「<u>走ることができた</u>」ということだよね。そこで助動詞 can の過去形 could を did のところに入れればカンペキだったね。答えの文は，Taro could run faster than Hiroshi. の run 以下を省略すれば正解だね。

問題① の解答 ▶　Who could / could

---

② 疑問詞を使った最上級の文

それでは，今度は疑問詞を使った最上級の文を考えてみよう。3 つ[3 人] 以上の中から「A の中ではどれが[だれが]一番〜ですか」とたずねるときは，〈**Which[What / Who] ... the + 最上級 + of[in] A?**〉の形を使うよ。

- **which**：その範囲が「かぎられた狭い範囲」のとき
- **what**　：その範囲が「ばく然とした広い範囲」のとき
- **who**　：「人」についてたずねるとき

---

which / what / who の使い分けは大事だよ。

---

❶ **Which <u>is</u> the biggest** of the three balls?
　「3 つのボールの中で，どれが一番大きいですか」
　── This one <u>is</u>.「このボールです」
❷ **What <u>do you like</u> the best** of all sports?
　「すべてのスポーツの中で，あなたは何が一番好きですか」
　── I <u>like</u> tennis **the best**.「私はテニスが一番好きです」
❸ **Who <u>ran</u> the fastest** in this class?
　「このクラスの中で，だれが一番速く走りましたか」
　── Taro <u>did</u>.「タロウです」

答え方に注目してみようか。

❶は be 動詞を使った疑問文なので，答えの文は This one is. となっているね。これは This ball is. とも答えられるんだけど，ball を代名詞 one で受けて答えるほうがより口語的（会話調）になるんだ。本来，This one is the biggest of the three balls. が完全な文としての答えになるけど，the biggest 以下のくり返し部分が省略されているんだね。

❷の答えの文は，I like tennis the best of all sports. という完全な文の of 以下が省略されているね。ただし，I like tennis the best. と **the best** は省略しないで書こう。

❸の答えの文は，Taro ran the fastest in this class. が完全な文だね。一般動詞 ran のかわりに代動詞 **did** を使って Taro did. にして，最上級 the fastest 以下が省略されている。

答えとなる主語が何なのか，だれなのか，使われている動詞の種類は何か，ということをしっかり見きわめないといけないね。

　疑問詞を使った最上級の文を使えば，外国の人にもいろんなことをたずねられますね。What do you like the best of all animals?「すべての動物の中で，あなたは何が一番好きですか」とか……。

そうだね。ところでみぃちゃんは何が一番好きなの？

　I like cats the best.「私はネコが一番好きです」

II 最上級の代用表現 ·······················

　いよいよ比較の最終項目だよ。ここで学習する内容は，高校入試や大学入試でも出題されることがあるから，ただの暗記ではなく，ちゃんと理解して覚えていこうね。

　マメ君，次の問題をやってくれるかい。

問題❷ 次の日本文を英語にしなさい。

　　富士山は，日本の中で一番高い山です。

> 　はい。「一番」があるので最上級の文ですね。主語は「富士山」で Mt. Fuji，比較の範囲「日本の中で」は in Japan，「一番高い」は high を最上級にすればいいですね。Mt. Fuji is the highest mountain in Japan. で合っていますか？

　カンペキだよ，マメ君。だいぶ比較の文に慣れてきたようだね。

問題❷ の解答　Mt. Fuji is the highest mountain in Japan.

　原級・比較級を使って最上級と同じ意味を表す文を最上級の代用表現というんだ。難しくて複雑な文だけど，それぞれの文を説明してみよう。

　１つの内容をいろいろな英文で表せれば，それだけ英語の表現の幅が広がることになるよ。

- 最上級の代用表現
❶ Mt. Fuji is **the highest** mountain in Japan.
❷ Mt. Fuji is **higher** than any other mountain in Japan.
❸ No other mountain in Japan is as[so] **high** as Mt. Fuji.
❹ No other mountain in Japan is **higher** than Mt. Fuji.

中学1年

中学2年

中学3年

さて，❶はマメ君にやってもらった最上級の文だから問題ないね。

❷の比較級 higher を使った文が，なぜ❶とほぼ同じ意味になるんだろうね。これは「富士山は日本のほかのいかなる山よりも高い」という意味だよ。肯定文では **any** は使わないと中学1年のときに説明したけど，「いかなる」という意味では肯定文でも使えるんだ。そして，other mountain は「ほかの山」と訳し，富士山と比べるほかの山々のことをさしているよ。では，なぜ any other mountain「ほかのいかなる山」では mountain が単数になっているのかな。比較級は1（単数）対1（単数）を比べて優劣を決める表現だね。この❷の文も同じで，富士山（単数）をほかの山（単数）と総当たり戦で1つずつ比べて，いかなる山と比べても富士山は高いということから，any other mountain は単数で書く必要があるんだ。

❸では，一番である富士山が文末に移動しているね。文頭の主語にはNo があって見慣れない書き方だよね。では，I have **no** time. という文はどう訳すかな。これは「私には時間がない」という意味。time を no で打ち消すと，もっている時間がない，つまり時間がゼロになるということ。じつはこれと同じ考え方で，❸を直訳すると，「富士山ほど高い山は，日本にはほかにない（ゼロ）」となって，結局「富士山が一番高い山」になるんだ。

❹も同じように訳すと「富士山より高い山は，日本にはほかにない（ゼロ）」となって，これも「富士山が一番高い山」ということになるよね。

288

実 践 問 題

Disk 1 : 64 〜 66 / DL : 17-1 〜 17-3

1 次の文の（　）内の語を適する形にしなさい。ただし，かえる必要がないものはそのまま書くこと。

(1) Which do you like (well), spring, summer, fall, or winter?

(2) Which is (large), this orange or that apple?

(3) No other boy in his class is (wise) than he.　＊wise：かしこい

2 次の各組の文がほぼ同じ意味になるように，（　）内に適する語を書きなさい。

(1) {Tokyo is the largest of all the cities in the world.　＊world：世界
Tokyo is larger than (　　) (　　) city in the world.

(2) {Kevin can run the fastest of all players.
　　　　　　　　　　　　　＊Kevin：ケビン（人の名前）
No (　　) (　　) can run (　　) fast (　　) Kevin.

(3) {This book is the easiest of all the books.
No (　　) (　　) is as (　　) (　　) this book.

3 次の日本文を〔　〕内の語を使って英語にしなさい。

(1) 彼は4人の生徒の中で一番遠くまでボールを投げることができました。　〔farther〕
＊投げる：throw　　farther：副詞 far「遠くへ」の比較級

(2) あなたの家族の中で，だれが一番背が高いですか。　〔tallest〕

解説

1

(1) 疑問詞を使った疑問文だね。さて，<u>比較級か最上級のどちらで書け</u>ばいいかな？ 文末には spring, summer, fall, winter とあり，<u>この4つの中から1つを選ばせる文だから，最上級</u>で書けばいいね。2つの中から1つを選ばせるときは比較級だよ。

　　和訳「あなたは，春・夏・秋・冬の中でどれが一番好きですか」

(2) これも疑問詞を使った疑問文。文末の this orange と that apple の<u>2つの中から1つを選ばせる文なので，比較級</u>で書こう。形容詞 large の比較級は larger だ。

　　和訳「このオレンジとあのリンゴではどちらのほうが大きいですか」

(3) No で始まる<u>最上級の代用表現</u>であることに気づいたかな？ 一番である「彼は」が文末にいて，than があるので比較級を使い，形容詞 wise を比較級 wiser にすればいいね。ちなみに最上級を使って書きかえると，He is the wisest boy in his class.「彼はクラスで一番かしこい男の子です」となるよ。

　　和訳「彼よりかしこい男の子はクラスにはだれもいません」

2

(1) 上の文は<u>最上級 the largest</u> で書かれている。ところが下の文は，<u>larger than と比較級</u>になっているので，最上級の代用表現で書けそうだね。「東京は世界のほかのいかなる都市よりも大きい」という日本語に変換できたかな？ ただ，「ほかのいかなる都市」は any other city と city を単数形で書くことを忘れないように。

　　和訳「東京は世界のすべての都市の中で一番大きい」
　　　　　＝「東京は世界のほかのいかなる都市よりも大きい」

(2) 上の文は最上級の文。下の文は No から始まる最上級の代用表現で書こう。難しくて，いきなり答えを書くのが無理だったら，日本語で変換をしてみよう。下の文の**副詞 fast が原級**で書いてあることに注目すれば，「ケビンほど速く走れる選手はほかにいません」と言いかえられるね。「〜はほかにいません」という意味から，主語は No other player となるよ。player が単数形なのに注意。

　　和訳「ケビンはすべての選手の中で一番速く走ることができます」
　　　　＝「ケビンほど速く走ることができる選手はほかにいません」

(3) これも(2)と同じ考え方で大丈夫。as に注目して日本語を言いかえると，「この本ほど簡単な本はほかにありません」となるね。No で始まる主語は No other book と book を単数形で書けば OK。最上級 easiest の原級は easy だよ。

　　和訳「この本はすべての本の中で一番簡単です」
　　　　＝「この本ほど簡単な本はほかにありません」

3

(1) みぃちゃん，お願いね。

　　はい。最初，日本文が「一番遠くまで」という文なので最上級の文にすればいいかなと思ったんです。でも副詞 far の比較級 farther を使うんですよね。いきなり英文が書けそうにないので，日本語を変換してみます。「4 人の生徒の中で彼より遠くへボールを投げることができた人はほかにいません」でいいですか？　それから，「投げることができました」は過去形の助動詞 could を使って could throw ですね。だから，No other student of the four could throw a ball farther than he. となりそうですが……。

　すばらしい！ パーフェクトだよ，みぃちゃん。あせらずにすこしずつ英文をつくる姿勢には感心しちゃうね。

(2)　マメ君にやってもらおう。

　はい。緊張しています。みぃちゃんがカンペキに決めましたから……。え〜っと，これは「だれが」とあるので疑問詞 who を使った文ですね。「あなたの家族の中で」とあるので，3人以上の中から1人を選ぶということで，最上級の文でいいですよね？　わかりました！　Who is the tallest in your family? でいいですか？

　これまたパーフェクト！　よくできました。2人ともちゃんと話を聞いてくれていたんだね。先生はうれしいよ。

解答

1　(1)　(the) best　　(2)　larger　　(3)　wiser

2　(1)　any other　　(2)　other player, as, as

　　(3)　other book, easy as

3　(1)　No other student of the four could throw a ball farther
　　　　than he. / He could throw a ball farther than any other
　　　　student of the four.

　　(2)　Who is the tallest in your family?

文型のお話①

Ⅰ 文型は解釈におけるすべての基本

1 文型がなぜ大切なのか

　これまで，英文の肯定文を書くときには必ず〈主語＋動詞 ～.〉の語順で書くように説明してきたよね。一方，日本語というのは，はっきり言って語順などをそれほど意識しなくても相手に伝えることができる言語だよね。

　次の文を見てみようか。

> **日本文**：私は昨日，彼に会いました。
> **英　文**：I met him yesterday.

　日本文のほうは，いろいろな順序で並べても意味が通じるよね。「昨日，彼に私は会いました」とか「私は会った，昨日彼に」と言いかえても問題ない。これは，日本語には「は」「に」「と」「を」といった，単語と単語をつなぐ役割をする語（助詞）があるからなんだ。

　しかし英語では，単語を並べかえると，相手がまったく理解できない文になってしまうんだよ。英語では，文を組み立てる単語の順序がちゃんと決まっていて，単語の置かれる場所がとても重要なんだ。その文の組み立て方を**文型**といい，5つの文型があるんだ。逆に考えれば，語句の並べ方に決まりがない日本語より，ちゃんと整理された英語のほうが，長い文を読んだり書いたりするときには解釈しやすいし，作文もしやすいはずなんだ。

② 5文型とは？

英語では文型がいかに大切かが伝わったと思うので，5文型とはどんなものなのかを見ていこう。

文の要素（単語）には，主語，動詞，目的語，補語があるよね。中学1年で学習したことを思い出してごらん。かなり遠い記憶になっているようだから，復習しておこう。

問題① ▶ 次の文の下線部は目的語ですか，補語ですか。

❶ She is <u>Mary</u>.

❷ She knows <u>Mary</u>.

思い出したかな，マメ君？ ヒントをあげよう。主語と補語，主語と目的語のそれぞれの関係を考えてみよう。

ふだんはあまり使わない用語なので，記憶が飛んでいました。ヒントをもらえたので思い出しました。❶のMary は，She ＝ Mary になるので補語，❷の Mary は，She ≠ Mary なので目的語ですね。

そうだよね。補語というのはおもに be 動詞のあとに置かれ，主語とイコールの関係だね。また，目的語は主語とはイコールにはならないよね。

 問題①の解答 ▶ ❶ 補語 ❷ 目的語

　さあ，もとに戻るよ。英文は，文をつくる要素（主語・動詞・目的語・補語）の組み立て方によって，次のような5つの文型に分けられるんだ。

● **5文型の仕組み**

S（subject）：主語　　　　V（verb）　　　　：動詞
O（object）：目的語　　　C（complement）：補語

文　　型	要素の並び方	一般的な訳し方
第1文型	S＋V	「SはVする」
第2文型	S＋V＋C	「SはCだ[Cになる]」など
第3文型	S＋V＋O	「SはOをVする」
第4文型	S＋V＋O_1＋O_2	「SはO_1にO_2をVする」
第5文型	S＋V＋O＋C	「SはOをCにVする」

これらは，文の骨組みをつくる**文の要素**と呼ばれている。

　みぃちゃん，目が点になっているけど大丈夫かな？

　ほとんどの英文はこの5つの文型に分けることができるんだ。すごいよね。この5文型の仕組みは，これから君たちが英語を理解していくうえで大いに役立つから，ゆっくり考えていこう。中学2年の範囲では，この5つの文型のうち第1文型から第4文型までの4つを見ていくよ。ちゃんとついてきてね！

　じゃあ，ちょっと次の問題をやってみよう。

問題❷ ▶ 次の文のそれぞれの単語の要素と文型を言いなさい。

❶ He runs fast.
❷ She made a cake yesterday.

中学1年　中学2年　中学3年

じゃあ，みぃちゃん，やってみようか。

はい。まず訳してもいいですか。
❶は「彼は速く走ります」，❷は「彼
女は昨日，ケーキをつくりました」
ですよね。❶の He はもちろん主語
で S，runs は動詞で V，fast は「He
＝ fast」にはならないから目的語の
O ですか？　だから，文型は第3文
型だと思います。

　途中まではよかったんだけどね。最後の fast は目的語ではないんだ。
覚えているかな？　目的語になれる語は名詞だよ（☞ Lesson 8）。fast は
副詞で，動詞 runs を説明しているんだ。**動詞を説明する副詞は，文型
の要素ではない**，ただの飾りものだったね（☞ Lesson 9）。だから，❶
の文は〈S ＋ V〉の**第1文型**なんだよ。
　では，❷の文にチャレンジしよう。

あっ，思い出しました。では，❷は「彼
女は昨日，ケーキをつくりました」なの
で，She は S，made は V，a cake は
名詞で，She ＝ a cake ではないから O
ですね。それから文末の yesterday は動
詞 made を説明する副詞だから，文の要
素ではなさそうです。この文は〈S ＋ V
＋ O〉の第3文型ですね。

すばらしい！　そのとおりだよ。

問題②の解答 ▶ ① He = S, runs = V, fast =副詞（第1文型）
② She = S, made = V, a cake = O,
yesterday =副詞（第3文型）

ポイントでまとめてみよう。

> **！ ポイント 5文型での名詞と副詞のはたらき**
>
> ● 名詞 ➡ 主語・補語・目的語になる
> ● 副詞 ➡ 動詞を説明し，文型の要素にはならない

今までの Lesson と
はちょっとちがう内容な
ので，すこしとまどって
います。難しいな。

そうだね。でも文型を頭に入れておくと，ややこしい英文でも構造を理解できるから，意味をとりやすくなるんだ。今のうちに，文型に慣れておこうね。

慣れれば，英文の内容
をもっと理解しやすくなる
よ。がんばろうね。

中学1年
中学2年
中学3年

Ⅱ 自動詞と他動詞

　これまた，めんどうくさそうな用語が登場したね。じつは，今まで学習してきた文の中にある動詞を，今回は名前をつけて効率よく区別しようということなんだ。

　では，自動詞とは何か？　それは，**主語の相手に対する動作・意志がない動詞**のことをいうんだ。

　では，他動詞とは？　それは，**主語の相手に対する動作・意志がある動詞**のことだよ。

　今度はマメ君の目が点に……。大丈夫，ちゃんと例文で説明するよ。

---

❶　He stopped at the corner.「彼は角で（立ち）止まりました」
　　S　V（自動詞）　　副詞
　　　　　　　　　　　　　　　＊ corner：角：曲がり角

❷　He stopped the taxi at the corner.　＊ taxi：タクシー
　　S　V（他動詞）　O　　　　副詞「彼は角でタクシーを止めました」

　ともに，動詞 stop の過去形 stopped を使った文だね。また，文末にある at the corner は〈前置詞＋名詞〉のセットで，動詞 stopped を説明している副詞だね。

　❶の「彼は立ち止まりました」の「彼」の動作は，だれか相手に向かってしていることではないよね。主語である「歩いていた彼」が自分でただ「立ち止まった」だけだよね。

　一方，❷の「彼はタクシーを止めました」の「彼」の動作は，明らかに相手（タクシー）に向かって意志をもって手を上げたりして「止めよう」としたのは想像できるね。

　したがって，❶の stopped は自動詞，❷の stopped は他動詞と区別できるんだ。

　このように，動詞 stop だけ見ても，自動詞（（立ち）止まる）として

使われているか，他動詞（止める）として使われているかはわからない
ね。これから英文を読むときは，動詞のあとにどんな語が置かれている
かをしっかりチェックしていこう。

　では，マメ君にこんな質問をしてみよう。目的語がある文は，❶と❷
のどっちかな？

　　はい。目的語は動詞のあとに置かれる
　名詞でしたね。そして，主語とイコール
　の関係にならないはず。❶は動詞のあと
　には名詞はなくて前置詞 at があります
　ね。❷には動詞のあとに名詞 the taxi が
　ありますね。the taxi は主語（He）とイ
　コールではないので，これが目的語。だ
　から，❷が目的語がある文ですね。

　そのとおり。だいぶ頭の中が整理されてきたみたいだね。

　つまり今のことをまとめると，<u>自動詞はあとに目的語を置かない動詞</u>，
<u>他動詞はあとに目的語を置く動詞</u>ということになるよね。最初に述べた
「他動詞は主語の相手に対する動作・意志がある動詞」ということがわ
かってくれたかな。「主語の動作の相手＝名詞である目的語」というこ
とだ。

　この自動詞と他動詞が頭に入っていると，このあとにやっていく５文
型のそれぞれの文もあっという間に理解できるはずだよ。

 ポイント　自動詞と他動詞

- **自動詞** ➡ うしろに目的語を置かない動詞
- **他動詞** ➡ うしろに目的語を置く動詞（S ≠ O）

Ⅲ 第 1 文型の文

さあ，まずは第 1 文型の文だ。次の例文を見てごらん。

---

❶ My mother <u>**went**</u> (to the store).「*私の母は（その店に）行きました*」
　　　S　　　 V　　　 副詞

❷ There <u>**is**</u> an album (on the desk).
　　副詞 V　　 S　　　　 副詞　　　「(机の上に)アルバムがあります」

❸ The little dog <u>**is**</u> (in the box).　「その子犬は(箱の中に)います」
　　　S　　　　 V　　 副詞

動詞 went / is には共通点があるよ。<u>第 1 文型の動詞はすべて自動詞</u>なんだ。<u>第 1 文型は，主語の動作の相手（目的語）がない文だよ。</u>

❶の to the store（前置詞＋名詞）は副詞で，動詞の went を説明している。つまり，My mother went. だけでピリオドが打てる文なんだ。

❷は There is 〜 . の文。これも on the desk はセットで副詞になり，動詞 is を説明する語句になっている。

❸は〈S ＋ be 動詞＋場所を表す語句（前置詞＋名詞）〉の文。be 動詞を使っていても The little dog ≠ in the box の関係だね。こういう場合は，「〜（S）がある［いる］」という意味を表し（☞ p.251），in the box「箱の中に」は動詞 is を説明する副詞だよ。

<u>副詞をとると，第 1 文型の文はすべて〈S ＋ V〉で成立しているね。</u>

❗ ポイント　第 1 文型と，ここで使う動詞

● **第 1 文型**➡〈S ＋ V〉「S は V する［V だ］」
　　　　　　　〈There ＋ be 動詞＋ S ....〉「S がある［いる］」
● **使う動詞**➡ be 動詞を代表とする自動詞（be 動詞 / go / come など）

中学1年
中学2年
中学3年

 **第2文型の文**·····························

　続いては第2文型の文だよ。最初に種明かしをすると，この文型で使われる動詞も be 動詞を代表とする自動詞なんだ。

---

❶ <u>Mt. Fuji</u> **is** beautiful. 「富士山は美しい」
　　S　　　V　C（形容詞）

❷ <u>He</u> **is** <u>a soccer player.</u> 「彼はサッカー選手です」
　S　V　　C（名詞）

❸ <u>My daughter</u> **became** <u>a doctor.</u> 「私の娘は医者になりました」
　　　S　　　　V　　C（名詞）
　　　　　　　　　　　　　　　　　　　　　　　　　　＊ daughter：娘

❹ <u>My son</u> **looked** sick. 「私の息子は気分が悪いように見えました」
　　S　　　V　C（形容詞）

　さて，第2文型は〈S＋V＋C〉という形になっているね。ここで使われるCの補語とはどういうものだったか，思い出せるかな。そうだね，「補語とは名詞である主語の状態をくわしく説明する語」で，S＝Cの関係になるものだったよね。
　❶～❹の文では，次のような関係が成り立っているね。
　❶ Mt. Fuji ＝ beautiful（形容詞）　　❷ He ＝ a soccer player（名詞）
　❸ My daughter ＝ a doctor（名詞）❹ My son ＝ sick（形容詞）
　これでわかるように，S＝Cの関係が第2文型の基本だよ。
　そして，補語になれる単語は名詞と形容詞ということにも気づいてくれたかな？
　そして，これからが本題！　第2文型で使われる動詞は必ずしも be 動詞とはかぎらないんだ。S＝Cの関係を保つことができる一般動詞も第2文型の文をつくることができる。❸では become の過去形 became，❹では look の過去形 looked が使われているね。

さあ，まずは次の問題をやってみようか。

問題❸ ▶ 次の文の意味を日本語で言いなさい。

❶ He got to the station.

❷ He got sick.

❸ He got the ticket.　＊ticket：チケット：切符

みぃちゃん，お願いね。

はい。❶の to the station は副詞ですね。そうすると got は自動詞と考えていいですね。でも，got の意味は？

たしかにまだ教えていなかったかな。got（ゴット）は get の過去形で，〈**get to** ＋場所を表す語句〉で「**〜に到着する**」という意味をもつんだ。だったら❶は，「彼は駅に着きました」でいいよね。この文はさっき説明した第1文型だね。じゃ，次をお願い。

はい。❷は He ＝ sick だから，第2文型。でも意味がわかりません。❸は He got the ticket. だから，the ticket は目的語で，「彼はチケットを手に入れました」。

❸の訳は正解だね。❷はS＝Cになるから第2文型で，❸はS≠O（目的語）だから第3文型だね。第3文型については，次でくわしく説明するよ。

じつは❷の自動詞 get は「～になる」という意味を表すんだ。become と同じ意味だね。❸の get は他動詞で「～を手に入れる」という意味なんだよ。

同じ動詞が自動詞としても他動詞としても使われているんだね。

問題❸ の解答 ▶ ❶ 彼は駅に着きました。
　　　　　　　 ❷ 彼は病気になりました。
　　　　　　　 ❸ 彼はチケットを手に入れました。

それでは，第2文型〈S＋V＋C〉と，ここで使う一般動詞をまとめてみよう。

！ ポイント 第2文型と，ここで使う動詞

- 第2文型 ➡ 〈S＋V＋C〉「SはCだ[Cになる]」など
- 使う動詞 ➡

be 動詞	「～だ，～である」
get / become / turn	「～になる」
keep / remain（リメイン）	「～のままでいる」
look / seem（スィーム）	「～のように見える」
sound（サウンド）	「～に聞こえる」
smell（スメル）	「～のにおいがする」
taste（テイスト）	「～の味がする」

注 Cになるのは名詞と形容詞。S＝Cの関係になるよ。

第3文型の文

第3文型は〈S＋V＋O〉の形だね。S≠Oの関係で，使われる動詞は必ずO（目的語）を必要とする他動詞だよ。

---

❶ Tom **likes** baseball very much. 「トムは野球がとても好きです」
　　S　V(他動詞)　O　　副詞

❷ Tom **likes** the doctor very much.
　　S　V(他動詞)　O　　副詞　　「トムはその医者がとても好きです」

❸ She **looked at** the dog. 「彼女はその犬を見ました」
　　S　V(自動詞)＋前置詞└O　　　　　　　ルック　アット
　　　　　　　　　　　　　　　　　　　　　＊look at：〜を見る

❹ She **looked for** the passport. 「彼女はパスポートをさがしました」
　　S　V(自動詞)＋前置詞　O
　　　　　　　　　ルック　フォー　　　　　　　パスポート
　　　　　　＊look for：〜をさがす　　passport：パスポート

　さて，これらの文で使われているのは，すべて他動詞かな？　答えはNo です。さっき第3文型では他動詞が使われると言ったはずなのに，うそつきになっちゃうね。大丈夫，落ち着いてゆっくりね。

　まず，❶と❷は，他動詞 like(s)「〜が好きだ」を使っているね。これは主語の Tom が，動作の相手＝目的語の baseball や the doctor に好意をもっているから他動詞だとすぐわかるね。そして，文末の very much は副詞で，他動詞 likes を説明している。

　❷で注意したいのは，この文をパッと見て，「Tom ＝ the doctor だから，the doctor は目的語じゃなくて補語だ。だからこの文は第2文型」と機械的に判断してしまうことだ。like は他動詞だから，当然うしろには目的語が置かれているはずだし，意味を考えれば第3文型だとわかるよね。だけど，こういうまちがいはよくあるんだよ。第2文型〈S＋V＋C〉でよく使われる自動詞を頭に入れておくと，こういう早とちりを

防げるかもしれないね。

　❸と❹の文はどうかな？ 「すべてが他動詞というわけではない」と言ったのは，ここで使われている動詞 look が自動詞だからなんだ。じゃあ，❸と❹は第3文型ではないのかな？ そんなことはないよ。じつは，次のようなルールがあるんだ。

〈自動詞＋前置詞〉が熟語ならば，セットで他動詞扱い！

　どうかな？ こんな仕掛けがあるんだね。

　❸の前置詞 at はうしろの名詞 the dog とセットにはならずに，前の動詞にくっついて **look at** 「**〜を見る**」という熟語をつくっているんだ。〈自動詞＋前置詞〉で1つの意味を表すときは，セットで他動詞と考えよう！

　すると，❹も納得だね。looked for で「〜をさがす」の意味をもつ熟語だから，セットで他動詞になっちゃう。

　このように前置詞が動詞についているのか，それともうしろの名詞についているのか，をつかむことも大事なことなんだね。

 ポイント　第3文型と，ここで使う動詞

- **第3文型**➡〈S＋V＋O〉「SはOをVする」
- **使う動詞**➡ 1語の他動詞
  　　　　　〈自動詞＋前置詞〉でセットの熟語
  　注　目的語になれるのは，名詞だよ！

Ⅵ ▶ 第4文型の文

　第4文型〈S＋V＋O₁＋O₂〉は，見てのとおり動詞のあとにO（目的語）が2つ並んでいるよね。「目的語は絶対に名詞」という決まりがあったね。ということは，動詞のあとに名詞が2つ並んでいるというわけだ。このような文を見つけたら，まず第4文型の可能性を考えよう。

---

❶　I **gave** <u>my son</u> <u>a new dictionary</u>.
　「私は息子に新しい辞書をあげました」
❷　Tom **bought** <u>his girlfriend</u> <u>a ring</u>.
　「トムはガールフレンドに指輪を買ってあ
　げました」
　　＊ girlfriend：ガールフレンド　　ring：指輪

　さて，2つの文に共通していることを考えてみよう。
　まずは，動詞 give（gave「あげた」），buy（bought「買ってあげた」）はともに**他動詞**。この文型で使われる他動詞はすべて「〜**をしてあげる**」という意味の動詞なんだ。人に何かをあげる場合，あげる相手とあげる物を書かないと意味が通じないよね。つまり，第4文型で使われる他動詞のうしろで，O₁には「**あげる相手**」，O₂には「**あげる物**」が置かれる。こういう動詞を，**授与動詞**というよ。
　❶では，gave のあとに「あげる相手」である名詞の my son と「あげる物」であるもう1つ名詞 a new dictionary が並んでいるね。❷も同じように考えよう。bought のあとに，「あげる相手」（his girlfriend），「あげる物」（a ring）が並んでいるね。
　ところで，**buy**「〜を買う」は She bought a book.「彼女は本を買いました」という第3文型もつくれるんだ。文型を考えるときには，「1つの動詞は1種類の文型しかつくれない」という考えを捨てること。

p.301 で，こんな問題を解いてみたね。

問題❹ ▶ 次の文の意味を日本語で言いなさい。

❶ He got to the station.

❷ He got sick.

❸ He got the ticket.

❹ He got her the ticket.

今回は，新たに❹を加えたよ。みぃちゃん，日本語に直してみて。

はい。この問題，覚えています。❶は自動詞 get で「到着する」という意味です。❷は He ＝ sick という関係だから，第2文型「〜になる」ですね。❸は第3文型で，「〜を手に入れる」です。そうすると……，❹は動詞のうしろに名詞が2つ並んでいるから，動詞は「〜してあげる」の意味ですね。

そのとおりだよ。動詞の意味は文型によってちがうから動詞を見ただけで意味を決めてはいけないということになるんだね。

問題❹ の解答 ▶
❶ 彼は駅に到着しました。
❷ 彼は病気になりました。
❸ 彼はチケットを手に入れました。
❹ 彼は彼女にチケットを手に入れてあげました。

ポイント 第4文型の形

- 第4文型 ➡ 〈S＋V＋O₁＋O₂〉

  「S は O₁ に O₂ を V する」

  使う動詞は授与動詞。下の表を参照。

  注　O₁ に「あげる相手」が，O₂ に「あげる物・こと」が入る。

- 第4文型をつくる動詞（授与動詞）
  ❶　- bring「持ってくる」　- give 「あげる」　- lend 「貸す」
  - sell 「売る」　- send 「送る」　- show 「見せる」
  - teach「教える」　- tell 「伝える」　- write 「書く」
  ❷　- bring「持ってくる」　- buy 「買う」　- cook「料理する」
  - get 「手に入れる」　- leave「残す」
  - make「つくる」　- find 「見つける」
  ❸　- ask 「たずねる」
  注　「〜してあげる」というイメージを加えて訳すこと。

　授与動詞は，「あげる相手（O₁）」と「あげる物・こと（O₂）」を入れかえて書くことができるんだ。

　でも，入れかえるだけではなくて，〈S＋**授与動詞**＋O₂＋**前置詞**＋O₁〉のように，前置詞が必要になるよ。

　さて，この〈S＋**授与動詞**＋O₂＋**前置詞**＋O₁〉の文型は何かな？そう，〈前置詞＋O₁〉は目的語ではなく副詞のカタマリだね。だから，これは，目的語が1つの**第3文型**ということになる。すこしややこしいけど，わかるかな？

中学1年　中学2年　中学3年

下の例文で確認してみよう。

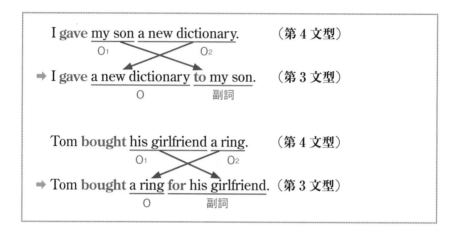

そのときに使う前置詞は，前の表の動詞の❶～❸によって異なるよ。まとめてみよう。

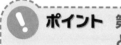 **ポイント 第4文型から第3文型に書きかえる ときに使われる前置詞**

❶の動詞：$\langle S + V + O_1 + O_2 \rangle \Rightarrow \langle S + V + O_2 + \text{to} + O_1 \rangle$

❷の動詞：$\langle S + V + O_1 + O_2 \rangle \Rightarrow \langle S + V + O_2 + \text{for} + O_1 \rangle$

❸の動詞：$\langle S + V + O_1 + O_2 \rangle \Rightarrow \langle S + V + O_2 + \text{of} + O_1 \rangle$

注1　第3文型も第4文型も，訳し方は「SはO₁にO₂をVする」。

注2　bring は to も for も使えるけど，bring A for B には「Bのために；Bの利益になるように」という意味が含まれるよ。

修飾語の発見 ·····

修飾語とは文型の要素には関係のない語句のことで，今まではおも
に副詞を見てきたね。〈前置詞＋名詞〉のセットで動詞を説明する副詞
もあったね。

じつはこの〈前置詞＋名詞〉のセットが形容詞のはたらきをすること
もあるんだ。

---

❶  「彼は机の上に本を置きました」

　　 V　　　　　　　副詞　　　　　　　　　　　　　　＊ put：～を置く
　　 └──説明する──↑

❷ is mine. 「机の上の本は私のものです」

　　 S　　　形容詞
　　 ↑──説明する──┘

この2つの文の仕組みを見てみよう。

マメ君，文の要素になっていない語句はどれだろうね。

はい。❶は S が He，V が put。He ＝
the book ではないので the book が O だ
と思います。そうすると，on the desk が
文の要素ではない語句ですか？ ❷は S が
The book，V が is。The book ＝ mine
なので mine が C ですね。この文も，文の
要素でないのは on the desk ですね。

　そのとおりだね。❶・❷ともに on the desk が文の要素ではない修飾語と考えられるね。そこで，❶の訳を見ると，on the desk「机の上に」は，動詞 put を説明しているね。したがって，❶の on the desk は副詞だ。また❷の on the desk「机の上の」は名詞 The book を説明しているよね。だから，❷の on the desk は名詞を説明する形容詞と考えていいんだ。

　このように，どの語を説明しているかをとらえないと，正しい意味をつかむことはできないよ。**副詞はおもに動詞を説明し，形容詞は名詞を説明する**，ということをもう一度頭に入れておこうね。

 ポイント　〈前置詞＋名詞〉の修飾語としてのはたらき

● 副詞としてはたらくとき
　➡〈前置詞＋名詞〉のセットで動詞などを説明する
● 形容詞としてはたらくとき
　➡〈前置詞＋名詞〉のセットで直前の名詞を説明する
　注　どちらも文の要素ではない語句。

　今回の学習内容は，今後の君たちの英語学習にとって非常に大切なところだから，しっかりとゆっくり消化してほしいね。

　それでは，**実践問題**で確認しよう。

実 践 問 題

Disk 2 : 01 ～ 04 / DL : 18-1 ～ 18-4

1 次の文の中から, 第 1 文型 〈S + V〉 の文を 2 つ選びなさい。

(1) I have two brothers.

(2) Ben goes to school by train every morning.

(3) Did you make a plan?　　　＊ make a plan：計画を立てる

(4) How many coins are there on the table?　　＊ coin：硬貨，コイン

2 次の文の中から, 第 2 文型 〈S + V + C〉 の文を 2 つ選びなさい。

(1) She visited Tokyo last summer.

(2) My father usually comes home at six.

(3) The young man became very rich.

(4) The old woman looks very happy.

3 次の文の中から, 第 3 文型 〈S + V + O〉 の文を 2 つ選びなさい。

(1) How long did you study Japanese?

(2) Our grandfather is always very kind to us.　　＊ grandfather：祖父

(3) Will you stay in Spain someday?　　　＊ Spain：スペイン

(4) Who could play the violin in your class?　　＊ violin：バイオリン

4 次の文から, 第 4 文型 〈S + V + O₁ + O₂〉 の文を 2 つ選びなさい。

(1) I make lunch on Sundays.

(2) Mike gave his mother some flowers.

(3) Can you show me your album?

(4) Who taught English to them?

中学1年

中学2年

中学3年

1

(1) I have「私は持っている」だけでは文は完成しないね。have は目的語である「何を」を必要とする**他動詞**。

和訳「私は兄弟を 2 人持っています」 ➡ 「私には兄弟が 2 人います」

〈S ＋ V ＋ O〉

(2) Ben goes のうしろの前置詞 to を go to の熟語で他動詞と考えるのはまちがいだよ。to 以下は goes を修飾する副詞と考えよう。また，主語の Ben は「学校」に対して何かの動作をしているわけではないので，goes は**自動詞**で，第 1 文型だとわかるね。

和訳「ベンは毎朝，電車で学校に行きます」〈S ＋ V〉

(3) 主語 you が目的語 a plan に対して「立てる」という動作をしているわけだから，この make は**他動詞**だね。もちろん，you ≠ a plan という関係も確認しておこう

和訳「あなたは計画を立てましたか」〈S ＋ V ＋ O〉

(4) ここは一発解答だよ。There is[are] 〜. の文は第 1 文型だったね。

和訳「テーブルの上にコインが何枚ありますか」〈S ＋ V〉

2

(1) 動詞 visited のうしろには前置詞がないので**他動詞**と予測できる。主語の She と Tokyo はイコールにはならないので，Tokyo は目的語。visited は**他動詞**で，第 3 文型の文だね。

和訳「彼女はこの前の夏，東京を訪れました」〈S ＋ V ＋ O〉

(2) 動詞 comes のうしろの home を名詞と考えて，目的語かと思ってしまってはまちがいなんだ。じつは come home の home は to the

house「家に向かって」と置きかえられる副詞なんだよ。つまり come を説明する副詞なんだね。

　　和訳　「私の父はたいてい6時に帰宅します」〈S + V〉

(3)　自動詞 became をはさんで The young man = very rich の関係が成り立つよね。rich が補語（形容詞）なので文型がわかるね。

　　和訳　「その若い男はとても金持ちになりました」〈S + V + C〉

(4)　自動詞 looks をはさんで，The old woman = very happy の関係が成立するね。happy が補語（形容詞）なので，自動詞 looks は「～を見る」ではなく，「～のように見える」という意味なんだね。

　　和訳　「その老婦人はとても幸せそうに見えます[幸せそうです]」〈S + V + C〉

3

(1)　動詞 study は他動詞だね。主語の you が目的語の Japanese に対して意志をもって「勉強する」わけだ。もちろん you ≠ Japanese の関係からも〈S + V + O〉の文だとわかるね。

　　和訳　「どのくらい長くあなたは日本語を勉強しましたか」〈S + V + O〉

(2)　動詞 is は自動詞だったね。あとは〈S + V〉か〈S + V + C〉のどちらかを考えればいいね。is のうしろには，形容詞 kind「やさしい」があるから，Our grandfather = very kind の関係が成立する。したがって，〈S + V + C〉の文というわけだね。

　　和訳　「私たちの祖父はいつも私たちにとてもやさしい」〈S + V + C〉

(3) 動詞 stay はうしろに前置詞 in があるので自動詞だね。stay in という熟語ではないので，in の前で区切り，in 以下は stay を説明する副詞と考えよう。

和訳「あなたはいつかスペインに滞在するつもりですか」〈S＋V〉

(4) 動詞 play は他動詞だ。この文は，主語が疑問詞の Who で，目的語が the violin になっているんだ。もちろん Who ≠ the violin なので〈S＋V＋C〉は考えられないね。

和訳「あなたのクラスの中で，だれがバイ
オリンをひくことができましたか」
〈S＋V＋O〉

4

(1) 動詞 make は他動詞で，lunch が目的語になっているね。on Sunday は文の要素ではない副詞なので，〈S＋V＋O〉の文だとわかるね。

和訳「私は日曜日に昼食をつくります」〈S＋V＋O〉

(2) 動詞 gave のうしろに，（his）mother と（some）flowers という 2 つの名詞があるよ。これは「あげる相手」と「あげる物」と考えてよさそうだね。

和訳「マイクは母親に花をあげました」〈S＋V＋O_1＋O_2〉

(3) 疑問文だけれど，動詞 show のうしろに me と your album があるのがわかるね。me が「あげる相手」で，your album が「あげる物」だね。

和訳「私にあなたのアルバムを見せてくれませんか」
〈S＋V＋O_1＋O_2〉

(4) 疑問詞の Who が主語の文だよ。動詞 taught の目的語は English で，to them は文の要素ではない副詞だね。Who taught them English? という形にすると，〈S + V + O_1 + O_2〉の第4文型になるのはわかるよね。

和訳「だれが彼らに英語を教えたのですか」〈S + V + O〉

解答

1	第1文型の文	(2)(4)
2	第2文型の文	(3)(4)
3	第3文型の文	(1)(4)
4	第4文型の文	(2)(3)

難しかったかな？
5文型の残りの第5文型は **Lesson 26** で取り上げるよ。

中学1年

中学2年

中学3年

不定詞①

I 不定詞の性質

　さあ，いよいよ中学 2 年の学習内容のヤマ場を迎えました！　そう，この単元はとにかく高校入試でもよく出るし，さらに高校生になってからも登場しまくりの内容なんだよ。って，私だけ興奮していても始まらないので，落ち着いて不定詞というものを考えていこうか。

　不定詞とは，〈to＋動詞の原形〉という形の 2 語以上のカタマリで，いろいろなはたらきをするんだ。カタマリなんて言われて，マメ君とみぃちゃんがカタマってしまったから，ちょっとずつ考えていこう。
　まずは，次の文から動詞を抜き出してみよう。

---

❶　I went to the park yesterday.
❷　I liked to swim in the sea.

マメ君，動詞と思われるものを答えてごらん。

はい。❶には過去形の went があります。❷には過去形の liked と現在形の swim があります。

たしかにマメ君の言うとおり，❶の動詞は went，❷の動詞は liked，swim，と今までは教わってきたね。

❶の自動詞 went は go の過去形で，to the park はセットで副詞のはたらきをしているね。「私は昨日，公園に行きました」という意味だ。

それでは，❷はどうかな？ like は「～を好む；～が好き」という意味で，うしろには目的語がないと文として成り立たない他動詞だよ。それなのに，この文はうしろに前置詞の to があるし，前置詞のうしろは名詞のはずなのに動詞の swim があるし，メチャクチャだよね。

そこで，先ほどの不定詞を思い出そう。〈to ＋ 動詞の原形〉の形で，ここでは「名詞のカタマリ」をつくっているんだ。この場合の to は前置詞とは言わず，動詞の原形をうしろに置くために登場した不定詞の to と呼ぼう。

でも先生，たとえ〈to ＋動詞の原形〉が名詞のカタマリをつくったとしても，名詞って「モノ」や「人」のことをいうのでは？

いいところに気がついたね。じつは英語の世界では，「モノ」や「人」に加えて「事柄（～すること）」も名詞として扱ってあげるんだ。

そうすると，❷の文ではさっきは見えなかったことが見えてくるのでは？ そう，to swim in the sea を事柄として訳すと「海で泳ぐこと」のように名詞のカタマリになるよね。つまり，他動詞 liked のあとの to swim 以下全部が目的語として機能するんだ。「私は海で泳ぐことが好きです」という意味になるね。

じゃあ，この場合の swim は動詞ってことでいいのかな？ みぃちゃんはどう思う？

うーん，動詞のように見え
ますが，to swim in the sea
が名詞のカタマリならば，も
う動詞ではないですよね。

　そうだよ！　私はそれを伝えたかったんだ。swim は見た目は動詞なん
だけど，to がついてしまった瞬間に，動詞から名詞のカタマリをつくる
不定詞となってしまったのさ。
　そこで，この不定詞というネーミング。なんかしっくりこないよね。
〈to ＋動詞の原形〉が名詞のカタマリなら，「名詞的動詞」みたいな名前
（実際にはありません）でもいいはずだ。
　じつは，不定詞〈to ＋動詞の原形〉は，**名詞だけでなく形容詞や副詞
のはたらきももっている**気まぐれなヤツなんだ。文中の置かれる場所に
よって，不定詞がこの3つのはたらきをすることから，品詞が定まって
いない語＝不定詞となったわけだね。
　品詞とは，動詞・名詞・形容詞……など，文法上のはたらきなどに
よって分けられた語のことだよ。不定詞を構成する「品詞が定まってい
ない語」とは，名詞・形容詞・副詞のはたらきをする2語以上のカタマ
リのことだね。

そんなにころころ姿を
かえるなんて，まるでカ
メレオンみたいですね。

　そう！　不定詞はカメレオンみたいだね。さっきは〈to ＋動詞の原形〉

が名詞のはたらきをするものを見たけど，同じ〈to＋動詞の原形〉が形
容詞や副詞にもなるんだからね。でも，安心してくれ！　はたらきは1
語の形容詞や副詞の場合と同じなんだよ。

　では，みぃちゃん，形容詞と副詞のはたらきを説明してみよう。

> 形容詞は beautiful flower のように名詞を説明したり，補語になったりします。副詞は，えっと（ノートチェック中），動詞や形容詞や副詞を説明します。

　そうだったね。このカメレオンみたいな不定詞〈to＋動詞の原形〉が
名詞だけではなく，みぃちゃんが言ってくれたような形容詞や副詞のは
たらきもしてしまうということを，これからじっくり見ていこう！

 ポイント　不定詞の形とはたらき

- 〈**to ＋ 動詞の原形**〉の形
- 名詞や形容詞や副詞のはたらきをする

> 次は不定詞の用法について説明するよ。準備はいいかな？

 名詞用法不定詞 ··

名詞のはたらきをする不定詞を**名詞用法不定詞**というよ。
マメ君，名詞は文のどこで使われるかな？

はい。名詞は主語，
補語，目的語で使われ
ます（☞ Lesson 8）。

そのとおりだね。不定詞〈**to**＋動詞の原形〉も名詞のはたらきをする
なら，同じように主語，補語，目的語になるはずだね。
次に，主語・補語・目的語になる名詞用法不定詞を説明するよ。

1 主語(S)になる名詞用法不定詞

以下，名詞にあたる部分を**＜　　＞**で囲んで示すよ。

---

❶　**＜English＞ is difficult.**　　　　「＜英語＞は難しい」
　　　1語の S　　V　　C

❷　**＜To learn English＞ is difficult.**「＜英語を学ぶこと＞は難しい」
　　　カタマリの S　　　　V　　C
　　　　　　　　　　　　　　　　　　　＊ learn：～を学ぶ

---

❶では1語の名詞 English が主語だね。ところが❷では不定詞が導く
名詞のカタマリである To learn English が主語になっているよ。

 ポイント　主語(S)になる名詞用法不定詞

● 〈**＜To ＋ 動詞の原形 ～＞**＋ **be** 動詞 ....〉「＜～すること＞は…だ」

❷　補語（C）になる名詞用法不定詞

---

❶　<u>My hobby</u> <u>is</u> ＜baseball＞. 「私の趣味は＜野球＞です」
　　　S　　　　V　　1 語の C
　　　　　　　　　　　　　　　　　　　　　　　　　　　＊ hobby：趣味

❷　<u>My hobby</u> <u>is</u> ＜to play baseball＞.
　　　S　　　　V　　カタマリの C
　　　　　　　　　　　　　　「私の趣味は＜野球をすること＞です」

　どちらも同じ文型だけど，be 動詞の補語になっているのは，❶では
basebsll という名詞 1 語，❷では to play baseball という不定詞が導く
名詞のカタマリだね。<u>名詞用法不定詞が補語になる文では，動詞は be</u>
<u>動詞が使われる</u>よ。

ポイント　補語（C）になる名詞用法不定詞
─────────────────────────────

• 〈S ＋ be 動詞＋＜to ＋ 動詞の原形 ～＞.〉「S は＜～すること＞だ」

❸　目的語（O）になる名詞用法不定詞

---

❶　<u>I</u> <u>like</u> ＜baseball＞.　　　　　「私は＜野球＞が好きです」
　　S　V　　1 語の O

❷　<u>I</u> <u>like</u> ＜to play baseball＞. 「私は＜野球をすること＞が好きです」
　　S　V　　カタマリの O

---

　❶の baseball は名詞 1 語で他動詞 like の目的語だね。❷では to play
baseball という不定詞が導く名詞のカタマリが他動詞 like の目的語に
なっている。
　ただし，<u>目的語に不定詞〈to ＋動詞の原形〉を使える動詞はかぎられ</u>
<u>ているから注意しよう</u>ね。

● どんな他動詞のあとにも名詞用法不定詞を置けるのか？

❶ （○）She **likes** ＜to walk in the park＞.

「彼女は＜公園で歩くこと＞が好きです」

❷ （×）She **enjoyed** ＜to walk in the park＞.

じつは動詞によって，目的語に不定詞を置くことができるものと，そうでないものがあるんだ。like も enjoy も他動詞だけれど，❶の like は目的語に不定詞を置けるが，❷の enjoy は目的語に不定詞を置けないので注意しよう。

● 目的語に名詞用法不定詞を置ける他動詞

- **want** to ～　　　　　　「～したい」
- **like** to ～　　　　　　「～するのが好きだ」
- **begin** to ～ / **start** to ～「～し始める」
- **try** to ～　　　　　　「～しようとする」 <small>トゥライ</small>
- **hope** to ～　　　　　　「～したい」 <small>ホウプ</small>
- **need** to ～　　　　　　「～する必要がある」 <small>ニード</small>
- **decide** to ～　　　　　「～しようと決める」など

 ポイント **目的語（O）になる名詞用法不定詞**

● 〈S＋V（他動詞）＋＜to ＋動詞の原形 ～＞.〉「S は＜～すること＞をV する」

注 目的語に名詞用法不定詞を使える他動詞は限定されているので注意しよう。

Ⅲ　形容詞用法不定詞

　さっきみぃちゃんに形容詞のはたらきをたずねたよね。形容詞は，名詞を説明したり，補語（C）になったりするんだったね。これは絶対に忘れないようにね。

　ここで学習する**形容詞用法不定詞**は，名詞を説明する用法のみを扱うよ。補語（C）になる形容詞用法不定詞は高校生になってからじっくり勉強してもらうことにしよう。

　以下，形容詞にあたる部分を**[　　]**で囲んで示すよ。

　では，名詞を説明する形容詞のおさらいからだ。マメ君，次の問題をお願いね。

問題❶　▶　次の日本文から形容詞を選びなさい。

❶　彼女は美しい女性です。

❷　彼女はあなたに見せるための写真をいくつか持っています。

　はい。形容詞ですね。❶は「〜い」の形をした「美しい」が名詞「女性」を説明する形容詞です。❷に形容詞なんてありますか？

　そうだね。❶は正解だよ。たしかに❷には，「〜い；〜な」で終わる形容詞になるものは見当たらないよね。

問題❶の解答　▶　❶　美しい　　❷　形容詞はない

でも，中学1年の形容詞（☞ Lesson 9）で，英語の形容詞は日本語訳が「～い；～な」で終わらなくても形容詞と考えていいと言ったのを覚えているかな。たとえば「たくさんの本」は many books だね。ここでは名詞 books を説明している many「たくさんの」が形容詞というわけだ。

それと同じように考えると，❷は，「あなたに見せるための」が形容詞のカタマリに相当し，名詞「写真」を説明していると考えることができる。「どんな写真？」と考えて，「どんな」にあたる部分は英語ではすべて形容詞と判断していいんだよ。日本語の形容詞のように未然形・連用形……などと活用形があるわけじゃないから，慣れてくると英語のほうが楽かもしれないね。

1 名詞を説明する形容詞用法不定詞のルール

じつは，問題❶には形容詞用法不定詞を使って書ける文が入っていたんだ。不定詞の形は〈to ＋動詞の原形〉だったね。これを形容詞のように日本語に直すと，「～するための；～するべき」というような訳になるんだ。

こう考えると，先ほどの問題❶の❷の中に，形容詞用法不定詞になりそうな部分が見つけられないかな，マメ君？

- 彼女はあなたに見せるための写真をいくつか持っています。

はい。あっ，さっきやった「あなたに見せるための」がまるまる形容詞用法不定詞の部分ですね。

そう，そのとおりだ。じゃあ，これを英語にしてみようか。

ちょっとヒントをあげよう。she が主語，has「持っている」が他動詞，some pictures「いくつかの写真」が目的語で，文の骨組みは完成するよ。あとは，「～するための」の部分である形容詞用法不定詞を〈to＋動詞の原形〉で書けばいいんだよ。

> 長い文になりそうで自信ない
> けど，やってみます。「見せる」
> は show ですよね。She has
> to show you some pictures.
> だと思いますが……。

う～ん。おしい，おしい。使うべき単語はまちがいなくすべてそろっているよ。ただ，語順がちがってしまったね。ちょっと次にあげるルールを見てくれるかな？

⚠ ポイント　名詞を説明する形容詞のルール

● 形容詞が１語のとき➡形容詞を名詞の前に置く

〈[[１語の形容詞]]＋名詞〉

説明

● 形容詞が２語以上のカタマリのとき➡形容詞を名詞の直後に置く

〈名詞＋[[２語以上の形容詞のカタマリ]]〉

説明

[注]　[to＋動詞の原形]の形容詞用法不定詞も「２語以上の形容詞」に入る。

これを踏まえて，もう一度考えてみよう。どうかな？

わかりました。2語以上になる形容詞「あなたに見せるための」を名詞「写真」のうしろに回せばいいんですね。She has some pictures to show you. でどうですか。

大正解！ よくできました。形容詞を不定詞〈to＋動詞の原形〉で書くということは，すでに「to」と「動詞の原形」だけで2語以上になるわけだから，名詞のうしろに回るしかないんだね。

形容詞用法不定詞の形と訳し方をまとめておくよ。

 ポイント 形容詞用法不定詞の形と訳

- 〈名詞＋[to＋動詞の原形 ～]〉「～するための…；～するべき…」
  ↑└─ 説明

---

2 形容詞用法不定詞が現れる場所

形容詞用法不定詞のルールがわかったところで，今度は英文のどこに出現するのかを見ていこう。形容詞用法不定詞は名詞のすぐあとに置かれることを勉強したね。だったら，名詞が文中のどこにあるかを考えれば，自然とわかるね。

---

❶ The work [to do today] is hard to me. ＊hard：困難な；やっかいな
「[今日するべき] 仕事は私にとってつらいものです」

❷ I have a lot of work [to do today].
「私には [今日するべき] 仕事がたくさんあります」

【　　】に囲まれた to do today の部分が形容詞用法不定詞だね。

❶は The work が主語，それをうしろから形容詞用法不定詞で説明しているんだね。主語のあと（動詞 is の前）に置かれているね。

そして❷は，a lot of work が文中の目的語になっているのはいいかな。〈S＋V＋O〉の形で，ひとまずそこまでで文の形は整っているね。a lot of work をうしろから形容詞用法不定詞で説明している，と考えればいいね。つまり，文末の名詞のうしろに形容詞用法不定詞があるというわけだ。

❶・❷の両方とも【to do today】は文の要素には関係のない修飾語であることが改めて確認できたね。

- 形容詞用法不定詞が現れる場所
  - 〈S＋【to＋動詞の原形 ～】＋V.〉：SとVのあいだ
    「【～するための[～するべき]】SはVする」
  - 〈S＋V＋O＋【to＋動詞の原形 ～】.〉：文末の名詞のうしろ
    「Sは【～するための[～するべき]】OをVする」

形容詞用法不定詞
は，定期テストや入試
によく出題されるよ。

中学1年

中学2年

中学3年

副詞用法不定詞‥‥‥‥‥‥‥‥‥‥‥‥‥‥‥

それでは，カメレオンみたいな不定詞の最後の用法，<ruby>副詞用法不定詞<rt>ふくしようほうふていし</rt></ruby>のお話だよ。

もう名詞・形容詞・副詞といわれてもそんなに拒否反応はないかな？英語の文法用語は慣れだから，日常的に口から出るようになったら英語力は相当ついているはずだよ。

では，あらためて，副詞とは何だったっけ，みぃちゃん？

先生，その質問はもう2回目です。さっきはノートで確認しないと言えなかったけど，もう大丈夫です。副詞は動詞・形容詞・副詞を説明する語句です。

おっ，この質問が2回目だと気づいていたんだね。ちゃんと覚えてくれたらそれでOKだ。

では，副詞用法不定詞の2語以上のカタマリはどんな意味をもち，どんな場所にあるのかを見てみよう。

以下，副詞にあたる部分を（　　）で囲んで示すよ。

副詞用法不定詞には，次の2つの用法があるよ。

1　目的を表す副詞用法不定詞

まずはじめに，動詞を修飾して「〜するために」という目的を表す用法だ。

例文を見てみよう。

❶ She <u>went</u> to U. K. (to study English).

```
      ↑──────説明──────┘
```

＊ U. K. : (the United Kingdom の略) イギリス

「彼女は**(**英語を勉強するために**)** イギリスへ行きました」

❷ Mike <u>got up</u> early (to watch the news).　＊ news : ニュース

```
      ↑──────説明──────┘
```

「マイクは**(**ニュースを見るために**)** 早く起きました」

　❶の文は She went to U. K. で文の形は成り立っているね。She が主語，went が自動詞，to U. K. は〈前置詞＋名詞〉のセットで動詞を説明する副詞。つまり第1文型の文だね。文の最後に新たに〈to ＋ 動詞の原形〉が入ったとしても，<u>副詞は文の要素ではないので，第1文型のままかわりないね</u>。また，なんで to study English が「英語を勉強するために」という意味になるのかを考えてみよう。

　マメ君，この文で「彼女がイギリスに行った」のはなぜだろうね？

> はい。「英語を勉強するため」です。あっ，わかりました。この to study English は「イギリスに行った」目的なんですね。

　だよね。人は何かの目的があるから行動するわけで，無意識にイギリスに行ったりしないよね。

　私も中学生のときに，なんでこの副詞用法不定詞の意味が「〜するために」になるのかを学校の先生に質問したことがあるんだ。そうしたら，なんて答えてくれたと思う？「決まりだから覚えろ！」だってさ。その先生は，英語の勉強をするときに思考することをやめて暗記だけしてきたんだろうね。

中学1年

中学2年

中学3年

　それでは，❷も同じように考えてみよう。Mike が主語，got up は
セットで自動詞，early は副詞だね。文はいったんここで終わることが
できるよね。そのあとに続く to watch the news は，動詞 got up の動作
の目的（ニュースを見るために）を表しているんだ。動詞 got up を説
明する副詞用法不定詞ということだね。

　　　　　　　　先生，❶で質問があります。She went
　　　　　　　　to U. K. (to study English). の文で，
　　　　　　　　to study English が直前の名詞 U. K. を
　　　　　　　　説明していると考えて，「彼女は英語を勉
　　　　　　　　強するためのイギリスに行きました」と
　　　　　　　　いう意味にもなりませんか？

　なるほどね。たしかに同じ修飾語としてとらえるなら，形容詞と考え
てしまう可能性もあるね。でも，よーくこの文を見てごらん。みぃちゃ
んの訳した意味だと，「イギリス」は「英語を勉強するため」にだけ存
在している国になってしまうね。その国では，いろいろな人がふつうの
暮らし（勉強したり，働いたり，遊んだり，食事をしたり）をしている
はず。だから，この日本語がおかしいことに気づくね。

　　　　　なるほど。たしかにそう
　　　　　ですね。おかしな文です。
　　　　　ことばって難しいんですね。

　さあ，「目的」の意味をもつ副詞用法不定詞を理解してくれたところ
で，ポイントにまとめてみよう。

ポイント 目的を表す副詞用法不定詞

- 〈S + V ...**(to + 動詞の原形 〜).**〉
  　　　　　↑_____説明_____

「S は**(〜するために)** V する」

　注　この場合，動作を表す動詞がよく使われる。

2　感情の原因を表す副詞用法不定詞

　2つ目は，「感情を表す形容詞」を説明して，「〜して…；〜したので…」という**感情の原因を表す**用法だよ。

　副詞用法不定詞にはまだまだたくさんの用法があるんだけど，それは中学3年になってから学習するので，楽しみに待っててちょうだい。

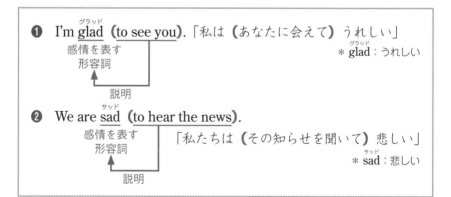

❶ I'm glad (to see you).「私は**(あなたに会えて)** うれしい」
　　感情を表す　　　　　　　　　　　　　　＊ glad：うれしい
　　形容詞
　　　　　　説明

❷ We are sad (to hear the news).
　　感情を表す　　　　「私たちは**(その知らせを聞いて)** 悲しい」
　　形容詞　　　　　　　　　　　　　　　　＊ sad：悲しい
　　　　　　説明

　❶の to see you がなぜ副詞用法不定詞なのか，考えてみよう。まず，I'm glad. が〈S + V + C〉の文型で，これだけで文が成立しているということ。つまりあとに続く to see you は文型の要素ではないんだね。そして，to see you は直前に名詞があれば形容詞用法不定詞の可能性もあるけど，直前にあるのは形容詞 glad「うれしい」だね。そうすると，形容詞を修飾する不定詞，つまり**副詞用法不定詞**としか考えられないん

だ。さらに，「私がうれしい」のはなぜだろう。そう，「あなたに会えたから」だよね。これは「人の感情の原因」の意味を表す副詞用法不定詞だ。

　次に❷もやってしまおう。We are sad. までで〈S＋V＋C〉の文。形容詞 sad「悲しい」の原因は？　副詞用法不定詞 to hear the news「その知らせを聞いたから」で「人の感情の原因」になるよね。

　〈S＋V＋C〉のCの感情を表す形容詞はそんなに数は多くないから，まとめておこう。

　また，感情の形容詞が入った文の主語になるのは人間しかないよね。これも覚えておこう。

 ポイント　感情の原因を表す副詞用法不定詞

● 〈S（人）＋ be 動詞＋感情を表す形容詞＋(to ＋ 動詞の原形 ～).〉
　「S（人）は (～して[～なので]) …(形容詞)だ」

　注　感情を表す形容詞には，以下のようなものがある。
　　happy / glad　「うれしい」
　　sad　　　　　「悲しい」
　　sorry　　　　「残念だ；すまなく思って」
　　surprised　　「驚いた」など。

　前後関係や文型を意識して，不定詞の3つの用法（名詞用法不定詞，形容詞用法不定詞，副詞用法不定詞）のはたらきや意味をしっかり区別していこう。

実 践 問 題

Disk 2 : 05 〜 07 / DL : 19-1 〜 19-3

1 次の文の不定詞の用法を❶〜❸から選び, 文の意味を日本語で書きなさい。

(1) She came to see me yesterday.

(2) I want to buy a new car.

(3) Mr. Brown was very happy to see her.

(4) It began to rain in the night.

(5) He has a lot of homework to do every day.

❶ 名詞用法　　❷ 形容詞用法　　❸ 副詞用法

2 次の日本文にあうように, (　　)内の語(句)を並べかえなさい。

(1) 私には住む家がありません。

(no / live / I / house / have / to / in).

(2) 英語を習得(マスター)することはとても難しい。

(difficult / is / to / English / very / master).

　　　　　　　　　　　　　　　　　　　　　　　マスター
　　　　　　　　　　　　　　　　　＊ master : 〜を習得する

(3) 私はテニスをするために公園に行きました。

(went / tennis / I / to / play / to / the park).

3 次の日本文にあうように, (　　)内に適する語を書きなさい。

(1) 私は何か冷たい飲み物が欲しい。

I want (　　) cold (　　) (　　).

(2) あなたは写真を撮るのが好きですか。

(　　) you (　　) (　　) take pictures?

解説

1

(1)　「彼女は来た」で，その目的が「私に会うために」なので，目的の意味を表す<u>副詞用法不定詞</u>でいいね。

(2)　動詞 want は「～を欲する；～がほしい」という意味の他動詞だね。うしろに目的を表す名詞を置かないと文が成立しないね。**to buy a new car** を名詞のカタマリと考え，「新しい車を買うこと」が目的語のはたらきをする<u>名詞用法不定詞</u>となる。

(3)　人が主語で be 動詞のうしろには感情を表す形容詞 happy があるのに気づいてほしい。不定詞 **to see her** は「彼女に会えて」と訳し，形容詞 happy という感情の原因を表す<u>副詞用法不定詞</u>だね。

(4)　began は動詞 begin の過去形。begin は自動詞としても他動詞としても使われるよ。自動詞ならば「～（主語）が始まる」，他動詞ならば「～（目的語）を始める」と考える。

　文頭の It は天候を表す文の主語で，「それは～」と訳してはいけないよ。この文は，不定詞 **to rain in the night** を「夜に雨が降ること」，動詞 began を「始めた」と考えるとつじつまが合いそうだね。**to rain in the night** は目的語になる<u>名詞用法不定詞</u>と考えよう。

　また，begin to ～「～し始める」の〈to ＋ 動詞の原形〉は<u>名詞用法不定詞</u>である，と覚えておいてもいいね。

(5)　He が主語，has が他動詞，a lot of homework が目的語で「彼にはたくさんの宿題がある」と完結している〈S ＋ V ＋ O〉の文。

　すると，うしろの **to do every day** は文型の要素に関係のない形容詞か副詞になる。形容詞用法だと「毎日するべき宿題」と直前の名詞 homework を説明し，副詞用法だと「毎日するためにもっている」と

動詞 has を説明することになるね。「毎日するためにもっている」は
おかしな日本語なので，これは**形容詞用法不定詞**だね。

2

(1) 「私には住む家がありません」は「私は住むための家をもっていま
せん」と言いかえる。「住むための」は，名詞「家」を説明する**形容
詞用法不定詞**と考えればいい。「〜がない」という表現は〈no + 名
詞〉で表せるよ。つまり，I have no house to live in. と書けば正解。
　　ここで，文末が前置詞 in で終わっていることに注目！　これは本来
to live in a house の名詞 a house が，不定詞のカタマリによって説明
されるために to の前に出ていったと考えれば納得がいくね。

(2) 「〜することは」と事柄を表す名詞のカタマリが主語になりそうだ
ね。「英語を習得すること」全体が**名詞用法不定詞**となっていると考
えよう。be 動詞を使って，〈S + V + C〉の文が書けるね。

(3) 「テニスをするために」の部分は，動詞「行きました」を説明する
副詞用法不定詞で書けそうだね。「私は公園に行きました」のうしろ
に不定詞の「テニスをするために」を置けば正解。

3

(1)　さあ，マメ君，たのむよ。

はい。動詞 want は他動詞だか
ら，うしろには目的語の名詞がく
るはず。日本語の中から目的語を
さがすと「飲み物」ですね。でも
「飲み物」っていう名詞は英語でど
う書いたらいいか，わかりません。

「物」は，肯定文では **something**，疑問文・否定文では **anything** となる。この文は肯定文だから something でいいよ。じゃあ，あとはどうしたらいい？

はい。他動詞 want のうしろには目的語がくるので，「何か」にあたる something を置きます。だけど，不定詞で表せばいいと思える表現が日本文の中にない気がするんですが……。

「何か飲み物」➡「何か飲むためのもの」というふうに考えたら？

そうか，わかりました！
「何か飲むためのもの」なら形容詞用法不定詞で表せます。そうすると，something のうしろに不定詞 to drink を置けばいいんですね。

そのとおり！ 正解だよ。

でも先生，どうしてこの文は I want cold something to drink. と書けないんですか。cold「冷たい」は 1 語の形容詞だから，something の前に置くべきだと思うんですが。

　じつは，**-thing** で終わる代名詞の場合，1 語の形容詞もうしろに置くという決まりがあるんだ。

(2)　それではみぃちゃん，次にいこう。

> 他動詞 like を使えばよさそうです。「写真を撮ることが好き」と言いかえれば名詞用法不定詞で書けますね。Do you like to take pictures? で大丈夫でしょうか？

　パーフェクトだよ。最後に決めてくれたね！

解答

1　(1)　❸　彼女は昨日，私に会いに来ました（＝会うために来ました）。

　　(2)　❶　私は新しい車を買いたい。

　　(3)　❸　ブラウンさんは彼女に会えてとても幸せでした。

　　(4)　❶　夜に雨が降り出しました。

　　(5)　❷　彼は毎日しなければならない宿題がたくさんあります。

2　(1)　I have no house to live in (.)

　　(2)　To master English is very difficult (.)

　　(3)　I went to the park to play tennis (.)

3　(1)　something, to drink　　(2)　Do, like to

動 名 詞

I 動名詞の性質 ……………………………………………

　今回の動名詞は，不定詞に続いて，中学2年の学習のヤマ場その2だよ。入試にメチャクチャ出題されるところだから，がんばっていこうね。期待しているよ。

　動名詞は，動詞の -ing 形で表し，名詞のはたらきをするんだ。動名詞という名前は，とてもすっきりしたネーミングだね。動詞に -ing をつけることで名詞にかわってしまうわけだからね。

　また，動詞を「事柄」を表す名詞にかえるわけだから，訳し方は「～すること」。たとえば，walk「歩く」なら walking は「歩くこと」になり，play the piano「ピアノを演奏する」なら playing the piano は「ピアノを演奏すること」のようになるんだ。気がついたかな？　名詞用法不定詞と同じなんだね。

　動名詞は名詞のはたらきをするんだから，文中のどこに置かれるかな？　そう，主語(S)，補語(C)，目的語(O) だね。名詞用法不定詞と同じところに置くことができるんだ。

ポイント　動名詞の性質と形

- 動詞の -ing 形で表し，動詞から変化して文中で名詞のはたらきをする。
- -ing のつけ方は進行形の場合と同じ（☞ p.73）。

中学1年

中学2年

中学3年

Ⅱ ▶ 主語になる動名詞 ·····

・主語(S)になる動名詞

❶ ＜English＞ is difficult. 「＜英語＞は難しい」
　　 1語のS　　 V　 C

　　　　　↓動名詞 learning を加える

❷ ＜Learning English＞ is difficult.
　　 カタマリのS　　　 V　 C

　「＜英語を学ぶこと＞は難しい」

---

　❶では English という名詞 1 語が主語だね。❷では Learning English と動名詞が導く名詞のカタマリが主語になっているよね。これは，名詞用法不定詞の例文で扱ったもの（☞ p.320）とほぼ同じ内容の文と考えていいよ。

　いきなりだけど，ここで問題。マメ君，やってみようか。

問題❶ ▶ 次の(　　)内に入る be 動詞を言いなさい。

Taking pictures (　　) a lot of fun.
　　　　　　　　　　　　　　名詞「楽しみ」

「写真を撮ることはとても楽しいことです」

　えーと，主語は動名詞の Taking pictures ですね。名詞の複数形 pictures があるので，be 動詞は are ですね。

　残念……。動詞の直前の pictures にだけ目が行くと，そう答えてしまうね。

　さっき，動名詞は「～すること」という事柄を表すと説明したよね。事柄は 3 人称・単数扱いされるんだ。つまり be 動詞は，現在の文ならば is，過去の文ならば was。

　名詞用法不定詞でも同じだよ。動名詞 taking pictures でも不定詞 to take pictures でも 3 人称・単数扱いだよ。

　　ああ，そうか。問題❶ の文の主語は pictures ではなく，Taking pictures ですよね。

　そうだね。直前の語だけを見ていると，こういうまちがいをしてしまうよ。

問題❶ の解答 ▶　　is

 ポイント　動名詞の性質と形

● 〈＜動詞の -ing 形 ～＞＋ be 動詞 —.〉
　　　3 人称単数の S　　　(is / was)

「＜～することは＞—だ［だった］」

be 動詞は，現在の文 ➡ is，過去の文 ➡ was

Ⅲ　補語になる動名詞

● 補語(C)になる動名詞

❶　<u>My hobby</u> <u>is</u> ＜baseball＞.　「私の趣味は＜野球＞です」
　　　　S　　　　V　　１語の C

　　　　　　　　　　↓　動名詞 playing を加えてカタマリの C に

❷　<u>My hobby</u> <u>is</u> ＜playing baseball＞.
　　　　S　　　　V　　　カタマリの C

「私の趣味は＜野球をすること＞です」

---

❶の baseball は名詞１語で be 動詞の補語。❷では playing baseball という動名詞が導く名詞のカタマリが be 動詞の補語になっているよ。補語なのだから，当然 be 動詞のうしろに置かれるね。

ポイント　補語(C)になる動名詞

● 〈S ＋ be 動詞＋＜<u>動詞の -ing 形 ～</u>＞.〉「S は＜～すること＞だ」
　　　　　　　　　　　カタマリの C

それではここで，見た目はとても似ているんだけどまったくちがう用法の文を見てみよう。

---

❶　My hobby　is　playing the piano.
❷　He　　　　is　playing the piano.

みぃちゃん，すごく似ている文だけど，ちがいはわかるかな。両方ともすでに学習している文だよ。

はい。❶の playing the piano は先ほどやった動名詞で，「私の趣味はピアノをひくことです」という文。❷は中学1年のときにやった〈be動詞＋動詞の -ing 形〉の現在進行形の文（☞ Lesson 4）です。「彼はピアノをひいています」という意味です。動名詞だとかんちがいして，「彼はピアノをひくことです」なんて訳したらヘンですよね。

そのとおりだよ，よく気づいたね。

補語になる動名詞と進行形はともに〈be動詞＋動詞の -ing 形〉で書かれているよね。

それでは，どうやって区別したらいいのかな？

みぃちゃんが今やってくれたように，訳してみて文脈で判断するしかないんだ。本当は明確な区別の仕方があるんだけど，今は文脈の流れで判断しておこう。

 ポイント 〈S ＋ be動詞＋動詞の -ing 形〉の文

- 〈S ＋ be動詞＋動詞の -ing 形 〜.〉
- 動詞の -ing 形が
  - 動名詞の場合 ➡「Sは〜することだ［だった］」
  - 進行形の場合 ➡「Sは〜している［していた］」

　注　文脈の流れで判断する。

目的語になる動名詞 ················

- ●目的語（O）になる動名詞
  ❶ <u>I</u> <u>like</u> <<u>baseball</u>>.　「私は<野球>が好きです」
  　 S　V　　1 語の O
  　　　　　　↓ 動名詞 playing を加えてカタマリの O に
  ❷ <u>I</u> <u>like</u> <<u>playing baseball</u>>.
  　 S　V　　　カタマリの O　「私は<野球をすること>が好きです」

---

❶の baseball は名詞 1 語で他動詞 like の目的語，❷では playing baseball という動名詞が導く名詞のカタマリが他動詞 like の目的語だね。

Lesson 19 で，他動詞 like の目的語になる不定詞を学んだね。それと同じように動名詞も目的語として使うことができるんだ。意味は不定詞のときとほぼ同じで，「~**すること**」だよ。

ただし，他動詞の種類によっては目的語に不定詞を使えないものがあったね (☞ p.322)。そのかわり動名詞を目的語として使うことができるんだ。目的語に不定詞を使う動詞か，動名詞を使う動詞かは，それぞれ個別に覚えていくしかないよ。次にまとめてみよう。

- ●目的語として不定詞を置く動詞，動名詞を置く動詞
  - ●目的語として不定詞は置けるが，動名詞は置けない動詞

　　〈S + V +｛ **to** ~ （不定詞）（○），
　　　　　　　-ing （動名詞）（×）｝〉

　　want[hope] to ~　「~したい」

　　decide to ~　　　「~しようと決める」

　　plan to ~　　　　「~することを計画する」

　　learn to ~　　　　「~するようになる」

中学1年
中学2年
中学3年

- 目的語として動名詞は置けるが，不定詞は置けない動詞

$$\langle S + V + \begin{cases} \text{-ing} \quad （動名詞）（\bigcirc） \\ \text{to} \sim （不定詞）（\times） \end{cases} \rangle$$

　　enjoy -ing 　「～するのを楽しむ」

　　give up -ing 「～するのをあきらめる」

　　finish -ing 　「～するのを終わらせる」

　　　　＊ give up：～をあきらめる　　finish：終わる；～を終える

　　stop -ing 　　「～するのをやめる」

- 目的語として不定詞も動名詞も置ける動詞

$$\langle S + V + \begin{cases} \text{to} \sim （不定詞）（\bigcirc） \\ \text{-ing} \quad （動名詞）（\bigcirc） \end{cases} \rangle$$

　　like to ～ / like -ing 　　「～するのが好きだ」

　　start to ～ / start -ing 　「～し始める」

　　begin to ～ / begin -ing 「～し始める」

　　love to ～ / love -ing 　　「～するのが大好きだ」

- 目的語として不定詞も動名詞も置けない動詞

$$\langle S + V + \begin{cases} \text{to} \sim （不定詞）（\times） \\ \text{-ing} \quad （動名詞）（\times） \end{cases} \rangle$$

　　give / say / write などのほとんどの動詞は，目的語として
　　不定詞も動名詞も置けない。

英語って本当にたくさん
決まりがあるんですね。

中学1年

中学2年

中学3年

　決まりがたくさんあってたいへんだけど，とにかく問題をたくさん解いて反射神経で答えられるようになろう！

　では，ここで問題だ。マメ君やってみようか。

問題❷ ▶ 次の文の意味を日本語で言いなさい。

❶ She stopped talking with her friends.　　　　　　＊ talk：話す

❷ She stopped to talk with her friends.

　はい。stop は目的語として動名詞を置ける他動詞なので，❶は訳せそうです。文末の with her friends は「友達と」でいいですよね。そうすると，「彼女は友達と話すのをやめました」になりそうです。❷は stopped のあとに不定詞が置かれているから，ルール違反ですよね。

　たしかにマメ君の言うとおり，動詞 stop は目的語に動名詞しか置けないから，❷の文はまちがいの文のように見えるね。

　でもね，じつは動詞 stop には自動詞も他動詞も両方存在するんだ。動詞 stop について，**Lesson 18**（☞ p.297）で説明したのを覚えているかな。

---

❶ He stopped at the corner. 「彼は角で(立ち)止まりました」

❷ He stopped the taxi at the corner.

　　　　　　　　「彼は角でタクシーを止めました」

　これらの文だったね。❶の stopped のうしろにあるのは〈前置詞＋名

詞〉の副詞で，目的語はないね。つまりこの動詞は**自動詞**で，「**立ち止まる**」という意味を表している。一方，❷の stopped はうしろに主語の動作の相手である目的語 the taxi があるから**他動詞**だとわかる。だから「**〜を止める**」という意味なんだ。

　だから，**stop** という動詞に出合ったら，**目的語があるなら他動詞「〜をやめる」，目的語がなかったら自動詞「立ち止まる」**と判断すればいいんだ。

　さて，この考え方を 問題❷ にあてはめてみよう。

> 　先生，僕，わかっちゃいました。❶の stopped は，名詞のはたらきをする動名詞 talking が目的語として使われている他動詞で，❷の stopped は自動詞。うしろの to talk with her friends はカタマリの副詞用法不定詞だと思います。つまり目的を表す副詞用法不定詞で，「友達と話すために立ち止まりました」と考えればいいですね。まさか，ここで副詞用法不定詞が出てくるなんて予想しませんでした。

すばらしい！

　マメ君，今キミは論理的思考をフルに発揮してしゃべっていることに自分で気づいていないだろう。ステキすぎるよ！

問題❷ **の解答** ▶ 　❶　彼女は友達と話すのをやめました。
　　　　　　　　　　❷　彼女は友達と話すために立ち止まりました。

V 前置詞の目的語になる動名詞 ·············

●前置詞の目的語(O)になる動名詞

❶ She is fond of <cakes>.「彼女は<ケーキ>が好きです」
　S　　熟語V　　1語のO

　　　　　　　　⬇ 動名詞 making を加えてカタマリのO に

❷ She is fond of <making cakes>.　＊ be fond of 〜：〜が好きだ
　S　　熟語V　　　カタマリのO

「彼女は<ケーキをつくること>が好きです」

　前置詞のうしろには名詞がくるが，その名詞を**前置詞の目的語**と呼ぶんだ。基本的に英文は前置詞のところでピリオドを打てないので，この名詞はピリオドを打つための目的語と考える。他動詞の目的語と同じように。

　そうすると，上の例文では，前置詞 of のうしろに，❶は名詞のcakes，❷は動名詞の making cakes が目的語として置かれているということになる。動名詞は前置詞の目的語としても使われるんだ。

　be fond of 〜 は「〜が好きだ」の意味で，他動詞 like とほぼ同じ意味を表すよ。*be* fond of 〜 のように複数の語句が組み合わさって1つの意味を表すものを**熟語**（イディオム，**idiom**）というよ。

●いろいろな熟語（前置詞のあとには名詞，動名詞などが置かれる）

● *be* **good at** 〜「〜が[〜するのが]得意だ[じょうずだ]」

● *be* **looking forward to** 〜「〜を[〜するのを]楽しみに待っている」
　注　この to は不定詞の to ではなく前置詞の to。

● *be* **fond of** 〜　　　　「〜が[〜するのが]好きだ」

● **think of** 〜　　　　　「〜のことを[〜することを]考える」

● *be* **interested in** 〜「〜に[〜することに]興味がある」

● **Thank you for** 〜.「〜を[〜してくれて]ありがとう」

次のような〈前置詞＋動名詞〉の形はよく使われるので，覚えておくといいね。

- よく使われる〈前置詞＋動名詞〉
  - **without** -ing 「～しないで；～せずに」　　*without：～なしで _{ウィザウト}
  - **before** -ing 「～する前に」
  - **after** -ing 「～したあとで」
  - **by** -ing 「～することによって」
  - **for** -ing 「～するために」

でも先生，前置詞のうしろに目的語として動名詞が置けるなら，名詞用法不定詞を置いてもいいんじゃないですか？

するどいご指摘ありがとう。たしかにそう考えてもおかしくなさそうだね。でも，前置詞の目的語としては1語の名詞と動名詞しか使えないんだ。ここは気をつけて覚えておこうね。

to という前置詞があるね。前置詞のうしろに不定詞を置いてもいいなら，〈to ＋ to ＋ 動詞の原形〉という形も可能になってしまう。これは形として，どう考えてもヘンだよね。

 ポイント 前置詞のうしろに置ける語句

- **前置詞のうしろの名詞** ➡「前置詞の目的語」と呼ぶ
- **前置詞の目的語** ➡ 名詞か動名詞を使う
  - 注 名詞用法不定詞は前置詞の目的語にはなれない。

実 践 問 題

Disk 2 : 08 ～ 11 ／ DL : 20-1 ～ 20-4

1　次の文の意味を日本語で書きなさい。

(1)　We enjoyed listening to music.

(2)　He is good at playing the guitar.

(3)　Helping my mother is a lot of fun.
＊ fun：楽しみ

(4)　The girls stopped to swim in the sea.

(5)　The girls stopped swimming in the sea.

2　次の文の（　　）内の語を適する形にしなさい。

(1)　I have a lot of things (do) today.
＊ thing：もの：こと

(2)　I want (buy) a new bag.

(3)　He must finish (clean) his room.
＊ clean：〜を掃除する

(4)　John was glad (see) his old friends.

(5)　Mika was (sleep) in the bed then.

3　次の各組の文がほぼ同じ意味になるように，（　　）内に適する語を書きなさい。

(1)　$\begin{cases} \text{He is good at playing soccer.} \\ \text{= He (　　　) soccer (　　　).} \end{cases}$

(2)　$\begin{cases} \text{I am fond of going to the movies.} \\ \text{= I (　　　) going to the movies.} \end{cases}$

＊ movie：映画

(3)　$\begin{cases} \text{To see is to believe.} \\ \text{= (　　　) is (　　　).} \end{cases}$
＊ believe：信じる

4 次の日本文にあうように，（　　）内の語(句)を並べかえなさい。

(1) 私はその日，彼の家をさがすことをあきらめなければなりませんでした。

(give up / that day / I / to / for / his house / had / looking).

(2) 英語で手紙を書くことは簡単ではありません。

(easy / writing / in / a letter / is / English / not).

解説

1

(1) enjoyed は他動詞 enjoy の過去形だね。「～を楽しんだ」と訳せる。目的語の動名詞 listening to ～ は「～を聴くこと」という意味だ。listen to ～はよく出てくるので覚えておこう。

(2) 熟語の *be good at -ing* を覚えているかな？「～するのが得意だ[じょうずだ]」という意味だね。動名詞 playing は前置詞 at の目的語だよ。

(3) 動詞 is の前まで，つまり Helping my mother が主語。主語になる動名詞は「～することは」と訳せるね。

(4)・(5) 動詞 stop のうしろが不定詞か動名詞かで意味がまったく異なるよ。(4)の不定詞 to swim in the sea は「目的」を表す副詞用法不定詞だから，「～するために」という意味だね。このときの stop は自動詞で「立ち止まる」の意味。(5)は動詞 stop のうしろに動名詞 swimming in the sea があるよ。これは動詞の目的語だから，「～することを」という意味になるよ。このときの stop は他動詞で「～をやめる」の意味。

2

(1) 何文型かをしっかり考えないと引っかかりそうだね。I が主語（S），have が他動詞（V），a lot of things が目的語（O）だから，〈S ＋ V ＋ O〉の文。そのうしろの修飾語は形容詞で，「今日するべき」という意味で名詞 things「こと」を説明する。

　　和訳「私には今日するべきたくさんのことがあります」

(2) 動詞 want に注目。これは他動詞で，目的語には不定詞と動名詞のどちらがくるかな。そう，<u>**want to ～**</u> で「**～したい**」という意味だね。

　　和訳「私は新しいカバンを買いたい」

(3) 動詞 finish に注目。<u>他動詞 finish は目的語に動名詞しか置けなかった</u>よね。**finish -ing** で「**～することを終わらせる**」。

　　和訳「彼は自分の部屋を掃除し終えなければなりません」

(4) 動詞 was と形容詞 glad「うれしい」に注目。〈S ＋ V ＋ C〉の文で，C には感情を表す形容詞 glad があるね。「～してうれしい」は<u>副詞用法不定詞</u>で表すんだったね。

　　和訳「ジョンは古い友達に会えてうれしかった」

(5) sleep を不定詞や動名詞にしたら「ミカはそのときベッドで寝ることでした」なんて意味不明な内容になってしまう。これは**過去進行形**の文だよ。sleeping が答えだけれど，これは**動名詞ではなく現在分詞**。

　　和訳「ミカはそのときベッドで寝ていました」

3

(1) 熟語の *be good at ～* は「～するのがじょうずだ」の意味。「サッカーをするのがじょうずだ」＝「じょうずにサッカーをする」と考える。

　　和訳「彼はサッカーをするのがじょうずです」
　　　　＝「彼はじょうずにサッカーをします」

(2)　*be fond of* 〜は「〜が好きだ」。これを 1 語の動詞で表すと？
　　🈡🈩「私は映画を見に行くことが好きです」

(3)　これはことわざ。「見ることは信じること」＝「百聞は一見にしかず」
　　という意味だね。問題文の主語と補語には**名詞用法不定詞**が使われて
　　いるね。**動名詞も主語と補語になれる**のだから，to see ➡ seeing，to
　　believe ➡ believing と考えれば OK だね。

4

(1)　それでは，マメ君にやってもらおう。

　　　はい。「〜しなければなりませんでした」は 〈had
　to ＋ 動詞の原形〉。これに「あきらめる」をくっ
　つけると，had to give up だと思います。「彼の
　家をさがす」は look for his house ですね。熟
　語の give up は目的語に動名詞のみを置くので，
　looking があります。I had to give up looking
　for his house that day. でいいですか？

マメ君，ブラボーです。もう英語の先生になってもいいよ。

(2)　それでは，みぃちゃんにお願いしよう。

> はい。「英語で手紙を書くこと」は
> カタマリの主語です。主語には動名詞
> も名詞用法不定詞も置けるけど，語群
> には動名詞 writing があります。「英語
> で」は in English ですよね。Writing
> a letter in English is not easy. だと
> 思います。

みぃちゃんも同じくブラボーです。2 人ともよくできたね。

解答

1 (1)　私たちは音楽を聴くことを楽しみました。

　　　　（＝音楽を聴いて楽しみました）

　　(2)　彼はギターをひくのが得意です。

　　(3)　私の母親を手伝うことはとても楽しい。

　　(4)　女の子たちは海で泳ぐために立ち止まりました。

　　(5)　女の子たちは海で泳ぐのをやめました。

2 (1)　to do　　(2)　to buy　　(3)　cleaning　　(4)　to see

　　(5)　sleeping

3 (1)　plays, well　　(2)　like[love]　　(3)　Seeing, believing

4 (1)　I had to give up looking for his house that day (.)

　　　　/ That day I had to give up looking for his house (.)

　　(2)　Writing a letter in English is not easy (.)

受　動　態

I ▶ 受動態の意味とつくり方 ･･･････････････････

1 受動態の意味

　受動態なんて，はじめて耳にすると思うけど，いったいどういうものなのか，じっくり学んでいこうね。

　たとえば，次の変換を見てみよう。

---

❶ 「彼はその柴犬を飼っています」

❷ 「その柴犬は彼に飼われています」

　この❷の文を**受動態**（**受け身形**）というんだ。ちなみに，❶のような文は**能動態**だよ。つまり今まで習ってきたすべての文は能動態だったというわけだね。

　では，この日本語の変換で，どんなことがわかるかな？

　能動態の文と受動態の文では，主人公（主語）が入れかわっているね。❶は「彼」，❷は「その柴犬」が主語になっている。「彼」を中心に述べているか，「その柴犬」を中心に述べているか，という点が大きなちがいだよ。❶は動作をするほう（彼）を主語にして，「〜は…**する**」という文になっているね。それに対して，❷は動作をされるほう（その柴犬）を主語にして，「〜は…**される**」という文になっているね。

　能動態と受動態のちがいがわかったかな？

　でも，たとえ主人公（主語）が入れかわっても，文が表している内容は同じだね。

中学1年

中学2年

中学3年

 ポイント　能動態と受動態

- **能動態**➡主語は動作をするほう　「〜は…する」
- **受動態**➡主語は動作をされるほう「〜は…される」
  （受け身形）

　注　主人公（主語）がかわるだけで，文の内容は同じ。

---

❷　受動態のつくり方

　英語の受動態の文は〈S＋be動詞＋過去分詞〈か こぶんし〉 〜.〉。

「過去分詞って？」と思った人もいると思うけど，ここで初登場だよ。動詞の過去形と同様に覚えるのがめんどうなんだけど，これからいろんな場面で登場してくるからね。

　be動詞や一般動詞の現在形と過去形をがんばって練習したよね。それにこの過去分詞を付け加えてセットで覚えることが，中学2年の内容を修了するための条件みたいになっているんだ。

　では，過去分詞を使った受動態の文の正体を見ていこう。

受動態の文：She is loved.「彼女は愛されています」
　　　　　　　　　　　　過去分詞

　この文の過去分詞は loved だね。何か気づくことはないかな？　そう，規則動詞 love「愛する」の過去形 loved と同じだね。<u>規則動詞では，過去形と過去分詞は同じだよ。</u>

　規則動詞の過去形のところですでに学習したけれど，忘れている人のために，過去分詞のつくり方のルールをまとめておくよ。この機会にカンペキに覚えようね。

- 規則動詞の過去分詞のつくり方
  - 原則：語尾に **ed** をつける
    watch ➡ watched［ワッチトゥ］
    cook ➡ cooked［クックトゥ］
  - **語尾が e で終わる語：d だけつける**
    like ➡ liked［ライクトゥ］
    love ➡ loved［ラヴドゥ］
  - **語尾が〈子音字＋y〉の語：y を i にかえて ed をつける**
    study ➡ studied［スタディードゥ］
    注 〈母音字＋y〉で終わる語は，そのまま ed をつける。
    play ➡ played［プレイドゥ］
  - **語尾が〈短母音＋子音字〉の語：最後の子音字を重ねて ed を つける**
    stop ➡ stopped［ストップトゥ］
    注 短母音とは，のばさないで短く発音する母音（「ア・イ・ウ・エ・オ」に似た音）のこと

はい。わかりました。規則動詞では過去形と過去分詞は同じなんですね。それでは，不規則動詞の過去分詞はどうなるんですか？

　さすが，みぃちゃん，いいところに気づいたね。でも……，残念ながら，それはひたすら覚えていくしかないんだ。たとえば「話す」という意味の不規則動詞 speak は，次のように変化するよ。

---

speak – spoke – spoken
原形　　過去形　　過去分詞

それではここで，受動態の基本の形と過去分詞についてまとめておくよ。

 ポイント　受動態のつくり方

- 〈主語（S）＋ be 動詞＋過去分詞 ～.〉「S は～される」
  - 注　過去分詞　●規則動詞は過去形と同じ
  - ●不規則動詞は不規則に変化

　中学生が覚えるべき不規則動詞の活用（変化）表は巻末（☞ p.546-549）にのせておくので，とにかく speak［スピーク］– spoke［スポウク］– spoken［スポウクン］などと，ひたすら書いたり読んだりしながら覚えていこう。

　ただし，不規則動詞の変化にもある程度のパターンがあるので，その一部を以下に紹介しておこう。

- 不規則動詞の原形（A）– 過去形（B）– 過去分詞（C）のパターン
  - **ABC 型**：原形・過去形・過去分詞とも異なる
    do – did – done
  - **ABB 型**：過去形と過去分詞が同じ形
    make – made – made
  - **ABA 型**：原形と過去分詞が同じ形
    run – ran – run
  - **AAA 型**：原形・過去形・過去分詞とも同じ形
    cut – cut – cut

過去分詞は，中学 3 年で学習する**現在完了**や**分詞**でも活躍するよ。

中学1年　中学2年　中学3年

さて，先ほど見た受動態の文（She is loved.）は「彼女は愛されています」といっても「彼女を愛する」という動作の主人公がいないよね。このままだと，いったいだれに愛されているの？　と考えてしまうよね。これをよりくわしい受動態の文にすると，次のようになるよ。

She is loved **by him.** 「彼女は彼に（よって）愛されています」

と書けば，「彼女を愛する」動作の主人公（彼）が現れたね。能動態では主語の場所にいた「彼」が，受動態では **by him**「彼によって」となって文末に回ったんだ。これを図解してみよう。

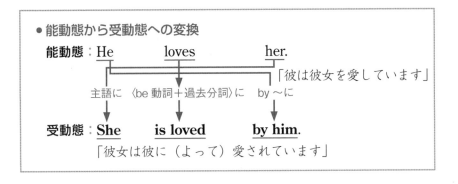

手順を解説しよう。

---

❶　能動態の目的語（**her**）を受動態の主語にする（主人公の変換）。

　　↓

❷　動詞を主語に合わせて，〈be 動詞＋過去分詞〉にする。

　　↓

❸　能動態の主語（**He**）を受動態の動作の主人公として **by ～** で表し文末に置く。**by** のうしろに代名詞がくるときは目的格。

ポイント 能動態から受動態への変換

- **能動態**：〈A（主語）＋他動詞＋ B（目的語）.〉「A は B を〜する」

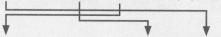

- **受動態**：〈B（主語）＋ **be 動詞＋過去分詞＋ by** A.〉

　　　　　　　　「B は A に（よって）〜される」

　注　A と B が代名詞の場合は，以下のようになる。
　　　能動態の文では ➡ A は主格，B は目的格
　　　受動態の文では ➡ A は目的格，B は主格

3　受動態と時制

　受動態では be 動詞が使われているね。be 動詞について，以下のことを思い出してくれたかな？

- be 動詞の使い分け
  - 主語によって，**be 動詞**を使い分ける。
  - 時制（現在・過去・未来）によって **be 動詞**を使い分ける。

時制について，例文で確認しよう。

- **現在の文**：The stories <u>are loved</u> by many children.
  　　　　　「その物語は多くの子どもたちに愛されています」
- **過去の文**：The stories <u>were loved</u> by many children.
  　　　　　「その物語は多くの子どもたちに愛されました」
- **未来の文**：The stories <u>will be loved</u> by many children.
  　　　　　「その物語は多くの子どもたちに愛されるでしょう」

中学1年

中学2年

中学3年

　未来の受動態に注目！　助動詞 **will** のうしろにくる動詞は必ず<u>原形</u>だったね。これはもちろん受動態になってもあてはまるルールだよ。<u>助動詞 **will** に続く be 動詞は必ず原形の be</u>。そのあとに過去分詞を置けば「**～されるだろう**」という未来の受動態の文になるよ。

4　by ～ が省略される場合

　受動態では動作の主人公を表す by ～ が必ずあると思ったら大きなまちがいだよ。by ～ が省略される場合もあるんだ。

● 受動態で by ～ が省略される場合

❶　**能動態** : <u>They</u> speak French in France.　　＊France：フランス

　　受動態 : French is <u>spoken</u> in France（**by them**）.
　　　　　　　　 speak の過去分詞　　　　　　省略する

　　　　　　　「フランスではフランス語が話されます」

❷　**能動態** : <u>They</u> built the building in 1972.

　　受動態 : The building was <u>built</u> in 1972（**by them**）.
　　　　　　　　　　 build の過去分詞　　　　省略する

　　　　　　　「その建物は 1972 年に建てられました」

---

　❶と❷に共通しているのは，能動態の文はどちらも主語が They だということ。
　では，ここで，They ってだれのことなのかな？　❶はフランス人？　でもフランスに移住した人も含まれるだろうし，そう考えていくときりがないよね。❷はだれ？　建物を建てたのは大工さん？　でもその建物の所有者も主語になれそう……と，これまたきりがない。
　そう，この<u>主語の They は特定する必要のない名詞</u>（不特定多数の名

詞）で，受動態で by them にしても訳す必要がないんだ。必要のないものは省略するのが英語の原則なので，by them は書かないんだね。

　このような名詞には，they のほかに **people / we / you**（複数の場合）などがある。これらの語は受動態で by 〜 で表す必要がないよ。

　つまり，だれによってされたのか言う必要のない場合，だれによってされたのかわからない場合，また一般的な内容を表す場合は，by 〜を省略する，ということだね。

　ただし，次のような場合の we は不特定多数の名詞ではなく人称代名詞だから，もちろん by us は必要だね。

- **能動態**：**We** broke this window yesterday.
　　　　「私たちは昨日，この窓を割りました」

- **受動態**：This window was broken <u>**by us**</u> yesterday.
　　　　　　　　　　　　省略しない

　　「この窓は昨日，私たちによって割られました」
　　＊broke / broken：break「〜を割る」の過去形，過去分詞
　　　　ブロウク　　ブロウクン　　ブレイク

> 先生。受動態の文で by A
> の A が不特定多数の名詞のと
> き，能動態の主語も必要ない
> のではありませんか？

　なるほど。たしかにそう考えてもおかしくはないね。でもね，英語は主語がないと文として成立しないんだ。だから，特定する必要のない，どんな場合でもあてはまるような we / you / people / they などの不特定多数の名詞を主語に置くんだね。

中学1年

中学2年

中学3年

II ▶ 受動態の否定文と疑問文 ·····························

　今度は受動態の否定文と疑問文をやってみよう。
　受動態の文では be 動詞が使われているね。<u>否定文も疑問文も，be 動詞の文と同じようなやり方でつくることができる</u>よ。

● 受動態の否定文と疑問文

　肯 定 文：He is liked by the dog.「彼はその犬に好かれています」
　　　　　　　　　　　be 動詞のあとに not を入れる
　否 定 文：He is **not**［isn't］liked by the dog.
　　　　　　「彼はその犬に好かれていません」

　肯 定 文：He is liked by the dog.「彼はその犬に好かれています」
　　　　　　　　be 動詞を文頭に出す
　疑 問 文：**Is** he liked by the dog?
　　　　　　「彼はその犬に好かれていますか」
　答えの文：―― Yes, he **is**.　「はい，好かれています」
　　　　　　―― No, he **isn't**.「いいえ，好かれていません」

be 動詞の文と同じやり方だから，わかりやすいです。

　そうだね。でも疑問文の答えの文で，be 動詞のあとに過去分詞を置いたりしないようにね。

中学1年

中学2年

中学3年

 ### 受動態の文をつくるときの条件 ・・・・・・・・・・・・・・・・・・・・・

　ここまで受動態の意味とつくり方，形，時制について学習してきたね。では，どんな能動態の文からも受動態の文をつくることができるんだろうか？

　次の文を見てごらん。

能動態
❶ The man stopped at the corner.
「その人は角で(立ち)止まりました」

❷ The man stopped the taxi at the corner.
「その人は角でタクシーを止めました」

　さて，どこかで見たことあるような文が2つ並んでいるね。そう，文型（☞ p.295）のところで同じような文を解説したよね。自動詞としてのstop，他動詞としてのstopのちがいを覚えているかな？

　マメ君，ちょっと説明してみよう。

　はい。❶のstoppedは，うしろの〈前置詞at + the corner〉のカタマリがセットで副詞をつくっているので自動詞です。❷のstoppedは，うしろに主語の動作の相手＝目的語 the taxiがあるので他動詞です。

よくできました。そのとおりです。

では，受動態をつくることのできる能動態の文の条件を発表するよ。

それは，必ず「主人公である主語とその動作の相手である目的語が必要」だということ。動作を「する側」と「される側」がいないと受動態はつくれないということだ。つまり，主語(S)と目的語(O)が必要になるんだ。

❶は主語が The man。でも，この文には目的語がない。だから受動態はつくれないね。

一方，❷は主語が The man，目的語が the taxi なので，受動態をつくることができるんだ。

実際に受動態をつくってみよう。

受動態 {

❶　目的語がないので，受動態にできない。

❷　The taxi **was stopped** at the corner by the man.
「タクシーはその人によって角で止められました」

！　ポイント　受動態をつくることのできる能動態の文の条件

- 動詞が他動詞
- 主語（主人公）と目的語（相手）がある

ここは大事だから，しっかり復習しておこう。

中学1年

中学2年

中学3年

by 以外の前置詞を使う受動態 ・・・・・・・・・・・・・・・・・・

受動態によっては，by 以外の前置詞で「〜に（よって）」の意味を表す場合もあるんだ。

これらは次にあげるように熟語（丸ごと暗記しよう！）として扱われることも多い。ちょっと見てみようか。

● by 以外の前置詞を使う受動態

❶ Mt. Fuji **is covered with** a lot of snow.

＊ cover：〜をおおう；〜を包む　　　snow：雪

「富士山はたくさんの雪でおおわれています」

❷ She **is known to** us very well.　　＊ known：know の過去分詞

「彼女は私たちにとてもよく知られています」

❸ The table **is made of** wood.　　　　＊ wood：木

「そのテーブルは木でできています」

❹ Wine **is made from** grapes.　＊ wine：ワイン　　grape：ぶどう

「ワインはぶどうから［ぶどうで］できています」

❺ I **am interested in** Japanese history.　　＊ history：歴史

「私は日本の歴史に興味があります」

❻ George **was surprised at** the news.

「ジョージはその知らせに驚きました」

---

❶と❷は前置詞 by を使っていないけど，とくにまぎらわしくはないね。*be* **covered with** 〜「〜でおおわれている」，*be* **known to** 〜「〜に知られている」と覚えよう。

❸と❹はともに「〜でできている」の意味になっているね。これはちょっとまぎらわしいから説明するよ。❸の *be* **made of** 〜 の of のうしろには材料を表す名詞が入り，❹の *be* **made from** 〜 の from のうしろ

には原料を表す名詞が入るんだ。といわれても，材料と原料のちがいなんて，あまり考えたことないよね。材料は「**できあがった製品を見て，もとの素材がわかるもの**」を表し，原料は「**できあがった製品を見て，もとの素材がわからないもの**」を表すんだ。「テーブル」が「木」からつくられていることはテーブルを見ればわかるけど，ワインがぶどうからつくられていることはワインを見ただけではわからないよね。

　そして，まぎらわしいチャンピオンが❺の *be interested in* 〜 と❻の *be surprised at* 〜 だね。まずは訳を見てごらん。❺は「〜に興味があります」，❻は「〜に驚きました」とあるね。こういうところをサラッと流せる人はいいんだけど，考えるのが好きな人は思考が止まってしまうかもしれない。❺と❻は両方とも「受動態なのに受け身の訳し方がされていない」ことなんだ。

　マメ君，気づかなかった？

たしかに言われてみるとそうですね。受動態は「〜される」と訳すようにと習いましたから。でも，なぜ受動態なのに能動態のような訳になっているんですか？

　私が中学生のときに，同じような質問を先生にしたことがあるんだ。なんか答えてくれるだろうと期待をして。でも，やっぱり「決まりだ！気合で覚えろ！」と言われただけだった。

　ずーっとこの疑問を引きずっていて，大学入試の受験勉強しているときにはじめてわかったんだ。

　「興味がある」とか「驚く」というのは「人の感情」を表しているよね。英語を母語として話している人は，人の感情は「神様からのもらいもの」ととらえているんだって。❺の文では「日本の歴史というもの

がきっかけで，神様から興味という感情をもらう」と考え，❻の文では
「その知らせがきっかけで，神様から驚きという感情をもらう」と考え
るとつじつまが合う。

　私たち日本人は昔から，神様に頼るのは困ったときくらいだよね。だ
から，人の感情を能動態で表してしまうんだ。でも英語を話している人
たちはキリスト教のイエスという絶対的な存在に人の感情まで握られて
いる，と思えば，❺と❻のような文の形も納得できるんじゃないかな？

深いんですね。ことばが宗教に
影響されるなんて，考えたことな
かったです。ことばと文化は切り
離せないんだなと思いました。

そんなふうに感じてくれただけでもうれしいよ。
では，**実践問題**をやって，受動態を仕上げてしまおう。

さあ，いよいよ中学
2年生の内容も大詰め
だね。

実 践 問 題

Disk 2：12 〜 14 ／ DL：21-1 〜 21-3 🎧

1 次の各組が能動態の文と受動態の文になるように，（　）内に適する語を書きなさい。

(1) { He cooked dinner yesterday.
     Dinner (　　　) (　　　) by (　　　) yesterday.

(2) { You can do it easily.
     It (　　) (　　) (　　) by (　　) easily.

　　　　　　　　　　　　　　イーズィリー
　　　　　＊ easily（副詞）：簡単に

(3) { We knew the doctor.
     The doctor (　　　) (　　　) (　　　) us.

(4) { (　　　) speak English in Australia.
     English (　　　) (　　　) in Australia.

　　　　　　　　　　　　　　オーストレイリア
　　　　　＊ Australia：オーストラリア

2 能動態の文を受動態の文に，受動態の文を能動態の文にしなさい。

(1) The book can be read by me.
(2) The story was not written by him.
(3) Where did they catch the monkey?

3 次の日本文にあうように，（　）内に適する語を書きなさい。

(1) その手紙はフランス語で書かれなければなりません。
The letter has (　　) (　　) (　　) in French.

(2) なぜ彼は彼女に愛されているのですか。
Why (　　) (　　) (　　) by her?

(3) その山は雪でおおわれていました。
(　　) (　　) the mountain.

解説

1

(1)　be動詞は主語（Dinner）に合わせること。能動態の文で動詞が cooked と過去形になっているから，be動詞も過去形に。by のうしろに代名詞がくるときは目的格にするよ。he ➡ him だね。

　　和訳「**彼は昨日，夕食をつくりました**」
　　　➡「**昨日，夕食は彼によってつくられました**」

(2)　助動詞 can が入ると受動態はどんな形になるかな？　<u>助動詞（can）のうしろの動詞は必ず原形</u>だよ。do の過去分詞は **done**。

　　助動詞の文の受動態については説明していなかったから，ここでちょっと触れておくよ。高校ではよく使われる表現だからね。

能動態：He can answer the question.　　＊ answer：〜に答える

　　　　　　　　　　　　　「彼はその質問に答えることができます」

受動態：The question **can be answered** by him.

　　　　　　　　　　can のうしろの動詞は原形

　　和訳「**あなたはそれを簡単にできます**」
　　　➡「**それはあなたによって簡単にされることができます［することができます］**」

(3)　know の文を受動態にするには熟語の *be* **known to** 〜 を使うよ。

　　和訳「**私たちはその医者を知っていました**」
　　　➡「**その医者は私たちに知られていました**」

(4)　受動態の文に by 〜 がないね。能動態の文の主語として訳には出てこない不特定多数の名詞（**they** / **people**）が使えるね。<u>能動態の動詞</u>

が現在形（speak）なので，受動態の be 動詞も現在形にするよ。

和 訳 「オーストラリアでは英語が話されています」

2

(1)　助動詞 can が入った受動態を能動態にする。主語は by me の me を主格に変換すればいい。can be read「読まれることができる」は can read「読むことができる」に変換できるね。

　　和 訳 「その本は私に読まれることができます」

　　➡ 「私はその本を読むことができます」

(2)　ポイントは過去形の否定文だということ。「彼はその物語を書きませんでした」という能動態の日本文から英文を考えてもいいよ。

　　和 訳 「その物語は彼によって書かれませんでした」

　　➡ 「彼はその物語を書きませんでした」

(3)　疑問詞で始まる疑問文だね。疑問文のうしろには能動態の疑問文が続いているよ。まずは日本語で考えよう。「彼らはどこでそのサルを捕まえましたか」という意味だね。それを受動態にすると「そのサルはどこで彼らに（よって）捕まえられましたか」となる。時制が過去であることと，疑問詞は文頭に置くことに注意して書いてみよう。

* catch - caught - caught

3

(1)　それではみぃちゃん，お願いするよ。

はい。「書かれる」は be written，「〜しなければなりません」は must = have[has] to です。to のうしろは原形なので，The letter has to be written in French. ですか？

正解！　have[has] to ～ によく気づいたね。優秀だよ。

(2)　次はマメ君にお願いしよう。

> はい。疑問詞で始まる受動態の文ですね。疑問詞のあとには受動態の疑問文が続きます。主語の前に be 動詞ですね。Why is he loved by her?　でいいと思います。

これまた正解！　そんなに難しくなかったかな？

(3)　日本文は「～されている」という受動態だね。ところが英文は the mountain が文末にきている。ここで思い出してほしいのは，能動態も受動態も，主人公がかわるだけで，内容は同じだということ。「その山は雪でおおわれていました」＝「雪はその山をおおっていました」と考えればいいね。
　　受動態で表すと，The mountain was covered with snow. と with を用いることにも注意。

解答

1　(1)　was cooked, him　　(2)　can be done, you
　　(3)　was known to　　(4)　They[People] / is spoken

2　(1)　I can read the book.
　　(2)　He did not[didn't] write the story.
　　(3)　Where was the monkey caught by them?

3　(1)　to be written　(2)　is he loved　(3)　Snow covered

前 置 詞

I 前置詞とは？

1 前置詞のはたらき

まずは，前置詞のはたらきだよ。**Lesson** 18 の**文型のお話**①でも説明したように，前置詞は単独では使われずに，必ずうしろの名詞とセットで使うということを覚えているかな。〈前置詞＋名詞〉のセットは文型の要素ではない形容詞や副詞のカタマリをつくるんだね。

忘れてしまった人がいるかもしれないから，もう一度例文で用法の確認をしよう。

---

❶ He put the book (on the desk).「彼は机の上に本を置きました」
　　　動詞 ◀━━━━━━━┛説明する

❷ The book 〚on the desk〛 is mine.「机の上の本は私のものです」
　　　名詞 ◀━━━━━┛説明する

---

❶の on the desk が直前の名詞を説明するとしたら「机の上の本を置いた」となってつながりがおかしいので，これは動詞 put を説明している副詞のカタマリと考えるべき。「机の上に置いた」が自然な日本語の流れだね。

❷ on the desk は直前の名詞 The book を説明している形容詞のカタマリだね。

これから学習するさまざまな前置詞も同じように〈前置詞＋名詞〉のセットではたらくことを覚えておいてね。

中学1年

中学2年

中学3年

 ポイント 修飾語の種類とはたらき

● 副詞としてはたらく
　➡〈前置詞＋名詞〉のセットで動詞を説明する
● 形容詞としてはたらく
　➡〈前置詞＋名詞〉のセットで直前の名詞を説明する
　　注1　どちらも文型の要素には関係のない語句。
　　注2　前置詞のうしろの名詞は「前置詞の目的語」。

2　前置詞のイメージと意味

「1つの前置詞に意味は1つだけ」と思っている人がとてもたくさんいるようだけど，それはまちがい。たとえば，前置詞 at の意味を「〜に」だけだと思っている人は，She bought the bag at the shop. を「彼女はそのカバンをその店に買いました」と意味不明な日本語をつくってしまうことになるよね。前置詞とその意味は1対1では対応していないことを忘れずに。

　では，どうやって前置詞の意味を覚えればいいんだろう？

　頭の中で描く前置詞のイメージに日本語をあてはめるということをすると忘れなくなるんだ。たとえば，前置詞 at は基本的なイメージを「何かの一点で止まっていること」とすることで，at 全体を理解できるようになるよ。

❶　She arrived **at** the station **at** seven o'clock.
　「彼女は7時に駅に着きました」
　　　　　　　　　　　　　　　　　＊ arrive（at / in 〜）：（〜に）着く
❷　She went **to** the station.
　「彼女は駅に行きました」

❶には前置詞 at が 2 つあるね。全体を訳すと「彼女は 7 時に駅に着きました」となり，前置詞はいずれも「〜に」と訳されている。「7 時」という時間の一点と「駅」という場所の一点にいるイメージを描くことができるかな？

それに対して，❷の the station も「駅に」と訳されているけど，こちらにはある場所に向かって移動する意味が含まれているね。❷の to は必ず移動を伴い，その動きが終わる到着点が to の「〜に」という訳に表れるんだ。同じ「〜に」でも大ちがいだよね。❷の訳は「彼女は駅に向かって到着しました」という意味までもつことになるね。

前置詞の訳し方には慣れが必要なので，まずはそのイメージをつかんでいこう。

前置詞がもつイメージを図で書くと覚えやすいよ。

いろいろな前置詞 ··

1 時を表す前置詞

1. at / on / in

時間の範囲を表すときによく使われるのがこの前置詞。時間が狭い範囲から広い範囲へ at ➡ on ➡ in の順になる。

- **at ～**：「時の一点，時刻」という一番狭い範囲を表す。

  例 My father usually comes home **at** seven.

  「父はたいてい 7 時に帰宅します」

- **on ～**：「曜日，日付」などに使い，**at** より範囲が広い。

  例 The new term will begin **on** April 6.

  ＊ term：学期；期間

  「新学期は 4 月 6 日に始まります」

  例 We play baseball **on** Sundays.

  「私たちは毎週日曜日に野球をします」

- **in ～**：「週，月，季節，年」に使い，時間の範囲が一番広い。

  例 She was born **in** summer.

  ＊ *be* born：生まれる

  「彼女は夏に生まれました」

  例 Lincoln was killed **in** 1865.

  ＊ kill：～を殺す

  「リンカーンは1865年に暗殺されました」

- ● 時間を表す前置詞を含む熟語
  - **in the morning** 「朝に；午前に」
  - **in the afternoon** 「午後に」
  - **in the evening** 「夕方に」
  - **at night** 「夜に」
  - **on Sunday morning** 「日曜の朝に」
    - 注 特定の日の朝をさす。

中学1年

中学2年

中学3年

2. for / during

● **for ～**：「～のあいだ」（とくに指定しない期間を表す）

　　例　We stayed here **for** three days.

　　　　「私たちは3日間ここに滞在しました」

● **during ～**：「～のあいだ」（特定された期間を表す）
　　　　　　デュアリング

　　例　I will go abroad **during** summer vacation.　＊ vacation：休暇
　　　　　　　　　　　　　　　　　　　　　　ヴァケイション

　　　　「私は夏休み(のあいだ)に海外に行くつもりです」

3. after / before

● **after ～**：「～のあとに」

　　例　We played tennis **after** school.

　　　　「私たちは放課後にテニスをしました」

● **before ～**：「～の前に」

　　例　She goes for a walk **before** breakfast.

　　　　「彼女は朝食の前に散歩に行きます」　＊ go for a walk：散歩に行く

4. by / until

● **by ～**：「～までに」（**期限を表す**）

　　例　Finish this work **by** next Monday.

　　　　「今度の月曜日までにこの仕事を終わらせなさい」

　　　　注　1回で終わる動作を表す動詞とともに使う。

● **until ～** = **till ～**：「～までずっと」（**継続する期間を表す**）
　　アンティル　　　　ティル

　　例　Stay here **until** next Monday.

　　　　「今度の月曜日までずっとここにいなさい」

　　　　注　継続を表す動詞とともに使う。

until「～までずっと」─────── 継続している ──────→●

by「～までに」─ ─ ─ ─ ─ ─ ─ ─ ─ ─ ─ ─ ─ ●
　　　　　　　└───── この期間の ─────┘
　　　　　　　　　　　どこかまで

中学1年
中学2年
中学3年

5.　in / within

- **in ～ :「～もすれば；～たてば」（時の経過を表す）**
  - 例　He will come back **in** thirty minutes.
    「彼は 30 分もすれば戻ってくるでしょう」
    - 注　一定の時間がたつことを意味し，未来の文で使う。

- **within ～ :「～以内に」（ある時間の範囲を表す）**
  - 例　He will come back **within** thirty minutes.
    「彼は 30 分以内に戻ってくるでしょう」
    - 注　その時間を超えない範囲で，という意味。未来の文で使う。

6.　from

- **from ～ :「～から」（動作の開始時間を表す。終了時点の to といっしょに使うことが多い）**
  - 例　He works **from** nine **to** five.
    「彼は 9 時から 5 時まで働きます」
    - 注　He works at nine.「彼は 9 時から仕事をします」
      開始時刻を表すとき，日本語では「～から」と言うこともあるが，英語では時間の一点を表す at を使う。

2　場所を表す前置詞

1.　at / in

一地点をイメージするときは at，広がりのある空間を表すときは in を使うよ。

- **at ～ :「～に；～で」（一点をイメージして）**
  - 例　We stayed **at** the hotel.　＊ hotel：ホテル
    「私たちはそのホテルに滞在しました」
- **in ～ :「～に；～で」（広がりのある空間を表す）**
  - 例　We stayed **in** London.
    「私たちはロンドンに滞在しました」

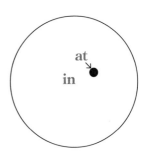

2. on / above / over / under / below

- **on ～**：「～の上に」（表面と接触していることを表す）

    例　Your drink is **on** the table.
    ＊ drink：飲み物

    「あなたの飲み物はテーブ
    ルの上にあります」

    垂直に接していたり，水平面の
    下に接している場合も表す。

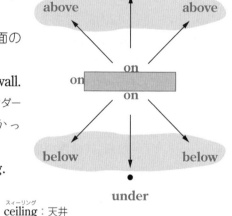

    例　The calendar is **on** the wall.
    ＊ calendar：カレンダー

    「カレンダーが壁に掛かっ
    ています」

    例　The fly is **on** the ceiling.
    「ハエが天井にいます」
    ＊ fly：ハエ　ceiling：天井

- **above ～**：「～の上方に」（表面と接触しない上のほうを表す）

    例　The airplane is flying **above** the cloud.
    ＊ airplane：飛行機　fly：飛ぶ　cloud：雲

    「飛行機が雲の上を飛んでいます」

- **over ～**：「～の真上に」

    例　We crossed the bridge **over** the river.
    ＊ cross：～を渡る

    「私たちは川にかかる橋を渡りました」

- **under ～**：「～の真下に」

    例　There is a dog **under** the table.
    「テーブルの下に犬がいます」

- **below ～**：「～の下方に」（表面と接触しない下のほうを表す）

    例　The sun sank **below** the horizon.

    ＊ sank：sink「沈む」の過去形

    「太陽は地平線の下に沈みました」　horizon：地平線；水平線

3.　between / among / around

- **between 〜**：「〜のあいだに」
  （2つのものにはさまれていることを表す）

  例　Tom sat down **between** Mary and Nancy.

  「トムはメアリーとナンシーのあいだに座りました」

  例　Tom sat down **between** us.

  「トムは私たち（2人）のあいだに座りました」

- **among 〜**：「〜のあいだに」
  （3つ以上のものに囲まれていることを表す）

  例　Tom sat down **among** the girls.

  「トムは女の子たちのあいだに座りました」

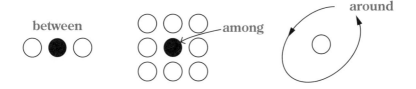

- **around 〜 = round 〜**：「〜のまわりに」
  （あるものの周辺を囲むことを表す）

  例　The earth goes **around**〔**round**〕the sun.

  ＊ earth：地球　　sun：太陽

  「地球は太陽のまわりを回っています」

4.　near / by

- **near 〜**：「〜の近くに」（空間的な距離を表す）

  例　My house is **near** the station.「私の家は駅の近くにあります」

- **by 〜**：「〜のそばに」（位置的・場所的な距離を表す）

  例　She was standing **by** me then.

  「彼女はそのとき私のそばに立っていました」

  注　near よりもさらに近い場所を表す。

3 方向などを表す前置詞

1. to / for / from

● to ～：「～に；～へ」（移動したものの到着点を表す）

> 例　He goes to the bookstore every day.
>
> ＊ bookstore：書店
>
> 「彼は毎日，書店に行きます」

● for ～：「～へ；～へ向かって」（方向を表す。到着したかどうかは問わない）

> 例　She left for New York yesterday.
>
> 「彼女は昨日，ニューヨークへ向かって出発しました」

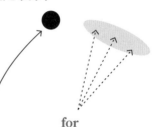

to　　　　　for

● from ～：「～から」（出発の起点を表す）

> 例　My house is far from the station.
>
> 「私の家は駅から遠いところにあります」

2. across / along / through

● across ～：「～を横切って」

> 例　We swam across the river. 「私たちは川を泳いで渡りました」

● along ～：「～に沿って」（離れているが平行して進むようすを表す）

> 例　We walked along the river. （私たちは川に沿って歩きました）

● through ～：「～を通って」

> 　　　　　　　　（広がりのある場所を通り抜けるようすを表す）

> 例　The river flows through our town.　＊ flow：流れる
>
> 「その川は私たちの町を通って流れています」

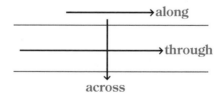

3.　into / out of

- into ～：「～の中へ」（外から中への移動を表す）
  - 例　We jumped **into** the river.「私たちは川の中へ飛び込みました」
    - ＊ jump：とぶ；とびはねる
- out of ～：「～から」（中から外への移動を表す）
  - 例　They came **out of** the house.
    「彼らは家の中から出てきました」

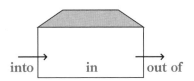

into　　　　in　　　out of

④　そのほかの前置詞

- with ～：「～で」（道具や手段を表す）
  - 例　Please cut this apple **with** a knife.
    「このリンゴをナイフで切ってください」
- by ～：「～で」
  - 　　　（交通手段を表す。乗り物を表す名詞には冠詞をつけない）
  - 例　Please go to the museum **by** bus.　＊ museum：美術館；博物館
    「その美術館へバスで行ってください」
- in ～：「～で」（材料や言語を表す）
  - 例　Please write **in** black ink.「黒インクで書いてください」
    - ＊ ink：インク

    Yumi is speaking **in** English.「ユミは英語で話しています」
- for ～：「～と交換で；～に対して」（交換や代償などを表す）
  - 例　I bought this T-shirt **for** 3,000 yen.　＊ T-shirt：Tシャツ
    「私はこのTシャツを3,000円で買いました」

中学1年

中学2年

中学3年

前置詞を使った熟語表現・・・・・・・・・・・・・・・・・・・・・・・・・・・・・・・・・・・・

　最後に，〈前置詞＋名詞〉で副詞のカタマリをつくる熟語をまとめておくよ。中学2年の学習を終えるまでに覚えられたらいいね。

● **at を含む熟語**

at first	「最初は」	at last	「最後に」
at night	「夜に」	at home	「家で：くつろいで」
at once（= soon）	「すぐに」	at the same time	「同時に」
not ~ at all	「まったく~ない」	*be* good at ~	「~が得意だ」

＊ same：同じ（セイム）

● **for を含む熟語**

be famous for ~　　　　　「~で有名だ」
for example[instance]「たとえば」
for some time　　　　　　「しばらくのあいだ」
for a long time「長いあいだ」　for the first time「はじめて」

＊ famous：有名な（フェイマス）　example / instance：例（イグザンプル／インスタンス）

● **in を含む熟語**

in front of ~	「~の前（面）に」	in the future	「将来に」
in those days	「当時は」	in the world	「世界で」
in surprise	「驚いて」	in this way	「このように」
in time	「間に合って」	in the way	「じゃまで」

＊ front：前面（フラント）　future：将来（フューチャー）　surprise：驚き（サプライズ）　way：方法；道（ウェイ）

● **on を含む熟語**

get on ~「（乗り物）に乗る」　　on TV「テレビで」
on time 「時間どおりに」
on *one's* way to ~「~へ行く途中で」

実 践 問 題

1 次の（　）に適する語を下の〔　〕内から選びなさい。

(1) The train runs (　　　) Tokyo and Hakata.

(2) Cut the cake (　　　) this knife.

(3) You are good (　　　) tennis.

(4) We have to go there (　　　) July 26.

(5) She is the most beautiful (　　　) those three ladies.

〔at　with　by　between　among〕

2 次の日本文にあうように，（　）内に適する前置詞を書きなさい。

(1) 彼女は朝 7 時に起きます。

She gets up at seven (　　　) the morning.

(2) 彼女は 4 月 15 日に生まれました。

She was born (　　　) April 15th.

(3) 川の上に鉄橋があります。

There is an iron bridge (　　　) the river.　＊iron：鉄　_{アイアン}

(4) 私はヘビに興味があります。

I am interested (　　　) snakes.　＊snake：ヘビ　_{スネイク}

(5) その部屋のすべての机は木でできています。

All the desks in the room are made (　　　) wood.

(6) 私たちは金曜日までにこの仕事を終えなければなりません。

We must finish this work (　　　) Friday.

(7) 私たちの飛行機は雲の上のほうを飛んでいました。

Our airplane was flying (　　　) the cloud.

(8) 彼の名前はこの国のみんなに知られています。

His name is known (　　　) everybody in this country.

＊everybody：みんな：すべての人　_{エヴリバディ}

中学1年

中学2年

中学3年

(9) 彼女は10分のうちに戻ってくるでしょう。

She will come back (　　　) ten minutes.

(10) その電車は全速力でトンネルの中を走り抜けました。

The train ran (　　　) the tunnel at full speed.

＊ tunnel：トンネル　　at full speed：全速力で

(11) 彼女は私の家の近くに住んでいます。

She lives (　　　) my house.

(12) 彼はえんぴつでその手紙を書きました。

He wrote the letter (　　　) a pencil.

(13) 太陽は東から昇ります。

The sun rises (　　　) the east.　　　＊ east：東

(14) 私ははじめて東京ディズニーランドを訪れました。

I visited Tokyo Disneyland (　　　) the first time.

(15) 5時までここに滞在しましょう。

Let's stay here (　　　) five o'clock.

解説

1

(1) Tokyo and Hakata がヒントだね。「（2つのもの）のあいだ」は，between A and B で表すよ。

和訳「その電車は東京と博多のあいだを走ります」

(2) 「ナイフで」と道具を表すときには前置詞 with を使うよ。

和訳「そのケーキをこのナイフで切りなさい」

(3) これは熟語の問題。*be* **good at** 〜で「〜がじょうずだ；得意だ」という意味。

和 訳 「あなたはテニスがじょうずです」

(4) 「7 月 26 日に」という場合は **on** July 26 となるけれど，選択肢に **on** がないね。ここは「…までに（〜する）」という意味で，期限を表す **by** で正解。

和 訳 「私たちは 7 月 26 日までにそこへ行かなければなりません」

(5) **most** があるから最上級の文だね。比較の文（☞ Lesson 16）を思い出そう。最上級の範囲は〈**of** ＋ 名詞の複数形〉か〈**in** ＋ 範囲を表す語〉で表したね。選択肢にはそのどちらもないよ。ここでは「あの 3人の女性のあいだで」という意味で，**among** を選ぼう。

和 訳 「彼女はあの 3 人の女性のあいだで一番美しい」

2

(1) **in the morning** で「朝の；午前中の」という意味になるよ。ついでに，**in the afternoon** 「午後の」も覚えてしまおう。

(2) 日付の前に置く前置詞は **on** だね。

(3) **an iron bridge** 「鉄橋」と **the river** 「川」の位置関係を考えよう。鉄橋は接触しないで川の真上にあるはず。真上を表す前置詞は **on** ではなく **over** だよ。

(4) これは熟語の問題。受動態でやったものが再登場。「〜に興味がある」は *be* **interested in** 〜 だね。

⑸ 木製の机は，見た目でものの素材がわかるよね。その場合は，*be made of* ～「～でつくられている」だったね。受動態（☞ Lesson 21）で説明したよ。

⑹ 「金曜日までに」がヒント。また finish は1回だけの動作を表すから，**by Friday** だね。

⑺ over と above が考えられるね。over は「真上」だけど，飛行機はもっと広い範囲の上空を飛んでいるわけだから above があてはまるね。

⑻ 受動態の内容の再登場だよ。「～に知られている」は *be* **known to** ～ だったね。**by** ではないことを確認しよう。

⑼ 「10分のうちに」，つまり10分の範囲を超えずに，ということなので，**within** が正解だよ。

⑽ 「走り抜ける」は前置詞 **through** で決まりだね。日本文がなければ，ほかの前置詞も考えられるね。たとえば「トンネルの中へ」だったら into が正解だね。

⑾ 「～の近くに」は **near** か **by** のどちらかだね。**by** は「ギリギリ触れない程度の近く」だから，ここでは不適切だね。

⑿ ここでは a pencil が手紙を書く道具として使われているよ。道具を表すときに使う前置詞は with だね。

⒀　これは難しい問題だよ。大学の入試問題でも出題されるし，まちがえる人がけっこう多いんだ。先に日本語訳の「〜から」にだまされて，from を選んだ人は考えを改めよう。「東」といっ ても真東ではなく「東のほう」という意味合いが強いね。だから，その範囲を表す前置詞として **in** が正解なんだ。**at** では範囲が狭すぎるね。

⒁　これは前置詞で始まる熟語だよ。気づいたかな？　「**はじめて**」は **for the first time** だね。

⒂　stay「滞在する」は継続する動作を表す動詞。だから「5時までずっと」という意味を表すには？　と考えればいいね。**by 〜** ではなく，**until** か **till** を入れれば正解だよ。

解答

1	(1) between	(2) with	(3) at	(4) by	(5) among
2	(1) in	(2) on	(3) over	(4) in	(5) of
	(6) by	(7) above	(8) to	(9) within	(10) through
	(11) near	(12) with	(13) in	(14) for	(15) until[till]

前置詞は数が多いけど，がんばって覚えて，使いこなせるようになろうね。

接続詞②

さあ，中学2年の学習もラストを迎えたね。それでは，最後のとりである接続詞をやっつけてしまおう。

Ⅰ 接続詞のはたらきと種類

中学1年の Lesson 10 で学習した等位接続詞以外にも，英語にはいろいろな接続詞があるよ。

接続詞は大きく分けて3種類あるから，等位接続詞も含めて，ちょっとまとめてみよう。

● 接続詞の種類

- **等位接続詞**（**and** / **but** / **or** など）：単語と単語，語句と語句，文と文を対等の関係でつなげる（☞ Lesson 10）

- **名詞のカタマリをつくる接続詞**（**that** / **whether** / **if**）：この接続詞のあとには〈S＋V〜〉が続き，全体で名詞のカタマリになる

  注 名詞のカタマリを＜　　＞で囲んで説明するよ。

- **副詞のカタマリをつくる接続詞**（**when** / **because** / **though** など）：この接続詞のあとには〈S＋V〜〉が続き，全体で副詞のカタマリになる。接続詞の種類で一番数が多い

  注 副詞のカタマリを（　　）で囲んで説明するよ。

　それではここでは，名詞のカタマリをつくる接続詞と副詞のカタマリをつくる接続詞を学んでいくよ。

　名詞のカタマリをつくる接続詞と副詞のカタマリをつくる接続詞には，ある共通のルールがあるんだ。

- ● 等位接続詞以外の接続詞のルール

  〈接続詞 ＋ S ＋ V 〜〉

  　　　　　ふつうの文

  ふつうの文の先頭に接続詞をつける ➡ 名詞か副詞のカタマリになる

　このように接続詞を先頭にし，そのうしろに〈S ＋ V 〜〉をつけて，名詞のカタマリや副詞のカタマリをつくることができる。このカタマリを見つけられると，長い英文を区切る場所がわかって，意味をつかむときにとても役に立つよ。

Ⅱ　単文・複文・重文とは？

　Ⅰで接続詞の種類をまとめたけど，じつは英文1つ（ピリオド1つ）までの接続詞の数と文の組み立てによって，英文の種類は全部で3つあることを確認しておこう。

　これはとくに授業やテストで頻繁に出てくる用語ではないけれど，高校生になると参考書にはさりげなく登場する用語なので，いちおうおさえておくよ。

> ● 英文の組み立てによる種類分け
>
> ● 単文：接続詞がない，主語と動詞が 1 つで完成している文
>
> ● 重文：等位接続詞（and / but / or など）で主語と動詞を 2
> つ以上つなげた文
>
> ● 複文：等位接続詞以外の接続詞で主語と動詞を 2 つ以上つなげ
> た文

日本語でも，句点〈。〉までの文の組み立てで接続詞を使ったり，動詞を増やしたりして書くのはおなじみだよね。英語では，その種類に名前がついているということなんだ。

■ 単文を使った英文
主語と動詞が 1 つで完成しているので，短くて読みやすいよね。

> ● 単文：主語と動詞が 1 つで完成している文
>
> ● <u>My daughter</u> <u>became</u> a famous singer.
>   S   V
>   「私の娘は有名な歌手になりました」
>
> ● <u>Father</u> <u>gave</u> his son a new book.
>   S   V
>   「父親は息子に新しい本をあげました」

■ 重文を使った英文
重文は，Lesson 10 で学習した等位接続詞（and / but / or / so / for）を使って，1 単語どうしではなく，主語・動詞の入った文を 2 つ以上つなげた文のことをいうんだ。読んで字のとおり，文を重ねていってイイタイコトを連続して述べていく感じだね。

中学1年

中学2年

中学3年

- ●重文：等位接続詞を使って，主語と動詞を2つ以上つなげた文
  - ● I got up early **but** all my **family** was still sleeping **and** I ate
    S V　　　　　　　　　　　　　　S　　V　　　　　　　　　　S V
    breakfast alone.

    「私は早く起きたが，家族全員まだ寝ていたので，1人で朝食を
    とりました」
  - ● He ran very fast to the station to catch the train, **so** (he)
    S　V　　　　　　　　　　　　　　　　　　　　　　　　　　　　　　　S
    could catch the train.
    　　　　 V

    「彼はその電車に乗るためにとても速く走ったので，その電車
    に間に合いました」
    　　注　前後の主語が同じ場合，くり返しを避けるために後半の主語
    　　　　は省略されることが多い。
- ● I was absent from school yesterday, **for** I caught the cold.
  S V　　　　　　　　　　　　　　　　　　　S　V

  「私は昨日学校を休みました，なぜなら，風邪をひいてしまっ
  たからです」

▣　複文を使った英文

　複文は等位接続詞以外の接続詞で主語と動詞を2つ以上つなげた文。
さきほど❶の「**接続詞のはたらきと種類**」で説明した，文中で名詞の
カタマリと副詞のカタマリをつくる箇所がある文をそのように呼ぶん
だ。中学2年の時点では，複文であるとわかるよりも，名詞のカタマリ
と副詞のカタマリをつくる接続詞の種類をしっかり覚えていこうね。例
文としては，次の⦿-「**名詞のカタマリをつくる接続詞**」で説明・紹介
するものをしっかり理解してね。

　それでは，複文と呼ばれる文を学習していこう。

名詞のカタマリをつくる接続詞（that / whether / if）

では，まず，名詞のカタマリをつくる接続詞から始めよう。
名詞のカタマリをつくる接続詞の種類と意味をまとめておくよ。

 ポイント　名詞のカタマリをつくる接続詞の種類と意味

- **接続詞 that**　　　➡「〜ということ」の意味を表す。

- **接続詞 whether / if** ➡「〜かどうか」の意味を表す。

1　that

接続詞 that をつけると，<u>うしろの文全体が名詞のカタマリになる</u>ことがよくあるよ。

では，マメ君にたずねるよ。英語では，名詞はどんなはたらきをするんだっけ？

> はい，名詞は S（主語），
> C（補語），O（目的語）とし
> て使うことができます。

すばらしい！　よく復習しているね。ということは，<u>接続詞 that がつくる名詞のカタマリは，文中で主語，補語，目的語として使うことができる</u>というわけだね。なんて便利なんだろう。やっぱり基本は大切だね。

でも先生，名詞は前置詞のうしろにも置けましたよね？

　これまたすばらしい。みぃちゃんもがんばっているね。

　たしかに，名詞は前置詞のうしろにも置けたね。ただ，ここで1つルール設定をしよう。「接続詞 that がつくる名詞のカタマリは，主語，補語，目的語として使えるけど，基本的に前置詞のうしろには置けない」としておこう！　ちょっとずるい感じがするけど，覚えてね。

● **接続詞 that が名詞のカタマリをつくる例**

　　　She is a nurse.「彼女は看護師です」

　　　↓　文頭に that を置く

　　　＜that she is a nurse＞「彼女が看護師であるということ」

　このカタマリが，❶主語，❷補語，❸目的語になる。

❶　**接続詞 that が主語になる名詞のカタマリをつくる場合**

　　　＜That she is a nurse＞ is true.　　　　* true：本当の
　　　　　　　S　　　　　　　　　 V　C

　　　「彼女が看護師であることは本当です」

❷　**接続詞 that が補語になる名詞のカタマリをつくる場合**

　　　The problem is ＜that she is a nurse＞.
　　　　　S　　　　　 V　　　　　C（be 動詞の補語）　* problem：問題

　　「問題は彼女が看護師であるということです」

❸ 接続詞 **that** が目的語になる名詞のカタマリをつくる場合
　　I know ＜that she is a nurse＞.
　　S　V　　　　　　O（他動詞 know の目的語）
　　「私は彼女が看護師であることを知っています」

❸の用法では，次のようなことに注意しよう。
目的語のカタマリをつくるとき，接続詞 that は省略されることが多い。

例　I know（that）she is a nurse.
　　　　　　　that が省略されても文の意味は同じ

接続詞 that が目的語のカタマリをつくる場合，以下のような他動詞が
よく使われる。

- **know** that ～　　「～を知っている」
- **hope** that ～　　「～を希望する」
- **think** that ～　　「～と思う」
- **say** that ～　　「～と言う」
- **find** that ～　　「～とわかる」
- **believe** that ～　「～と信じている」
　注　ただし，これらの that は省略できる。

また，これらの他動詞が過去形になった場合，接続詞 that 以降の動詞
も過去形になる。
　これを文法的な用語で**時制の一致**という。

中学1年

中学2年

中学3年

● 時制の一致

I **know** (that) he **is** a teacher.

「私は彼が先生だということ
を知っています」

I **knew** (that) he **was** a teacher.

「私は彼が先生だということを知っていました」

注　下の文は，that 以下を過去の文ではなく現
在の文として訳すと自然な日本語になる。

2　whether / if

　接続詞 that と同じように，接続詞 **whether** または **if** をつけると，うしろの文全体が名詞のカタマリになるよ。

　そして，もちろん that と同じく，主語，補語，目的語のはたらきをすることも忘れずに。

● 接続詞 whether / if が名詞のカタマリをつくる例

She is a nurse. 「彼女は看護師です」

　　↓ 文頭に whether [if] を置く

＜**whether** [**if**] she is a nurse＞

　　　　「彼女が看護師であるかどうか（ということ）」

このカタマリが，❶主語，❷補語，❸目的語になる。

❶　接続詞 **whether** が主語になる名詞のカタマリをつくる場合

＜<u>**Whether** she is a nurse</u>＞ is not <u>clear</u>.　　＊ clear：明らかな
　　　　S　　　　　　　　　　V　　　C
　　　　　　　　　　　　　　　　　　　　クリア

「彼女が看護師であるかどうかは明らかではありません」

❷ 接続詞 whether が補語になる名詞のカタマリをつくる場合

The problem is <whether she is a nurse>.
　　S　　 V　　　　　 C

「問題は彼女が看護師であるかどうかです」

❸ 接続詞 whether / if が目的語になる名詞
のカタマリをつくる場合

I don't know <whether[if] she is a nurse>.
S　　 V　　　　　　 O

「私は，彼女が看護師であるかどうか知りません」

　これまで whether = if で話をしてきたけど，**if を「〜かどうか（ということ）」の意味を表す接続詞で使うことができるのは，❸のように他動詞の目的語に置かれるときだけ**なんだ。if は主語（❶）と補語（❷）になる名詞のカタマリをつくることはできないよ。
　if を「もし〜ならば」と訳すのは有名だけど，あとで登場するよ。

副詞のカタマリをつくる接続詞 ……………………

　続いて，副詞のカタマリをつくる接続詞を見ていこうか。形は名詞のカタマリをつくる接続詞と同じだよ。

❶ 副詞のカタマリをつくる接続詞の文の形

〈接続詞 ＋ S ＋ V 〜〉 ◀ 副詞のカタマリをつくる
　〈S ＋ V〉というふつうの文が続く

では，みぃちゃん。副詞は文中でどんなはたらきをするのかな？

> はい。たしか中学 1 年の授業でやりましたよね。副詞は，文中ではただの飾りもので，主語，補語，目的語のどれにもなれないものです。

すばらしい。よく覚えていたね。

そう，そのとき習った副詞は hard「いっしょうけんめいに」や very「とても」などの 1 語の副詞だったね。そして，2 年生になって副詞用法不定詞（☞ Lesson 19）で 2 語以上の副詞のカタマリを学習したね。

ここでは，接続詞から始まる文が副詞のカタマリをつくって，同じはたらきをする，ということを説明するよ。

● 接続詞が副詞のカタマリをつくる例

　　　　It was raining then.「そのとき雨が降っていました」

　　↓　文頭に接続詞 because をつける

(because it was raining then)「そのとき雨が降っていたので」

　　↓　前に文をつける

I didn't go out **(because it was raining then)**.

　　　　　　　　　副詞のカタマリとして前の go out を説明する

「そのとき雨が降っていたので，私は外出しませんでした」

こうしてみると，接続詞 because の前とうしろに文が 2 つあるのがわかるね。つまり，2 つの文を接続詞 because がつないでいるということだね。

また，この because から始まる副詞のカタマリを文頭に置いても意味はかわらないよ。

I didn't go out (because it was raining then).

(Because it was raining then), I didn't go out.
　　　　　　　　　　　コンマを置くこと

 ポイント 副詞のカタマリをつくる接続詞がある文

- 接続詞が文中にくる場合 ➡ 〈S ＋ V 〜＋ (接続詞 ＋ S' ＋ V'...).〉
- 接続詞が文頭にくる場合 ➡ 〈(接続詞＋ S' ＋ V'...), S ＋ V 〜.〉
  注 (接続詞＋ S' ＋ V'...) の部分から訳すと自然な日本語になる。

副詞のカタマリをつくる接続詞はとっても数が多い。例文とともに覚えていこう。

❷ 副詞のカタマリをつくる接続詞の種類

1. 「時」を表す接続詞

- **when 〜**：「〜するとき」
  - 例 (When I was a child), I wanted to be a teacher.
    「私は子どものとき，先生になりたかった」
- **while 〜**（ホワイル）：「〜するあいだ」
  - 例 She was sleeping (while I was studying).
    「私が勉強しているあいだ，彼女は寝ていました」
- **after 〜**：「〜したあと」
  - 例 (After I finished my homework), I watched TV.
    「私は宿題を終えたあと，テレビを見ました」

- before ～ :「～する前に」

　　例　She usually drinks milk **(before she goes to bed)**.
　　　「彼女は寝る前に，たいてい牛乳を飲みます」

- till ～ / until ～ :「～するまでずっと」

　　例　She waited for me **(till〔until〕I came back)**.
　　　「私が戻ってくるまで，彼女は私を待っていました」
　　　　　　　　　　　　　　　　　　　　　＊ wait for：～を待つ

- as soon as ～ :「～するとすぐに」 ← 3語で接続詞のはたらきをする

　　例　**(As soon as he arrived)**, he called me.
　　　「彼は到着したらすぐに，私に電話しました」

- as ～ :「～するとき」

　　例　Tom moved here **(as he was three)**.　＊ move：引っ越す
　　　「トムは3歳のとき，ここに引っ越してきました」

- since ～ :「～して以来」 ← 現在完了で使う（☞ **Lesson 24**）

　　例　Three years have passed **(since her father died)**.
　　　「彼女の父親が亡くなってから，3年がたちます」
　　　　　　　　　　　　　　　　　　　　　＊ pass：過ぎる

　　注　「時」の接続詞がつくる副詞のカタマリがたとえ未来の内容を
　　　表していても，未来の文ではなく現在の文で書くこと。

　　　　例　**(When you come back tomorrow)**, please call me.
　　　　　　　　　　　動詞は現在形
　　　　　「あなたが明日戻ってきたら，私に電話してください」
　　　　（×）When you will come back tomorrow, please call
　　　　　me.

中学1年

中学2年

中学3年

2. 「理由」を表す接続詞

- **because ～**：「～なので」
  - 例 **(Because he is kind)**, he is loved by all.
    「彼は優しいので，みんなに愛されています」
- **as ～**：「～なので」
  - 例 I can't support my family **(as I am poor)**.
    「私は貧乏なので，自分の家族を養えません」
    ＊ support：～を支える；扶養する　　poor：貧しい
  - 注 as は「～するにつれて（同時進行）」や「～のように（様態）」の意味も表す。
- **since ～**：「～なので」

  - 例 **(Since it is fine)**, let's go for a walk.
    「天気がよいので，散歩に行きましょう」
    - 注 since は「時」の接続詞として現在完了の文で使われるので，「理由」の接続詞と区別ができる。

3. 「譲歩」を表す接続詞

条件や要求を受け入れたうえで，それに対立する事柄を述べるときに使うよ。

- **though ～ / although ～**：「～だけれども」
  - 例 **(Though[Although] it was fine)**, he stayed home.
    「晴れていたけれども，彼は家にいました」
  - 例 He is not happy **(although[though] he is rich)**.
    「彼はお金持ちだけれど，幸せではありません」

4. 「条件」を表す接続詞

- **if ～**：「もし～すれば；もし～ならば」
  - 例 **(If** I am busy tomorrow**),** I will not go there.
    「もし明日忙しければ，私はそこに行きません」
- **unless ～**：「もし～しなければ；もし～でなければ」
  - 例 **(Unless** I am busy tomorrow**),** I will go there.
    「もし明日忙しくなければ，私はそこに行くつもりです」
    注 「条件」の接続詞がつくる副詞のカタマリがたとえ未来の
    内容を表していても，未来の文ではなく現在の文で書くこ
    と。例の動詞 am に注意。「時」の接続詞と同じだよ。

5. セットで接続詞のはたらきをする場合

- 〈**so** ＋ 形容詞または副詞 ＋ **that** ＋ S ＋ V ～〉
  : 「とても…なので～する」（程度・結果）
  - 例 She is **so** kind **that** we love her.
    「彼女はとても優しいので，私たちは彼女が大好きです」
- 〈**so** ＋ 形容詞または副詞 ＋ **that** ＋ S ＋ **can't** ＋ 動詞の原形 ～〉
  : 「とても…なので～できない」（程度・結果）
  - 例 It was **so** cold **that** we could not swim.
    「とても寒かったので，私たちは泳げませんでした」
- 〈**so that** ＋ S ＋ **can**[**will / may**] ＋ 動詞の原形 ～〉
  : 「～するために；～するように」（目的）
  - 例 She ran fast **so that** she could catch the train.
    「彼女は電車に間に合うように，速く走りました」

    注1 that に続く文では，助動詞（can / will / may など）を使
    うことが多い。

402

> 注2 so と that のセットは副詞のカタマリなので, 名詞のカタ
> マリをつくる接続詞 that のように, 「〜ということ」とは訳
> さないように。

「結果」を表すときは so と that が離れてるけど, 「目的」を表すとき
には so と that がくっついているんだね。

マメ君, みぃちゃん, よくがんばったね。接続詞を使うことで, 今ま
で以上にいろいろなことを英語で表現できるようになるよ。たいへんだ
と思うけど, 何度も書いて, 接続詞を自分のものにしよう!

ここはごちゃごちゃに
なりやすいから, しっか
り整理しておこう。

実 践 問 題

Disk 2：17 ～ 19 / DL：23-1 ～ 23-3 🎧

1 次の文の（　　）内から適する語を選びなさい。

(1) My sister was helping my mother (but, that, when) I got up.

(2) (When, That, Though) he likes English, he can't speak it well.

(3) I know (or, because, that) Mr. Smith is kind.

2 次の日本文にあうように，（　　）内の語(句)を並べかえなさい。

(1) 彼は，父親は具合が悪いと言いました。

(sick / said / that / was / he / his father).

(2) 私の父が家に着かないうちに雨が降り出しました。

(began / got / home / my father / it / rain / to). 〔1 語加えて〕

(3) 私は帰宅してから，おばに電話するつもりです。

(I'm / after / I / to / home / my aunt / going / come / call / ,).

(4) 彼は風邪をひいたので，学校を休みました。

＊風邪をひく：catch a cold　　～を休む：*be* absent from

He (school / cold / was / he / from / because / absent / a / caught).

(5) 明日晴れたら，私たちはピクニックに行くつもりです。

We (fine / a picnic / is / will / it / on / if / go) tomorrow.

＊ picnic：ピクニック

3 次の各組の文がほぼ同じ意味になるように，（　　）内に適する語を書きなさい。

(1)
We can't live without water.
We cannot live (　　　　) we don't have water.

(2)
It was raining, but he went out.　＊ go out：外出する
He went out (　　　　) it was raining.

(3) $\begin{cases} \text{Hurry up, or you will be late for school.} \quad * \textit{be} \text{ late for：〜に遅れる} \\ (\qquad) \text{ you hurry up, you will be late for school.} \end{cases}$

(4) $\begin{cases} \text{I came to Japan at the age of seven.} \quad * \text{at the age of：〜歳のとき} \\ \text{I came to Japan } (\qquad) \text{ I } (\qquad) \text{ seven years old.} \end{cases}$

(5) $\begin{cases} \text{Watch TV after you finish eating dinner.} \\ \text{Finish eating dinner } (\qquad) \text{ you watch TV.} \end{cases}$

解説

1

(1) 選択肢の接続詞の前後の文の意味を考えてみよう。前の文は「私の姉［妹］は母を手伝っていました」，うしろの文は「私は起きました」という意味だね。この内容から，「私が起きた**とき**，私の姉［妹］は母を手伝っていました」という英文にすれば自然だね。「〜**するとき**」を表す接続詞は **when** だね。

(2) （　　）内の接続詞が副詞のカタマリをつくっているんだね。「彼は英語が好きです」と「彼はそれをじょうずに話すことができません」は内容が相反しているよ。ということは，「彼は英語が好きだ**けれども**，それをじょうずに話すことができません」という文にすればいいんだね。**though** を選べば OK。

(3) これはマメ君にやってもらおうか。

　はい。「私は知っている」が前半の訳ですね。後半は「スミスさんはやさしい」なので，意味で考えると，because を使って「スミスさんはやさしいので，私は知っています」といけそうですが……。

　はいはい。意味で考える前にやらなければいけないことがあったよね。そう！　文型と品詞をつねに意識する！　だったね。意味だけでいけばマメ君の考えもありかもしれないけど，これはちょっと早とちりだった。動詞 know は他動詞だから，そのあとには目的語として名詞または名詞のカタマリを置かないと文は完成しないよ。そうすると？

　あっ，わかりました。名詞のカタマリをつくる接続詞は，that / whether / if です。そうすると，接続詞 that を使えば，「私はスミスさんがやさしいということを知っています」という文になります。

　そのとおりだよ。よくできました。

2　並べかえの問題は，日本文を参考にして英文の文型を考えよう。

(1)　「～と言う」は **say that** ～で表す。ここでは過去の文なので，過去形の said があるよ。that 以下の動詞が，**時制の一致**で **was** になっているね。この接続詞 that は省略できるということも覚えておこう。

(2)　文が2つあることに注目。「私の父は家に着いた」と「雨が降り出した」を**副詞のカタマリをつくる接続詞**でつなげばいいね。「～しないうちに」は「～する前に」で言いかえられるから，接続詞 **before** を使えばいいんだ。こういう言いかえに慣れておくことが大事だよ。before が文中にくる文をつくることができるね。before ～が文の前半にくる文をつくるにはコンマが必要だよ。

(3)　「～してから」は接続詞 **after** を使って表せるね。帰宅するのは未来のことだけれど，**after** がつくる副詞のカタマリの中では**現在の文で**

中学1年

中学2年

中学3年

406

表すよ。「**帰宅する**」は come home だね。「**～するつもり**」は，*be going to ～*という**未来の文**で OK！ 選択肢の中に〈,〉があるので，接続詞 after がつくる副詞のカタマリが文頭にくるよ。

(4) 「彼は風邪をひいたので」は**理由**を表す接続詞 because で書けそうだね。問題文は文頭に He があるので，接続詞が文中にくるパターンだね。

(5) 「明日晴れたら」は「もし明日晴れたら」という意味だから，副詞のカタマリをつくる接続詞 if を使って書こう。**条件を表す接続詞 if に続く文の内容が未来のことであっても，現在の文で表す。**

3

(1) 上の文は「私たちは，水なしでは生きることができません」という意味を表しているね。さて，下の文を見てみよう。空らんの前が「私たちは生きることができない」，うしろが「私たちには水がありません」を表しているよ。この 2 つをつなげて上の文と同じ内容にするには？ そうだね，if を入れて，「もし水がなければ，私たちは生きることができません」という文にすればいいんだね。

(2) 等位接続詞は前からうしろに向かって訳していくのが基本だから，上の文は「雨が降っていました，しかし，彼は外出しました」となるね。ところが下の文では順番が入れかわっているね。うしろから訳して，副詞のカタマリをつくる接続詞を入れてみよう。「雨が降っていた（　　），彼は外出しました」の（　　）に入るものは，「**～けれども**」という意味を表す接続詞 though か although。

(3) 等位接続詞のところで学習した「**～しなさい，さもないと…**」を覚えているかな？（☞ p.180） 下の文では，「あなたは学校に遅れるでしょう」という意味の文が続いているので，前の文は「急がないと」

という意味になるよ。「もし〜しないと」は，**unless** という副詞のカタマリをつくる接続詞で表すんだ。

次のように，〈**命令文, and**[**or**] ....〉は接続詞 **if** や **unless** を使って書きかえることができるんだ。

- 〈**命令文, and ＋ S ＋ V ....**〉：「〜しなさい，そうすれば…」
  - ➡ 〈**If 〜, S ＋ V ....**〉　　　：「もし〜すれば，…」

  - 例　Study hard, **and** you will pass the examination.
    「いっしょうけんめいに勉強しなさい，そうすればあなたは試験に合格するでしょう」
    * pass：〜に合格する　examination：試験

  - 例　**If** you study hard, you will pass the examination.
    「もしいっしょうけんめいに勉強すれば，あなたは試験に合格するでしょう」

- 〈**命令文, or ＋ S ＋ V ....**〉：「〜しなさい，さもないと…」
  - ➡ 〈**Unless ＋肯定文 , S ＋ V ....**〉：「もし〜しなければ，…」
  - ➡ 〈**If ＋否定文, S ＋ V ....**〉　　　：「もし〜しなければ，…」

  - 例　Study hard, **or** you won't pass the examination.
    「いっしょうけんめいに勉強しなさい，さもないとあなたは試験に合格しないでしょう」

  - 例　**Unless** you study hard, you won't pass the examination.
    「もしいっしょうけんめいに勉強しなければ，あなたは試験に合格しないでしょう」

  - 例　**If** you don't study hard, you won't pass the examination.
    「もしいっしょうけんめいに勉強しなければ，あなたは試験に合格しないでしょう」

---

(4)　下の文は，「私が７歳のときに」を副詞のカタマリをつくる接続詞 **when** で表せるね。過去のことだから，be 動詞の過去形 **was** を使うよ。

中学1年　中学2年　中学3年

408

(5) 上の文は「夕食をすませたあと，テレビを見なさい」，下の文は「夕食をすませなさい」という命令文なので，「テレビを見る前に」という文を続ければいい。副詞のカタマリをつくる接続詞 **before** を使うよ。

解答

1 (1) when (2) Though (3) that

2 (1) He said that his father was sick (.)

(2) It began to rain before my father got home (.)

（**before** を加える）

(3) After I come home, I'm going to call my aunt (.)

(4) (He) was absent from school because he caught a cold (.)

(5) (We) will go on a picnic if it is fine (**tomorrow.**)

3 (1) if (2) though[although]

(3) Unless (4) when, was

(5) before

　マメ君，みぃちゃん，よくがんばったね。お疲れさま。

　中学2年の英語もこれでおしまいだよ。この学年は覚えることが中学1年の倍以上はあるはず。コツコツやっていかないとあっという間に忘れてしまうから気をつけようね。

　3年生になったら，またいっしょにがんばろうね！

2年生はかなりたくさんのことを学習したような気がするなあ。ちゃんと復習しないと……。

3年生になるのがちょっと不安だけど……。でも英語が楽しくなってきました！

中学 3 年

Lesson 24　現在完了

マメ君，みぃちゃん，こんにちは！

　さあ，いよいよ受験学年の中学3年生になったね。英語を学習してもう2年たったけど，相当たくさんのことを学んできたよ。ちゃんと復習してきたかな？

はい。たくさんありすぎて混乱しそうですが，なんとか学習したことを忘れないようにがんばります。

いよいよ受験なんですね。学校の定期テストは出題範囲が決まっているけれど，受験では中学で習う全範囲が出題されるんですね。それを思うとかなり不安です。

　たしかにみぃちゃんの言うとおり，高校入試では中学で学習したことがすべて試験範囲になるけど，だからこそ，がんばって乗り越えたときには今までにない喜びと達成感を経験できるんだよ。逃げられない現実に立ち向かって乗り越えたときに，一段階大人になれるのかもね。がんばる君たちを全力で支えていくから，安心してついておいで！

Ⅰ 現在完了とは？ ···

　では，中学3年生の学習事項の1発目である現在完了（げんざいかんりょう）を見ていこう。

　今まで学習してきた時制（じせい）（時間的な内容を表す学習）は，現在・過去・未来・進行形だったね。これらの内容に加えて，中学で学習する最後のとりでとなるのが，現在完了なんだ。

　現在完了なんて聞き慣れないことばだよね。じつは日本語の文法には存在しない時制なんだ。今まで学習した英語は，日本語との語順や言い回しのちがいだけで何とかクリアできたけど，この現在完了という考え方は，それ自体が日本語にはないものなんだ。だから，学習者が挫折（ざせつ）する率が高い単元になっているんだよ。

　では，集中してその考え方を理解していこう。

| 問題❶ ▶ 次の日本文を英語にしなさい。

❶　私は今，東京に住んでいます。
❷　私は3年間，東京に住んでいます。

　マメ君，この2つの文を英語に直してみようか。

> 　はい。❶は，「住んでいる」のは今現在だから現在の文で書けばいいですね。I live in Tokyo now. です。❷も，「住んでいる」だから現在形を使い，「3年間」は for three years で書けそうなので，I live in Tokyo for three years. でいいですか？

　ありがとう。❶はマメ君の言うとおり，現在の文で書けばいいね。ところが，❷はちょっとちがうんだ。「住んでいる」という今現在の表現なんだけど，「3年間」という時間に幅がある表現が加わっているのはわかるかな。「3年前に住み始めて，今もまだ住んでいる」という，過去から現在までのしばらくの期間にわたっての内容を表すときに，現在完了を使うんだよ。

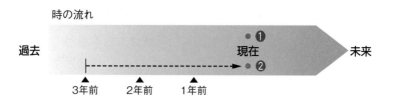

　では，その現在完了の形を発表しよう。〈have ＋ 過去分詞〉で書けばいいんだ。

問題❶ の解答 ▶
　❶　I live in Tokyo now.
　❷　I have lived in Tokyo for three years.

　過去分詞は，**Lesson 21** の**受動態**で学習したね。過去分詞の形はしっかり覚えないとダメだよ。**重要不規則動詞 80 語**（☞ p.560-563）を見てから，何度も声に出して，そして書いて覚えていこう。
　では，もう1つ問題をやってみよう。

問題❷ ▶ 次の日本文を英語にしなさい。

　❶　彼女は昨日，自分の時計をなくしました。
　❷　彼女は自分の時計をなくしてしまいました。

今度はみぃちゃんにやってもらおう。

> はい。❶は「昨日」があるので，過去の文で書けそうです。「なくす」はloseだから，その過去形lostを使って，She lost her watch yesterday. でいいと思います。❷の「なくしてしまいました」もやはり過去のことなので過去の文でよさそうだけど，先生が問題にするぐらいだからちがうのかなあ。

おしいところまで考えられたね。❶は正解だよ。

❷に関しては，日本語だけ見ると過去の文で言えそうだね。でも，英語の感覚では，「なくしてしまった＝今も見つかっていない」という内容まで表すんだ。英語では，明確に過去のことを表す語句（yesterday / last Sunday など）を使えない場合は過去の文では書けないんだよ。つまり，❷は「過去になくしてしまった時計が今も見つかっていない」という**過去から現在までのしばらくの期間**にわたっての内容を表しているから，yesterday のような過去の一点を表す語句を使うことはできないね。こういう場合は現在完了で表すんだ。日本語にはない英語の感覚というものを実感できる文だね。

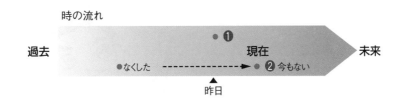

❷の答えは，主語にも注意。主語がI / you 以外の単数の代名詞や名詞の単数形のときは，have を has にして，〈**has ＋ 過去分詞**〉で表すよ。

 **の解答** ▶ ❶ She lost her watch yesterday.

❷ She has lost her watch.

日本語では見られない現在完了の感覚をつかんでくれたかな？

　現在完了には具体的に3つの用法があるんだけど，それはあとで説明するよ。

 ポイント　現在完了の形と考え方

● 原則 ➡ 〈主語 ＋ **have** ＋ 過去分詞 ～.〉

　主語が3人称・単数のとき ➡ 〈主語 ＋ **has** ＋ 過去分詞 ～.〉

● 過去に起こった出来事や状態を，現在を中心に述べる表現。

> 現在完了のこの考え方はとっても大事だから，しっかり確認しておこうね。

現在完了の否定文と疑問文・・・・・・・・・・・・・・・・・・・・

現在完了の否定文と疑問文をしっかり覚えよう。

◻ 現在完了の否定文

　現在完了の否定文は，have[has] のあとに not を置いて，〈have[has] not ＋ 過去分詞〉で表すよ。**過去分詞はそのまま使い，動詞の原形にはしない。** 過去の文に慣れてしまうと，つい原形にしちゃいそうだね。気をつけてね。

　短縮形の **haven't** や **hasn't** を使うこともあるよ。

 ポイント　現在完了の否定文の形

● 否定文 ➡ 〈主語 ＋ **have[has] not** ＋ 過去分詞 ～.〉
　　　　　　　　＝短縮形 haven't / hasn't

　例　I **have not[haven't] lived** in Tokyo for three years.
　　　「私は 3 年間東京に住んでいません」
　　　She **has not[hasn't] lived** in Tokyo for three years.
　　　「彼女は 3 年間東京に住んでいません」
　　　注　過去分詞はそのままで，原形にはしない。

◻ 現在完了の疑問文

　現在完了の疑問文は，have[has] を文頭に出し，〈Have[Has]＋主語＋過去分詞 ～?〉とするよ。否定文と同様に，過去分詞を動詞の原形にしないように。

　それに対しては have や has を使って，〈Yes，主語 ＋ have[has].〉，あるいは〈No，主語 ＋ haven't[hasn't].〉と答えるよ。

中学1年　中学2年　中学3年

ポイント　現在完了の疑問文の形

- 疑 問 文 ➡〈**Have**［**Has**］＋主語＋過去分詞 ～?〉
- 答えの文 ➡〈**Yes, 主語 ＋ have**［**has**］.〉

　　　　　　〈**No, 主語 ＋ haven't**［**hasn't**］.〉

　例　**Have you lived** in Tokyo for three years?

　　「あなたは東京に3年間住んでいますか」

　　——　Yes, I **have**.

　　　　「はい，住んでいます」

　　——　No, I **haven't**.

　　　　「いいえ，住んでいません」

　例　**Has she lived** in Tokyo for three years?

　　「彼女は3年間東京に住んでいますか」

　　——　Yes, she **has**.　「はい，住んでいます」

　　——　No, she **hasn't**.「いいえ，住んでいません」

　注　過去分詞はそのままで，原形にはしない。

ほかの疑問文のつくり方としっかり区別しようね。

現在完了の用法と意味 ·······················

　大きく分けて，現在完了の文には**完了・結果，継続，経験**の3つの用法があるんだ。すべてに共通する考え方は，過去に起こった出来事や状態を，現在を中心に述べる表現，ということ。それぞれの使い方と，よく使われる語句をしっかり頭に入れようね。

1 完了用法の文とよく使われる語句

「～したところだ；～してしまった」という完了の意味を表すのが現在完了の**完了用法**だ。この用法では，次のような語句がよく使われるよ。

● 現在完了の完了用法でよく使われる語句

● <ruby>just<rt>ジャスト</rt></ruby>（ちょうど今）：**have[has]** と過去分詞のあいだに置く

　　例　We have **just** arrived at the station.
　　　　「私たちはちょうどその駅に着いたところです」

● <ruby>already<rt>オールレディ</rt></ruby>（すでに；もう）：**have[has]** と過去分詞のあいだに置く

　　例　She has **already** finished her homework.
　　　　「彼女はすでに宿題を終えました」

● <ruby>yet<rt>イェット</rt></ruby>（もう；まだ）：ふつう文末に置く。疑問文では「もう」，否定文では「まだ（～ない）」の意味を表す

　　例　Have you written a letter **yet**?
　　　　「あなたはもう手紙を書きましたか」
　　　　── Yes, I have.　「はい，書きました」
　　　　── No, I haven't.　「いいえ，書いていません」

　　例　He has**n't** written a letter **yet**.
　　　　「彼はまだ手紙を書いていません」

　これらの語句は，過去から続いてきた行為が今の時点で完了しているかどうかの意味をもつので，現在完了といっしょに使えるんだ。

　結果用法は「～してしまって，今は…」という意味で，過去に起こったことの結果としての現在の状態を述べているよ。完了用法の文のように，とくにいっしょに使う語はないから，文の流れから意味を判断しよう。

- **We have lost our tickets.**
  「私たちは切符をなくしてしまいました。〔今も持っていません〕」
- **Tom has gone to Canada.**
  「トムはカナダに行ってしまいました。〔今はここにはいません〕」
- **Spring has come.**「春が来ました。〔今も春です〕」

---

② 継続用法の文とよく使われる語句

　次に，継続用法の文を見ていこう。 問題❶ （☞ p.413）の❷で扱った文が継続を表しているから，もう一度見てみよう。

- **I have lived in Tokyo for three years.**
  「私は3年間，東京に住んでいます」

「3年前に住み始めて，今もまだ住んでいる」と，**過去のある時点に始まった状態が現在もまだ続いている**という考え方だよ。

　いっしょに使う有名な語句があるからまとめてみよう。

- 現在完了の継続用法でよく使われる語句
  - 〈for ＋ 期間を表す語句〉「〜のあいだずっと」
    ：文末に置くことが多い
  - 例　I have been busy for a week.「私は1週間ずっと忙しい」
    過去分詞　　　　　　　　　　　＊ been：be動詞の過去分詞

  - 〈since ＋ 過去のある時を表す語句〉「〜からずっと；〜以来ずっと」
    ：文末に置くことが多い
  - 例　She has lived in Kobe since 2008.
    「彼女は2008年からずっと神戸に住んでいます」

    since は次のように接続詞として，〈since ＋主語＋動詞の過去形〉「〜して以来ずっと」の形で使われることもあるから注意しよう。
  - 例　She has lived in Kobe since she left Tokyo.
    「彼女は東京を出て以来，ずっと神戸に住んでいます」

③　もう1つの継続用法の文（現在完了進行形）

また，「継続」の表現の仕方にはもう1つ種類があることも押さえておこうね。

問題③ ▶ 次の日本文を英語にしなさい。

彼は3時間，その本を読んでいます。

マメ君，英作文してくれるかな？

422

はい,「3時間」という時間
の幅があるので,現在完了で
書けばいいと思います。He
has read the book for three
hours. でいいですよね。

ありがとう。たしかに先ほど学習した,「継続」を表す現在完了は
〈have[has]＋過去分詞〉だったけどね,じつはまちがっているんだ。
マメ君,何かの動作が継続するとき,「〜する」(動作)と「〜してい
る」(状態)のどちらの言い方なら動作を続けられると思う?

ん〜,「〜する」は1回終わって
しまうとそのあと続けられませんよ
ね。だから,「〜している」の表現
のほうが続けられそうですね。

そのとおりだね! そこで, 問題❸ の動詞を考えてごらん。「本を読
む」は,1回終わってしまうと続けられない,「〜する」の動作表現だよ
ね。「本を読む」ことをずーっと続けるには「〜している」の状態にし
ないといけないよね。
このように,「継続」(〜している)のように時間に幅がある表現で
は,使う動詞の性質を考える必要があるんだ。もともとの動詞の訳し方
が「動作」(〜する)である場合,「継続状態」(〜している)にかえな
いと続けられないということになるよね。
そこでみぃちゃん,「動作」(〜する)を「継続状態」(〜している)

にかえるとき，どんな表現を使ったか覚えているかな？　中学１年の範囲で学習したところだよ。

> あ，覚えています。それは，現在進行形でしたね。〈be 動詞＋動詞の -ing 形〉にすると，「動作」（～する）から「状態」（～している）にかえられました。

　そのとおり，よく覚えていたね。現在進行形は，「今，その瞬間～している」という意味で，実際には時間に幅はないよね。
　では，[問題❸]の〈時間に幅がある「３時間」＋状態の表現「読んでいる」〉を表す言い方をマスターしよう！

- **現在完了進行形**
  - **型**　：主語＋ **have[has] been** ＋動作動詞の **-ing 形**
    ＋$\left\{\begin{array}{l}\textbf{for} ＋時間を表す語句 \\ \textbf{since} ＋過去を表す語句\end{array}\right\}$.
  - **意味**：「（主語）は…のあいだずっと［…以来ずっと］～している」
    注　過去分詞 been は，主語がだれであろうと形をかえない！

　時間に幅がある表現は現在完了（have been）で表し，動作を状態にかえる表現は進行形（be 動詞＋動作動詞の -ing 形）で表す。これを合体させたのが，「現在完了進行形」（have[has] been ＋動作動詞の -ing 形）という時制なんだよ。

[問題❸]の解答▶　He has been reading the book for three hours.

え？　先生，414ページに出てきた I have **lived** in Tokyo for three years. は，なんで進行形にしないんですか？

　マメ君，いい質問だ！　使われている動詞 live を考えてごらん。動詞 live は「住む」ではなく，もともと「住んでいる」という状態の動詞だよね。状態の動詞は進行形にせずにそのまま〈have[has]＋過去分詞〉の形で表現すれば大丈夫なんだ。

- 継続：「ずっと〜している」の言い方
  ❶　〈主語 ＋ **have**[**has**] ＋状態動詞の過去分詞 .〉　（現在完了）
  ❷　〈主語 ＋ **have**[**has**] **been** ＋動作動詞の **-ing** 形 .〉
  　　　　　　　　　　　　　　　　　　　　　　　　　（現在完了進行形）

  意味：「（主語）はずっと〜している」

　「継続」の表現には，このように 2 つの言い方があるから気をつけようね。では，次は「継続」の疑問文だよ。
　継続の「期間」をたずねるときの言い方を学習しよう。次のように，how long のあとに現在完了の疑問文を続けるよ。

- 「期間」をたずねる疑問文と答えの文
  - **疑　問　文**：How long have you been busy?
    　　　　　　「あなたはどのくらいのあいだ，忙しいのですか」
  - **答えの文**：── For a week.　「1 週間です」
    　　　　　　── Since yesterday.「昨日からです」

中学1年

中学2年

中学3年

> 注　疑問詞 how long から始まる疑問文なので，Yes / No ではな
> く具体的な内容を答える。

4　経験用法の文とよく使われる語句

　過去に経験した出来事を今の時点で述べるときにも，現在完了が使え
るよ。この場合を経験用法という。

問題④ ▶　次の日本文を英語にしなさい。

❶　私は 2 年前にアメリカに行きました。

❷　私はアメリカに行ったことがあります。

みぃちゃんにお願いしよう。

> はい。❶は「2 年前」なので過
> 去の文ですね。I went to America
> two years ago. です。❷は，過
> 去を表す語句がないので現在完了
> で書けそうです。I have gone to
> America. でいいですか？

❶は正解。❷の考え方はとてもいい。よく私の説明を聞いているね。
　たしかにアメリカ英語では，have gone to ～ で「～へ行ったことがあ
る」という経験を表すことがあるんだけど，中学の英語では **have gone
to ～** は**結果**の意味でとらえることが多いんだ。先ほど「結果」の例文，
Tom has gone to Canada. 「トムはカナダに行ってしまいました。〔今は
ここにはいない〕」と同じ意味で使われるほうが多い。

　❷は，go の過去分詞ではなく be 動詞の過去分詞 **been** を使って，
have been to ～ で表すんだ。

問題④ の解答 ▶ ❶ I went to America two years ago.

❷ I have been to America.

❗ ポイント　have[has] been to ～ の意味

have[has] been to ～には，次のように２つの意味がある。

● 経験➡「～へ行ったことがある」

　例　He **has been to** Europe three times.　＊Europe：ヨーロッパ

　　　「彼は３回，ヨーロッパへ行ったことがあります」

● 完了➡「～へ行ってきたところだ」

　例　They **have been to** the station.

　　　「彼らは駅へ行って（帰って）きたところです」

　注　このように２つの意味をもつので，いっしょに使われる語句
　　　（副詞）や文脈で判断すること。

では，経験用法の文といっしょに使われる語句をまとめてみよう。

● 現在完了の経験用法でよく使われる語句

　● 回数を表す表現：文末に置く

　once　「１回」　twice　　　　「２回」

　～ times「～回」　many times「何回も」

　　例　I have seen him **once**.

　　　　「私は彼に１回会ったことがあります」

　　例　I have seen him **twice**.

　　　　「私は彼に２回会ったことがあります」

　　例　I have seen him **three times**.

　　　　「私は彼に３回会ったことがあります」

　　例　I have seen him **many times**.

　　　　「私は彼に何回も会ったことがあります」

● 頻度を表す副詞：**have**［**has**］のあとに置く

often「しばしば」　　**sometimes**「ときどき」

例 I have **often** seen him.

「私は彼にしばしば会ったことがあります」

例 I have **sometimes** seen him.

「私は彼にときどき会ったことがあります」

● 疑問文で使う副詞

ever「今までに」：**過去分詞の前に置く。**

例 Have you **ever** seen him?

「あなたは今まで彼に会ったことがありますか」

How many times 〜 ?「何回〜したことがありますか」

例 **How many times** have you seen him?

「あなたは何回彼に会ったことがありますか」

—— Twice.「2回です」

● 否定文で使う副詞

never「一度も〜ない」：経験用法の否定文では，**not** ではなく

never を使う。

例 I have **never** seen him.

「私は彼に一度も会ったことがありません」

ここまでは大丈夫
かな？

中学1年

中学2年

中学3年

現在完了といっしょに使えない語句………………

　さっき，みぃちゃんが解答に悩んだ「彼女は自分の時計をなくしてしまいました」という表現は，英語では現在完了で書かないとダメだったよね。現在完了は，言いかえれば現在のことを表す現在時制の一部だから，はっきりと過去を表す語句といっしょに使うことはできないというわけだ。

　つまり，過去のことを表す語句（＝過去の副詞）を覚えてしまえば，現在完了で使ってしまうという失敗をしなくてすむわけだね。じつは，すでに **Lesson 11**（☞ p.189）で扱っていたのを覚えているかな。もう一度その表を書いてみよう。

● **過去を表す副詞**　　　　　　　　　注　現在完了の文では使えない。

- yesterday　　　　　　　　　　　「昨日」
- the day before yesterday　　　「おととい」
- then = at the time　　　　　　「そのとき」
- the other day　　　　　　　　　「先日」　＊ other：もう一方の；ほかの
- in those days　　　　　　　　　「その当時」
- ～ ago「～前」　：two weeks ago　「2週間前」
　　　　　　　　　　three hours ago「3時間前」
- last ～「前の～」：last week　「先週」/ last night「昨夜」/
　　　　　　　　　　last month「先月」/ last year　「去年」

 ポイント　現在完了と過去を表す副詞

- 明確に過去を表す語句（副詞）がある場合は，現在完了ではなく過去の文で書く。

　ここでマメ君に問題をやってもらおう。今まで習ったことを思い出して，よく考えてね。

問題⑤ ▶ 次の日本文を英語にしなさい。

❶　彼らは3日前に東京を出発しました。
❷　彼らは3年間東京に住んでいました。

　はい。❶は「3日前に」とはっきり過去のことを言っているので，過去の文で書けばいいですね。They left Tokyo three days ago. です。❷は「3年間」という現在までの期間を表しているので現在完了かな？　と思ったのですが……。「住んでいます」ならば今も住んでいることになるから現在完了で OK ですよね。でも「住んでいました」だから，今はどうなんだろう。だから，They lived in Tokyo for three years. でいいのかな？

　マメ君，両方とも正解だよ。よくできたね。
　❶は「3日前」とはっきり過去のことを言っているから過去の文で書けばいいね。
　でも，❷は，マメ君の言うように，「住んでいました➡今も住んでいるかどうかわからない」だから，やはり現在完了では書けないんだ。
　これを図で説明してみよう。

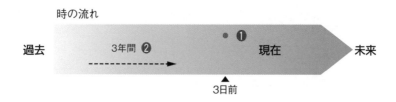

わかるかな？　どちらも現在のことはまったく述べていないので，現在完了は使えないね。

問題❺ の解答▶ ❶ They left Tokyo three days ago.
❷ They lived in Tokyo for three years.

　以上で，日本語の文法には存在しない現在完了の学習はひと通りできたよ。とても難しい内容だったと思うけど，最後に，いつも注意してほしいことを言っておこう。
　現在完了は，過去に起こった出来事や状態を，現在を中心に述べる表現なので，英作文のときには日本文にまどわされないこと！

　それでは**実践問題**をやって，理解できているかどうか，確認してみようね。

難しい内容だけど，
考え方を理解できれば
こわくないよ。

実 践 問 題

1 次の各組の文がほぼ同じ意味になるように，（　　）内に適する語を書きなさい。

(1) My sister became sick last Sunday and she is still sick.

My sister has （　　） sick （　　） last Sunday.

＊ still：いまだに
（スティル）

(2) He went to America and he is still there.

He has （　　） to America.

2 次の文の（　　）内から適する語を選びなさい。

(1) (Have, Has, Will, Does) your brother written a letter?

(2) My brother has been busy (since, from, for, on) one week.

(3) Tom and Dick (has, have, are, were) finished lunch.

3 次の日本文にあうように，（　　）内の語を並べかえなさい。ただし，それぞれ 1 語不足しているので補うこと。

(1) 私は 3 回北海道に行ったことがあります。

(have / Hokkaido / I / three / to / times).

(2) 彼女はいつからひまですか。

(she / how / free / been / has) ?

(3) あなたは彼と何回野球をしたことがありますか。

(have / baseball / him / how / played / you / many / with) ?

(4) 彼の父親が亡くなって 5 年になります。

(has / father / five / dead / years / his / been).

＊ dead：死んでいる
（デッド）

(5) 5 時間雨が降っています。

(has / for / raining / hours / it / five).

解説

1

(1) 日本文にして考えてみよう。上の文は「私の姉[妹]は先週の日曜日に病気になり，いまだに病気です」でいいね。これを1つの文にすると，「私の姉[妹]は先週の日曜日から（ずっと）病気です（今も病気です）」だね。もうわかったかな。過去に起こった状態が今も続いている**現在完了の継続用法**で答えよう。ただし，has become では書けないから注意だよ。「病気になる（become）」はある時点のことしか表せないからね。ここでは，「病気である」という状態が今も続いているのだから，be 動詞の過去分詞 **been** を使うんだ。また，「先週の日曜日からずっと」の表現は，あとに続く語が過去の時を表す語句（last Sunday）なので，for ではなく **since**。

(2) これも日本文にしてみよう。上の文は「彼はアメリカに行きました，そして，彼はいまだにそこ（＝アメリカ）にいます」。1つの文で考えると，「彼はアメリカに行ってしまいました（今はここにいません）」となるよね。そう，**現在完了の結果用法**だね。

2

(1) 疑問文だね。助動詞 will や does を文頭に置く疑問文は，あとの動詞が原形になることを思い出そう。問題文は written という過去分詞があるので，現在完了の疑問文だとわかるはずだよ。主語の your brother は3人称・単数なので，**Has** で決まり。

　和訳「あなたのお兄さん[弟さん]は手紙を書きましたか」（完了用法）

(2) 現在完了の「完了・結果」「継続」「経験」のどの用法かな？〈前置詞＋期間を表す語句〉は，継続用法で使われる表現だったね。〈**for** ＋期間を表す語句〉と〈**since** ＋過去のある時を表す語句〉を覚えているかな？ one week は「期間」を表すから，for one week「1週間ずっ

と」だよ。

和訳 「私の兄[弟]は１週間ずっと忙しい」（継続用法）

(3) ここで，are や were を選んでしまうと受動態になるね。受動態だと「トムとディックは終わられた……」と意味が不明になるから，現在完了の文だとわかるね。主語が複数であることに注意しよう。

和訳 「トムとディックは昼食を終えたところです」（完了用法）

3

(1) 「～に行ったことがある」は，**現在完了の経験用法**で習ったね。**have been to ～** を思い出そう。不足語は **been** だよ。

(2) 「いつから」＝「どのくらい長い期間（how long）」を思いついたかな？ この考え方は覚えておくと便利だよ。「期間」をたずねる疑問文なので，**現在完了の継続用法**になるんだ。ここでは how long の **long** が不足語だね。

(3) 「何回～したことがありますか」とあるので，**現在完了の経験用法**の文になるよ。**How many times ～?** でいいね。

(4) これはテストによく出る問題だよ。じつは大学入試でもよく出題されるんだ。「デッド構文」「死ぬ構文」なんて名前までつくほど，書きかえ問題ではメジャーな文だ。「…して～（時間）がたつ」というお決まりの構文として，忘れないようにね。

まず，次の日本文を見てみよう。
❶「彼の父親は５年前に亡くなりました」
❷「彼の父親は５年間ずっと死んでいる状態のままです」
❸「彼の父親が亡くなって以来５年です」
❹「彼の父親が亡くなって以来５年が経過しました」

これらの日本文を英文にしてみよう。

❶ His father died five years ago.

❷ His father has been dead for five years.

❸ It has been five years since his father died.

❹ Five years have passed since his father died.

❶は「5年前」という過去の時点を表しているので，die の過去形 **died** を使った過去の文。❷は「死ぬ」という動作が5年続くのではなく，「死んでいる」状態が5年続いていて今でも死んでいるから，**現在完了の継続用法**で書ける。❸は時間を表す文で，主語は訳す必要のない It。接続詞 since よりあとには過去の文が続くよ。❹は主語に年数の Five years があるので，動詞は「過ぎる」の意味の pass を使う。継続しているので現在完了で書くこと。❷・❸・❹はすべて現在完了の継続用法で書くことができるんだ。

　問題文は，❷のパターンだね。

(5)　日本文の「5時間（ずっと）」は**現在完了の継続用法**だよね。〈主語＋ have[has] ＋過去分詞＋ for ＋時間を表す語句.〉で書けばいいと思うけど，過去分詞がないことに気づこう。「雨が降る」という動詞は，もともと1回降ってやんだらおしまいの**動作動詞**だよね。それを「5時間」降っている状態にするのだから，**現在完了進行形**〈**主語＋ have[has] been ＋動作動詞の -ing 形＋ for ＋時間を表す語句.**〉にするんだね。天候を表す文では主語に It を置くことを思い出せば完成。

中学1年

中学2年

中学3年

解答

1 (1) been, since　　(2) gone

2 (1) Has　　(2) for　　(3) have

3 (1) I have <u>been</u> to Hokkaido three times (.)

(2) How <u>long</u> has she been free (?)

(3) How many <u>times</u> have you played baseball with him (?)

(4) His father has been dead <u>for</u> five years (.)

(5) It has <u>been</u> raining for five hours (.)

（下線の語が不足語）

Lesson 25 間接疑問文・付加疑問文

　さて，今回は間接疑問文と付加疑問文を勉強していこう。ふつうの疑問文と何がちがうのか，どんな使い方をするのか，くわしく説明するよ。

Ⅰ 間接疑問文

1 間接疑問文とは？

　疑問詞を使った疑問文を **Lesson 6** で学習したね。当然覚えていると思うけど，ちょっと次の問題をやってみよう。

> **問題❶** ▶ 次の日本文を英語にしなさい。
>
> 　彼女はどこに住んでいますか。

みぃちゃん，お願いね。

> 　はい。「どこに」を表す疑問副詞 where を文頭に置けばいいんですよね。where のうしろは疑問文の語順なので，Where does she live? でいいと思います。

みぃちゃん，よくできました。

問題❶の解答 ▶　Where does she live?

　では，この疑問文をちょっといじってみよう。疑問詞 where はそのままで，does she live を肯定文にし，文末のクエスチョンマークをとってみるとどうなるかな？　これは全体が名詞のカタマリになるんだ。

Where does she live?「彼女はどこに住んでいますか」
　　　　　↓ 肯定文の語順に
where she lives　　　　「彼女がどこに住んでいるか（ということ）」
全体が名詞のカタマリになる

　名詞のカタマリをつくる接続詞（that / whether / if）は **Lesson 23** で学習したね。文中で主語，目的語，補語のはたらきをしたのは記憶に新しいよね。
　同じように，疑問詞に続く疑問文を〈主語＋動詞 ～〉の語順に書き直したもの（where she lives）は名詞のカタマリとなり，間接疑問文で使われるんだ。もちろん，このままで使うことはできないので，文の一部として使われるよ。例文を見ていこう。

2　間接疑問文の形

●間接疑問文のつくり方
Where does she live?「彼女はどこに住んでいますか」
　　　　　↓ 肯定文の語順に
＜where she lives＞　←名詞のカタマリになる

I don't know ＜where she lives＞.　←間接疑問が入った文
　　　　　　他動詞 know の目的語
「私は彼女がどこに住んでいるのか知りません」

間接疑問文では，すべての疑問詞（**疑問代名詞・疑問副詞・疑問形容詞**）（☞ **Lesson 6**）を使うことができる。

次に例をあげてみるよ。

- I know ＜**what** you want＞.
  「私はあなたが何をほしがっているのか知っています」
- Tom wants to know ＜**when** you'll come home＞.
  「トムはあなたがいつ帰宅するのか知りたがっています」
- I don't know ＜**how** you made this chair＞.
  「私はあなたがどうやってこのいすをつくったのか知りません」

---

3 間接疑問文の注意すべき用法

疑問代名詞が主語になる疑問文を覚えているかな。次の問題をマメ君にやってもらおう。

問題2 ▶ 次の日本文を英語にしなさい。

だれがその手紙を書きましたか。

はい。中学1年の復習ですね。「だれが」なので，疑問代名詞は who ですね。疑問代名詞が主語なので，Who did write ～? では書けませんよね。write の過去形 wrote を使って，Who wrote the letter? でいいですか？

優秀だね。私の説明はいらないみたいだね。マメ君の言ったとおり，疑問代名詞が主語の場合，〈疑問代名詞＋動詞 ～ ?〉の語順だったよね。

問題②の解答 ▶　Who wrote the letter?

疑問代名詞が主語の場合，疑問代名詞以降の文はもとから〈主語＋動詞〉の語順なので，間接疑問文になっても語順はかわらないよ。

- 疑問代名詞が主語の間接疑問文

Who wrote the letter? 「だれがその手紙を書きましたか」

↓ who が S なので，そのままの語順

＜who wrote the letter＞　←名詞のカタマリ

I don't know ＜who wrote the letter＞.

「私はだれがその手紙を書いたのか知りません」

　ポイント　間接疑問文のまとめ

- 〈S ＋ V ＋ ＜疑問詞 ＋ S' ＋ V' ～＞.〉
　　　 他動詞　　　　O（名詞のカタマリ）

　注　疑問代名詞が主語の場合は次のようになる。

　　〈S ＋ V ＋ ＜疑問代名詞（S'）＋ V' ～＞.〉
　　　 他動詞　　　 O（名詞のカタマリ）

　主語になる疑問代名詞は who「だれが」/ which「どちらが」/ what「何が」の 3 種類。

付加疑問文 ···

1 付加疑問文とは？

付加疑問文（ふかぎもんぶん）は，相手に「**念を押す**」ときや，「**同意を求める**」ときに使うよ。

最初に日本語で考えてみよう。

---

❶ ヒロシは親切ですか。

❷ ヒロシは親切ですね。

マメ君，どちらの日本語が相手に「念を押す」または「同意を求める」表現かな？

> えーと，❶は文末が「〜ですか」なのでふつうの疑問文ですね。だから，❷の「〜ですね」が「念を押す」表現だと思います。

そのとおりだよ。私たちは「念を押す」ときには「〜だよね」とか「〜でしょ」のように使うよね。今気づいたんだけど，授業での私の話し方はほとんど「〜だよね」「〜でしょ」になってた（笑）。そうか，みんなに「同意を求める」表現で授業を展開していたんだね。

ふつうの疑問文とのちがいはわかってくれたね？

では，英語ではどんなふうに表現すればいいのか，考えていこう。

2　付加疑問文のつくり方

1.　肯定文の場合

肯定文の場合は文末に，〈動詞［助動詞］の否定の短縮形＋主語の代名詞 ?〉をつけるよ。

be 動詞の文と一般動詞の文ではすこし異なるので，分けて説明しよう。

■ be 動詞の文の場合：〈be 動詞の否定の短縮形＋主語の代名詞 ?〉を置く

● be 動詞の付加疑問文

Hiroshi is kind.　　　　　「ヒロシは親切です」

　　↓ 付加疑問文に　　↓ クエスチョンマークを入れる

Hiroshi is kind, **isn't he?** 「ヒロシは親切ですよね」

　　↑　　　　↑
コンマを入れる　〈is と not の短縮形 ＋ Hiroshi の代名詞 ＋ ?〉

次のことに気をつけよう。

 ポイント　付加疑問文のつくり方

❶　疑問文なので，文末にクエスチョンマークをつける。

❷　〈動詞の否定形＋代名詞〉の前にコンマを入れる。

❸　動詞の否定形は短縮形で書く。たとえば，**is not** はダメ。

❹　文末の主語は代名詞にする。たとえば，〈**, isn't Hiroshi?**〉は
　ダメ。

　以上のことをしっかり頭に入れて，あとで説明するいろいろな付加疑問文でも注意しようね。

　付加疑問文は疑問文だから，もちろん答えの文もあるよ。肯定の付加疑問文の答え方はふつうの疑問文の答え方とかわらないよ。

- Hiroshi is kind, **isn't he?**「ヒロシは親切ですよね」
  —— Yes, he **is**. 「はい，親切です」
  —— No, he **isn't**.「いいえ，親切ではありません」

■一般動詞の文の場合：〈**don't[doesn't / didn't]**＋主語の代名詞**?**〉を置く

- **一般動詞の付加疑問文**
  Hiroshi likes motorcycles.「ヒロシはオートバイが好きです」

  付加疑問文に　　　　　　　　　　　　　　　 ＊ motorcycle：オートバイ
  　　　　　　　　　　　　　　コンマを入れる

  Hiroshi likes motorcycles, **doesn't he?** ←クエスチョンマークを入れる
  　　　　　　　　前の動詞に合わせる　　Hiroshi の代名詞

  「ヒロシはオートバイが好きですよね」
  注1 does not ではなく，短縮形の doesn't を使う。
  注2 主語が I / you や複数の場合は don't，過去の文のときは
  didn't を使う。

答え方は，一般動詞の疑問文と同じなので大丈夫だね。

- Hiroshi likes motorcycles, **doesn't he?**
  「ヒロシはオートバイが好きですよね」
  —— Yes, he **does**. 「はい，好きです」
  —— No, he **doesn't**.「いいえ，好きではありません」

次に，否定文の場合を説明するよ。

2.　否定文の場合

ここでも，be 動詞の文と一般動詞の文に分けて解説するね。

■ be 動詞の文の場合：〈**be 動詞の肯定形＋主語の代名詞 ?**〉を置く

● be 動詞の否定の付加疑問文

Tom and Mary weren't tired.　　　　　　　　　　　* tired：疲れた

　　　　　　　↓「トムとメアリーは疲れていませんでした」

　　　　付加疑問文に　　　　　コンマを入れる

Tom and Mary weren't tired, <u>were they</u>?　← クエスチョンマーク
　　　　　　　　　　　　　　　　　　　　　を入れる

　　　　　　　肯定形に　　Tom and Mary の代名詞

「トムとメアリーは疲れていなかったですよね」

答えの文はどうかな？

● Tom and Mary weren't tired, **were they**?

　「トムとメアリーは疲れていなかったですよね」

　── Yes, they **were**.　「いいえ，疲れていました」

　── No, they **weren't**.「はい，疲れていませんでした」

先生，なんかおかしなところを
見つけました。Yes で答えている
のに「いいえ」，No で答えている
のに「はい」になっていますよね。

　よく気づいたね。今からその話をしようと思っていたんだ。
　否定の付加疑問文の答えが，Yes では「いいえ」，No では「はい」となっているね。これは，日本語と英語のとらえ方のちがいなんだね。日本語では，

- もとの文の「疲れていなかった」を「いいえ」で打ち消して「疲れていました」と言う。
- もとの文の「疲れていなかった」を「はい」で肯定して「疲れていなかった」と言う。

　ところが英語では，

- **Yes に続く文：絶対に肯定文で表す**
- **No に続く文：絶対に否定文で表す**

　だから，（✗）Yes, he isn't. や（✗）No, he is. なんてありえないんだ。だから，こういうおもしろい現象が起きるんだね。注意しておこうね。

なんだか，日本語のほうが難しく感じてきました（汗）。

　そうだね。英語がどんどんわかるにしたがって，日本語の難しさに気づくようになるんだ。
　実際，日本語は世界の言語の中でもとても難しい言語の1つとして考えられていて，外国の人は日本語を勉強するときにとても苦労しているんだよ。

中学1年

中学2年

中学3年

■一般動詞の文の場合：〈**do [does / did]**＋主語の代名詞 **?**〉を置く

- 一般動詞の否定の付加疑問文

  Ms. Mori didn't have lunch.「森先生は昼食を食べませんでした」

  ↓ 付加疑問文に　　　↓ コンマを入れる

  Ms. Mori didn't have lunch, **did she?** ←クエスチョンマークを入れる

  　　　肯定形に ↑　↑ Ms. Mori の代名詞

  「森先生は昼食を食べなかったですよね」

答えの文は，次のようになるよ。

- Ms. Mori didn't have lunch, **did she**?

  「森先生は昼食を食べなかったですよね」

  —— Yes, she **did**.　「いいえ，食べました」

  —— No, she **didn't**.　「はい，食べませんでした」

3.　その他の付加疑問文

■助動詞を含む文の付加疑問文：〈助動詞（の短縮形）＋主語の代名詞 **?**〉を置く

- It will be fine tomorrow, **won't it**?「明日は晴れますよね」

  —— Yes, it **will**.　「はい，晴れるでしょう」

  —— No, it **won't**.　「いいえ，晴れないでしょう」

- Ken can't swim well, **can he**?

  「ケンはじょうずに泳げないですよね」

  —— Yes, he **can**.　「いいえ，泳げます」

  —— No, he **can't**.　「はい，泳げません」

■命令文：**will you?** をつける

● Open the window, **will you?** 「窓を開けてくれませんか」

　命令文の付加疑問文は，**依頼**の意味を表し，「～してくれませんか」と訳す。

■Let's ～. の文：**shall we?** をつける

● Let's go to the ballpark, **shall we?**
　「野球場に行きましょう」

　　　　　　　　　　　　ポールパーク
　　　　　　　＊ ballpark：野球場

── Yes, let's.　　「ええ，そうしましょう」
── No, let's not. 「いや，よしましょう」

以上で，間接疑問文と付加疑問文の学習はおしまい。**実践問題** で理解の定着を図ろう。

実 践 問 題

Disk 2 : 23 ～ 25 / DL : 25-1 ～ 25-3 🎧

1 次の文の(　　)内から適する語句を選びなさい。

(1)　I don't know (where did he live, where he lived, where lived he, where did he lived).

(2)　This book isn't yours, (does this, does it, is this, is it)?

(3)　Edward can play the guitar, (can Edward, can't Edward, can he, can't he)?
＊Edward：エドワード（人の名前）

(4)　Do you know (who is that boy, who that is boy, who that boy is, that boy is who)?

2　次の各組の文がほぼ同じ意味になるように，(　　)内に適する語を書きなさい。

(1)　{ What did you study? I don't know.
I don't know (　　) (　　) (　　).

(2)　{ I know his birthday.
I know when (　　) (　　) born.

(3)　{ He was absent from school yesterday. Do you know why?
Do you know (　　) (　　) (　　) absent from school yesterday?

3　次の日本文にあうように，(　　)内の語(句)を並べかえなさい。

(1)　あなたはだれがその絵を描いたか知っていますか。
(know / drew / you / do / the picture / who)?
＊drew：draw「～を描く」の過去形

(2)　あなたのお兄さんは今忙しいですよね。
(he / your brother / is / isn't / busy / now / ,)?

1

(1) 疑問詞 where がつくる名詞のカタマリが他動詞 know の目的語になっている**間接疑問文**だと気づいたかな？ 間接疑問文では，疑問詞よりうしろは〈主語＋動詞 〜〉の語順だったね。正しく並んでいるのは，where he lived だね。

　和訳「私は彼がどこに住んでいたのか知りません」

(2) 前の文の最後にコンマがあり，文末にクエスチョンマークがあるのは**付加疑問文**だったね。前の文が否定文（isn't）なので，肯定形の付加疑問を続けるということだね。そして，文の主語（This book）を代名詞 it にするんだね。

　和訳「この本はあなたのではないですよね」

(3) これも**付加疑問文**。前の文が肯定文（can play）で書かれているので，否定形の付加疑問が続くよ。助動詞 can がある付加疑問文は，〈can't ＋ S?〉で書けばいいね。固有名詞 Edwards は代名詞にすると he。

　和訳「エドワーズはギターをひけますよね」

(4) 疑問詞 who が名詞のカタマリをつくっている**間接疑問文**だと気づいたかな？

　みぃちゃん，選んでくれるかな。

　　　はい，疑問詞 who に続く文は「あの少年はだれですか」という意味ですよね。ふつうの疑問文だと，Who is that boy? ですよね。これを〈主語＋動詞 〜〉の語順にします。この who は主語なのだから，語順はそのままで Do you know who is that boy? でいいですか？

　おしいなあ。たしかに疑問代名詞 who が主語の場合は，語順はそのままで，たとえば，I know who made this desk.「私はだれがこの机をつくったのか知っています」で OK だよね。ただし，注意が必要なんだ。Who is that boy? では，who が主語かな？　ちがうよね。that boy が主語，is が動詞，そして who は補語なんだ。間接疑問文では，〈疑問詞＋ S ＋ V〉の語順になるから，who that boy is が正解だよ。

　　和訳「あなたはあの少年がだれだか知っていますか」

　この内容をもう一度まとめておこう。

- 間接疑問文で疑問代名詞が主語の場合と補語の場合
  - 疑問代名詞が主語の場合：
    〈S ＋ V ＋＜疑問代名詞（S'）＋動詞 〜＞.〉
    - 例　I know **who** broke the window.
      「私は，だれが窓を壊したのか知っています」
  - 疑問代名詞が補語の場合：
    〈S ＋ V ＋＜疑問代名詞（C[O]）＋S'＋動詞 〜＞.〉
    - 例1　I don't know **what** that is.
      「私は，あれが何なのか知りません」
    - 例2　I don't know **what** he has in his hand.
      「私は，彼が手に何を持っているのか知りません」

中学1年　中学2年　中学3年

2

(1) 2つの文を1つにすると,「あなたが何を勉強したのかを私は知りません」となりそうだね。文の途中に疑問詞がある<u>間接疑問文</u>になるよね。<u>疑問詞 what よりうしろは〈主語＋動詞 ～〉の語順</u>だから,what you studied で正解。過去の文だということを忘れないように。

(2) 上の文は,「私は彼の誕生日を知っています」だね。下の文では疑問詞 when を使っているので,<u>間接疑問文</u>で書けそうだよね。日本語では「私はいつ彼が生まれたのか知っています」になりそうだ。これを英語に直せばいいね。「生まれた」のは過去だから,when he was born で正解だね。

(3) 上の文は「彼は昨日,学校を休みました。あなたはなぜだか知っていますか」という文ですね。これを1つの文で表すと,「あなたは,なぜ彼が昨日学校を休んだのか知っていますか」という文になるよ。つまり,疑問詞 why を使った<u>間接疑問文</u>ということだ。<u>疑問文 why よりうしろは〈主語＋動詞〉の語順</u>だから,why he was が正解だね。

3

(1) 疑問詞 who を使った<u>間接疑問文</u>で書けそうだね。だいぶ慣れてきたと思うけど油断は禁物。「あなたは知っていますか」は Do you know ～？ でいいね。「だれがその絵を描いたか」は疑問代名詞 who が主語になり,〈主語＋動詞 ～〉の語順で書くと,who drew the picture となる。これを合体させて完成だ。

(2) 日本文の語尾「～ですよね」で<u>付加疑問文</u>だとわかるね。「あなたのお兄さんは今忙しい」は Your brother is busy now. という肯定文なので,<u>付加疑問は否定形</u>で書くんだよ。your brother を代名詞にするのを忘れないでね。

1 (1) where he lived　(2) is it　(3) can't he
(4) who that boy is

2 (1) what you studied　(2) he was　(3) why he was

3 (1) Do you know who drew the picture (?)
(2) Your brother is busy now, isn't he (?)

　今回は 2 つの内容「間接疑問文」と「付加疑問文」を学習してたいへんだったけど，たくさん練習して自分のモノにしてね。

正しい語順に慣れるまで，何度もくり返し練習しよう。

文型のお話②

I ▶ 5文型の復習と品詞の話‥‥‥‥‥‥‥‥‥‥‥

Lesson 18 文型のお話①で学んだ5文型をもう一度見てみよう。

● 5文型の仕組み		
文　　型	要素の並び方	一般的な訳し方
第1文型	S + V	「SはVする」
第2文型	S + V + C	「SはCだ[Cになる]」など
第3文型	S + V + O	「SはOをVする」
第4文型	S + V + O_1 + O_2	「SはO_1にO_2をVする」
第5文型	S + V + O + C	「SはOをCにVする」

英文をつくる4つの品詞を覚えているかな。

● 英文を構成する4つの品詞

　名　詞：文中で主語(S)，目的語(O)，補語(C)のはたらきをする。

　動　詞：日本語の述語にあたり，自動詞と他動詞がある。

　形容詞：名詞を修飾[説明]する用法と，補語になる用法がある。

　副　詞：おもに動詞を修飾[説明]する。文中で，主語，目的語，補語にはなれない。

　注　3年では，「名詞を修飾する」というように「修飾」という語を使うよ。これは，1年，2年で使っていた「説明」と同じ意味だよ。

　事実上この４つの品詞が決められた場所に配置されて英文ができあがるんだ。

　中学２年では第１文型，第２文型，第３文型，第４文型を学習したので，今回は最後の**第５文型**を勉強していこう。

　マメ君，みぃちゃん，第１文型〜第４文型までの内容は覚えているかな。自信がなかったら，戻って読んできていいよ。

　不安な人は，**Lesson** 18 の**文型のお話**①に戻って，復習してきてください！

　しばらく時間が経過……。

　　　先生，どんなことを
　　　質問されても，もう大
　　　丈夫だと思います。

　　　私も復習してきました。
　　　自動詞と他動詞の区別を再
　　　確認できてよかったです。

　そうだね。人間はみんな時間がたつといろいろなことを忘れてしまうから，どこかで戻らないと取り返しがつかなくなっちゃうんだね。

　よし！　２人ともちゃんと復習できたところで，第５文型の話を始めるよ。

中学１年

中学２年

中学３年

第5文型の文 ‥‥‥‥‥‥‥‥‥‥‥‥‥‥‥‥‥‥‥‥‥‥‥‥‥‥‥‥‥

それでは文型学習の真打ち，第5文型に入ろう。

この文型は，高校生になるともっと複雑な文が登場してきて，英語学習の挫折を招きかねないとても難しい文型なんだ。まずは，中学生として最低限やっておかなければならない第5文型をしっかり身につけようね。2人とも，そんなにこわがらなくても大丈夫だよ。リラックスして！

■ 補語が形容詞の場合

では，さっそく第5文型の文を見てみよう。

例1 He found the book easy.
　　　S　 V 　　 O 　　 C

さて，第5文型の〈S＋V＋O＋C〉にはC（補語）が入っているね。ではマメ君，easyという単語はどんな品詞かな？

> easyは「簡単だ」
> という意味の形容詞
> ですね。

そのとおり。では，形容詞はどんなはたらきをするのかな？

> 名詞を修飾した
> り，主語の補語に
> なったりします。

そうだね。では，この形容詞 easy は名詞を修飾しているかな？

していません。名詞を修飾するなら，〈the easy ＋名詞〉というように名詞の前に置きますよね。

　そう！　よく考えたね。そうすると，この形容詞 easy は補語のはたらきをしていることになるね。だから，この文は〈S ＋ V ＋ O ＋ C(補語)〉の第5文型ということになるんだ。
　ところで，補語は別の文型でも出ていたよね。次の文を見てごらん。

● <u>The book</u> <u>was</u> <u>easy</u>.「その本は簡単でした」
　　　S　　　 V　　 C

　この文は第2文型だね。みぃちゃん，この文ではSとCはどんな関係になるのかな？

えーっと，S ＝ Cの関係ですよね。

　そうだったね。ということは，第5文型の〈S ＋ V ＋ O ＋ C〉にも，Cが何かとイコール関係になっているはずなんだ。
　それでは，核心にせまる解説をするよ。第5文型では，S ＝ Cではなく，O ＝ Cの関係があるんだよ。p.454 の 例1 を見ると，the book「そ

の本」＝ easy「簡単だ」の関係が読み取れるね。この関係があれば，第5文型ということになるんだ。

　それではここで，高校生になったらよく使われる文法用語をまとめておこうね。

 ポイント　補語の種類

- **第2文型**➡〈S＋V＋C〉では S＝C の関係。この C を主格補語（しゅかくほご）と呼ぶ。
- **第5文型**➡〈S＋V＋O＋C〉では O＝C の関係。この C を目的格補語（もくてきかくほご）と呼ぶ。

　文型が決まった時点で動詞の意味が決定されるということを覚えているよね。例1の動詞 **find**（過去形は found）は，第5文型では，「S は O が C だとわかる」という意味を表すんだ。例1は，「彼はその本が簡単だとわかりました」と訳せるんだ。どうかな，わかってくれたかな？

 ポイント　第5文型の仕組み（補語が形容詞のとき）

- 〈S＋V＋O＋C（形容詞）〉
  ➡ O＝C の関係で，C は O の状態を説明している

　それでは，次の問題を考えてみよう。

問題❶ ▶ 次の文の文型と，文の意味を言いなさい。

He found the book easily.

マメ君，この文の文型は？

はい。He が S，found が V，the book が O ですね。easily は -ly がついているので副詞ですか。副詞は文型の要素ではない修飾語なので，この文は〈S＋V＋O〉の第3文型です。

そのとおり！　では，みぃちゃん，この文の意味は？

はい。第5文型ではないので，「S は O が C だとわかる」ではないんですよね。found は find の過去形で，find には「見つける」という意味があるから，「彼はその本を簡単に見つけました」ですか？

　正解だよ。find は第3文型では「見つける」という意味を表すこと，覚えておいてね。

問題❶ の解答▶　第3文型　「彼はその本を簡単に見つけました」

2　補語が名詞の場合

　続いて，ちょっと難しい文を見てみよう。

例2
❶　He made his son a chair.
❷　He made his son a doctor.

中学1年
中学2年
中学3年

さあ，この英文の文型と意味を考えてみよう。He が S，made が V，his son が O であるのは，❶も❷も同じだね。では，マメ君，それぞれの文型を答えてくれるかな。

はい。どちらの文も，his son のうしろに名詞がありますね。❶は a chair，❷は a doctor という名詞です。動詞のうしろに名詞が 2 つ並んだら第 4 文型だと教わったので，どちらも第 4 文型ですか？

なるほど。考え方はまちがってないね。そのように私が教えたからね。ここで動詞 make について考えてみよう。make は第 4 文型では，「S は O₁ に O₂ をつくってあげる」という意味になるよね。そうすると，❶は「彼は自分の息子にいすをつくってあげました」，❷は「彼は自分の息子に医者をつくってあげました」という意味になりそうだね。❷は明らかにヘンテコな意味じゃないかな？

そうですね。自分の息子に医者をつくってあげるなんてヘンですよね。

そのとおり。では，❷の文はどのように考えようか。じつは第 5 文型でも，〈S ＋ V ＋ O ＋ C（名詞）〉というように O（目的語）の名詞と C（補語）の名詞が 2 つ並ぶ文があるんだ。そして，第 5 文型で動詞 make だと，「S は O を C にする」という意味になるんだ。そうすると，❷は「彼は自分の息子を医者にしました」という意味だね。

　❶と❷の2つの文の文型を見分けるには，OとCの関係を考えるといいよ。❶は his son(O_1) ≠ a chair(O_2)，❷は his son(O) = a doctor(C) の関係になっているね。これが第4文型と第5文型の区別の仕方なんだよ。

例2 の構造

❶　He made <u>his son</u> <u>a chair</u>.
　　　　　　　O_1 ≠ O_2 ➡　**第4文型**

「彼は自分の息子にいすをつくってあげました」

❷　He made <u>his son</u> <u>a doctor</u>.
　　　　　　　O = C ➡　**第5文型**

「彼は自分の息子を医者にしました」

 ポイント　第4文型と第5文型の見分け方

❶　**第4文型**：〈S + V + $\underline{O_1}$ + $\underline{O_2}$〉　➡ O_1 ≠ O_2 の関係
　　　　　　　　　　　　　名詞　　名詞

❷　**第5文型**：〈S + V + $\underline{O}$ + $\underline{C}$〉　　➡ O = C の関係
　　　　　　　　　　　　名詞　名詞

　第5文型〈S + V + O + C〉のCには，形容詞だけでなく名詞も置くことができるというわけだね。

 ポイント　第5文型の仕組み

- 〈S + V + O + C(形容詞・名詞)〉
　➡ **O = Cの関係。イコールの関係でないときは第4文型。**

それでは第5文型とともに使う動詞をまとめておこう。

- ●第5文型をつくる動詞
  - call：「O を C と呼ぶ」
    - 例 Yuki **calls** her sister Miko-chan.
      「ユキは妹をミコちゃんと呼びます」
  - make：「O を C にする」
    - 例 They **made** their son a soccer player.
      「彼らは息子をサッカー選手にしました」
  - name：「O を C と名づける」
    - 例 We **named** the dog Mike.
      「私たちはその犬をマイクと名づけました」
  - find：「O が C だとわかる」
    - 例 You will **find** this book interesting.
      「あなたはこの本がおもしろいとわかるでしょう」
  - keep：「O を C のまま（の状態）にしておく」
    - 例 **Keep** your room clean.
      「自分の部屋をきれいにしておきなさい」
  - think：「O を C と考える」
    - 例 I **think** your mother kind.
      「私はあなたのお母さんはやさしいと思います」

これで，**文型のお話②**はおしまい。動詞の意味は文型がわかったあとに確定するということを忘れないようにね。

実 践 問 題

Disk 2：26・27 ／ DL：26-1・26-2 🎧

1 次の文を文型のちがいを考えて日本語にしなさい。

(1) He calls the cat Momotaro.

(2) He called me a taxi.

(3) She made her son a cake.

(4) She made her son the boss of the company. ＊ボス boss：社長

2 次の各文と同じ文型の文をア～オより1つずつ選び，記号を書きなさい。

(1) We call this flower a 'tulip.' ＊チューリップ tulip：チューリップ

(2) Are these houses very old?

(3) Please tell us a happy story.

(4) We enjoyed listening to music.

(5) They can swim very fast.

ア She made a cake yesterday.

イ Who teaches them history?

ウ Mr. Roberts made his son happy.

エ He will become a doctor.

オ There was a book on the desk.

解説

1

(1) 第5文型の文だよ。Momotaro「桃太郎」は the cat の名前だから the cat ＝ Momotaro。

(2) me ≠ a taxi だから，第4文型と考えればいいね。

中学1年

中学2年

中学3年

(3) 動詞 made（make の過去形）のうしろの 2 つの名詞は her son ≠ a cake の関係だから，第 4 文型だね。

(4) 動詞のうしろの 2 つの名詞は her son = the boss of the company の関係だから第 5 文型。

2 5 文型の総まとめの問題だよ。

(1) 動詞 call のうしろの 2 つの名詞は this flower = a 'tulip' の関係があるから，第 5 文型。

　　和訳 「私たちはこの花をチューリップと呼びます」

(2) 肯定文にすると，These houses are very old. となって，these houses = very old の関係にあるよね。be 動詞をあいだにはさんで前後がイコールの関係なら，第 2 文型〈S ＋ V ＋ C〉だったよね。

　　和訳 「これらの家はとても古いのですか」

(3) Please から始まる，ていねいな命令文だね。動詞 tell のうしろの 2 つの名詞 us ≠ story なので，これは第 4 文型の文だね。

　　和訳 「どうか私たちに楽しい話をしてください」

(4) We が主語，enjoy(ed) は「〜を楽しむ」という意味の他動詞だね。うしろの語句が listening to music という動名詞の形をしているね。他動詞のうしろの動名詞は目的語として名詞のカタマリをつくる（☞ p.341）から，この文は〈S ＋ V ＋ O〉の第 3 文型の文だよ。

　　和訳 「私たちは音楽を聴くことを楽しみました」

(5) 動詞 swim「泳ぐ」は自動詞だね。very も fast もともに副詞なので，文型の要素には関係ない修飾語だね。この文は，〈S ＋ V〉の第 1 文型。

　　和訳 「彼らはとても速く泳ぐことができます」

選択肢

ア　動詞 made のうしろには，目的語の a cake があるね。yesterday は動詞を修飾する副詞。この文は**第3文型**だ。

和訳「彼女は昨日ケーキをつくりました」

イ　疑問詞 Who「だれが」が主語になっている文だね。他動詞 teaches のうしろの2つの名詞は them ≠ history の関係なので，**第4文型**。

和訳「だれが彼らに歴史を教えているのですか」

ウ　他動詞 made のうしろの2つの語句 his son = happy の関係。その場合の **make** は，「O を C にする」の**第5文型**をつくる動詞だね。

和訳「ロバーツさんは自分の息子を幸せにしました」

エ　動詞 become は，第2文型〈S + V + C〉をつくる動詞だったね。He = a doctor の関係が読み取れるので，**第2文型**。

和訳「彼は医者になるでしょう」

オ　There is ～. の文（☞ Lesson 15）。〈**There**（副詞）+ **be 動詞**（自動詞）+ S ～.〉という仕組みの**第1文型**で，「S が～にある[いる]」の意味。

和訳「机の上に本がありました」

解答

1　(1)　彼はそのネコを桃太郎と呼びます。

　　(2)　彼は私にタクシーを呼んでくれました。

　　(3)　彼女は自分の息子にケーキをつくってあげました。

　　(4)　彼女は自分の息子を，その会社の社長にさせました[しました]。

2　(1)　ウ　(2)　エ　(3)　イ　(4)　ア　(5)　オ

不定詞②

さあ，今回は不定詞の勉強をしていこう。

不定詞は中学２年の **Lesson 19** で扱ったね。不定詞というのは〈to ＋動詞の原形〉の形だよ。覚えているかな？　そこで学習した不定詞はあくまで基本的な用法。これから学習する不定詞までしっかりやっておけば，高校入試は大丈夫！

中学２年で学習した不定詞には，名詞用法・形容詞用法・副詞用法という基本的な３つの用法があったのを覚えているかな？　ここでは，その３つの用法を軸に，もうすこしいろいろな不定詞の文を見ていこう。

I ─〈疑問詞＋to *do* ～〉の文

それでは，まずはじめに〈疑問詞 ＋ to *do* ～〉を勉強しよう。

疑問詞は，**Lesson 25** の**間接疑問文**でも扱ったね。

〈疑問詞 ＋ to *do* ～〉の「*do*」は動詞の原形のことだよ。文法の本などでは，動詞の原形の部分を *do* で表すことがよくあるんだ。２人も３年生になったし，こういう表し方にも慣れておこうね。

間接疑問文では，疑問詞からうしろは名詞のカタマリだね。もう一度，間接疑問文を復習してみよう。

● 間接疑問文

I don't know ＜where she lives＞.
S　　　V　　　　　O（名詞のカタマリ）

「私は，彼女がどこに住んでいるのか知りません」

　じつは，この間接疑問文とよく似たはたらきをするのが，今回学習する〈疑問詞 + to *do* 〜〉なんだよ。〈疑問詞 + **to** *do* 〜〉は他動詞のうしろに置かれることで名詞のカタマリをつくり，文中で**目的語(O)**のはたらきをするんだ。

　例文を見てみよう。

● I don't know ＜where to go＞.
　S　　　 V　　　　O(名詞のカタマリ)
　「私はどこに行けばいいのかわかりません」

　間接疑問文ととても似ているよね。
　ここで注意することは，間接疑問文とちがって，〈疑問詞 + to *do* 〜〉の不定詞部分(to go)をする主人公は，文頭の主語(S)であるということなんだ。

 ポイント　〈疑問詞＋ to *do* 〜〉

● 〈S + V(他動詞) + ＜疑問詞 + **to** *do* 〜＞.
　　　　　　　　　　　　　　O(名詞のカタマリ)

はたらき ➡ 他動詞の目的語になって，名詞のカタマリをつくる
訳 し 方 ➡ to *do* 〜の部分を「〜したらよいか；〜すべきか」
　　　　　と訳す
　注　不定詞部分の行為をする主人公は，文頭の主語(S)。

　次のような疑問代名詞や疑問副詞を使えば，いろいろなことが表現できるよ。

- 疑問代名詞
  - **what to** *do* ～：「何を～すればいいのか」
    - 例　She knows **what to study**.
      「彼女は何を勉強したらいいのか知っています」
  - **which to** *do* ～：「どちら[どれ]を～すればいいのか」
    - 例　He didn't know **which to eat**.
      「彼はどちらを食べればいいのか
      わかりませんでした」

- 疑問形容詞
  - 〈**what** ＋ 名詞 ＋ **to** *do* ～〉：「どんな[何の]…を～したらいいのか」
    - 例　I don't know **what time to leave**.
      「私は何時に出発したらいいのか知りません」
  - 〈**which** ＋名詞＋ **to** *do* ～〉：「どちらの[どの]…を～したらいいのか」
    - 例　Do you know **which computer to use**.
      「あなたはどちらのコンピューターを使ったらいいのか
      知っていますか」

- 疑問副詞
  - **when to** *do* ～：「いつ～すればいいのか」
    - 例　Do you know **when to start**?
      「あなたはいつ出発したらいいか知っていますか」
  - **where to** *do* ～：「どこで[どこに]～したらいいのか」
    - 例　They don't know **where to go**.
      「彼らはどこへ行ったらいいのかわかりません」

- **how to** *do* ～：「どのように～したらい
  いのか；～の仕方」
  例 He knows **how to drive a car.**
  「彼は車の運転の仕方を知ってい
  ます」

〈疑問詞＋ to *do*〉が動詞の目的語になっていることは理解できたね。
　さて，じつは動詞によっては，目的語を 2 つとる場合もあるんだ。次
の英文を見てみよう。

- Mike teaches　　me　　how to study English.
  　　　　動詞（V）　目的語（O₁）　　目的語（O₂）
  「マイクが私に英語の勉強の仕方を教えてくれます」

この形の文では，**tell / ask / teach / show** などの第 4 文型をつくる
動詞がよく使われるよ。

- **Tell** me what to do next.
  「私に，次に何をしたらいいか教えてください」
- He **asked** me when to call me.
  「彼は私に，いつ電話をしたらいいかとたずねました」
- The man **showed** her which way to go.
  「その男性は彼女に，どちらの道を行ったらいいか教えました」
  注 上の文で，下線を引いた語句が動詞の 2 つの目的語だよ。

Ⅱ 〈It is＋形容詞＋for（＋人）＋to *do* 〜.〉の文

これも見たことのある不定詞の文の書きかえだから，心配いらないよ。

● <u>To learn English</u> <u>is</u> <u>difficult</u>.
         S   V   C

この文が名詞用法不定詞のはじめに登場したのを覚えているかな？
マメ君，訳してくれるかな。

はい。動詞 is の前までが主語のカタマリですね。「英語を学ぶことは難しい」でいいですか？

そうだったね。英語の主語は，1語でも2語以上の名詞のカタマリでもよかったんだよね。
今回は，この名詞用法不定詞で書かれた主語 ＜To learn English＞を別の単語 It に置きかえて，＜To learn English＞ をうしろに回してしまうという文を勉強しよう。ちょっと例文を見てみよう。

● **It** is difficult <u>to learn English</u>. 「英語を学ぶことは難しい」

どうかな？　ちがいに気づいてくれたかな？
では，どうして，本来文頭にあった不定詞をわざわざ It なんかに置き

かえ，不定詞をうしろに回さないといけないんだろうね。それは，<u>英語は長い主語を避ける性質の言語</u>だからなんだ。

　日本語ではどんなに主語が長くてもいっさい気にしないけど，英語はそうはいかない。そこで生まれたのがこの文なんだよ。

　文頭の It を「それは」と訳してしまいたくなるかもしれないけど，それはダメだよ。この It はうしろの長い不定詞のかわりに置かれたもので，<u>形式主語の it</u> というよ。「それは」と訳してはいけない代名詞なんだ。

　そして，うしろに回った ＜to learn English＞ の部分を，<u>本来の主語という意味で，真主語</u>と呼ぶんだ。

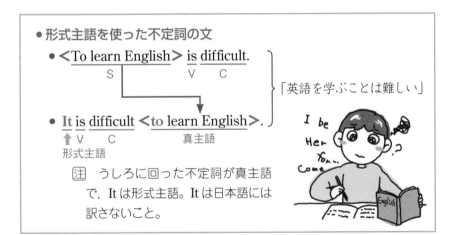

●形式主語を使った不定詞の文

　●＜To learn English＞ is difficult.
　　　　　　S　　　　　　　V　　　C

　　　　　　　　　　　　　　　　「英語を学ぶことは難しい」

　● It is difficult ＜to learn English＞.
　　↑V　　C　　　　　　真主語
　　形式主語

　　注　うしろに回った不定詞が真主語
　　　　で，It は形式主語。It は日本語には
　　　　訳さないこと。

さらにもうすこし難しくなった文を見てみよう。

● It is difficult for me ＜to learn English＞.
　↑V　　C　　　　　　　　　　真主語
　形式主語

みぃちゃん，先ほどの例文と比べて，何かちがうところはあるかな？

はい，不定詞の前に for me がつきました。これは何ですか？

そうだね。すこしちがう文になったよね。

この for me は，不定詞の意味上の主語といって，不定詞部分 **＜to learn English＞** の動作の主人公を表し，「私が英語を学ぶこと」というように訳すんだ。この場合の前置詞 **for** を「～のために」などと訳してはダメだよ。あくまでも不定詞部分の主語の扱いなので，「～が；～は；～にとって」という訳を当てはめようね。

そして，このようなパターンの文でよく使われる形容詞があるんだ。その形容詞とこの文のパターンを頭に入れてしまおう。

- 〈It is ＋ 形容詞 ＋ for（＋人）＋ to *do* ～.〉の文で使われる形容詞

  - It is **difficult** for him to go there.
    「彼がそこへ行くのは難しい」

  - It is **important** for us to help old people.
    ＊ important：大切な；重要な
    「私たちが高齢者を助けるのは大切です」

  - It is **necessary** for them to read books. ＊ necessary：必要な
    「彼らは本を読むことが必要です」

  - It is **interesting** for me to play soccer. ＊ interesting：おもしろい
    「私はサッカーをすることがおもしろい」

  - It is **easy** for me to ski.
    「私がスキーをするのは簡単です」

　これらの形容詞には同じ性質があるんだ。それは，**すべて人の行動の性質を表す形容詞**であるということ。It is difficult for me to learn English. の例文だと，「私が英語を学ぶ」という行動が「難しい」と考えるんだね。いいかな，「人の性格を表す形容詞」ではないので注意しよう。

　それでは，今までの説明をポイントでまとめてみよう。

 ポイント 形式主語 it を使った不定詞

- 〈**It is** + 形容詞 + **for**（+人）+ **to** *do* ～.〉
  ➡「（人）が～するのは…（形容詞）だ」
  注　for のあとに人称代名詞がくるときは目的格にすること。

- 〈It is + 形容詞 + for（+人）+ to *do* ～.〉で使われる形容詞
  - **easy**　　　　「簡単な」
  - **interesting**「おもしろい」
  - **important**　「重要な」
  - **difficult** = **hard**「難しい」
  - **dangerous**　　　「危険な」
  - **necessary**　　　「必要な」
    　　　　　　　　　　など

  注1　人の行動の性質を表す形容詞。
  注2　形容詞ではなく fun「楽しみ」という名詞を使う場合もある
  　　　It is a lot of fun to talk with friends.
  　　　「友達と話すのはとても楽しい」

　けっこう難しくなってきたけど，つまずいてもあせらずに，じっくり取り組んでいこうね。

中学1年

中学2年

中学3年

〈S＋V＋O＋to *do* 〜.〉の文 ･････････････････

　次も不定詞を使った文だよ。突然だけど，次の問題をみぃちゃんに解いてもらおう。

問題❶ ▶ 次の文の意味を日本語で言いなさい。

❶　I want to play tennis.
❷　I want him to play tennis.

　はい，がんばります。❶は中学2年の不定詞で習った文ですね。want to 〜で「〜したい」だったので，「私はテニスがしたい」です。❷は want のうしろに目的語の him があるので，「私は彼がほしい」。〈S＋V＋O〉の第3文型で文が終わっているので，うしろは文型の要素に関係ない副詞ですか？　もしそうならば副詞用法不定詞だから，「テニスをするために」となりそう。全部訳すと，「私はテニスをするために彼がほしい」でいいですか？でも，なんかちがう気もするけど……。

　みぃちゃんもがんばってるね。今まで学習したことをちゃんと覚えていてくれて，先生うれしいよ。❶はカンペキな解答ありがとう。正解だよ。

　でもみぃちゃんには申し訳ないんだけど，先生，またいじわるをしてしまったようだね。教えていないことを問題に出してしまったんだ。

　じつは❷は，他動詞 want がうしろの文の訳を決めているんだ。〈S＋

〈want ＋ O ＋ to *do* 〜.〉の文では，O がうしろの不定詞 to 〜の意味上の主語になっているんだ。つまり，「私は彼にテニスをしてほしい」という意味になるよ。では，まとめてみよう。

- 〈S ＋ want to *do* 〜.〉と〈S ＋ want ＋ O ＋ to *do* 〜.〉のちがい
  ❶　I want to play tennis.
  ＝ <u>I</u> want 「私は望む」＋ <u>I</u> play tennis 「私がテニスをすることを」
  ❷　I want him to play tennis.
  ＝ <u>I</u> want 「私は望む」＋ <u>he</u> plays tennis 「彼がテニスをすることを」

　こういう関係になっているんだ。❶では，「望む」のも「テニスをする」のも「私」だから，「私はテニスをしたい」と訳せばいいよね。ところが，❷は「望む」のは「私」だけど，「テニスをする」のは「彼」という関係になるんだ。

　<u>want という他動詞は〈S ＋ want ＋ O ＋ to *do* 〜.〉という文の中で，「S は O に〜してほしい」という意味で使われるよ。</u>

　なるほど。でも先生，さっきの〈It is ＋形容詞＋ for（＋人）＋ to *do* 〜.〉の文では，不定詞の意味上の主語は for 〜で書くようにと言いましたよね。今回も，〈S ＋ want ＋ for（＋人）＋ to *do* 〜.〉ではダメなんですか？

　それを待っていたんだよ，みぃちゃん。よくぞ質問してくれたね。そう，今回は意味上の主語に for をつけてはいけないんだ。なぜって？それは使われている動詞 want がそのうしろの文の形を決めているからなんだね。<u>want はうしろに続く語句の並びに影響力がある動詞だよ。</u>

なんだか want ってえらそう
でイヤだわ。空気読めない人み
たいで, ちょっと浮いてますね。

そうだね……（汗）。

でも, みぃちゃんに嫌われてしまった want みたいな動詞は, じつは
ほかにもいくつかあるんだ。みんな同じように空気読めていない動詞た
ちなのかもね。その動詞たちをまとめてみよう。

- 〈S ＋ V ＋ O ＋ to *do* 〜.〉で使われるおもな動詞

    - 〈S ＋ want ＋ O ＋ to *do* 〜.〉 ：「S は O に〜してもらいたい」

    - 〈S ＋ advise ＋ O ＋ to *do* 〜.〉

        ：「S は O に〜するように忠告する」
        ＊ advise：〜に忠告する

    - 〈S ＋ ask ＋ O ＋ to *do* 〜.〉 ：「S は O に〜するように頼む」

    - 〈S ＋ order ＋ O ＋ to *do* 〜.〉：「S は O に〜するように命じる」
        ＊ order：〜に命じる

    - 〈S ＋ tell ＋ O ＋ to *do* 〜.〉 ：「S は O に〜するように言う」

    - 〈S ＋ would like ＋ O ＋ to *do* 〜.〉

        ：「S は O に〜してもらいたい」

    注 不定詞 to *do* 〜の意味上の主語は, S ではなくて O。

問題❶ の解答 ▶ ❶ 私はテニスをしたい。

❷ 私は彼にテニスをしてほしい［してもらいたい］。

この動詞たちはやっぱりなんかえらそうな内容を表している動詞に見

えてしまうから，みぃちゃんの言っていることはまちがっていないかもね……。

それでは，次の文はどうかな？

---

❶ She **didn't** ask me to come.
　　動詞 ask を否定

❷ She asked me **not** to come.
　　　　　　不定詞 to come を否定

どちらも否定の表現だけど，そのちがいに気づいてほしいんだ。

❶は動詞 ask を過去形 didn't で否定しているので，「彼女は私に来るように頼みませんでした」だね。ところが❷は，否定の not が不定詞の直前にあるよね。こんな場所にある not ははじめて見るかな？　to 不定詞の内容を打ち消す場合は，not をその直前に置くというルールがあるんだ。不定詞の内容を否定するので，not to come は「来ないように」という意味になるよね。動詞 asked は「頼みました」。まとめると，❷は「彼女は私に来ないように頼みました」と訳せばいいんだね。わかったかな？

 ポイント　不定詞を否定する（打ち消す）not の位置

- 不定詞の直前に **not** を置く　　**not to** *do* ～
  - ➡不定詞のすべての用法で，**not to** *do* ～ は共通している
    - 例　He decided **not to tell** a lie.　　　＊lie：うそ
      「彼はうそを言わないと決心しました」
    - 例　It's difficult for me **not to watch** TV before dinner.
      「私が夕食前にテレビを見ないのは難しいことです」

中学1年
中学2年
中学3年

副詞用法不定詞のさまざまな文……………………

いよいよ中学生が学習する最後の不定詞まできたよ。不定詞は本当にいろいろな姿で，さまざまな意味を表す，かなりやっかいなヤツだね。なんとか最後まできたから，あとは気合いだー！

中学2年で学習した副詞用法不定詞（☞ p.328）をもう一度見てみようか。

---

❶　Mike got up early (to watch the TV program). ＊ ^{プログラム}program：番組
　　　　　　　　　　　副詞用法不定詞
　　「マイクはそのテレビ番組を見るために早く起きました」

❷　We are sad (to hear the news).
　　　　　　　　副詞用法不定詞
　　「私たちはその知らせを聞いて悲しい」

---

❶の (to watch the TV program) は「〜するために」（**目的**）を表し，動詞 got up「起きた」を修飾する**副詞用法不定詞**だね。❷の (to hear the news) は「〜して；〜なので」（**感情の原因**）を表し，形容詞 sad を修飾する**副詞用法不定詞**だね。

どちらも，文型の要素にはならないし，名詞以外を修飾する用法であることはいいよね。

じつは，副詞用法不定詞にはほかにもいろいろな意味を表す用法があるんだけど，文型の要素にならないのと，名詞以外を修飾することだけは共通しているよ。

それでは，副詞用法不定詞のいろいろな文を見ていこう。

■ too ... to *do* 〜 の文

● She was too　　busy　　to watch TV.
　 S　 V　 C（形容詞）　 副詞用法不定詞

---

　　too … to *do* 〜 の形で，〈…〉には**形容詞**または**副詞**が入り，「あまりに**も…なので〜できない**」＝「**〜するのは…すぎる**」という「**結果・程度**」の内容を表す。例文は「彼女はあまりにも忙しすぎて，テレビを見ることができませんでした」＝「彼女はテレビを見るには忙しすぎました」と訳せるね。

　　too と **to** *do* 〜 が必ずセットで使われることを覚えておこう。これを，意味の分類上「結果・程度」を表す<u>副詞用法不定詞</u>というよ。覚えておこうね。

　　この文は副詞のカタマリをつくる接続詞（☞ Lesson 23）のところで学んだ〈**so ＋ 形容詞**または**副詞 ＋ that ＋** S **＋ can't ＋ 動詞の原形〜**〉（☞ p.401）と同じような意味を表すよ。

　　マメ君，次の問題をやってみようか。

問題❷ ▶ 次の文の（　　）内に適する語を言いなさい。

She was too busy to watch TV.

　＝ She was (　　　) busy that (　　　) (　　　) watch TV.

　　はい。下の文は接続詞 that があるので，so … that 〜 で表せそうです。She was so busy that she can't watch TV. でいいですか。

　　おおお，おしい！

　　マメ君，<u>時制</u>を同じにしないとダメだったね。**時制の一致**のルールを思い出そう（☞ p.394）。

> あっ，思い出しました。前にある動詞が過去形ならばうしろの動詞も過去形にする，あのルールですね。そうすると，She was so busy that she couldn't watch TV. ですね。

パーフェクト。よくできました。
それではこの文をまとめてみよう。

 ポイント 結果・程度表現のまとめ（否定内容）

- 〈S＋V＋**too**＋形容詞・副詞＋**to** *do* ～.〉（副詞用法不定詞）
  「S は～するには…（形容詞・副詞）すぎる」
= 〈S＋V＋**so**＋形容詞・副詞＋**that**＋S'＋**can't** *do* ～.〉
  前の動詞の時制に合わせる ——↑（接続詞 **that**）
  「S はあまりにも…（形容詞・副詞）なので～できない」

問題❷ の解答 ▶ so, she couldn't

---

2 enough to *do* ～ の文

- He is rich enough to buy the new car.
  S V C（形容詞） 副詞用法不定詞

〈…（形容詞か副詞）**enough to** *do* ～〉の形で，「～するほど（じゅうぶんに）…だ」＝「とても…なので～できる」という「結果・程度」の内容を表す。**1**で学習した副詞用法不定詞の肯定内容のバージョンと考え

ていいよ。

　この例文の意味は「彼はその新しい車を買えるほど（じゅうぶんに）お金持ちです」＝「彼はとてもお金持ちなので，その新しい車を買うことができます」でいいね。

　この文も too ... to *do* ～の文と同様に，接続詞 that を使って，書きかえることができるよ。

- He is rich <u>enough to</u> buy the new car.
  「彼はその新しい車を買えるほど（じゅうぶんに）お金持ちです」
  = He is **so** rich **that** he **can** buy the new car.
  「彼はとてもお金持ちなので，その新しい車を買うことができます」

 ポイント　結果・程度表現のまとめ（肯定内容）

- 〈S ＋ V ＋ 形容詞・副詞 ＋ <u>**enough to**</u> *do* ～.〉（副詞用法不定詞）
  「S は～するほど（じゅうぶんに）…（形容詞・副詞）だ」
  ＝〈S ＋ V ＋ <u>**so**</u> ＋ 形容詞・副詞 ＋ <u>**that**</u> ＋ S' ＋ <u>**can**</u> *do* ～.〉
  　　　　　　　　　前の動詞の時制に合わせる ――↑（接続詞 **that**）
  「S はとても…（形容詞・副詞）なので～できる」

ここまで読んで理解できたら，**実践問題**にチャレンジしよう。

実 践 問 題

1 次の日本文にあうように，（　　）内に適する語を書きなさい。

(1) 私は車の運転の仕方を知りません。

I don't know （　　　）（　　　）（　　　） a car.

(2) 彼はスーザンにパーティーに来てくれるように頼みました。

He （　　　） Susan （　　　）（　　　） to the party.

＊ Susan：スーザン（人の名前）

(3) どこに行ったらいいのか，私に教えてください。

Please tell me （　　　）（　　　） go.

2 次の文の（　　）内の語を適する形にしなさい。

(1) I want (he) to play baseball with them.

(2) It is important for (they) to study English.

(3) I told (she) to be quiet.

3 次の各組の文がほぼ同じ意味になるように，（　　）内に適する語を書きなさい。

(1) { I was too busy to help him.
I was （　　　） busy that I （　　　） help him.

(2) { My father can play tennis.
My father knows （　　　）（　　　） play tennis.

(3) { Keeping early hours is difficult for me.
（　　　） is difficult （　　　） me （　　　） keep early hours.

＊ keep early hours：早寝早起きする

(4) { She was so kind that she told them the way to the station.
She was kind （　　　）（　　　） tell them the way to the station.

解説

1

(1) 「〜の仕方」は，間接疑問か〈疑問詞 + to *do* 〜〉を他動詞 know の目的語にするよ。間接疑問で書くと，how I can drive a car となって，空らんの数が足りないから，**how to** *do* 〜で書けば正解だよ。

(2) 「頼みました」という動詞表現でピンとくるかな。みぃちゃんに嫌われた「えらそうな動詞」の用法だね。〈S + **ask** + O + to *do* 〜.〉で「S は O に〜するように頼む」だったね。動詞 ask は過去形にして，不定詞部分の動詞は「来る」だから come を使えばいいね。

(3) 「どこに〜したらいいのか」は，間接疑問か〈疑問詞 + to *do* 〜〉の文で書けそうだね。間接疑問文で書くと，Please tell me where I should go. となって，空らんの数が足りないので，**where to** *do* 〜で書こう。

2

(1) I want to play baseball with them. だったら，「私は彼らと野球がしたいです」という意味になるね。ところが問題文では，<u>「彼」(he)が to play 〜以下の意味上の主語になっている</u>んだね。もちろん want の目的語だから目的格で入れないとダメだね。he の目的格は **him**。

　　和 訳「私は彼に，彼らと野球をしてほしい」

(2) 〈**It is** + 形容詞（+ **for** + 人）+ to *do* 〜.〉の文だね。不定詞の意味上の主語は〈for + 人〉でよかったけど，for のうしろはどの格がくるのかな？　**ポイント**の注（☞ p.471）にもあったとおり，人称代名詞が入る場合は目的格だったね。

　　和 訳「彼らが英語を勉強することは大切です[重要です]」

(3)　ここで使われている動詞 told（原形は tell）も，〈S＋tell＋O＋to do ～.〉という形で使われるね。そう，「えらそうな動詞」だね。不定詞の意味上の主語は必ず目的格で書くのがルールだよ。

　　　和訳「私は彼女に静かにするように言いました」

3

(1)　too ... to do ～ の文は，書きかえの問題としてもよく出題されるからしっかり覚えてよ。「とても…なので～できない」という否定的な意味を表しているから，接続詞 that 以下は**否定文**だね。あとは，時制に注意すれば大丈夫だよ。

　　　和訳「私は，彼を手伝うには忙しすぎました」
　　　　　　「私はとても忙しくて，彼を手伝うことができませんでした」

(2)　上の文は「私の父はテニスをすることができます」の意味になるね。下の文では，他動詞 know の目的語に何かを入れる問題になっているよ。途中まで日本語で考えてみよう。「私の父は，テニスをする…を知っている」となりそうだね。では，「…」にはどんなことばが入るかな？　そう，「方法・仕方」でいいよね。テニスができるということは，そのやり方を知っているということだ。そうすると，how to play tennis で決まりだね。

　　　和訳「私の父はテニスをすることができます」
　　　　　　「私の父はテニスのやり方を知っています」

(3)　これは日本語に直すのがちょっと難しい問題だね。主語になっている動名詞の Keeping early hours は「早寝早起きをすること」と訳してみよう。**名詞用法不定詞も動名詞も両方とも主語になれる**ということを覚えているかな？　下の文では，「早寝早起きをすること」がうしろに回っているので，長い主語を避けるために使う**形式主語の it** から始めればいいね。そして，不定詞の意味上の主語は，〈**for ＋ 目的格**〉

で表すよ。keeping を同じ名詞のカタマリをつくる **to keep** にかえて完成。

和訳「私が[私にとって]早寝早起きをするのは難しい」

(4) 〈**so ... that**＋肯定文〉が確認できるね。that 以下の肯定文では can が使われていないけど，「結果・程度」の表現と同じように考えていいよ。「彼女はとても親切なので，彼らに駅への道を教えてあげました」と訳せるね。<u>肯定内容の「結果・程度」は不定詞の **enough to do** ～でも表せる</u>よ。

和訳「彼女はとても親切なので，彼らに駅への道を教えてあげました」
「彼女は彼らに駅への道を教えてあげるほど親切でした」

解答

1 (1) how to drive　(2) asked, to come　(3) where to

2 (1) him　　　　(2) them　　　　(3) her

3 (1) so, couldn't　(2) how to　(3) It, for, to　(4) enough to

　さあ，以上で中学生が学習する不定詞をすべて仕上げてしまいました。あとは，とにかく忘れないように，問題集でたくさんの問題を解いてほしいな。

● Lesson 28　分　詞

Ⅰ▶ 分詞とは？……………………………………………………………

　さて，今回は中学3年の英語最大の難関の1つ，分詞を学習しよう。
ところで，分詞っていったいなんだろうね。

　分詞には，動詞の原形に **ing** をつけることで**形容詞のはたらきをする現
在分詞**と，同じく**形容詞のはたらきをする過去分詞**があるんだよ。などと
言われて，マメ君もみぃちゃんも目がテン（・・;）になっているので，まず
は形容詞または形容詞のカタマリとは何か？　のおさらいから始めよう。

問題❶ ▶ 次の日本語を英語にしたとき，形容詞となる部分を[　]で囲
みなさい。

❶　美しい花

❷　机の上の本

❸　今日するべき仕事

さてマメ君，形容詞の部分がわかったかな？

　えーっと，中学1年のときに「〜い，
〜な」で終わる語尾が形容詞と習った
から，❶は「美しい」が形容詞！　で
も，ほかはちょっと……。最近名詞のカ
タマリばっかり勉強していたから。

　たしかに名詞のカタマリが続いてきたからしょうがないけど，復習してこようね。

　では，みぃちゃんはどう思う？

　　はい。中学1年の形容詞（☞ p.167）と中学2年の形容詞用法不定詞（☞ p.323）のときに，「英語に直したときの形容詞は，日本語訳の語尾が『～い，～な』でなくても名詞を修飾をしていれば形容詞と扱ってよい」と習ったので，❷は「机の上の」，❸は「今日するべき」が形容詞だと思います。

　そのとおりだね！

　英語の形容詞は日本語の形容詞の語尾「～い，～な」にこだわることなく，名詞を修飾していればどんなに長い語句でも形容詞のカタマリと考えてよかったんだよね。そうすると，今回学習する分詞も形容詞の仲間ということになるね。

　ちなみに，問題❶の日本語を英語に直すと，❶ a 〔beautiful〕 flower，❷ the book 〔on the desk〕，❸ the work 〔to do today〕 となるね。

問題❶ の解答▶　❶　美しい　　❷　机の上の　　❸　今日するべき

分詞の形容詞用法 ·····································

1 名詞を修飾する分詞

1. 現在分詞の場合

それでは，次の問題を考えてみよう！

問題② ▶ 次の文の（　　）内の語を適する形にしなさい。

❶ The baby (sleep) in the bed every day.
　　　＊ baby：赤ん坊〔ベイビ〕
「その赤ちゃんは毎日そのベッドで眠ります」

❷ The (sleep) baby is very pretty.
「その眠っている赤ちゃんはとてもかわいい」

❸ The baby (sleep) in the bed is very pretty.
「ベッドで眠っているその赤ちゃんはとてもかわいい」

❹ Do you know the baby (sleep) in the bed?
「あなたはベッドで眠っているその赤ちゃんを知っていますか」

いきなり英語で答えるのが難しければ，日本語を参考にしてもいいよ。

英文には必ず1つの動詞が必要だったね。❶には原形 sleep「眠る」以外に動詞と考えられる語はないね。主語が3人称・単数の the baby なので，答えは **sleeps**。

では，❷はどうかな？　すでに動詞は is があるので，sleep を動詞で使うことはできないね。マメ君，どうかな？

> 日本語を参考にすると，「眠っている」が「赤ちゃん」を修飾しているように見えます。だから，「眠っている」を形容詞と考えるんですか？

　マメ君，いいところに気がついたね。そう，is が動詞だから sleep は形容詞にするしかないんだ。そこで，動詞を形容詞っぽく使うときに登場するのが分詞（分詞の形容詞用法）ということなんだよ。次のポイントを理解すれば，答えが出そうだね。

 ポイント　現在分詞の形容詞用法

● 名詞を修飾する現在分詞 ➡ 動詞の **-ing** 形
　　　　　　　　　　　　「〜している」

---

　❷の答えは，動詞の原形 sleep に ing をつけた sleeping で決まりだね！
　では，みぃちゃん，❸はどうかな？

❷と同様に「眠っている」が「赤ちゃん」を修飾しているので，sleeping です。でも，❷は The sleeping baby と baby の前に分詞があるのに，どうして❸は The baby sleeping と baby のうしろに分詞があるんですか？

　〈前置詞＋名詞〉のセットや形容詞用法不定詞のときに，2 語以上の形容詞のカタマリは名詞のうしろに置くというルールを習ったよね。覚えているかな？　ここでもそのルールが生きているんだ。
　❸の「ベッドで眠っている」を英語にすると sleeping in the bed。これは 2 語以上の形容詞のカタマリだね。だから名詞 the baby のうしろに置かれて，その名詞を修飾しているんだ。

● 現在分詞の位置

- ● １語の現在分詞の場合：名詞の前に置く

  the 【sleeping】 baby 「眠っている赤ちゃん」
  <u>分詞</u> <u>名詞</u>

- ● 現在分詞が２語以上のカタマリの場合：名詞のうしろに置く

  the baby 【sleeping in the bed】
  <u>名詞</u>　　　<u>２語以上の分詞</u>　「ベッドで眠っている赤ちゃん」

---

❹も❸と同様に考えよう。分詞が❸とはちがって文の後半にあるね。これは「形容詞用法不定詞が現れる場所」（☞ p.327）で扱ったものとまったく同じように，２語以上の分詞のカタマリは，修飾される名詞の位置によって，<u>ＳとＶのあいだ</u>，<u>文末の名詞のうしろ</u>，のどちらかに置くよ。

● 現在分詞が２語以上のカタマリになるパターン

- ● 主語(名詞)を修飾する場合：主語と動詞のあいだに置く

  〈S(名詞)＋【～ ing …】＋V ―.〉

  The woman 【talking with Emi】 is our teacher.
  S(名詞)　　　２語以上の分詞　　V　　　C

  「エミと話している女の人は私たちの先生です」

- ● 文末の名詞を修飾する場合：文末の名詞のうしろに置く

  〈S ＋ V ＋名詞＋【～ -ing …】.〉

  Yumi is the girl 【reading a book in the room】.
  S　V　C(名詞)　　２語以上の分詞

  「ユミはその部屋で本を読んでいる少女です」

問題❷ の解答▶　❶ sleeps　❷ sleeping　❸ sleeping　❹ sleeping

2. 過去分詞の場合

過去分詞も現在分詞と同様に形容詞のはたらきをするよ。

問題③ ▶ 次の英文の（　　）内の語を適する形にしなさい。

❶ The girl (grow) a tulip every year.　　　＊grow：〜を栽培する
「その女の子は毎年チューリップを栽培します」

❷ The (grow) tulip is very pretty.
「その栽培されたチューリップはとてもかわいい」

❸ The tulip (grow) by the girl is very pretty.
「その女の子によって栽培されたチューリップはとてもかわいい」

❹ Her family enjoyed the tulip (grow) by the girl.
「家族はその女の子によって栽培されたチューリップを楽しみました」

　日本語から考えてみると，❶は「栽培する」が動詞。「毎年」の習慣は現在形の動詞で表し，主語の The girl が3人称・単数なので，**grows** で正解。❷は「栽培された」が「チューリップ」を修飾している分詞＝形容詞と考える。is が動詞として使われているので，grow は分詞＝形容詞にするしかないよね。

ポイント　過去分詞の形容詞用法

● **名詞を修飾する過去分詞** ➡〈V ＋ **-ed**〉（規則変化の場合）
　　　　　　　　　　　　　　「〜された」

　注 make - made - made など，不規則に変化する過去分詞もある。
　重要不規則動詞80語（☞ p.560-563）をチェックしよう。

「チューリップ」は「栽培される」から，❷は過去分詞の **grown**。
　❸と❹は現在分詞と同様に，2語以上のカタマリのルールに当てはめること。

中学1年

中学2年

中学3年

- ● 過去分詞の位置
  - ● 1語の過去分詞の場合：名詞の前に置く

    the 【grown】 tulip「栽培されたチューリップ」
    　　　分詞　　名詞

  - ● 過去分詞が2語以上のカタマリの場合：名詞のうしろに置く

    the tulip 【grown by the girl】
    　名詞　　　2語以上の分詞

    「女の子によって栽培されたチューリップ」

また，過去分詞も修飾される名詞の位置によって，S と V のあいだ，文末の名詞のうしろ，にくることを覚えておこう！

- ● 過去分詞が2語以上のカタマリになるパターン
  - ● 主語(名詞)を修飾する場合：主語と動詞のあいだに置く

    〈S(名詞)＋【過去分詞 〜】＋V ....〉

    The pictures 【taken by Yumiko】 are nice.
    S(名詞)　　　2語以上の分詞　　V　C

    「ユミコによって撮られた写真はすてきです」

  - ● 文末の名詞を修飾する場合：文末の名詞のうしろに置く

    〈S ＋ V ＋名詞＋【過去分詞 〜】.〉

    He has a car 【made in USA】.
    S　V　O(名詞)　2語以上の分詞

    「彼はアメリカでつくられた[アメリカ製の]車をもっています」

問題❸の解答 ▶ ❶ grows ❷ grown ❸ grown ❹ grown

ポイント　現在分詞と過去分詞の位置

- 現在分詞・過去分詞が 1 語のとき ➡ 名詞の前に置く
- 現在分詞・過去分詞が 2 語以上のカタマリのとき

　　　　　　　　　　　　　➡ 名詞のうしろに置く

② 補語になる分詞

　分詞が名詞を修飾する用法を勉強したところで，今度は補語になる分詞を見ていこう。ところでマメ君，形容詞は英文中で，どんなはたらきをするのかな？

> はい。もう，ちゃんと形容詞を復習してきました。形容詞は英文中で，❶名詞を修飾する，❷補語(C)になる，というはたらきをします。

　はい，正解。安心したよ。ということは，分詞＝形容詞なんだから，分詞は名詞の修飾のほかに，補語のはたらきをしてもおかしくないということになるね。次の例文を見てごらん。

❶　She is honest.　　　　　「彼女は正直です」
　　S　V　C

❷　He is swimming now.　　「彼は今，泳いでいます」
　　S　V　C

❸　She was loved by everyone.「彼女はみんなに愛されていました」
　　S　V　C

　この例文で何がわかるかな？　❶の文の補語は形容詞 honest だね。この文は問題ないね。ところで，みぃちゃん。❷の文はなんという文だか覚えているかな？

はい。中学 1 年で習った現在進行形の文です。

　そうだったね。合っているよ。
　❸は中学 2 年で学んだ受動態の文だね。
　現在分詞や過去分詞は形容詞のはたらきをするというのは先ほど学習したよね。そうすると，現在進行形の -ing 形や受動態の過去分詞は，じつは分詞として考えてもいいということなんだ。そして，文の主語が「〜している」のであれば現在分詞を，主語が「〜される」のであれば過去分詞を書けばいいんだね。

 ポイント　補語（C）になる分詞：〈S＋V＋C〉で　　　　　V が be 動詞の場合

- 〈S＋be 動詞＋現在分詞〉
  ➡「S が『〜している』」という関係
- 〈S＋be 動詞＋過去分詞〉
  ➡「S が『〜される』」という関係
  注　どちらも S＝C の関係が成り立つので，形容詞のはたらき
  　　をする分詞と考える。

では次に，補語になる分詞のもうすこし難しい使い方を見てもらうよ。

問題❹ ▶ 次の文の意味を日本語で言いなさい。

❶ Tom <u>was</u> studying in his room.

❷ Tom <u>sat</u> studying in his room.

❸ She <u>was</u> surprised at the news.

❹ She <u>looked</u> surprised at the news.

さてさて，これができたら分詞検定 1 級の資格をあげたいくらい難しい問題かもね。

ではマメ君，❶と❷だけお願いね。

　　　そんな検定が存在しないのは知ってますが，がんばります。❶は過去進行形の文なので，「トムは自分の部屋で勉強していました」です。❷は，be 動詞がないので進行形じゃないし……。そうすると，同じ -ing 形の動名詞かも。「トムは自分の部屋で勉強することを座った」あれれ……，全然意味がわかりません。

❶はマメ君が言ったとおり，過去進行形の文だから問題ないよ。❷が難しいね。たしかに be 動詞以外では，〈S ＋ 他動詞＋動詞の -ing 形（＝O）.〉で，「S は~することを V する」という動名詞を扱ったけど（☞ p.341），それは動詞が他動詞の場合。この sat（現在形は sit）は自動詞しかないので，うしろの -ing 形は動名詞ではないんだ。覚えているかな？

中学 2 年の **Lesson** 18 で第 2 文型をつくる動詞は be 動詞以外にもあるという話をしたね（☞ p.300, 302）。S ＝ C（形容詞）の関係になれば，be 動詞以外でも第 2 文型をつくるんだったね。Tom <u>sat</u> studying in his room. の studying が分詞＝形容詞だとすれば，S ＝ C の関係が成り立つよね。

あっ，先生，わかりました。studying が形容詞なら，❶は「トムは自分の部屋で座って勉強していました」ですね。

マメ君，そのとおり！ よくできました。マメ君に分詞検定準 1 級をあげよう。それでは❸と❹をみぃちゃんにお願いしよう。

はい。❸は過去の受動態なので，「彼女はその知らせに驚きました」ですね。❹は今の話を参考にして，自動詞 look が〈S ＋ V ＋ C〉をつくると「S は C のように見える」でしたよね。C の場所にある過去分詞 surprised は形容詞なので，「彼女はその知らせに驚いているように見えました」でいいですか？

　すばらしい！　パーフェクトだよ。マメ君と私の話をちゃんと聞いて
てくれたね。〈S ＋ V ＋ C〉の第2文型をつくる be 動詞以外の動詞を
ちゃんと覚えておこう。

問題④ の解答▶

❶　トムは自分の部屋で勉強していました。
❷　トムは自分の部屋で座って勉強していました。
❸　彼女はその知らせに驚きました。
❹　彼女はその知らせに驚いているように見えました。

では，今のところをまとめてみよう。

**ポイント　C（補語）になる分詞：〈S ＋ V ＋ C〉の V
が be 動詞以外の自動詞のとき**

●〈S ＋自動詞＋現在分詞〉➡「S が『～している』」という関係

●〈S ＋自動詞＋過去分詞〉➡「S が『～される』」という関係

　使われる動詞➡ get / become / turn 「～になる」
　　　　　　　　 keep / remain 　　　「～のままでいる」
　　　　　　　　 look / seem 　　　　「～のように見える」
　　　　　　　　 sit 　　　　　　　　「座って～する［される］」
　　　　　　　　 stand 　　　　　　　「立って～する［される］」

　進行形，あるいは受動態の意味に，その自動詞本来の意味を加えれ
ば，英文の意味がわかるはずだね。

中学1年

中学2年

中学3年

実 践 問 題

1 次の文の（ ）内の語を適する形にしなさい。

(1) There was a (break) cup on the desk.

(2) Look at the (smile) girl.

(3) This is the dictionary (give) to me by my uncle. ＊ uncle：おじ

(4) The man (stand) by the piano is our teacher.

2 次の日本文にあうように，（ ）内に適する語を書きなさい。

(1) 向こうでラジオを聞いているその女の子は私の妹です。

The girl ( ) ( ) the radio over there is my sister.

(2) 雪でおおわれている山は富士山です。

The ( ) ( ) ( ) ( ) is Mt. Fuji.

3 次の文の（ ）内の動詞を適する形にしなさい。

(1) The boy was (wash) his father's car.

(2) The famous story is (read) by many children.

(3) She kept (sit) by the door.

4 次の文で使われている -ing 形の用法と同じ用法の -ing 形が含まれている
文を 1 つ選び，記号を書きなさい。

The boy playing tennis is Bob.

ア The boy is playing tennis there.

イ The boy's hobby is playing tennis.

ウ He went home without playing tennis.

エ He spoke to the crying boy.

解説

1

　このような問題で参考となる日本文がないときは，<u>英文には必ず1つ</u><u>の動詞が必要</u>というルールを使えばいいんだ。

(1)　was が動詞として使われているから，break は動詞以外で使うしかないよね。そこで，break の前後を見てみる。前には a（不定冠詞），うしろには cup（名詞）がある。分詞は形容詞として名詞を修飾するので，うしろの cup を修飾すると考えよう。**1語の分詞ならば，修飾する名詞の前**に置かれるからね。だから，break を現在分詞か過去分詞にすればいいよね。cup は「割っている」のではなく「割られる」ものだから，**broken** で正解だね。

　　和訳「机の上に割られた[割れた]カップがありました」

(2)　この問題は，マメ君に解いてもらおう。どんなふうに考えればいいのかな？

> 動詞 Look がすでにあるので，smile は動詞としては使えません。うしろに名詞の girl があるので，それを修飾する分詞に直せばいいのでは？　girl は「笑っている」と考えて，smiling にすれば正解ですか？

　そのとおりだよ。しっかり理解できているようだね。

　　和訳「その笑っている女の子を見てごらん」

(3)　is が動詞だね。だから give を分詞にかえる。前には dictionary（名詞），うしろには to（前置詞）があるから，**2単語以上の分詞のカタ**

マリは名詞のうしろに置くというルールを思い出そう。「おじによって私に与えられた辞書」という内容が想定されるので，give を過去分詞 **given** にすれば正解だね。

和訳 「これは，おじによって私に与えられた辞書です」

➡ 「これは私がおじにもらった辞書です」

(4)　だいぶ慣れてきたようだね。次はみぃちゃんに解いてもらおう。この問題はどうかな？

> はい，動詞は is なので，stand を分詞にかえます。前にある名詞 The man を修飾して，「ピアノのそばに立っている男の人」という意味だと思うので，stand を standing にすればいいですか？

よくできました。

和訳 「ピアノのそばに立っているその男の人は私たちの先生です」

2

日本文を参考にして考えてみよう。

(1)　「向こうでラジオを聞いている」の部分が，名詞の「その女の子」を修飾しているよね。あとは，「〜を聞く」は hear と listen to が考えられるけど，空らんが 2 つあるので **listen to** を使えばいいね。これを分詞にかえると listening to で決まり。listening to the radio over there という 2 語以上の分詞のカタマリが前の The girl を修飾している文だよ。

⑵ 「雪でおおわれている」の部分が，名詞の「山」（mountain）を修
飾する分詞のカタマリだね。動詞 cover「～をおおう」を分詞にかえ
ればいいね。「おおわれている」のだから，過去分詞の covered にす
ること。covered with ～の形で用いることに注意。

3

⑴　be 動詞をはさんで，S ＝ C の文を考えよう。補語（C）になる分詞の
形は，主語が「～している」のならば現在分詞，主語が「～される」
のならば過去分詞だったね。The boy は「洗っている」のだから現在
分詞で正解。過去進行形の文だね。
　和訳「その少年は父親の車を洗っていました」

⑵　これも同じように考えよう。The famous story「その有名な物語」
は，「読まれる」んだね。うしろに前置詞の by「～によって」がある
ことからも，受動態だということがわかるはず。だから，過去分詞を
入れればいいね。read は原形・過去形・過去分詞が同じ形だったね。
覚えているかな？
　和訳「その有名な物語は多くの子どもたちによって読まれています」

⑶　前置詞 by につられて，すぐに受動態だと思ってしまってはダメだ
よ。自動詞 keep（過去形は kept）は第 2 文型をつくる動詞だったね。
あとは主語の She と sit の意味関係を考えよう。S ＝ C の関係にする
には，She は「座っている」と考える。だから，sit は現在分詞にすれ
ばいい。
　うしろの前置詞 by は「～のそばに」という意味を表しているんだ。
受動態の by とまぎらわしいから注意しよう。
　和訳「彼女はドアのそばに座ったままでいました」

中学1年

中学2年

中学3年

4

　-ing 形がどのような用法なのかをしっかり理解してないと解けない難しい問題だね。

　問題文は，主語が The boy，動詞が is，補語が Bob でいいね。主語と動詞のあいだにある playing tennis は主語を修飾する分詞のカタマリだね。ア〜エの中から名詞を修飾している分詞を選べば正解にたどりつけるよ。

　和訳「テニスをしているその少年はボブです」

ア　be 動詞の is をはさんで，「主語の The boy ＝補語の playing」の関係が成り立つ。「〜している」という<u>現在進行形</u>の文と考えよう。

　和訳「その少年はそこでテニスをしています」

イ　主語の一部である名詞 hobby に続いて，is playing があるので，ぱっとみるとアと同じ現在進行形の文に見えるね。ところが，「趣味はテニスをしている」と訳すとヘンだよね。ここで，思い出してほしいことがあるんだ。

　みぃちゃん，補語になれる品詞は何だったかな？

はい。補語になれるのは名詞と形容詞です。

　そのとおり。-ing の形をした形容詞は分詞だけど，名詞でそんな形をしたものがあったかな。ヒントは，「モノや人の名前だけでなく，事柄も名詞になれる」だよ。

あっ，思い出しました。-ing の
形で「事柄」を表したのは，たし
か動名詞だったと思います。「～す
ること」と訳せますね。

　すばらしい。そのとおりだよ。つまり，「テニスをしている」ではな
く「テニスをすること」と考えると，うまくつながるね。一見同じよ
うに見える〈be 動詞＋動詞の -ing 形〉でも，-ing 形が**進行形の分詞
の場合**と**動名詞の場合**の 2 通りあるということだね。
　次にまとめておくよ。

 ポイント be 動詞の補語になる動詞の -ing 形の区別

- 〈S ＋ be 動詞＋動詞の -ing 形〉➡「S が『<u>～している</u>』」
　　　　　　　　C（進行形の分詞）　　　　　（**-ing** は形容詞）
- 〈S ＋ be 動詞＋動詞の -ing 形〉➡「S は『<u>～すること</u>』である」
　　　　　　　　C（動名詞）　　　　　　　（**-ing** は名詞）

　この 2 つをちゃんと区別できれば，また一歩英語への理解が深まるよ。
　和訳「その少年の趣味はテニスをすることです」

ウ　前置詞 without のうしろに playing tennis があるね。<u>前置詞のうし
　ろは必ず名詞</u>というルールを覚えているかな。そう考えると，この
　playing tennis は名詞＝動名詞ということになるね。
　和訳「彼はテニスをせずに家に帰りました」

エ　冠詞 the と名詞 boy のあいだに crying があるね。冠詞と名詞のあいだには形容詞が置かれることが多いよ。この crying は 1 語でうしろの名詞 boy を修飾する分詞＝形容詞と判断できたかな？　やっとここで解答が出てきたね。最初の文と同じように，名詞を修飾している分詞だね。

　　和訳「彼は泣いている少年に話しかけました」

解答

1　(1)　broken　(2)　smiling　(3)　given　(4)　standing

2　(1)　listening to　(2)　mountain covered with snow

3　(1)　washing　(2)　read（過去分詞）　(3)　sitting

4　エ（名詞を修飾する現在分詞）

　この難関を乗りこえれば，キミの英語力は確実にアップしているはずだよ。

Ⅲ　分詞構文（学習指導要領範囲外）⋯⋯⋯⋯⋯⋯⋯⋯⋯

　ここでは，中学英語では基本的に学習しない分詞構文というものを見ていこう。これは高校に入ってから学習するけれど，一部の私立高校の入試では出題されることがあるので，理解しておいて損はないはずだよ。がんばってみようね。

　分詞構文なんてお堅いイメージだけど，不安になる必要はないよ。

■　分詞構文とは？

　Lesson 23 の接続詞②で学習した，副詞のカタマリをつくる接続詞（☞ p.396）を覚えているかな？

---

❶　As he has no friends, he is not happy.
「彼は友達がいないので，幸せではありません」

❷　When he saw me, he waved his hand.　＊wave：〜を振る：揺れる
「彼は私を見たとき，手を振りました」

　マメ君，❶，❷の文で，副詞のカタマリはどこかな？

　　　　　はい。接続詞から始まる文はコンマまでが副詞のカタマリなので，❶ は As he has no friends, ❷ は When he saw me ですよね。

　そのとおり。よく復習できているね。では，副詞のカタマリ部分が長いと感じたら，みぃちゃん，どのようにすればスッキリするかな？

はい。長くてもちゃんと全部書いてくれたほうが読みやすいけど，長いと感じたら省略するしかないですよね。

そう，省略するしかないよね。たとえば日本語でも，「彼は友達がいないので，彼は幸せではありません」より「友達がいなくて，彼は幸せではありません」のほうがすっきりしているね。

文章ではないけど，日本人はよくことばを省略するよね。たとえば，「就職活動」は「就活」，「模擬試験」は「模試」など。

そこで，話を戻すと，<u>分詞構文とは，分詞を使って副詞のカタマリを短く述べる</u>というものなんだ。この場合，分詞は副詞のはたらきをする新しいものに生まれかわるんだよ。

では，どうやって分詞構文をつくるのか，その手順を紹介しよう。

② 分詞構文のつくり方

┌──副詞のカタマリ──┐
<u>As he</u> has no friends, he is not happy.

↓接続詞と　　↓動詞を分詞に
　主語を省略

　　　　Having no friends, he is not happy.
　　　副詞のカタマリ

❶ 接続詞 As を省略する。

❷ 副詞のカタマリ部分の主語 he(S')とうしろの主語 he(S)が同じ場合，副詞のカタマリ部分の主語 he(S')を省略する。

❸ 動詞 has は，接続詞も主語もなくなってしまうので動詞のままでは使えないね。そこで，<u>動詞 has を分詞 having に変化させる</u>。

　分詞構文では接続詞が削られてしまうので，その訳が想像つかない場合は，接続詞を無理に訳す必要はないよ。次のように順接でうしろの文につなげるとうまくいくんだ。

　● **Having no friends**, he is not happy.
　「友達がいなくて，彼は幸せではありません」

3　熟語として使われる分詞構文

　分詞構文には，慣用的に決まった言い方で表すものがあるので，熟語としてそのまま覚えておくと便利だよ。

● 熟語の分詞構文

　● **weather permitting** 「天気がよければ」
　　　　　　　　　　　　 ＊ weather：天候　permit：〜を許す

　● **generally speaking** 「一般的に言って」　＊ generally：一般に

　● **frankly speaking** 「率直に言って」　＊ frankly：率直に

　● **strictly speaking** 「厳密に言って」 ＊ strictly：厳密に；厳しく

　● **judging from 〜** 　「〜から判断して」
　　　　　　　　　　　　　＊ judge：〜を判断する；評価する

　● **speaking[talking] of 〜** 「〜と言えば」

　分詞構文の副詞のカタマリの部分は文頭に置かれることが多いよ。

関係代名詞

I ▶ 名詞を修飾する語句 ....

　さあ，中学生が苦手にすることが多くて英語嫌いになるきっかけになりそうな関係代名詞に進むよ。その前に，名詞を修飾する語句をまとめてみよう。次の問題を解いてごらん。

問題❶ ▶ 次の日本文に合うように，（　　）内に適する語を入れなさい。

❶　私はそこで野球をしている男の子を知っています。
　　I know the boy (　　　) baseball there.
❷　彼女はあなたに見せるための写真を何枚かもっています。
　　She has some pictures (　　　) show you.

　では，マメ君にやってもらおう。

　　はい。❶はこの前やった分詞ですよね。「そこで野球をしている」の部分が「男の子」を修飾しています。「男の子」が「〜している」の関係だから，現在分詞の playing でいいですか？

　そのとおり。では，その分詞が the boy を修飾しているところは，どこからどこまでかな？

「そこで野球をしている」
のところだから, playing
baseball there ですね。

よくできました。ちゃんと復習しているね。
それではみぃちゃん, ❷をお願い。

はい。「あなたに見せるための」
とあるので, 2 語以上の語句が前
の名詞を修飾する形容詞用法不定
詞です。だから, 不定詞の to を入
れればいいですね。

そのとおり。よくできました。

問題❶ の解答▶　　❶　playing　　❷　to

　なぜこんな問題をやってもらったかというと, じつは関係代名詞も 2
語以上で前の名詞を説明するときに使うんだ。では, ちょっとずつ種明
かしをしていこうね。

問題❷　▶　次の 2 つの日本文を 1 つの文にしなさい。♪

　❶　私はその女の子を知っています。
　❷　その女の子は歌をとてもじょうずに歌います。

どちらの文にも「その女の子」という語句が入っているよ。このように同じ語句を2文で続けて言うより，1回だけ使って，まとめて1つの文にしたほうがスッキリするよね。みぃちゃん，問題をやってもらおう。

はい，やってみます。「その女の子は歌がとてもじょうずで，私はその女の子を知っています」……。あっ，これだと「女の子」が2回出てきちゃう……。「私は歌をとてもじょうずに歌うその女の子を知っています」でいいですか？

ギリギリセーフで正解だよ。それでいいね。

問題2 の解答▶ 私は歌をとてもじょうずに歌うその女の子を知っています。

「その女の子」を修飾する部分はどこからどこまでかな？　そう，「歌をとてもじょうずに歌う」の部分が「その女の子」を修飾しているね。
　では，ここから英語的な考え方に入ろう。
　2語以上のカタマリの形容詞は修飾する名詞のうしろに置くというルールは，分詞でも形容詞用法不定詞でも説明したね。**問題2** の解答の日本文を英語の語順に直すとどうなるか，考えてみよう。

- **日本語の語順：**
　私は【歌をとてもじょうずに歌う】その女の子を知っています。
- **英語的語順：**

私は	知っている	その女の子を	【歌う	歌を	とてもじょうずに】
S	V	O	V'	O'	副詞

　　　　　　　　　　　　　　　　　2語以上の形容詞のカタマリ

　英語的な語順で書くとこのようになるよね。では，これを実際に英語で書いてみよう。

　マメ君，どうかな？

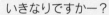

> いきなりですかー？
> 　習っていなくても，途中までならなんとかやれますけど。「私は」＝ I，「知っている」＝ know，「その女の子」＝ the girl，そのあとの「歌う」は「女の子」が主人公だから3単現の s がつきそうなので sings，「歌を」＝ a song，「とてもじょうずに」＝ very well ですね。単語なら，なんとかわかります。あとはこれをくっつけると，I know the girl sings a song very well. となります。でも，なんかヘンですよね。

　いやいや，マメ君。考え方はすばらしいよ。あともうひとがんばりで正解だよ。

　ここで，接続詞（☞ **Lesson 23**）の話を思い出してみよう。**文と文をつなげるために接続詞を使う**というのは，もう習ったよね。名詞のカタマリをつくる接続詞（**that** など）や，副詞のカタマリをつくる接続詞（**when** など）などがあるね。

　では，形容詞のカタマリで文と文をつなげるのは何かというと……，パンパカパ〜ン！

　それは今から学習する**関係代名詞**！　ということなんだ。

　では，今の文を関係代名詞なるものを使って，実際につなげてみよう。

関係代名詞の仕組み ·····················

❶ 関係代名詞の形とはたらき

では，<u>問題❷</u> で扱った2つの文を，関係代名詞を使って1つの文にしてみよう。

- **● 2つの文を形容詞のカタマリでくっつける手順**

  ❶ I know <u>the girl</u>. 「私はその女の子を知っています」
            +

  ❷ <u>The girl</u> sings a song very well.
      「その女の子は歌をとてもじょうずに歌います」

     ❷の文の主語 The girl を省略し，つなげる語の
     関係代名詞 who にかえる

  ❷' <u>who</u> sings a song very well

  ❶ I know the girl. + ❷' <u>who</u> sings a song very well
    = I know the girl <u>who</u> sings a song very well.
      S   V   O   2語以上の形容詞のカタマリ

  「私は歌をとてもじょうずに歌うその女の子を知っています」

どうかな？ いきなり2文をつなげる<u>関係代名詞 who</u> が出てきて，ビックリしたと思うけど，ちゃんと<u>2語以上の形容詞のカタマリが前の名詞 the girl を修飾している</u>文ができたね。つなげる語や訳し方はちがうけど，うしろから前の名詞を修飾する形容詞のカタマリとしては，形容詞用法不定詞や分詞と同じはたらきをするということを覚えておこうね。

そして新しい用語をここで1つ。<u>関係代名詞によって修飾される名詞（上の文では the girl）を先行詞と呼ぶ</u>ことも覚えておこう！

ポイント　関係代名詞のはたらき

- ●〈名詞（先行詞）＋ ［関係代名詞 ...］〉

  ２語以上のカタマリ

  修飾

関係代名詞以降の２語以上のカタマリが前の名詞（先行詞）を修飾。

2　関係代名詞 who の位置と意味

　形容詞用法不定詞や分詞と同じように，２語以上の形容詞のカタマリが前の名詞（先行詞）を修飾するものとして，なんだかわからないけど関係代名詞 who を使ってつなげてみたね。そこで使われた関係代名詞 who のことはあとで説明するからね。

　今回はこの関係代名詞 who が文中のどこに出てくるかということを考えていこう。

　関係代名詞が現れる場所は，形容詞のカタマリということで，じつは形容詞用法不定詞（☞ p.323）や名詞を修飾する分詞（☞ p.486-491）とまったく同じ場所なんだよ。

　では，その場所の確認をしてみよう。

ポイント　関係代名詞 who の現れる場所

❶ <u>ＳとＶのあいだに割り込む場合</u>：〈S（先行詞）＋ ［who V' ～］＋ V ....〉

番号の順に訳す➡　　　　　2　　　　　1　　　　　3

❷ **文型が終わる文末の名詞のうしろ：**

〈S ＋ V ＋名詞（先行詞）＋ ［who V' ～］.〉

番号の順に訳す➡　　　　1　　4　　　3　　　　　2

■でつくった文（I know the girl who sings a song very well.）は，
ポイントの❷の文のように，文末の名詞のうしろに関係代名詞が置かれ
た文だったわけだね。

それでは，ポイントの❶のような文もつくってみよう。

問題❸ ▶ 次の日本文を英語にしなさい。

その絵を描いた男の人はとても有名です。

日本文の「その絵を描いた」は「男の人」を修飾しているよ。これを
ヒントに，みぃちゃんにお願いしよう。

はい。ポイントの❶の文のように，ですね。
「男の人」は主語でもあり，先行詞でもあるんで
すね。ちょっと，日本語を英語っぽく並べてから
考えます。「男の人は」(S)＋「その絵を描いた」＋
「だ＝です」(V)＋「とても有名」(C)でいけそう。
そうすると，答えは The man who painted the
picture is very famous. でいいですか？　ちゃ
んとつなげる語の関係代名詞 who を使いました。

＊ paint：（絵）を描く

すばらしい。パーフェクトだよ，みぃちゃん。
なんで1回説明しただけでわかっちゃうんだろう。

問題❸の解答 ▶ The man who painted the picture is very famous.

先生，そろそろ関係代名詞の who について教えてくださ～い。僕はその who を見ると，どうしても Lesson 25 で習った間接疑問文の who に見えて，「だれが……」と訳してしまいそうになります。

　おっと，マメ君。そろそろガマンの限界のようだね。そうだね，この関係代名詞 who が文中にあると，同じような場所にある間接疑問文の who とまちがえてしまうかもね。

　では，次の文を比較してみようか。

---

❶　I know <u>who</u> will come here tomorrow.
❷　I know the man <u>who</u> will come here tomorrow.

　それでは，この 2 つの文を比べてみよう。

　❶の文は，I が主語，know が他動詞でいいよね。他動詞のうしろには何を置けばいい？　もう大丈夫だよね。他動詞のうしろには目的語＝名詞のカタマリを置くんだね。who 以下は目的語としての名詞のカタマリで，間接疑問をつくっているんだったね。だから，❶は「私は明日だれがここに来るのか知っています」という意味になるんだ。

　そして❷は，I が主語，know が他動詞，そして the man が目的語の第 3 文型の文だね。そのうしろは，名詞 the man を修飾する形容詞のカタマリで，ただの修飾語としてはたらいているだけだね。

　修飾語の一部をつくる関係代名詞 who 自体には意味がないんだ。接続詞なら，いろいろな訳し方を覚えなければいけないけど，関係代名詞には訳がないことを覚えておこう。❷の文は「私は明日ここに来る男の

人を知っています」という意味だから，who が意味をもっていないことがわかるね。

 ポイント　関係代名詞自体には意味がない！

● 関係代名詞 ➡ 前の名詞（先行詞）を修飾するためのツナギ語

ここでは関係代名詞には who を使うようにと勉強してきたけど，そもそもなぜ who なのかも，そろそろ気になってきたでしょ？

先生，関係代名詞って
who だけなんですか？

おっと，そうだね。
それはとても自然な疑問だよ。

それでは次に，関係代名詞にはどんなものがあるのか，説明するよ。

関係代名詞の種類 ··

1 主格の関係代名詞

p.510 で扱った関係代名詞の文をもう一度見てみよう。

- **主格の関係代名詞 who を使った文のつくり方**

❶　I know <u>the girl</u>.「私はその女の子を知っています」
　　　　　　＋
❷　<u>The girl</u> sings a song very well.
　　　　「その女の子は歌をとてもじょうずに歌います」

　　　❷の文の主語 The girl を省略し，つなげる語の
　　　関係代名詞 who にかえる

❷'　<u>who</u> sings a song very well

❶　I know the girl.　＋　❷'　<u>who</u> sings a song very well

＝ I know <u>the girl</u> <u>who</u> sings a song very well.
　　S　V　O（先行詞）　2語以上の形容詞のカタマリ

　　「私は歌をとてもじょうずに歌うその女の子を知っています」

---

　❷の The girl が，❷'で who になっているよね。**The girl が「人」で，**
動詞 sings の主語としてはたらいているから**関係代名詞 who を使うん**
だ。疑問詞ならこの who は「だれが」と主語で訳すものだったよね。で
も who が関係代名詞だと，ただのツナギ語としてはたらくよ。つまり，
I know the girl who sings a song very well. の文では，先行詞が the girl
（人）で，who 以下の主語としてはたらいていたから，関係代名詞は who
を使うと考えるんだ。これを**主格の関係代名詞 who** と呼ぶよ。

　では，先行詞が「人」ではなく「モノ」や「動物」だったら，関係代名詞
はどうなるのかな？　who でいいのかな？　次の例文と解説を見てみよう。

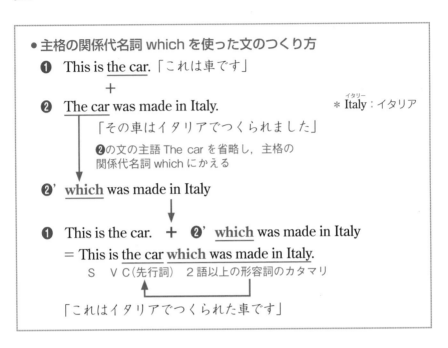

さて，先ほどの文とのちがいに気づいたかな？　❷の The car が，❷'で which にかわったね。もともと The car が「モノ」で，動詞 was の主語としてはたらいているから，関係代名詞 which を使うんだ。which がもし疑問詞なら「どちらが」と訳せるものだよね。でも関係代名詞として使うときは，意味をもたない，ただのツナギ語なんだ。who と同様に**主格の関係代名詞 which** と呼ぶよ。

　who とのちがいはもうわかっているよね？　**who は先行詞が「人」**のとき，**which は先行詞が「モノや動物」**のとき，ということだね。

　どちらの関係代名詞にも共通しているのは，そのうしろをぱっと見ると，いきなり動詞から始まっている，ということ。関係代名詞よりうしろの文で主語が抜けているように見えたら，それは**主格の関係代名詞で ある**，と覚えておこう！

> ## ❗ ポイント　主格の関係代名詞の使い分け
>
> - **先行詞が「人」のとき ➡〈先行詞＋[who＋V〜]〉**
> - **先行詞が「モノ」または「動物」のとき ➡〈先行詞＋[which＋V〜]〉**
>   - 注　どちらも，関係代名詞のあとに主語が抜けたように見える。つまり，先行詞がうしろの文の主語にあたる，ということ。

2　目的格の関係代名詞

　主格の関係代名詞を理解できたかな？　それでは，**目的格の関係代名詞**を見ていこう。これもはたらきとしては，前の名詞（先行詞）をうしろから修飾する形容詞のカタマリであることにかわりはないので，心配はいらないよ。

　次の例文を使って，目的格の関係代名詞を考えてみよう。

- **目的格の関係代名詞 which を使った文のつくり方**
  ❶　This is <u>the car.</u>「これは車です」
  　　　　　　＋
  ❷　I bought <u>the car</u> yesterday.「私は昨日その車を買いました」

  > ❷の文の目的語 the car を省略し，目的格の関係代名詞 which にかえる

  I bought <u>which</u> yesterday

  > which は文と文をつなぐ語なので前に出す

  ❷'　<u>which</u> I bought yesterday

  ❶　This is the car.　＋　❷'　<u>which</u> I bought yesterday
  ＝ This is <u>the car</u> <u>which</u> I bought yesterday.
  　　S　V C（先行詞）　２語以上の形容詞のカタマリ
  　　　　　　　　　　　　　　　「これは私が昨日買った車です」

さあ，どうかな。主格の関係代名詞とのちがいを考えてみよう。

今回の2文も名詞の car が2つあるから，❷の the car を削って❶にくっつければできあがりなんだけど，ちょっとちがうところがあるね。

❷の the car は他動詞 bought（原形は buy）の目的語（「車を」）になっているね。そして，❷' で関係代名詞 which にかわったね。the car が「モノ」で，他動詞 bought の目的語としてはたらいているので，2文をつなぐ語として関係代名詞 which を使っているんだ。このとき which を前に出すことを忘れないように。

目的格の関係代名詞 which の文では，先行詞はあとの文の目的語であり，「モノ」や「動物」を表すということを頭に入れておいてね。

それでは，同じ目的格の関係代名詞でも先行詞が「人」の場合はどうなるのかな？ 次の文を見てごらん。

● **目的格の関係代名詞 that を使った文のつくり方**

❶　I know <u>the girl</u>.「私はその女の子を知っています」
　　　　　　　　＋
❷　You played with <u>the girl</u> yesterday.
　　　　　　　　　　　「あなたは昨日その女の子と遊びました」

❷の文の目的語 the girl を省略し，目的格の関係代名詞 that にかえる

　　You played with **that** yesterday

that は文と文をつなぐ語なので前に出す

❷'　<u>**that**</u> you played with yesterday

❶　I know the girl.　＋　❷'　**that** you played with yesterday
　＝ I know <u>the girl</u> <u>**that** you played with yesterday</u>.
　　　S　V　O（先行詞）　　2語以上の形容詞のカタマリ

「私はあなたが昨日いっしょに遊んだその女の子を知っています」

❷の the girl は前置詞 with の目的語になっているよね。他動詞のうしろにある語を目的語というように，前置詞のうしろの語も目的語というのは，**Lesson 22** の**前置詞**で学習したね（☞ p.373）。そして，❷' で関係代名詞が that にかわった。the girl が「人」で，前置詞 with の目的語としてはたらいているので，2 文をつなぐ語として**関係代名詞 that** を使っているんだ。これも which と同じように前に出すのを忘れないように。主格の関係代名詞では先行詞が「人」の場合 who を使ったけど，**目的格の関係代名詞としては that を使う**よ。接続詞の that とかんちがいして「～することを」なんて訳しちゃダメだよ。関係代名詞の that はもちろん，それ自体に意味はないからね。

先行詞が「人」のときの目的格の関係代名詞として，高校では whom という語が登場するから要注意だよ。でも中学生のうちは that で大丈夫。

それでは，目的格の関係代名詞の文をまとめてみよう。

- **目的格の関係代名詞を使った文の完成版**
  - This is the car **which** I bought ＊ yesterday.
  「これは私が昨日買った車です」
  - I know the girl **that** you played with ＊ yesterday.
  「私はあなたが昨日いっしょに遊んだその女の子を知っています」
  注 ＊の場所にあるべき目的語が先行詞になっている。

どちらの文にも共通していることは，関係代名詞 which や that のうしろの文で目的語が抜けているように見えること。

関係代名詞よりうしろの文で目的語が抜けているように見えたら，それは**目的格の関係代名詞**である，と覚えておこう！

ポイント　目的格の関係代名詞の使い分け

- 先行詞が「モノ」または「動物」のとき
  → 〈先行詞＋[**which** ＋ S' ＋ V' ＊ 〜]〉
- 先行詞が「人」のとき
  → 〈先行詞＋[**that** ＋ S' ＋ V' ＊ 〜]〉
  注　どちらも，＊の部分が O'（目的語）が抜けたように見える。つまり，先行詞がうしろの文の目的語にあたる，ということ。

そして，大切なことを 1 つ。この<u>目的格の関係代名詞（**which / that**）は省略できる</u>ということなんだ。

- **●目的格の関係代名詞が省略された文**
  - This is the car ☐ I bought yesterday.
    ⬆which が消えた！

    「これは私が昨日買った車です」

  - I know the girl ☐ you played with yesterday.
    ⬆that が消えた！

    「私はあなたが昨日いっしょに遊んだその女の子を知っています」

なんでこんなことが可能なんだろうね。関係代名詞（**which / that**）のうしろを見ると，〈S ＋ V〉という文構造が新たに始まっているね。このため，ツナギの語（関係代名詞）がなくても，前の文とは別のカタマリだとわかるからなんだ。私たち日本人にとっては，ちゃんと関係代名詞が入っていたほうがわかりやすいのにね。

　　ただし，**省略できるのは目的格の関係代名詞**だけだからね。主格の関係代名詞は省略できないよ。

　　これで主格と目的格の関係代名詞をひと通り勉強できたね。大事なのは，関係代名詞からうしろの文は，形容詞のカタマリをつくって前の名詞（先行詞）を修飾するということ。

　　マメ君，みぃちゃん，どうかな？

　　うーん。やっぱりかなり難しいです。これはもう，問題をたくさん解いていくしかないかな。

　　私も不安……。でも関係代名詞をマスターできたら，英語でスピーチとかできそう。がんばりたいな。

　　そうだね。英語でスピーチなんてかっこいいよね。

中学1年

中学2年

中学3年

Ⅳ 特殊な関係代名詞 that……………………………………

　目的格の関係代名詞で，先行詞が「人」ならば that を使うと学習したね。では，なぜ that が特殊かというと，先行詞が「人」であろうと「モノ」や「動物」であろうと，主格であろうと目的格であろうと，なんと全部に使える，ということなんだ。

　やっちまったね，that 君。キミはえらいよ！　悩める中学生を救う最終兵器として，すべての万能アイテムとして，関係代名詞 that 君は活躍してしまうんだ。

先生，その that 君は本当にすべての関係代名詞で使えるんですか？　また，引っかけがあったりしませんか？

　まちがいなく，すべてに対応できるよ。

　でも一応言っておくと，中学英語までと会話では有効，ということなんだ。たとえば，大学入試では，that を使えるときが限定されて，使われる範囲が狭くなるんだけどね。

　まあ，今のところは，関係代名詞で迷ったらこの that 君に頼ればOK!　ということだね。

　例文をあげてみよう。

中学1年

中学2年

中学3年

- **関係代名詞 that を使う文**
  - **主格で先行詞が「人」の場合**
    - 例　The girl **that** (= **who**) is swimming there is my sister.
      「そこで泳いでいる女の子は私の妹です」

  - **主格で先行詞が「モノ」や「動物」の場合**
    - 例　This is the train **that** (= **which**) goes to the airport.
      「これは空港へ行く電車です」　　　　　　　　　　エアポート
      　　　　　　　　　　　　　　　　　　　　　　＊ airport：空港

  - **目的格で先行詞が「人」の場合**
    - 例　He is a baseball player **that** everybody likes.
      「彼はみんなが好きな野球選手です」

  - **目的格で先行詞が「モノ」や「動物」の場合**
    - 例　The cat **that** (= **which**) she wants is very pretty.
      「彼女がほしがっているそのネコはとてもかわいい」

どうかな？

　関係代名詞 that はすべてのケースに使えるでしょ。テストのときに，「that を使わないで書きなさい」と指示されないかぎり，完全にオールマイティに使えてしまうから便利だね。

それでは，ここからは中学英語の学習指導要領範囲外のことになるけど，関係代名詞 that がよく使われる文を紹介しておこう。

- 関係代名詞 that がよく使われる文（**学習指導要領範囲外**）
  - **先行詞に最上級の形容詞がつく場合**
    - 例 This is *the longest* story **that** I have ever read.
      「これは私が今まで読んだ最も長い物語です」
  - **先行詞に the first / the last / the only などがつく場合**
    - 例 This is *the first* letter **that** I wrote in English.
      「これは私が英語で書いた最初の手紙です」
    - 例 Jim was *the last* boy **that** came into the room.
      「ジムは部屋に入ってきた最後の少年でした」

    - 例 She is *the only* friend **that** I have.
      「彼女は私のただ１人の友人です」
  - **先行詞に all / every などがつく場合**
    - 例 I want to read *all* the books **that** you have.
      「私はあなたが持っているすべての本を読みたい」
    - 例 *Every* little thing **that** he dose is cool.
      「彼がするどんな小さなことでもかっこいい」
    - 例 This is *every*thing **that** I have.
      「これが私が持っているすべてのものです」

  - **先行詞が「人＋動物またはモノ」の場合**
    - 例 Look at *the man and his dog* **that** are crossing the street.
      ＊ street：通り（ストリート）
      「道路を渡っている人と犬を見てごらん」

中学1年

中学2年

中学3年

 所有格の関係代名詞（学習指導要領範囲外）············

　ここからは，おもに高校に入ってから学習する範囲なんだけど，一部の高校入試では出題されるので触れておこうね。

　関係代名詞に主格と目的格があるということは，もちろん**所有格**も存在するんだ。その正体は **whose** という形をしているんだよ。疑問詞の勉強では，whose は「だれの」という意味だったけど，今回は関係代名詞なので whose 自体に意味はない。これは，主格と目的格の関係代名詞と同じだね。ちょっと難しいけどがんばってみよう。

● **所有格の関係代名詞 whose を使った文のつくり方**

❶　She has a brother.「彼女には弟がいます」

　　　　　　　＋

❷　The brother's name is Hiroshi.「その弟の名前はヒロシです」

　　　┃　　❷の所有格 the brother's を省略し，所有格の
　　　┃　　関係代名詞 whose にかえる
　　　▼

❷'　whose name is Hiroshi

　　　　　　　　　　　　┃
　　　　　　　　　　　　▼

❶　She has a brother.　＋　❷'　whose name is Hiroshi

＝ She has a brother whose name is Hiroshi.
　　S　V　O（先行詞）　２語以上の形容詞のカタマリ

「彼女には名前がヒロシという弟がいます」

　どうかな。前の文とのくっつけ方は主格・目的格の関係代名詞とそんなにかわらないでしょ。ちがいは❷の The brother's が所有格だから whose にかわって前の文にくっついたというところだね。ちょっと考えさせる問題をやってみよう。

> **問題❹** ▶ 次の 2 つの文を関係代名詞を使って 1 つの文にしなさい。
>
> ❶ This is the word.
> ❷ I don't know its meaning.

さあ，同じ語を見つけて，片方は先行詞に，もう片方は関係代名詞にかえてくっつけてみようか。みいちゃん，同じ語は見つかったかな？

同じ語はありませんが，❷の its は❶の The word の所有格だと思います。所有格の its を所有格の関係代名詞にしようと思うのですが……。先ほどの文では先行詞が「人」だったので whose でしたが，先行詞が「モノ」の場合は別の関係代名詞を使うんですか？

いいところに気がついたね。先行詞が「人」でも「モノ」や「動物」でも，所有格の関係代名詞は **whose** だよ。

では，❷の its を関係代名詞 whose にかえます。ツナギの語なので先行詞のうしろにくっつけるんですよね。そうすると，This is the word whose I don't know meaning. となります。これでいいですか？

おしいなあ！ そうだね，そう考えてもしかたないよね。私の説明不足でした。

❷の its meaning はもともとセットで他動詞 know の目的語だよね。its だけではなく，meaning だけでもなく，its meaning のセットで目的語だよね。そういう場合は，所有格の関係代名詞 whose にかわっても，うしろの名詞とセットのままで前に出るんだ。どうかな，答えが見えてきたかな？

はい，わかりました。This is the word whose meaning I don't know. ですね。所有格とそのうしろの名詞は離れられない関係なんですね。なんだか親子みたい。

みぃちゃん，その「親子みたい」という発想はすばらしいね。そうだね，所有格と名詞はいつでもいっしょにいる関係だよね。

 問題❹ の解答 ▶ This is the word whose meaning I don't know.

　　　　　　　　「これは私が意味を知らない単語です」

❗ **ポイント　所有格の関係代名詞**

● 〈先行詞（人・モノ・動物）＋ **[whose ＋ 名詞 〜]**〉

　注　先行詞の名詞と whose のうしろの名詞は，もともと「〜の…」という所有の関係である。

実 践 問 題

Disk 2 : 35 ～ 38 / DL : 29-1 ～ 29-4 🎧

1 次の文の(　　)内から適する語を選びなさい。

(1) The bike (who, which) is by the tree is mine.

(2) We have many friends (who, which) help us.

2 次の日本文にあうように，(　　)内の語(句)を並べかえなさい。

(1) この箱をつくった人は私のおじです。

(uncle / the / is / who / this / man / box / my / made).

(2) 向こうに見えるあの建物は学校です。　　　＊向こうに：over there

(which / is / you / that / building / there / see / over / a school).

(3) 私は駅で会ったその人を知りません。

(don't / met / I / I / that / at / the man / know / the station).

3 次の各組の文がほぼ同じ意味になるように，(　　)内に適する語を書きなさい。

(1) { The baby playing with a toy is my son.　　　＊ toy：おもちゃ
The baby (　　　) (　　　) playing with a toy is my son.

(2) { This is a book written in 2009.
This is a book (　　　) (　　　) written in 2009.

4 次の文の意味を日本語で書きなさい。

(1) The girl who is walking with a boy is Miho.

男の子と（　　　　　　　　　　　　　　　　　　　）です。

(2) Sit on the chair your father made yesterday.

あなたのお父さんが（　　　　　　　　　　　　　　）。

(3) The people I met in the country were very kind.

（　　　　　　　　　　　　　　　　　　　　　　　）。

解説

1

(1)　主語の The bike とうしろの動詞 is のあいだに関係代名詞が入る文。主語でもあり先行詞でもある The bike を修飾する形容詞のカタマリが関係代名詞以下の部分だね。先行詞が「モノ」で，動詞 is には主語が抜けているように見えるね。主語のはたらきをし，先行詞が「モノ」のときに使えるのは主格の関係代名詞 which だね。

　　和訳「木のそばにある自転車は私のものです」

(2)　先行詞 many friends を修飾する形容詞のカタマリが関係代名詞以下だね。動詞 help の前に主語が抜けているように見えるね。先行詞が人で主語のはたらきをする場合は，主格の関係代名詞 who。

　　和訳「私たちには私たちを助けてくれる多くの友達がいます」

2

(1)　関係代名詞が入った並べかえの問題はちょっと難しいね。まずは日本語で，どの部分が形容詞のカタマリで名詞（先行詞）を修飾しているのかを見つけてみよう。「この箱をつくった」の部分が「人」を修飾する形容詞のカタマリだね。ここで注意！「人」は文全体の主語になっているよ。日本語を英語の語順っぽく並べてみよう。

　　　「人は(S)【この箱をつくった】です(V)　私のおじ(C)」

　　こういう語順にすれば，答えが見えてくるね。形容詞のカタマリを先につくってみよう。who made this box となる。who は主格の関係代名詞。The man is my uncle. の is の前に先ほどつくった形容詞のカタマリを埋め込めば完成だ。日本語を英語の語順に並べてから書くと，まちがいを減らせるね。

中学1年

中学2年

中学3年

(2)　この問題も形容詞のカタマリを見つけることから始めようね。「向こうに見える」が「あの建物」を修飾しているね。英語っぽい語順にしてみると，

　　　「あの建物は（S）【向こうに見える】です（V）学校（C）」

　　慣れてきたかな？「向こうに見える」の主語はいったいだれかな？　選択肢から考えてみよう。「見えている」の主人公は「あなたが（you）」になりそうだね。そうすると，which you see over there となり，もともと他動詞 see のうしろに that building が目的語で入っていたことになるね。その目的語を削除して**目的格の関係代名詞 which** をツナギ語として先行詞のうしろにくっつければ正解だよ。

(3)　この問題の形容詞のカタマリは「駅で会った」となり，「その人」を修飾しているね。これも英語っぽい語順にすると，

　　　「私は（S）知らない（V）その人を（O）【駅で会った】」

　　の語順になりそうだね。そして「駅で会った」主人公は「私」なので，that I met at the station となる。もともと他動詞 met の目的語が the man だったんだね。**目的格の関係代名詞 that** にかえて，先行詞のうしろにくっつければ正解だね。

3

(1)　これはマメ君にやってもらおうか。上の文の playing with a toy は文の中でどんなはたらきをしているかな？

　　はい，2 語以上の形容詞のカタマリとして前の名詞 The baby を修飾しています。分詞のところで習いました。「おもちゃで遊んでいる赤ちゃん」と訳せそうです。

　よく気がついたね。関係代名詞以外のことにも気を回していて，ちゃんと復習できているね。ではマメ君，関係代名詞も分詞も2語以上のカタマリで前の名詞を修飾することは同じなんだから，書きかえはできるよね。

　　　　あっ，そうか。同じ形容詞のカタマリなんですね。だったらあとは，どの関係代名詞を入れるのかを考えればいいんですね。下の文ではThe baby が先行詞だから，（　　　）（　　　）playing with a toy の部分はもともと the baby is playing with a toy だったと思います。the baby が主語だからこれを削って主格の関係代名詞 who を使ってくっつければ……，who is playing with a toy となりそうです。動詞は is でいいんですか？

　たいしたもんだね。カンペキだよ。動詞 is で不安みたいだけど，うしろの動詞 is も現在形だから同じ時制の is で問題ないよ。よくできました！

　和訳「おもちゃで遊んでいるその赤ちゃんは私の息子です」

(2)　(1)と同じ考え方でこの問題も解答できるよ。上の文の written は，名詞 a book を2語以上の形容詞のカタマリで修飾する分詞だね。「2009 年に書かれた」が「本」を修飾しているよ。下の文はもともと，a book was written in 2009 となっていたのは想像つくかな？2009 年は過去のことだから過去形の動詞 was を使っているんだね。主語の場所にある a book を削って，**主格の関係代名詞 which** を使って前の先行詞 a book にくっつければ完成。

　和訳「これは 2009 年に書かれた本です」

　さて，ここで気づいたかな？　(1)の who のかわりに，(2)の which のかわりに，that も使えるんだね。

4

(1)　日本語訳の問題だよ。形容詞のカタマリをちゃんとさがせればそんなに難しくないはず。who ～ a boy が形容詞のカタマリとして先行詞 The girl を修飾しているよ。そのカタマリを先行詞 The girl に向かって訳して，最後に「ミホです」だね。

(2)　これは命令文だよ。気づいてほしいのは，ツナギ語の関係代名詞が消えていること。さて，みぃちゃん，省略できる関係代名詞は？

> はい。目的格の関係
> 代名詞です。

そうだね。もともとどこに目的格の関係代名詞があったのかな？

> 　your father made yesterday の made のうしろに「～を」の目的語が抜けているような感じがします。そこにはもともと名詞 the chair が入っていたと考えると自然ですよね。あっ，わかりました。先行詞 the chair のうしろに which があって，目的格の関係代名詞だから省略されたんですね。

　みんな，すごいかんがはたらくね。大正解！ the chair が先行詞で，もともと他動詞 made の目的語としてはたらいていたんだね。だから目的格の関係代名詞 which は省略されたわけだ。

(3)　これも**目的格の関係代名詞**が省略された文だよ。さあ，どこにあっ
　　たでしょうか。The people I と名詞が2つ続いているところがあやし
　　いと考えよう。The people は先行詞で，もともと他動詞 met の目的
　　語としてはたらいていたと考えられるね。先行詞 The people は「人」
　　だから，that I met in the country の that が省略されているんだ。
　　I 〜 country を先行詞 The people に向かって訳し，次に were very
　　kind の順で訳せばカンペキだね。

解答

1　(1)　which　　　　(2)　who
2　(1)　The man who made this box is my uncle (.)
　　(2)　That building which you see over there is a school (.)
　　(3)　I don't know the man that I met at the station (.)
3　(1)　who[that] is　　(2)　which[that] was
4　(1)　(男の子と) いっしょに歩いているその女の子はミホ (です。)
　　(2)　(あなたのお父さんが) 昨日つくったそのいすに座りなさい (。)
　　(3)　私がその国で会った人々はとても親切でした (。)

わからなかったところは
しっかり復習しよう。その
ままにしておかないでね。

　それでは今まで学習した「2語以上の形容詞のカタマリで前の名詞を修飾する文」を全部まとめてみよう。

　2語以上の形容詞のカタマリが名詞をうしろから修飾するのは，いろいろなところで学習したね。すべて日本語訳の順序が同じなので，この感覚をマスターすれば，今まで読めなかった長い英文や解けなかった問題の解決のきっかけになるよ。

- ● さまざまな2語以上の形容詞のカタマリ
  - ●〈前置詞＋名詞〉

    Tom looked at the book [on the desk].

    修飾 ↑

    「トムは【机の上の】本を見ました」

  - ● 2語以上の分詞

    The woman [sleeping in the bed] is my mother.

    修飾 ↑

    「【ベッドで眠っている】女性は私の母です」

    He has a car [made in America].

    修飾 ↑

    「彼は【アメリカでつくられた】車を持っています」

  - ● 形容詞用法不定詞が導く2語以上のカタマリ

    She didn't have time [to do her homework].

    修飾 ↑

    「彼女は【宿題をするための】時間がありませんでした」

  - ● 関係代名詞が導く2語以上のカタマリ

    The book [which I bought yesterday] is very interesting.

    修飾 ↑

    「【昨日私が買った】本はとてもおもしろい」

● Lesson 30　仮定法

さあ，いよいよ中学生が学習する最後の単元である**仮定法**だよ。

マメ君とみぃちゃんは，この仮定法が終われば，高校で学習する範囲をちょこっとやって，高校入試というわけだね。3年間はあっという間だったね。どうしたの，みぃちゃん？

> 先生，このまま高校受験に行っても大丈夫ですか？ 私はまだまだ不安で，あと3年ぐらい勉強しないと受験なんてできません。

大丈夫だよ。みぃちゃん。これまでに英語の基礎だけじゃなく高校受験に必要なことをいろいろと勉強してきたんだから。あとは忘れないようにいっしょうけんめい復習すればOKだよ。私がみぃちゃんに太鼓判を押してあげよう。

> 太鼓判って何ですか？ それ，おいしいんですか？

マメ君……。

さて，今まで習った英語とはちょっとちがう「仮定法」という世界に触れてみよう。

I 仮定法とは？ ……………………………………………

仮定法（かていほう）なんて，はじめて聞くことばでしょ？　いったいどんなものなのか，ちょっと次の日本文で考えてみよう。

---

❶　もしマメ君とみぃちゃんが高校に合格したら，お祝いをしよう。
❷　もしマメ君が犬だったら，高校受験の資格はないだろう。

マメ君，この2つの文で現実にありえないことを表現しているのはどっちかな？

先生，僕は犬じゃありませんよ……。当然❷が絶対にありえない文です。あたりまえじゃないですか。

ゴメンゴメン。仮定法を理解してほしくて例にあげただけだから気にしないで。

マメ君の言ってくれたとおり，❷はありえない文だよね。ここまで勉強をがんばってきたキミたちが高校に合格する可能性は大だから，❶は現実的な文だね。たとえば❷の文を現実的な表現で言いかえると，「マメ君は犬ではないので，高校受験の資格はある」となるね。

日本語の「もし〜」で始まる文には，ありうることと，ありえないことの両方があることがわかったね。

ここで大切なことを1つ。じつは英語では，**ありうることを表す文**を**直説法**（ちょくせつほう），**ありえないことを表す文**を**仮定法**というんだ。つまり，今か

ら学習する**仮定法**は，ありえない文，現実には起こりえない，ウソ・夢
のお話の表現方法なんだね。

 ポイント　仮定法の考え方

- **仮定法**➡ 現実にはありえない，ウソ・夢の話をする文
- **直説法**➡ 事実を表現する文

ちょっと次の例文を見てごらん。

---

❶　If it is fine, I always go fishing.　　　　* go fishing：釣りに行く

❷　If it were fine today, I would go fishing.

先生，ふと思ったんで
すが，今まで私たちが習っ
てきた英語の文はすべて
直説法なんですか？

そう，そうなんだ！

キミたちが今まで学習してきた英文はすべて直説法の文だったんだ
よ。そうすると，習った覚えのない文が仮定法の文だとわかるよね。

どっちの文が仮定法っぽいかな，マメ君？

❷のIf it wereの形は習っていないと思います。it が主語ならbe 動詞の過去形は was のはずですから。

そのとおり。

今まで習ったルールをちゃんと覚えていれば，❷が習っていない表現だと気づくよね。

現在のことを述べる仮定法 ･････････････････････････････

それでは，さっきの例文をしっかり考えてみよう。

---

❶　If it is fine, I always go fishing.　　　　（直説法）
❷　If it were fine today, I would go fishing. （仮定法）

---

❶は，「もし晴れれば，私はいつも釣りに行きます」という現在の習慣を述べている文だね。晴れという条件が整えば，いつも釣りに行っている定年退職をしたおじいさんみたいな人，と考えればいいね。一方❷は，「もし今日晴れていれば，私は釣りに行くのに」という意味を表すんだ。be 動詞の過去形 were や would（will の過去形）を使っているのに「現在」のことを表しているんだ。今現在のウソ・夢の話をするときは，英語では動詞の時制を現在 ➡ 過去のように1つ古くするというルールがあるんだ。実際❷には，「（今日は）晴れていない」という悲しい現実があることに気づいたかな？

- 例文❷の仕組み
  - 仮定法
    - 例 If it were fine today, I would go fishing.
      「もし今日晴れていれば，私は釣りに行くのに」
    - 同じような内容を直説法で言いかえると，次のようになる。
  - 直説法
    - 例 I will not go fishing because it isn't fine today.
      「今日は晴れていないので，私は釣りに行きません」

釣りに行きたいのに，「晴れていない」という悲しい現実があるから，仮定法で夢の話をしているんだね。

現在のことを仮定する表現を<ruby>仮定法過去<rt>かていほうか</rt></ruby>というよ。名前だけ見ると過去のことを述べているようだけど，現在のことだからね。

！ ポイント　仮定法過去の文

- 〈**If** + S' + 動詞の過去形 〜，S + **would**［**could**］+ 動詞の原形 ....〉
  「もし（今）〜なら，S は…するのに［できるのに］」
    - 注 if の文で be 動詞を使うとき，S' がどんな名詞でも were を使うことが多い。

それでは次に，過去のことを述べる文を見てみよう。

過去のことを述べる仮定法 ·························

> ❶　If it was fine, I often went fishing.
> ❷　If it had been fine yesterday, I would have gone fishing.

　❶は，直説法の現実の文だね。仮定法じゃないことはわかるね。ちょっと引っかかりそうだけど気をつけよう。「もし晴れていたら，私はよく釣りに行きました」という過去の習慣を述べているね。

　それに対して❷は「昨日晴れていたら，私は釣りに行ったのに」という，現実には「釣りに行けなかった」ことを述べている文だよ。

　過去のウソ・夢の話をするときは，英語では動詞の時制を<u>過去 ➡ 過去完了</u>（はじめて登場！）のように１つ古くするというルールがあるんだ。

　過去完了というのは，**過去よりさらに古い時制を表すとき**に使う英語特有の表現なんだ。〈**had ＋ 過去分詞**〉という形で表すからね。

　過去のことを表す仮定法を**仮定法過去完了**というよ。

 ポイント　仮定法過去完了の文

- 〈**If ＋ S' ＋ had ＋過去分詞 〜，S ＋ would[could] have ＋ 過去分詞 ....**〉
  「もし（過去に）〜だったら，Ｓは…したのに[できたのに]」

中学１年
中学２年
中学３年

- **例文の仕組み**
  - **仮定法**
    - 例 If it **had been** fine yesterday, I **would have gone** fishing.
      「もし昨日晴れていれば，私は釣りに行ったのに」
  - **同じような内容を直説法で言いかえると，次のようになる。**
  - **直説法**
    - 例 I <u>didn't</u> go fishing because it <u>wasn't</u> fine yesterday.
      「昨日は晴れていなかったので，私は釣りに行きませんでした」

If I had not watched TV last night, I would have finished my homework. これは正しい仮定法過去完了の文ですか？

　お，そうだね，「昨夜テレビを見なかったら，私は宿題を終わらせたのに」だね。おやおや，マメ君の体験談かな？

次は未来のことについての仮定法だよ。

Ⅳ 未来のことを述べる仮定法 ……………………

　最後に未来のことを述べる仮定法を考えてみよう。まだ起こっていない未来のことをありえないことと決めつけることはできるのかな？ これは，起こる可能性を考えるとわかりやすいよ。

---

❶　If it is fine tomorrow, I will go fishing.
❷　If it should be fine tomorrow, I would go fishing.

　まず❶の文は直説法だね。**Lesson 23** の**接続詞②**で，「条件」の接続詞 if が副詞のカタマリをつくる場合，未来の内容でも will を使わずに現在形で書くというルールを習ったね。だから，未来の内容でも will be ではなく is を使っているよ。「もし明日晴れたら，私は釣りに行くつもりだ」という意味になるね。

　さてこの場合，実際に「晴れ」になる可能性はどのくらいだろうね，みぃちゃん？

> 直説法は現実にありうることを表すので，晴れる可能性は十分あると思います。

　そうだよね。この文では，明日は「晴れる」ことが決まっていると考えよう。降水確率 10％以下といったところかな？ そのくらい晴れることを確信して述べている文なんだよ。

　一方❷は仮定法の文で，文の意味は「万が一明日晴れたら，私は釣り
に行けるのに」となるんだよ。そうするとマメ君，「晴れる」可能性は
どのくらいかな？

　　はい。晴れる可能性ですか？　仮
　定法の文ですよね。ウソ・夢のこと
　を述べるのが仮定法だから，「晴れな
　い」，いや「曇り」，いや「ときどき
　雨」……。ちょっと自信ないです。

　では，ヒントをあげようね。日本語訳の中に「万が一」という表現が
あるよね。これは分数で表すと1万分の1ということになるね。そうす
ると，「晴れる」可能性は？

　　　1万分の1？　晴れるわ
　　けないですね。なるほど，
　　「万が一」ってそういう意味
　　なんですね。

　そうだね。絶対に「晴れない」状況，つまり降水確率はかぎりなく
100％に近いということなんだよね。つまり最初から釣りに行くことを
あきらめているので，仮定法で夢の話をしているというわけ。
　<u>未来のことを述べる仮定法</u>を<u>仮定法未来</u>というよ。

ポイント　仮定法未来の文

- ⟨**If** + S' + **should** + 動詞の原形 ～，S + **would**［**could**］+ 動詞の原形 ....⟩

　「もし万が一～なら，S は…するのに［できるのに］」

それでは，**実践問題**をやってみよう。

546

実 践 問 題

Disk 2 : 39 ~ 41 / DL : 30-1 ~ 30-3

1 次の文の( )内から適する語（句）を選びなさい。

(1) If it (is / were) fine today, we could see Mt. Fuji from here.

(2) If I (had / had had) a car then, I could have driven you home.

(3) If I (would / should) meet a movie star, I would take a picture with him.

(4) He (would not have gone / would not go) to America if he had not studied English.

2 次の各組の文がほぼ同じ意味になるように, ( )内に適する語を書きなさい。

(1)
He can't solve the problem because it is difficult.
If the problem ( ) ( ) difficult, he ( ) solve it.

(2)
If you had hurried, you could have caught the train.
You ( ) hurry, so you ( ) catch the train.

3 次の日本文に合うように, ( )内の語(句)を並べかえなさい。なお, 文頭にくる語は大文字で始めています。

(1) もし時間があれば, あなたといっしょに行けるのですが。
(with / time / I / have / I / Because / go / no / you / cannot).

(2) 万が一明日雨なら, 僕たちは野球の試合ができないでしょう。
(rain / baseball / should / couldn't / we / it / If / tomorrow/ we / play).

解説

1

(1)　日本語訳はないけれど，文中の today「今日」と could see を見れば，現在のことを述べている仮定法だとわかるね。現実には「今日は晴れていないので，ここから富士山が見えない」ことを，夢を語る仮定法で「もし今日晴れていれば，ここから富士山が見えるでしょうに」と残念がっているんだ。仮定法の時制では，「今日＝現在」のことを**過去形**（**were**）で表せば正解。

(2)　これも文中の could have driven と if 節中の then「そのとき」で過去のこと述べている仮定法だと気づこう。現実には「そのとき車を持っていなかったので，あなたを車で自宅まで送っていくことができなかった」ことを，「そのときもし車を持っていたら，あなたを車で自宅まで送っていけたでしょうに」と後悔している文だね。「そのとき＝過去」のことを仮定法の時制では，**過去完了**（**had ＋ had**）で表せばいいね。同じ見た目の had が 2 つ並んでいるけど，最初の had は時制を決める語で，うしろの had は動詞 have（「持っている」）の過去分詞なので，これで大丈夫なのです。

(3)　時間を表す単語は文中にはないけど，仮定法の基本で If 節には助動詞 would は使わないことを覚えておこう。うしろの I would take の部分だけでは現在のことなのか，未来のことなのかは判断できないよね。どちらも〈S ＋ would ＋動詞の原形．〉で書くからね。ただ前半 If 節の部分で，未来のまず起こりえない時制の **should** を使うと判断できれば，文全体が「万が一（将来）映画スターに会うことになったら，いっしょに写真を撮るでしょうに」と，実現がきわめて低い仮定法の未来の文だとわかるね。

⑷　後半の if 節に had not studied があるので，過去のことを述べている仮定法だと気づこう。現実には「彼は英語を勉強したので，アメリカに行った」ことを「もし彼が英語を勉強していなかったら，アメリカに行っていなかったでしょうに」と表し，実際には「アメリカに行けてよかった」という安堵（あんど）の気持ちを述べている文。仮定法の時制では，過去のことを would not have gone で表せばいいね。否定文は助動詞 would の直後に not を置くことも忘れずに。

2

⑴　仮定法の同意文作成では，どちらが直説法か仮定法なのかを区別しよう。この文は上が直説法で現実のことを，下が仮定法で夢・ウソのことを表しているよ。直説法で「（今）その問題は難しいので，彼はそれを解決できません」と表していることを，仮定法では「（今）その問題が難しくなければ，彼はそれを解決できるでしょうに」と残念がっているんだ。仮定法 If 節は be 動詞の否定文 were not で，後ろは「（今）できない」のだから could で正解。

⑵　上が仮定法で下が直説法の文だよ。仮定法では「（過去に）もしあなたが急いでいたら，その電車に乗れたでしょうに」と後悔しているが，直説法では「あなたは急ぎませんでした。だから，その電車に乗れませんでした」という現実の文になっているね。「急がなかった」現実は，didn't で過去の否定文，「乗れなかった」現実も，couldn't で過去の否定文で正解。

3

⑴　これはひっかけ問題だと気づいたかな？　日本文は仮定法で「残念さ」を述べているのに，英文の選択肢には if もないし，仮定法の文でもないよね。そう，仮定法ではなく直説法の現実文を書くことができるかが試されているんだ。直説法「（今）私には時間がないので，あなたといっしょに行くことができません」と変換できれば簡単だね。

直説法も仮定法も同じ内容のこと述べているんだけど，仮定法で書くことで「残念さ」を強調できるということなんだよ。

(2) 「万が一」を見れば，仮定法の未来の内容だとわかるよね。公式どおりに 〈If ＋ S ＋ should ＋動詞の原形〜 , S ＋ would［could］（not）＋動詞の原形 ... .〉 で書けば正解。

解答

1 (1) were   (2) had had   (3) should
     (4) would not have gone

2 (1) were not, could   (2) didn't, couldn't

3 (1) Because I have no time, I cannot go with you.
     (2) If it should rain tomorrow, we couldn't play baseball.

さあ，しっかり復習しておこうね。

さあ，ラストスパートだ！ あとすこしがんばろう！

中学1年 中学2年 中学3年

Lesson 31 使役動詞・知覚動詞

（学習指導要領範囲外）

　マメ君，みぃちゃん，いよいよ最後の勉強になってしまったね。キミたちと３年間いっしょにがんばってきたけど，この使役動詞・知覚動詞が終わったら，お別れだね。学校の先生はきっとこんな心境で毎年卒業生を見送っているんだね。感慨深いなあ。

Ⅰ 使役動詞の用法··

　ここまでよくがんばったね。すでに中学生が学習する英語の勉強は修了したよ。おつかれさまだね〜。

　ここからは高校の勉強をちょっとだけやってみようか。何度も言うけど，学校によって入試で高校の学習範囲を出題するところもあるからね。そんな問題にもある程度通用する力をつけてしまおう，ということで，がんばってみようか。

　高校生になったらあたりまえのように学習するところなんだけど，今のうちに先手を打っておこう。

　学習指導要領の範囲にとどまらず，わかる子はどんどん学習を進めてほしいというのは私の意見です。

　それでは，次の例文を見てみよう。

- **He made** <u>his son</u> <u>a chair</u>.
  　　　　　O_1　≠　O_2　➡ **第 4 文型**
  「彼は自分の息子にいすをつくってあげました」
- **He made** <u>his son</u> <u>a doctor</u>. 「彼は自分の息子を医者にしました」
  　　　　　O　＝　C　➡ **第 5 文型**

　　Lesson 26 の**文型のお話**②で，上の例文のような第 4 文型と第 5 文型を学習したのは覚えているかな？　第 5 文型では，O（**目的語**）＝ C（**補語**）の関係になっていて，他動詞 **make** の文の訳は「**O を C にする**」だったね。

　　突然なんだけど，私はキミたちに謝らないといけないことがあるんだ。じつは，**第 5 文型の O と C は，必ずしも O ＝ C の関係とはかぎらない**！ ということなんだ。何だって！ と思うよね。ウソツキ！ と思うよね。そうだよね。ごめんなさい。言い訳をすると，中学生用にあえて O ＝ C の文しか紹介していなかった，というわけなんだ。

　　ちょっと，下の例文を見てみよう。

---

❶　He <u>made</u> his son *a doctor*.「彼は息子を医者にしました」
　　　　　　　　O　　　C

❷　He <u>made</u> his son *happy*.　「彼は息子を幸せにしました」
　　　　　　　　O　　　C

❸　He <u>made</u> his son *go* there.「彼は息子をそこに行かせました」
　　　　　　　　O　　　C

❹　He could <u>make</u> his voice *heard* across the room.
　　　　　　　　　　O　　　C
　　「彼は自分の声を部屋のうしろまで届かせることができました」

　　上の文で，O ＝ C の関係になっているものはどれかな，マメ君？

　　はい。イコールの関係になっているのは❶と❷だけですか？ ❸の go と❹の heard はなんだか動詞のように見えるので，ちょっとちがう気がします。

552

そうだね。マメ君の言うとおり、**❶** his son = a doctor、**❷** his son = happy の関係は成立しているね。ただ、**❸** his son ≠ go、**❹** his voice ≠ heard となりそうだね。

じつは、<u>第5文型のOとCは</u>、イコールの関係ではなく、<u>主語と述語の関係</u>にあると考えるとわかりやすいんだ。

- **例文の構造（OとCは主語・述語の関係）**

❶ He **made** <u>his son</u> *a doctor*.
　　　　　　　O　　　C　　➡「息子が」「医者だ」の関係

❷ He **made** <u>his son</u> *happy*.
　　　　　　　O　　　C　　➡「息子が」「幸せだ」の関係

❸ He **made** <u>his son</u> *go* there.
　　　　　　　O　　　C　　➡「息子が」「行く」の関係

❹ He could **make** <u>his voice</u> *heard* across the room.
　　　　　　　　　　O　　　　C　➡「彼の声が」「聞かれる」の関係

他動詞 **make** は、うしろに主語と述語の関係を置いたときに、「Oに～させる」「Oを～にする」という意味を表すよ。目的語（O）に何かさせるような動詞を<u>使役動詞</u>と呼ぶんだ。

！ ポイント 使役動詞 make のまとめ

- **第5文型〈S＋make＋O＋C〉**⬅OとCは主語・述語の関係
「SはOにCさせる」「SはOをCにする」
Cに使われる語：「OがCだ」の関係　➡Cは名詞か形容詞
　　　　　　　　「OがCする」の関係　➡Cは動詞の原形
　　　　　　　　「OがCされる」の関係➡Cは過去分詞

　OとCがイコールの関係だけではないということをちゃんと把握しておけば，こわいものは何もないよ。

Ⅱ 知覚動詞の用法

　次は知覚動詞だよ。なんだかまた難しそうだけど，ちゃんと考えていけば大丈夫。高校生になれば，このように動詞に名前がついて，○○動詞の語法などとさんざんやらされるから，今のうちにちょっと慣れておこうか。

■ 知覚動詞 see / hear

　知覚動詞には，see / hear などがあるよ。

　次の❶〜❹の文は〈S＋V＋O＋C〉の第5文型だね。使役動詞のところで説明したけれど，ここでもOとCのあいだに**主語・述語の関係**があることがわかるね。

---

❶ She **saw** <u>the children</u> *play* baseball.
　　　　　　　O　　　　　C　➡「子どもたちが」「野球をする」の関係
　「彼女は子どもたちが野球をするのを見ました」

❷ She **saw** <u>the children</u> *playing* baseball.
　　　　　　　O　　　　　C　➡「子どもたちが」「野球をしている」の関係
　「彼女は子どもたちが野球をしているのを見ました」

❸ She **heard** <u>her name</u> *called*.
　　　　　　　　O　　　　C　➡「名前が」「呼ばれる」の関係
　「彼女は自分の名前が呼ばれるのを聞きました」

❹ She **heard** <u>the boy</u> *crying*.
　　　　　　　　O　　　　C　➡「男の子が」「叫んでいる」の関係
　「彼女は男の子が叫んでいるのを聞きました」

知覚動詞 see と hear は C に置く語句に特徴があるので注意しよう。

 ポイント 知覚動詞 see / hear のまとめ

- **第5文型** 〈S + **see / hear** + O + C〉← O と C は主語・述語
  の関係

「S は O が C なのを見る[聞く]」
C に使われる語：「O が C する」の関係　　➡ C は動詞の原形
　　　　　　　「O が C している」の関係 ➡ C は現在分詞
　　　　　　　「O が C される」の関係　 ➡ C は過去分詞

---

2 知覚動詞 find

- He <u>found</u> <u>the book</u> <u>easy</u>. 「彼はその本が簡単だとわかりました」
  S 　 V 　　 O 　　 C 　　　　　第5文型

この文も，O（the book）＝ C（easy）の関係があるから第5文型だね。
　じつはこの<u>他動詞 find</u> の文も，O と C のあいだに<u>主語・述語の関係</u>があると覚えなおしてくれるかな。そうすると，いろいろな文を解釈できるようになるんだ。

---

❶ He found <u>the book</u> *easy*.
　　　　　　　　　 O 　　　 C 　　➡「本が」「簡単だ」の関係
「彼はその本が簡単だとわかりました」

❷ He found <u>his son</u> *singing*.
　　　　　　　　 O 　　 C 　　➡「息子が」「歌っている」の関係
「彼は息子が歌っているのに気づきました」

❸ He **found** <u>his name</u> *called*.
　　　　　　　 O　　　　 C　➡「名前が」「呼ばれる」の関係
「彼は自分の名前が呼ばれるのに気づきました」

　この例文では，C には形容詞（**❶**），現在分詞（**❷**），過去分詞（**❸**）が使われているね。**find** は C に名詞や動詞の原形は置けないから注意しよう。

 ポイント　知覚動詞 find のまとめ

- **第 5 文型**〈S ＋ **find** ＋ O ＋ C〉◀ O と C は主語・述語の関係
「S は O が C だとわかる［気づく］」
　C に使われる語：「O が C だ」の関係　　　➡ C は形容詞
　　　　　　　　　「O が C している」の関係 ➡ C は現在分詞
　　　　　　　　　「O が C される」の関係　 ➡ C は過去分詞

　第 5 文型の O と C のあいだには主語・述語の関係があるというのはわかってくれたかな？　中学生にはイコールの関係で教え，高校生になってから主語・述語の関係があると教える，というやり方は，混乱の原因になると思わない？　だったら，最初から主語・述語の関係と理解しておいたほうがわかりやすいよね？

　これで，第 5 文型をつくるちょっと難しい動詞をマスターできたね。
　さて，これで私の授業はすべておしまい！
　確実に自分のものにするまでは，いくらでも質問してかまわないからね。これだけの分量をこなしてきたわけだから，頭から抜けてしまっているところもあるでしょう。
　それにしても，マメ君もみぃちゃんもがんばったね。たいしたものだ

よ。またいつか，成長したキミたちに会えるのを楽しみにしているよ。

　中学の英語はあくまでも英語学習の初歩なので，これからつらくたいへんなことがいっぱいあると思うけど，今までの気合とねばり強さがあれば大丈夫だと信じているよ。

　それでは，また！

先生，ありがとうございました。これからもがんばります！

ありがとうございました。英語が好きになりました。

チェックコーナー

中学での英語の学習を終えるにあたって，次にあげることをしっかり復習しておこうね。

人称代名詞の格変化（☞ Lesson 8）

		主　格 〜は[が]	所有格 〜の	目的格 〜を［に］	所有代名詞 〜のもの
単数	1人称	I	my	me	mine
	2人称	you	your	you	yours
	3人称	he	his	him	his
		she	her	her	hers
		it	its	it	—
複数	1人称	we	our	us	ours
	2人称	you	your	you	yours
	3人称	they	their	them	theirs

品詞の種類とはたらき

- 名　詞➡人やモノや事柄を表し，文中では主語・目的語・補語になる。
- 代名詞➡名詞のかわりとなり，文中では主語・目的語・補語になる。
- 動　詞➡主語の動作や状態を表す。
- 形容詞➡名詞や代名詞を修飾する。補語になることもある。
- 副　詞➡動詞・形容詞・副詞を修飾する。文全体を修飾することもある。
- 前置詞➡〈前置詞＋（代）名詞〉のセットで，形容詞や副詞のはたらきをする。
- 接続詞➡語と語，文と文と結びつける。

さまざまな助動詞とその仲間たち （☞ Lesson 7, 14）

- **助動詞の意味と使い方**
  - **can** 「～することができる（許可）；～してもよい（許可）」
    - 例　My father **can**[**is able to**] speak English.
      「私の父は英語を話すことができます」
  - **may** 「～してもよい（許可）；～かもしれない（推量）」
    - 例　That man **may** be Tom's father.
      「あの男性はトムのお父さんかもしれません」
  - **must** 「～しなければならない（義務）；～にちがいない（強い推量）」
    - 例　You **must**[**have to**] get up more earlier.
      「あなたはもっと早く起きなければなりません」
  - **should** 「～すべきである（義務）」
    - 例　He **should** do his homework before dinner.
      「彼は夕食前に宿題をすべきです」

- **会話で使われる助動詞**
  - **Will you ～?** 「～してくれませんか；～しませんか」
    - 例　**Will you** call me tonight?
      「今夜，私に電話してくれませんか」
  - **Can I ～?** 「～してもいいですか」
    - 例　**Can I** swim here?　　「ここで泳いでもいいですか」
  - **Can you ～?** 「～してくれませんか」
    - 例　**Can you** tell me the way to the station?
      「駅までの道を教えてくれませんか」
  - **Shall I ～?** 「（私が）～しましょうか」
    - 例　**Shall I** carry that box?　　「あの箱を運びましょうか」
  - **Shall we ～?** 「（いっしょに）～しましょうか」
    - 例　**Shall we**[**Let's**] have lunch over there?
      「向こうでいっしょに昼食を食べましょうか」

重要動詞の 3 単現の(e)s のつけ方と -ing 形

原形	読み方	意味	3 単現の (e)s	-ing 形
begin	[ビギン]	始める	begins	beginning
come	[カム]	来る	comes	coming
do	[ドゥ]	する	does	doing
drink	[ドゥリンク]	飲む	drinks	drinking
eat	[イート]	食べる	eats	eating
get	[ゲット]	得る	gets	getting
go	[ゴウ]	行く	goes	going
have	[ハヴ]	食べる 持っている	has	having
help	[ヘルプ]	助ける	helps	helping
know	[ノウ]	知っている	knows	knowing
like	[ライク]	好きだ	likes	liking
live	[リヴ]	住む	lives	living
make	[メイク]	つくる	makes	making
open	[オウプン]	開ける	opens	opening
play	[プレイ]	（スポーツなどを）する	plays	playing
read	[リード]	読む	reads	reading
run	[ラン]	走る	runs	running
see	[スィー]	見える	sees	seeing
sit	[スィット]	座る	sits	sitting
speak	[スピーク]	話す	speaks	speaking
stand	[スタンド]	立つ	stands	standing
study	[スタディ]	勉強する	studies	studying
swim	[スウィム]	泳ぐ	swims	swimming
use	[ユーズ]	使う	uses	using
walk	[ウォーク]	歩く	walks	walking
want	[ウァント]	ほしい	wants	wanting
watch	[ワッチ]	見る	watches	watching
write	[ライト]	書く	writes	writing

重要不規則動詞 80 語

● A－B－C 型　34 語　＜原形・過去形・過去分詞が 3 つとも異なる型＞

原形「意味」	過　去　形	過去分詞
be「～である；(～が)ある」	was, were	been
begin 「始める」	began	begun
blow 「吹く」	blew	blown
break 「壊す」	broke	broken
choose「選ぶ」	chose	chosen
draw 「描く」	drew	drawn
drink 「飲む」	drank	drunk
drive 「運転する」	drove	driven
eat 「食べる」	ate	eaten
fall 「落ちる」	fell	fallen
fly 「飛ぶ」	flew	flown
forget 「忘れる」	forgot	forgotten/forgot
get 「得る」	got	gotten/got
give 「与える」	gave	given
go 「行く」	went	gone
grow 「育つ」	grew	grown
know 「知っている」	knew	known
lie 「横たわる」	lay	lain
ride 「乗る」	rode	ridden
ring 「鳴る」	rang	rung
rise 「のぼる」	rose	risen
see 「見る」	saw	seen
shake 「振る」	shook	shaken
show 「見せる」	showed	shown/showed
sing 「歌う」	sang	sung
sink 「沈む」	sank	sunk

speak	「話す」	spoke	spoken
steal	「盗む」	stole	stolen
swim	「泳ぐ」	swam	swum
take	「もっていく」	took	taken
throw	「投げる」	threw	thrown
wake	「目覚める」	woke	woken
wear	「身につける」	wore	worn
write	「書く」	wrote	written

● A－B－A 型　3語　＜原形・過去分詞が同じ型＞

原形「意味」	過去形	過去分詞
become「～になる」	became	become
come　「来る」	came	come
run　「走る」	ran	run

● A－B－B 型　35語　＜過去形・過去分詞が同じ型＞

原形「意味」	過去形	過去分詞
bring 「もってくる」	brought	brought
build 「建てる」	built	built
buy 「買う」	bought	bought
catch 「捕らえる」	caught	caught
feel 「感じる」	felt	felt
fight 「戦う」	fought	fought
find 「見つける」	found	found
have 「もっている」	had	had
hear 「聞く」	heard	heard
hold 「手にもつ」	held	held
keep 「保つ」	kept	kept
lay 「横たえる」	laid	laid

lead	「導く」	led	led
leave	「去る」	left	left
lend	「貸す」	lent	lent
lose	「失う」	lost	lost
make	「つくる」	made	made
mean	「意味する」	meant	meant
meet	「会う」	met	met
pay	「支払う」	paid	paid
read	「読む」	read [red]	read [red]
say	「言う」	said	said
sell	「売る」	sold	sold
send	「送る」	sent	sent
shine	「輝く」	shone	shone
shoot	「撃つ」	shot	shot
sit	「すわる」	sat	sat
sleep	「眠る」	slept	slept
spend	「費やす」	spent	spent
stand	「立っている」	stood	stood
teach	「教える」	taught	taught
tell	「伝える」	told	told
think	「思う」	thought	thought
understand	「理解する」	understood	understood
win	「勝つ」	won	won

注 read は, つづりは A–A–A 型だが, 発音が異なる。

● A－A－A型　8語　＜原形・過去形・過去分詞が3つとも同じ型＞

原形（意味）		過　去　形	過去分詞
cut	「切る」	cut	cut
hit	「打つ」	hit	hit
hurt	「傷つける」	hurt	hurt
let	「〜させる」	let	let
put	「置く」	put	put
set	「置く」	set	set
shut	「閉める」	shut	shut
spread	「広げる」	spread	spread

いろいろな疑問詞（☞ Lesson 6）

疑問詞は「何？」「だれ？」「なぜ？」「いつ？」「どこで？」などとたずねるときに使う。

- 疑問代名詞（what / who / which / whose）➡ たずねる内容が名詞のときに使う。
  - 例 **What** is that?「あれは何ですか」
    Who is running there?「そこでだれが走っていますか」
- 疑問形容詞（what / which / whose）➡ たずねる内容が〈形容詞＋名詞〉のときに使う。
  - 例 **What** *subject* does he like?「彼は何の科目が好きですか」
    Which *bag* is his?「どちらのバッグが彼のものですか」
- 疑問副詞（when / where / why / how）➡ たずねる内容が副詞のときに使う。
  - 例 **When** did Tom go to Nara?「トムはいつ奈良に行きましたか」
    Where is he studying?「彼はどこで勉強していますか」

形容詞・副詞の比較変化 （☞ Lesson 16, 17）

- **原則**：原級の語尾に **er / est** をつける
- **e で終わる語**：原級の語尾に **r / st** をつける
- **〈子音字 ＋ y〉で終わる語**：y を i にかえて，**er / est** をつける
- **〈短母音＋子音字〉で終わる語**：子音字を重ねて，**er / est** をつける
- **語尾が -ful / -ous / -ing の形容詞，〈形容詞 ＋ ly〉の副詞，3 音節以上の長い語**：原級の語の前に，比較級は **more**，最上級は **most** をつける

　　注　不規則な変化をする形容詞・副詞は，それぞれに覚えること

● 形 容 詞

原級「意味」		比　較　級	最　上　級
big	「大きな」	bigger	biggest
busy	「忙しい」	busier	busiest
easy	「簡単な」	easier	easiest
fast	「速い」	faster	fastest
hot	「暑い」	hotter	hottest
large	「大きな」	larger	largest
long	「長い」	longer	longest
old	「古い；年老いた」	older	oldest
pretty	「かわいい」	prettier	prettiest
safe	「安全な」	safer	safest
short	「短い」	shorter	shortest
small	「小さな」	smaller	smallest
tall	「背が高い」	taller	tallest
young	「若い」	younger	youngest

beautiful 「美しい」	more beautiful	most beautiful
careful 「注意深い」	more careful	most careful
dangerous 「危険な」	more dangerous	most dangerous
difficult 「難しい」	more difficult	most difficult
important 「重要な」	more important	most important
interesting 「おもしろい」	more interesting	most interesting
bad 「悪い」	worse	worst
good 「よい」	better	best
ill 「病気の」	worse	worst
late 「時間が遅い」	later	latest
late 「順番が遅い」	latter	last
little 「少ない」	less	lest
many 「多数の」	more	most
much 「多量の」	more	most

● 副　　詞

原級「意味」	比　較　級	最　上　級
early 「早く」	earlier	earliest
fast 「速く」	faster	fastest
hard 「いっしょうけんめいに」	harder	hardest
carefully 「注意深く」	more carefully	most carefully
slowly 「ゆっくり」	more slowly	most slowly
well 「よく」	better	best

現在完了の文 （☞ Lesson 24）

- ●現在完了の文の形：過去の出来事や状態を，現在を中心に表す
  - ●肯定文➡〈主語 ＋ **have**[**has**] ＋過去分詞 〜.〉
  - ●否定文➡〈主語 ＋ **have**[**has**] **not** ＋過去分詞 〜.〉
  - ●疑問文➡〈**Have**[**Has**] ＋主語＋過去分詞 〜?〉
    - —— 〈**Yes**, 主語 ＋ **have**[**has**]〉
    - —— 〈**No**, 主語 ＋ **have**[**has**] **not**.〉

- ●現在完了の文の意味
  - ●完了用法「〜したところだ：〜してしまった」
    - 例　He **has** *just* **finished** his work.
      「彼はちょうど仕事を終えたところです」
      I **have** *not* **washed** dishes *yet*.
      「私はまだ皿を洗っていません」

  - ●結果用法「〜してしまって，今は……」
    - 例　Jim **has gone** to London.
      「彼はロンドンに行ってしまいました」

  - ●継続用法「ずっと〜している」
    - 例　She **has lived** here *for* ten years.
      「彼女は 10 年間ずっとここに住んでいます」
      Have they **been** busy *since* last week?
      「彼らは先週からずっと忙しいのですか」
      They **have been watching** TV *for* two hours.
      「彼らは 2 時間，テレビを見ています」

  - ●経験用法「〜したことがある」
    - 例　**Have** you *ever* **seen** pandas?
      「あなたはパンダを見たことがありますか」
      I **have** *never* **been** to New York.
      「私は今までにニューヨークに行ったことがありません」

さまざまな2語以上の形容詞のカタマリ（☞ p.534）

次の文はすべて，2語以上の形容詞のカタマリが前の名詞を修飾している。

● 〈前置詞＋名詞〉（☞ Lesson 22）

Tom looked at the book on the desk.

修飾

「トムは机の上の本を見ました」

● 2語以上の分詞（☞ Lesson 28）

The woman sleeping in the bed is my mother.

修飾

「ベッドで眠っている女性は私の母です」

He has a car made in America.

修飾

「彼はアメリカでつくられた車を持っています」

● 形容詞用法不定詞が導く2語以上のカタマリ（☞ Lesson 19）

She didn't have time to do her homework.

修飾

「彼女は宿題をするための時間がありませんでした」

● 関係代名詞が導く2語以上のカタマリ（☞ Lesson 29）

The book which I bought yesterday is very interesting.

修飾

「昨日私が買った本はとてもおもしろい」

さくいん

英語 さくいん

A

a（不定冠詞）‥‥‥‥‥‥‥‥ 38, 164-165
a / an（不定冠詞）の使い分け ‥‥‥ 165
a few ‥‥‥‥‥‥‥‥‥‥‥‥ 143
a little ‥‥‥‥‥‥‥‥‥‥‥ 143
a lot of ‥‥‥‥‥‥‥‥‥‥‥ 143
after（接続詞）‥‥‥‥‥‥‥‥ 398
although（接続詞）‥‥‥‥‥‥ 400
am（be 動詞）‥‥‥‥‥‥‥‥ 36
an（不定冠詞）‥‥‥‥‥‥ 38, 165
and（接続詞）‥‥‥‥‥‥ 179-180
any ‥‥‥‥‥‥‥‥‥‥‥ 61, 143
are（be 動詞）‥‥‥‥‥‥‥‥ 37
as（接続詞）‥‥‥‥‥‥ 399, 400
as ～ as ... ‥‥‥‥‥‥‥ 263-265
as ～ as possible ‥‥‥‥‥‥ 267
as soon as ～‥‥‥‥‥‥‥‥ 399
at first ‥‥‥‥‥‥‥‥‥‥‥ 382
at home ‥‥‥‥‥‥‥‥‥‥‥ 382
at last ‥‥‥‥‥‥‥‥‥‥‥ 382
at night ‥‥‥‥‥‥‥‥‥‥‥ 382
at once ‥‥‥‥‥‥‥‥‥‥‥ 382
at the same time ‥‥‥‥‥‥‥ 382

B

be able to ～ ‥‥‥‥‥‥‥ 237-238
be covered with ～ ‥‥‥‥‥‥ 365

be famous for ～ ‥‥‥‥‥‥‥ 382
be fond of ～ ‥‥‥‥‥‥‥‥ 347
be going to ～ ‥‥‥‥‥‥ 222-225
be good at ～‥‥‥‥‥‥‥ 347, 382
be interested in ～ ‥‥‥‥‥‥ 365
be known to ～ ‥‥‥‥‥‥‥ 365
be looking forward to ～ ‥‥‥‥ 347
be made from ～ ‥‥‥‥‥‥‥ 365
be made of ～ ‥‥‥‥‥‥‥‥ 365
be surprised at ～‥‥‥‥‥‥‥ 365
be 動詞 ‥‥‥‥‥‥‥‥‥‥ 34-46
　〈be 動詞＋ not〉の短縮形 ‥‥‥ 40-41
　be 動詞の過去形 ‥‥‥‥‥‥‥ 202
　be 動詞の疑問文（過去）‥‥‥ 204-205
　be 動詞の疑問文（現在）‥‥‥‥ 42-46
　be 動詞の肯定文（過去）‥‥‥‥ 203
　be 動詞の肯定文（現在）‥‥‥ 34-39
　be 動詞の否定文（過去）‥‥‥‥ 204
　be 動詞の否定文（現在）‥‥‥ 40-41
because（接続詞）‥‥‥‥‥ 397, 400
before（接続詞）‥‥‥‥‥‥‥ 399
both ～ and ... ‥‥‥‥‥‥‥‥ 181
but（接続詞）‥‥‥‥‥‥‥‥ 179
〈by ＋乗り物を表す語〉‥‥‥‥ 123-124

C

can（助動詞）‥‥‥‥‥‥‥ 133-134

E

either 〜 or ... ･･･････････････ 181
enough to 〜････････････････ 478-479

F

for（接続詞）････････････････ 180
for a long time ･･････････････ 382
for example ･･･････････････ 382
for instance ･･･････････････ 382
for some time ･･････････････ 382
for the first time ･･････････ 382

H

have［has］been＋動作動詞の ing 形
　･･･････････････････････ 423-424
have to 〜 ･･････････････ 235-236
how（感嘆文）･･･････････ 92-94
how（疑問詞）･･････････ 121-127
　How are you? ･･･････････ 127
　How do you do? ･･････････ 127
　How far 〜 ? ･･･････････ 126
　How high 〜 ? ･･･････････ 125
　How long 〜 ? ･･････････ 125
　How many times 〜 ? ･･････ 126
　How many 〜 ?･･････････ 124
　How much 〜 ? ･･････ 124-125
　How often 〜 ?････････････ 126
　How old 〜 ?･･･････････ 124
　How tall 〜 ? ･･･････････ 125
how to 〜 ･････････････ 467

I

if（接続詞）･･･････････ 395-396, 401
in front of 〜 ･･･････････ 382
in the future ･･････････････ 382
in the world ･･････････････ 382
in those days ･････････････ 382
in time ･････････････ 382
-ing 形のつくり方･･････････ 73
is（be 動詞）･･････････････ 36
it（形式主語）･･････････ 469
it の特別用法････････････ 154-155
〈It is ＋形容詞 ＋ for（＋人）＋ to do 〜.〉
　･････････････････････ 468-471

L

Let's 〜.････････････････ 89
like 〜 better than ... ･･･････ 272
like 〜 the best in［of］... ･･･････ 275

M

many ･･････････････ 143
may（助動詞）････････ 230-231
much ･･････････････ 143
must（助動詞）･････････ 232-233

N

not as 〜 as ... ･･･････････ 265
not 〜 at all ･･････････ 382
not 〜 but ... ･･････････ 181
not only 〜 but（also）... ･･････ 181

O

on time ･･･････････ 382
on TV･････････････ 382
〈one of the ＋ 最上級＋名詞の複数形〉274
or（接続詞）･･･････････ 179-180

P

〈play the ＋ 楽器を表す語〉 ･･･ 56, 166

S

〈S＋V＋O＋to *do* 〜.〉 ······ 472-475
Shall I 〜? ······················ 241
Shall we 〜? ···················· 241
should（助動詞）················· 234
since（接続詞）············· 399, 400
so（接続詞）····················· 180
so that 〜 ······················ 401
so ... that 〜 ············· 401-402, 478
some ···················· 60-61, 143

T

than ························· 268
that（関係代名詞）を使う文 ········ 523
that（接続詞）··············· 392-395
that（接続詞）の省略 ·········· 394-395
that（特殊な関係代名詞）······ 522-524
that（目的格の関係代名詞）···· 517-521
the（定冠詞）···················· 166
〈There＋be 動詞 〜.〉の文 ···· 248-256
　〈There＋be 動詞 〜.〉の過去の文 255
　〈There＋be 動詞 〜.〉の疑問文
　 ························· 253-254
　〈There＋be 動詞 〜.〉の否定文 ·· 252
　〈There＋be 動詞 〜.〉の未来の文 256
think of 〜 ····················· 347
though（接続詞）················· 400
till（接続詞）···················· 399
〈to＋動詞の原形〉············· 316-319
too ... to *do* 〜 ··············· 476-478

U

unless（接続詞）················· 401
untill（接続詞）·················· 399

W

was（be 動詞）··················· 202
were（be 動詞）·················· 202
what（感嘆文）··············· 94-97
what（疑問詞） 105-106, 110-113, 284-285
what to *do* 〜 ·················· 466
when（疑問詞）··············· 121
when（接続詞）················· 398
when to *do* 〜 ················· 466
where（疑問詞）··············· 121
where to *do* 〜 ················ 466
whether（接続詞）············ 395-396
which（疑問詞） 106-107, 110-111, 284-285
which（主格の関係代名詞）···· 516-517
which（目的格の関係代名詞）·· 517-520
which to *do* 〜 ················· 466
while（接続詞）················· 398
who（疑問詞）········ 106-109, 284-285
who（主格の関係代名詞）······ 515-517
whose（疑問詞）······ 106-107, 110-111
whose（所有格の関係代名詞）·· 525-527
why（疑問詞）··············· 121-124
will（助動詞）················· 215-221
　will の疑問文（未来）········ 219-221
　will の否定文（未来）········ 219-220
　will の文（未来）············ 216-221
　Will you 〜? ················ 239-240

日本語 さくいん

あいうえお

アポストロフィー・・・・・・・・・・・・・・・・・ 33
アルファベット・・・・・・・・・・・・・・・・ 21-24
意志動詞・・・・・・・・・・・・・・・・・・・・・・・ 218
意志未来・・・・・・・・・・・・・・・・・・・・・・・ 218
一般動詞の文（現在・過去）52-64, 184-194
　一般動詞（状態を表す）・・・・・・・・・ 53
　一般動詞（動作を表す）・・・・・・・・・ 53
　一般動詞の疑問文（過去）・・・・ 193-194
　一般動詞の疑問文（現在）・・・・・・ 62-64
　一般動詞の否定文（過去）191-192, 194
　一般動詞の否定文（現在）・・・・・・ 59-61
1人称・・・・・・・・・・・・・・・・・・・・・・・・・ 57
イディオム・・・・・・・・・・・・・・・・・・・・ 347
受け身形・・・・・・・・・・・・・・・・・・・・・・ 354
英文の語順・・・・・・・・・・・・・・・・・・・・ 28
エクスクラメーションマーク・・・・・・・ 33
大文字・・・・・・・・・・・・・・・・・・・21-23, 29

かきくけこ

回数を表す表現・・・・・・・・・・・・・・・・・ 426
回数をたずねる文・・・・・・・・・・・・・・・ 126
過去形（一般動詞）・・・・・・・・・ 185-188
過去進行形・・・・・・・・・・・・・・・・・・ 206-208
過去分詞・・・・・・・・・ 355-357, 484, 489-495
　過去分詞（規則動詞）のつくり方・・ 356
　過去分詞の形容詞用法・・・・・・・・ 489-491
数をたずねる文・・・・・・・・・・・・・・・・・ 124
仮定法・・・・・・・・・・・・・・・・・・・・・ 536-545
　仮定法（過去のことを述べる）541-542
　仮定法（現在のことを述べる）539-540

仮定法（未来のことを述べる）543-545
仮定法過去・・・・・・・・・・・・・・・・・・・・ 540
仮定法過去完了・・・・・・・・・・・・・・・・・ 541
仮定法未来・・・・・・・・・・・・・・・・・・・・ 544
関係代名詞・・・・・・・・・・・・・・・・・ 506-527
　関係代名詞が省略された文・・・・ 520-521
　主格の関係代名詞・・・・・・・・・・・ 515-517
　所有格の関係代名詞・・・・・・・・・ 525-527
　目的格の関係代名詞・・・・・・・・・ 517-521
冠詞・・・・・・・・・・・・・・・・・・・・・・ 164-166
　定冠詞・・・・・・・・・・・・・・・・・・・・・ 166
　不定冠詞・・・・・・・・・・・・・・・・・・・・ 165
間接疑問文・・・・・・・・・・・・・・・・・ 436-439
感嘆符・・・・・・・・・・・・・・・・・・・・・・・ 33
感嘆文・・・・・・・・・・・・・・・・・・・・・ 91-97
　感嘆文（〈主語＋動詞〉の省略）・・・ 97
　感嘆文の訳し方・・・・・・・・・・・・・・・ 93
勧誘文・・・・・・・・・・・・・・・・・・・・・ 89-90
基数・・・・・・・・・・・・・・・・・・・・・ 115-116
規則動詞・・・・・・・・・・・・・・・・・・・ 185-187
　規則動詞の過去形・・・・・・・・・・・・・ 185
　規則動詞の過去形の発音・・・・・・・・・ 186
疑問形容詞・・・・・・・・・・ 106, 111-113, 466
疑問詞
　〈疑問詞 ＋ to do ～〉・・・・・・・・ 464-467
　疑問詞を使った疑問文・・・・・・・・ 104-127
　疑問詞を使った最上級の文・・・・ 284-285
　疑問詞を使った比較級の文・・・・ 282-284
疑問代名詞・・・・・・・・・・・・・・・ 106-109, 466
　疑問代名詞が主語の場合・・・・・・ 108-109
疑問符・・・・・・・・・・・・・・・・・・・・・・・ 32
疑問副詞・・・・・・・・・・・ 106, 121-127, 466
疑問文・・・・・・・・・・・・・・・・・・・・・・・ 34

休止符··························· 32
距離をたずねる文··················· 126
クエスチョンマーク················· 32
形式主語························· 469
形容詞···············92, 167-169, 452
形容詞用法不定詞·············· 323-327
現在完了····················· 412-430
　現在完了進行形·············· 423-424
　現在完了といっしょに使えない語句
　······················· 428-430
　現在完了の完了用法·········· 419-420
　現在完了の疑問文············ 417-418
　現在完了の経験用法·········· 425-427
　現在完了の継続用法·········· 420-425
　現在完了の結果用法············ 420
　現在完了の否定文·············· 417
現在進行形·············· 70-77, 423
　現在進行形の疑問文············ 76-77
　現在進行形の否定文············ 75
　進行形にできない動詞·········· 73-74
現在分詞·······72, 484, 486-488, 491-495
　現在分詞の形容詞用法········ 486-488
肯定文·························· 34
5文型·················· 293-294, 452
小文字·················21-23, 29
コロン·························· 33
コンマ·························· 32

さしすせそ

3単現の(e)s ····················· 57
3単現の(e)sの発音 ·············· 58
3人称·························· 57
子音·························· 38
使役動詞····················· 550-553
時間のたずね方と答え方··········· 113
時制の一致················· 394-395
自動詞····················· 297-298
終止符·························· 31
修飾語····················· 309-310

重文····················· 389-391
重要動詞一覧表·················· 83
重要不規則動詞80語 ········· 560-563
主格························· 153
主格補語······················· 456
熟語·························· 347
主語················· 27, 138, 293
〈主語 + be動詞〉の短縮形 ····· 36-37
受動態····················· 354-367
　by以外の前置詞が使われる場合365-367
　by〜が省略される場合 ······ 360-361
　受動態と時制················· 359-360
　受動態の疑問文················· 362
　受動態の否定文················· 362
授与動詞················· 305, 307
省略符·························· 33
序数····················· 115-116
助詞·············· 132-134, 230-241
所有格························· 153
真主語························· 469
身長や高さをたずねる文············· 125
接続詞················· 178-181, 388-402
　接続詞（条件を表す）············ 401
　接続詞（譲歩を表す）············ 400
　接続詞（時を表す）········· 398-399
　接続詞（副詞のカタマリ）···· 396-402
　接続詞（名詞のカタマリ）···· 392-396
　接続詞（理由を表す）············ 400
　接続詞の種類··················· 388
　セットで使う接続詞·············· 181
　等位接続詞··················· 179-181
先行詞····················· 510-511
前置詞····················· 372-382
　前置詞（時を表す）········· 375-376
　前置詞（場所を表す）······· 377-379
　前置詞（方向などを表す）···· 380-381
　前置詞を使った熟語表現········· 382

たちつてと

代動詞・・・・・・・・・・・・・・・・・・・・・・・・・　109
代名詞・・・・・・・・・・・・・・・・・・・・・・　152-159
　指示代名詞・指示形容詞・・・37, 158-159
　所有代名詞・・・・・・・・・・・・・・・・・・　156-157
　人称代名詞・・・・・・・・・・・・・・・37, 152-155
　人称代名詞の格変化・・・・・・・・・・・・・　153
高さをたずねる文・・・・・・・・・・・・・・・・・　125
他動詞・・・・・・・・・・・・・・・・・・・・・・・　297-298
ダブルクォーテーションマーク・・・・・・　33
単純未来・・・・・・・・・・・・・・・・・・・・・　216-217
単文・・・・・・・・・・・・・・・・・・・・・・・・・　389-390
知覚動詞・・・・・・・・・・・・・・・・・・・・・　553-555
直説法・・・・・・・・・・・・・・・・・・・・・・・　537-538
月を表す語・・・・・・・・・・・・・・・・・・・・・　114
つづり・・・・・・・・・・・・・・・・・・・・・・・・・・　25
動詞の -ing 形のつくり方 ・・・・・・・・・・　73
動詞の原形・・・・・・・・・・・・・・・・・・　59, 86
動名詞・・・・・・・・・・・・・・・・・・・・・・・　338-348
　動名詞（主語になる）・・・・・・・・　339-340
　動名詞（前置詞の目的語になる）347-348
　動名詞（補語になる）・・・・・・・・　341-342
　動名詞（目的語になる）・・・・・・　343-346

なにぬねの

長さや期間・時間をたずねる文・・・・・・　125
2 語以上の形容詞のカタマリ・・・・・・・　534
2 人称・・・・・・・・・・・・・・・・・・・・・・・・・・　57
値段をたずねる文・・・・・・・・・・・・・・・・・　125
年齢をたずねる文・・・・・・・・・・・・・・・・・　124
能動態・・・・・・・・・・・・・・・・・・・・・・・　354-355

はひふへほ

ハイフン・・・・・・・・・・・・・・・・・・・・・・・・　33
発音・・・・・・・・・・・・・・・・・・・・・・・・・・　24-25
発音記号・・・・・・・・・・・・・・・・・・・・・・・・　24
比較の文・・・・・・・・・・・・　260-275, 282-287

疑問詞を使った比較の文・・・・・・　282-284
原級の文・・・・・・・・・・・・・・・・・・・・・　263-267
最上級の代用表現・・・・・・・・・・・・　286-287
最上級の文・・・・・・・・・・・・・・・・・・　273-274
同等比較の文・・・・・・・・・・・・・・・・　263-265
倍数表現・・・・・・・・・・・・・・・・・・・・・・・　266
〈比較級 ＋ and ＋ 比較級〉・・・・・・・　272
比較級の文・・・・・・・・・・・・・・・・・・　268-272
比較級を強調する場合・・・・・・・・　270-271
比較の規則変化・・・・・・・・・・・・・・　260-262
比較の不規則変化・・・・・・・・・・・・・・・　262
筆記体・・・・・・・・・・・・・・・・・・・・・・・　21, 23
日付のたずね方と答え方・・・・・・・・・・・　113
否定文・・・・・・・・・・・・・・・・・・・・・・・・・・　34
ピリオド・・・・・・・・・・・・・・・・・・・・・・・・　31
頻度・回数をたずねる文・・・・・・・・・・・　126
フォニックス・・・・・・・・・・・・・・・・・・・・　25
付加疑問文・・・・・・・・・・・・・・・・・・・　440-446
不規則動詞・・・・・・・・・・・・・・・・・・　187-188
　不規則動詞の過去形・・・・・・・・・・・・・　188
　不規則動詞の変化のパターン・・・・・　357
副詞・・・・・・・・・・・・・・　92, 170-173, 452
　副詞（過去を表す）・・・・・・・・・　189, 428
　副詞（時を表す）・・・・・・・・・・・・・・・　173
　副詞（場所を表す）・・・・・　173, 249-250
　副詞（頻度を表す）・・・・・・・　172, 427
　副詞（未来を表す）・・・・・・・・・　218-219
副詞用法不定詞・・・・・・・・・・・・・・・　328-332
　副詞用法不定詞（感情の原因を表す）
　　　　　　　　　　　　　　　　　　　331-332
　副詞用法不定詞（目的を表す）328-331
複文・・・・・・・・・・・・・・・・・・・・・・・・・　389-391
不定詞・・・・・・・・・・・・・　316-332, 464-479
　→名詞用法不定詞
　→形容詞用法不定詞
　→副詞用法不定詞
　不定詞の意味上の主語・・・・・・・　470, 473
ブロック体・・・・・・・・・・・・・・・・・・・・・　21-22
文型・・・・・・・・・・・・・・・　292-310, 452-460
　第 1 文型・・・・・・・・・・・・・・・・・・・・・　299

第2文型・・・・・・・・・・・・・・・・・・・ 300-302
第3文型・・・・・・・・・・・・・・・・・・・ 303-304
第4文型・・・・・・・・・・・・・・・・・・・ 305-308
第4文型をつくる動詞・・・・・・・・・・ 307
第5文型・・・・・・・・・・・・・・・・・・・ 454-460
第5文型をつくる動詞・・・・・・・・・・ 460
分詞（現在分詞・過去分詞）・・・・ 484-495
　分詞（補語になる）・・・・・・・・・ 491-495
　分詞（名詞を修飾する）・・・・・・ 486-491
　分詞の形容詞用法・・・・・・・・・・・・ 486-495
分詞構文・・・・・・・・・・・・・・・・・・・ 503-505
　分詞構文（熟語）・・・・・・・・・・・・・・ 505
文の要素・・・・・・・・・・・・・・・・・・・・・・ 294
母音・・・・・・・・・・・・・・・・・・・・・・・・・・ 38
補語・・・・・・・・・・・・ 54, 138-139, 293

普通名詞・・・・・・・・・・・・・・・・・・・・・ 141
物質名詞・・・・・・・・・・・・・・・・・ 141-142
名詞の所有格のつくり方・・・・・ 147-148
名詞の単数形・・・・・・・・・・・・・・・・・ 144
名詞の複数形・・・・・・・・・・・・・ 144-146
名詞用法不定詞・・・・・・・・・・・・・ 320-321
　名詞用法不定詞（主語になる）・・・・ 320
　名詞用法不定詞（補語になる）・・・・ 321
　名詞用法不定詞（目的語になる）321-322
命令文・・・・・・・・・・・・・・・・・・・・・ 84-90
　肯定の命令文・・・・・・・・・・・・・・ 88, 90
　ていねいな命令文・・・・・・・・・・・・・ 87
　否定の命令文・・・・・・・・・・・・・・ 88, 90
　〈命令文，＋and［or］....〉・・・・ 180, 407
目的格・・・・・・・・・・・・・・・・・・・・・・・ 153
目的格補語・・・・・・・・・・・・・・・・・・・ 456
目的語・・・・・・・・・・・・ 54, 138-139, 293

まみむめも

無意志動詞・・・・・・・・・・・・・・・・・・・・・ 217
無意志未来・・・・・・・・・・・・・・・・・ 216-217
名詞・・・・・・・・・・・・・・・・ 138-148, 452
　可算名詞（数えられる名詞）・・ 140-142
　固有名詞・・・・・・・・・・・・・・・・38, 141-142
　集合名詞・・・・・・・・・・・・・・・・・ 141-142
　単複同形・・・・・・・・・・・・・・・・・・・・ 145
　抽象名詞・・・・・・・・・・・・・・・・・ 141-142
　不可算名詞（数えられない名詞）140-142

やゆよ

曜日のたずね方と答え方・・・・・・・・・・ 113
曜日を表す語・・・・・・・・・・・・・・・・・・ 114

らりるれろ

量をたずねる文・・・・・・・・・・・・・・・・・ 124

音声読み上げ英文リスト

＊この本の各 Lesson の末尾にある実践問題の問題文および解答部分の英文読み上げ音声とその日本語訳の一覧です。

＊一部，対応する「日本語訳」がない箇所もあります。

＊次ページ以降，各 Lesson タイトルのわきに，CD のトラック番号と音声ダウンロード(DL)ファイルの番号が示されています。

● CD は，Disk 1・Disk 2 どちらも 01 からの通し番号です。Disk 1 に Lesson 2 ～ 17 が，Disk 2 に Lesson 18 ～ 30 が収録されています。

●ダウンロードファイルの番号は "DL：◆-■" となっており，"◆" は Lesson 番号を，"■" は同一 Lesson 内での通し番号（設問の上にある**1**，**2**，……などの番号）をそれぞれ表しています。ただし，設問ごとの番号は省略されています。

＊「中学 3 年」の英文を読み上げる速度は，「中学 1 年」「中学 2 年」よりも少し速くなっています。

＊ p.17 の説明もあわせてご確認ください。

中学1年

Lesson 2　現在の文①（be動詞）

Disk 1：01 〜 04
DL：2-1 〜 2-4

番　　号	英　　文	日本語訳
2-1	This is a bird.	これは鳥です。
	You are a teacher.	あなたは先生です。
	Are they eggs?	それらは卵ですか。
	That is not a cat.	あれはネコではありません。
2-2	This is a window.	これは窓です。
	I am not a pilot.	私はパイロットではありません。
	Yes, it is.	はい，そうです。
	This is Mike.	こちらはマイクです。
2-3	Is this a dog?	「これは犬ですか」
	——Yes, it is.	「はい，そうです」
	Are you a nurse?	「あなたは看護師ですか」
	——Yes, I am.	「はい，そうです」
2-4	This is an album.	これはアルバムです。
	Are they Japanese girls?	彼女たちは日本人の女の子ですか。

Lesson 3　現在の文②（一般動詞）

Disk 1：05 〜 07
DL：3-1 〜 3-3

番　　号	英　　文	日本語訳
3-1	He doesn't have a ball.	彼はボールを持っていません。
	I don't have any dolls.	私は人形を1つも持っていません。
	Does Mike have a hat?	「マイクはぼうしを持っていますか」
	——Yes, he does.	「はい，持っています」
	They don't play basketball.	彼らはバスケットボールをしません。
3-2	He has a glove.	彼はグローブを持っています。
	I do not[don't]have a lemon.	私はレモンを持っていません。
	Does she have a piano?	彼女はピアノを持っていますか。
	Does he have any sons?	彼には息子が何人かいますか。

	英文	日本語訳
	Do you swim in the river?	あなたはその川で泳ぎますか。
	We don't live in a city.	私たちは都会に住んでいません。
3 - 3	You read English very well.	あなたはとてもじょうずに英語を読みます。
	I like an apple[apples]very much.	私はリンゴがとても好きです。
	We go to school every day.	私たちは，毎日学校に行きます。

Lesson 4　現在進行形の文

Disk 1：08 ～ 11
DL：4-1 ～ 4-4

番　　号	英　　文	日本語訳
	walking	——
	skating	——
	studying	——
	skiing	——
	teaching	——
4 - 1	swimming	——
	helping	——
	using	——
	beginning	——
	lying	——
	cutting	——
	writing	——
	Do you wash dishes?	あなたは皿を洗いますか。
	We are having lunch.	私たちは(今)昼食を食べています。
	Are you cutting a tree?	あなたは（今）木を切っているところですか。
4 - 2	She doesn't play basketball on Monday[Mondays].	彼女は月曜日にはバスケットボールをしません。
	I'm not studying English now.	私は今英語を勉強していません。

4-3	She is writing a letter.	彼女は（今）手紙を書いています。
	He isn't speaking English.	彼は（今）英語を話していません。
	Are they helping Bob in the kitchen?	彼らは（今）台所でボブを手伝っていますか。
4-4	I am walking now.	私は今，歩いています。
	She likes sports very much.	彼女はスポーツがとても好きです。
	He has a car.	彼は車を持っています。

Lesson 5　命令文・感嘆文

Disk 1：12〜17
DL：5-1 〜 5-6

番　号	英　文	日本語訳
5-1	Tom, help your mother every day.	トム，毎日あなたのお母さんを手伝いなさい。
	Don't play baseball here.	ここで野球をしてはいけません。
	Let's have lunch.　—— Yes, let's.	「昼ごはんを食べましょう」「はい，そうしましょう」
5-2	Be quiet here.	ここでは静かにしなさい。
	● Jack, read a book.　● Read a book, Jack.	ジャック，本を読みなさい。
5-3	● Mary, please play the guitar.　● Please play the guitar, Mary.	メアリー，ギターをひいてください。
	● John, please write with a pen.　● Please write with a pen, John.	ジョン，ペンで書いてください。
5-4	Let's play volleyball.	バレーボールをしましょう。
	Let's take a walk in the park.	公園で散歩しましょう。
5-5	How fast he runs !	彼はなんて速く走るのでしょう。
	What a fast runner he is !	彼はなんて速いランナーなのでしょう。

| | How tall she is! | 彼女はなんて背が高いんでしょう。 |
| 5-6 | What a large[big] plane that is! | あれはなんて大きな飛行機なんでしょう。 |

Lesson 6　疑問詞の文

Disk 1 : 18 ～ 24
DL : 6-1 ～ 6-7

番　号	英　文	日本語訳
6-1	What sports does your father play?　——He usually plays golf.	「あなたのお父さんはどんなスポーツをしますか」「彼はたいていゴルフをします」
	Who cooks your dinner?　——My mother does.	「だれがあなた（たち）の夕食をつくりますか」「私の母がつくります」
	What is your name?　——My name is Nicky.	「あなたの名前は何ですか」「私の名前はニッキーです」
	Which apple do you want?　——I want this one.	「あなたはどのリンゴがほしいですか」「私はこれがほしいです」
6-2	What do you study every day?　——I[We] study English (every day).	「あなた（たち）は毎日何を勉強しますか」「私（たち）は（毎日）英語を勉強します」
	Who studies French?　——Dick does. / Dick studies French.	「だれがフランス語を勉強しますか」「ディックがフランス語を勉強します」
	Whose bag is this?　——It is[It's] my bag.	「これはだれのバッグですか」「それは私のバッグです」
6-3	Which camera does he want?　——He wants this camera [one].	「彼はどのカメラをほしいのですか」「このカメラです」
	What do you do after school?　——We play tennis (after school).	「あなたたちは放課後何をしますか」「私たちは（放課後）テニスをします」

6-4	What day is it today? ——It is[It's] Saturday.	「今日は何曜日ですか」 「土曜日です」	
	What's the date today? ——It is [It's] December 25[25th / twenty-fifth].	「今日は何月何日ですか」 「12 月 25 日です」	
6-5	Where does she live? ——She lives in New York.	「彼女はどこに住んでいますか」 「彼女はニューヨークに住んでいます」	
	When does he come to Japan? ——He comes to Japan in summer.	「彼はいつ日本に来ますか」 「彼は夏に日本に来ます」	
	How do you go to America? ——I go to America by plane.	「あなたはどのようにしてアメリカに行きますか」 「私は飛行機でアメリカに行きます」	
6-6	How old is June? ——She is thirteen.	「ジューンは何歳ですか」 「彼女は 13 歳です」	
	How high is the tower? ——It's thirty meters high.	「その塔はどれくらいの高さですか」 「30 メートルの高さです」	
	How many friends do you have?	あなたにはどのくらいたくさんの友達がいますか。	
	How do you do?	はじめまして。	
	How are you? ——Fine, thank you.	「お元気ですか」 「元気です，ありがとう」	
6-7	How old is Mr. Brown? ——He is[He's] eighty (years old).	「ブラウンさんは何歳ですか」 「彼は 80 歳です」	
	How far is it from here? ——It is [It's] two kilometers.	「ここからどのくらい（距離が）ありますか」 「2 キロあります」	

	Why do you like Kenny? ——Because he is[he's] kind.	「あなた(たち)はなぜケニーが好きなのですか」 「彼は親切だからです」
6-7	When is your birthday? ——My birthday[It] is May 17[17th / seventeenth].	「あなたの誕生日はいつですか」 「5月17日です」

Lesson 7　助動詞①

Disk 1：25〜28
DL：7-1〜7-4

番　　号	英　　　文	日本語訳
7-1	My mother can make nice bags.	私の母はすてきなバッグをつくることができます。
	Tom cannot[can't] read *kanji*.	トムは漢字を読むことができません。
	Can your brother speak English?	あなたのお兄さん［弟さん］は英語を話すことができますか。
7-2	My brother can use this computer.	私の兄［弟］はこのコンピューターを使うことができます。
	Can she make breakfast every day? ——No, she can't.	「彼女は毎日，朝食をつくることができますか」 「いいえ，できません」
7-3	You can swim here.	ここで泳いでもいいです。
	We cannot[can't] play soccer on Sunday.	私たちは日曜日にサッカーをすることができません。
	Can I watch TV after dinner? ——Yes, you can.	「夕食後にテレビを見てもいいですか」 「はい，どうぞ」
7-4	My brother can play the guitar well.	私の兄［弟］はギターをじょうずに演奏することができます。
	You can walk to the park after school.	あなた(たち)は放課後，公園まで歩いて行ってもいいです。

582

Lesson 8　名詞・代名詞

Disk 1 : 29 ～ 35
DL : 8-1 ～ 8-7

番　　号	英　　文	日本語訳
8-1	ladies	——
	monkeys	——
	men	——
	knives	——
	cities	——
	sheep	——
	teeth	——
	mice	——
8-2	Some water is in the glass.	いくらかの水がコップの中にあります。
	He doesn't have much money.	彼はお金をあまり持っていません。
	Many children are running in the field.	たくさんの子どもたちが野原で走っています。
8-3	Many families live in the building.	その建物にはたくさんの家族が住んでいます。
	I am using my father's glove.	私は父親のグローブを使っています。
	He knows a lot of countries.	彼はたくさんの国を知っています。
8-4	Are these your friends' bags?	これらは、あなたの友人たちのバッグですか。
	I (can) see the top of that mountain.	私にはあの山の頂上が見えます。
8-5	I know that boy. Do you know him?	私はあの少年を知っています。あなたはその少年（彼）を知っていますか。
	He has a dog. I like it very much.	彼は犬を飼っています。私はその犬（それ）がとても好きです。
	They like soccer.	彼と彼女（彼ら）はサッカーが好きです。

8-5	Whose desk is this? ——It's his.	「これはだれの机ですか」 「それは私の父のもの（彼のもの）です」
8-6	I like his songs.	私は彼の歌が好きです。
	Do you know them?	あなたは彼らを知っていますか。
	My teacher has many English books.	私の先生はたくさんの英語の本を持っています。
	These cakes are delicious.	これらのケーキはおいしい。
	Whose bag is that? ——It's hers.	「あれはだれのバッグですか」 「それは彼女のものです」
8-7	My brother is very kind to me.	私の兄は，私にとてもやさしい。
	They speak English and French in Canada.	カナダでは英語とフランス語を話します。

Lesson 9　冠詞・形容詞・副詞

Disk 1 : 36 ～ 38
DL : 9-1 ～ 9-3

番　　号	英　　文	日本語訳
9-1	She plays the piano very well.	彼女はピアノをとてもじょうずに演奏します。
	Is that an apple?	あれはリンゴですか。
	My book is old.	私の本は古い。
	Is this his bike?	これは彼の自転車ですか。
	Do you have a computer in your room?	● あなたは自分の部屋にコンピューターを持っていますか。 ● あなたの部屋にコンピューターがありますか。
9-2	● This is a small house. ● This house is small.	● これは小さい家です。 ● この家は小さい。
	● That's a white dog. ● That dog is white.	● あれは白い犬です。 ● あの犬は白い。

9-2	• He is a good tennis player. • He plays tennis well.	●彼はじょうずなテニス選手です。 ●彼はじょうずにテニスをします。
9-3	He is a safe driver.	彼は安全運転をする人です。
	He usually gets up early.	彼はたいてい早く起きます。
	Mary is an English teacher.	メアリーは英語の先生です。
	I go to church on Sunday [Sundays].	私は日曜日に教会へ行きます。

Lesson 10　接続詞①

Disk 1：39～41
DL：10-1～10-3

番　　号	英　　文	日本語訳
10-1	Mary and Jane are sisters.	メアリーとジェーンは姉妹です。
	You can play the piano well, but I can't.	あなたはピアノをじょうずにひけます，しかし，私はピアノをじょうずにひけません。
10-2	He plays soccer or baseball on Sunday.	彼は日曜日にサッカーか野球をします。
	She can speak both English and French.	彼女は英語もフランス語も両方話せます。
10-3	My mother or my sister is making lunch.	私の母か姉が昼食をつくっています。
	I like not only summer but also spring.	私は夏だけではなく春も好きです。

Lesson 11　過去の文①

Disk 1 : 42 ～ 45
DL : 11-1 ～ 11-4

番　　号	英　　文	日本語訳
11-1	studied	——
	began	——
	came	——
	wrote	——
	did	——
	cut	——
	went	——
	slept	——
	knew	——
	said	——
11-2	Mr. Brown is a tennis coach and teaches tennis at school.	ブラウン氏はテニスのコーチで，学校でテニスを教えています。
	We had a party at his house and sang songs.	私たちは彼の家でパーティーをして，歌を歌いました。
	Did she write the letter last week?	彼女は先週，その手紙を書きましたか。
	Two years ago my friend married her.	2年前，私の友人は彼女と結婚しました。
11-3	start<u>ed</u> / want<u>ed</u>	——
	s<u>ai</u>d / br<u>ea</u>d	——
	stopp<u>ed</u> / lik<u>ed</u>	——
11-4	I saw[met] him last week.	私は先週，彼に会いました。
	Did Manami speak in English?	「マナミは英語で話しましたか」
	——No, she didn't. She spoke in Japanese.	「いいえ，話しませんでした。彼女は日本語で話しました」

586

中学2年

Lesson 12　過去の文②

Disk 1：46〜48
DL：12-1〜12-3

番　号	英　文	日本語訳
12-1	I was busy yesterday afternoon.	私は昨日の午後，忙しかった。
	We were not in the park last Friday.	私たちはこの前の金曜日，公園にいませんでした。
	Was your sister a student?	「あなたのお姉さん[妹さん]は学生でしたか」
	——No, she wasn't.	「いいえ，そうではありませんでした」
	Tom was enjoying music in his room.	トムは自分の部屋で音楽を楽しんでいました。
12-2	Was it winter in Canada?	カナダは冬でしたか。
	I was in Yokohama last year.	私は去年，横浜にいました。
	Where were you watching TV?	あなたたちはどこでテレビを見ていましたか。
	Who was sleeping at that time?	「そのとき，だれが寝ていましたか」
	——Yuki was.	「ユキが寝ていました」
12-3	My mother was a tennis player twenty years ago.	20年前，私の母はテニスの選手でした。
	Was this book difficult [hard]?	この本は難しかったですか。
	I was talking with my father then[at that time].	私はそのとき父と話していました。

Lesson 13　未来の文

番　号	英　文	日本語訳
13-1	We will[We'll] make a big Christmas tree in December.	私たちは12月に大きなクリスマスツリーをつくるつもりです。
	He will not[won't] go to the station with you.	彼はあなたといっしょに駅へ行かないでしょう。
	Will Tom study science very hard?	トムはとてもいっしょうけんめいに科学を勉強するでしょうか。
13-2	● He will be free tomorrow. ● Will he be free tomorrow?	●彼は明日，ひまでしょう。 ●彼は明日，ひまでしょうか。
	● She will write to him. ● She is going to write to him.	彼女は彼に手紙を書くでしょう。
	● Tom will help his mother. ● Tom won't help his mother.	●トムは母親を手伝うでしょう。 ●トムは母親を手伝わないでしょう。
	● They're going to visit Okinawa next summer. ● Are they going to visit Okinawa next summer?	●彼らは今度の夏，沖縄へ行くつもりです。 ●彼らは今度の夏，沖縄へ行くつもりですか。
13-3	● I will buy a new car next week. ● Next week I will buy a new car.	私は来週，新しい車を買うつもりです。
	The bus is going to leave soon.	そのバスはまもなく出発するでしょう。
	● My grandmother will be 90[ninety] years old next October. ● Next October my grandmother will be 90[ninety] years old.	私の祖母は今度の10月で90歳になります。

Lesson 14　助動詞②

番　　号	英　　文	日本語訳
14-1	● He must get up early.	● 彼は早く起きなければなりません。
	● He will have to get up early.	● 彼は早く起きなければならないでしょう。
	● The man can catch the train.	● その男性は電車に乗ることができます。
	● The man was able to catch the train.	● その男性は電車に乗ることができました。
	● You may go abroad alone.	● あなたは海外に1人で行ってもいいです。
	● May I go abroad alone?	● 海外に1人で行ってもいいですか。
	● Let's have lunch together.	いっしょに昼食を食べましょう。
	● Shall we have lunch together?	
14-2	Must I go there now?	「私は今，そこに行かなければいけませんか」
	——No, you don't have to.	「いいえ，その必要はありません」
	Shall I open the door?	「ドアを開けましょうか」
	——Yes, please.	「はい，お願いします」
	Is he able to swim very well?	「彼はとてもじょうずに泳ぐことができますか」
	——Yes, he is.	「はい，できます」
14-3	We should practice soccer hard.	私たちはいっしょうけんめいにサッカーを練習すべきです。
	You must be clever.	あなたはかしこくしなければなりません。
	He could ride the bike yesterday.	彼は昨日，自転車に乗ることができました。

14-4	You will be able to find the house soon.	あなたはすぐにその家を見つけることができるでしょう。
	Shall we play the guitar? ——Yes, let's. / Sure.	「いっしょにギターをひきましょう」 「はい，そうしましょう」
	Do I have to do my homework now?	私は今，宿題をしなければいけませんか。

Lesson 15 〈There + be 動詞 〜 .〉の文　Disk 1：56 〜 59　DL：15-1 〜 15-4

番　号	英　文	日本語訳
15-1	There is a piano in the room.	部屋にはピアノがあります。
	Are there any apples in the basket?	かごにはリンゴがありますか。
	There isn't a dog in the garden.	庭に犬はいません。
	There were some birds on the tree.	木には何羽かの鳥がいました。
15-2	Is there a map on the wall? ——Yes, there is.	「壁に地図がありますか」 「はい，あります」
	Are there any girls in the room? ——No, there are not [aren't].	「部屋に何人かの女の子がいますか」 「いいえ，いません」
15-3	Is there a picture by the box?	箱のそばに写真がありますか。
	There are not any flowers in the vase.	花びんの中には花が１本もありません。
15-4	She is on the bridge.	橋の上に彼女がいます。
	There will be many [a lot of] people on the top of Mt. Fuji tomorrow.	明日，富士山の頂上に多くの人々がいるでしょう。

Lesson 16　比較の文①

Disk 1：60 ～ 63
DL：16-1 ～ 16-4

番　　号	英　　文	日本語訳
16-1	better — best	——
	more — most	——
	bigger — biggest	——
	worse — worst	——
	later — latest	——
	latter — last	
	earlier — earliest	——
	prettier — prettiest	——
	less — least	——
16-2	My mother gets up (the) earliest of us all.	私の母は私たちみんなの中で一番早く起きます。
	I feel better today than yesterday.	私は昨日より今日のほうがより気分がいい。
	The question is the most difficult of all.	その問題はすべての中で一番難しい。
	In Tokyo, there is more rain in June than in December.	東京では，12月より6月のほうが雨が多い。
	This apple is just as large as that one.	このリンゴはあのリンゴとちょうど同じくらい大きい。
16-3	● Her bag is smaller than mine.	●彼女のかばんは私のより小さい。
	● My bag is larger[bigger] than hers.	●私のかばんは彼女のより大きい。
	● My father is taller than my mother.	●私の父は母よりも背が高い。
	● My mother is not as[so] tall as my father.	●私の母は父ほど背が高くない。

16 -3	• She can speak English better than I. • I can't[cannot] speak English as well as she.	• 彼女は私よりじょうずに英語を話すことができます。 • 私は彼女ほどじょうずに英語を話すことはできません。
	• He runs the fastest in our class. • He is the fastest runner in our class.	• 彼は私たちのクラスで一番速く走ります。 • 彼は私たちのクラスで一番速いランナーです。
16 -4	He has three times as much money as I.	彼は私の3倍（多く）のお金を持っています。
	Tom got up as early as possible[he could].	トムはできるだけ早く起きました。
	Ichiro was one of the best baseball players of all.	イチローはすべての野球選手の中で最もじょうずな選手の1人でした。

Lesson 17　比較の文②

Disk 1：64〜66
DL：17-1〜17-3

番　号	英　文	日本語訳
17 -1	Which do you like (the) best, spring, summer, fall, or winter?	あなたは，春・夏・秋・冬の中でどれが一番好きですか。
	Which is larger, this orange or that apple?	このオレンジとあのリンゴではどちらのほうが大きいですか。
	No other boy in his class is wiser than he.	彼よりかしこい男の子はクラスにはだれもいません。
17 -2	• Tokyo is the largest of all the cities in the world. • Tokyo is larger than any other city in the world.	• 東京は世界のすべての都市の中で一番大きい。 • 東京は世界のほかのいかなる都市よりも大きい。
	• Kevin can run the fastest of all players. • No other player can run as fast as Kevin.	• ケビンはすべての選手の中で一番速く走ることができます。 • ケビンほど速く走ることができる選手はほかにいません。

17-2	• This book is the easiest of all the books. • No other book is as easy as this book.	• この本はすべての本の中で一番簡単です。 • この本ほど簡単な本はほかにありません。
17-3	• No other student of the four could throw a ball farther than he. • He could throw a ball farther than any other student of the four.	• 4人の中で彼より遠くへボールを投げることができた人はほかにいません。 • 彼は，ほかの4人よりも遠くへボールを投げることができました。
	Who is the tallest in your family?	あなたの家族の中で，だれが一番背が高いですか。

Lesson 18 文型のお話①

Disk 2 : 01 ～ 04
DL : 18-1 ～ 18-4

番　　号	英　　文	日本語訳
18-1	I have two brothers.	• 私は兄弟を2人持っています。 • 私には兄弟が2人います。
	Ben goes to school by train every morning.	ベンは毎朝，電車で学校に行きます。
	Did you make a plan?	あなたは計画を立てましたか。
	How many coins are there on the table?	テーブルの上にコインが何枚ありますか。
18-2	She visited Tokyo last summer.	彼女はこの前の夏，東京を訪れました。
	My father usually comes home at six.	私の父はたいてい6時に帰宅します。
	The young man became very rich.	その若い男はとても金持ちになりました。
	The old woman looks very happy.	その老婦人はとても幸せそうに見えます [幸せそうです]。
18-3	How long did you study Japanese?	どのくらい長くあなたは日本語を勉強しましたか。

18-3	Our grandfather is always very kind to us.	私たちの祖父はいつも私たちにとてもやさしい。
	Will you stay in Spain someday?	あなたはいつかスペインに滞在するつもりですか。
	Who could play the violin in your class?	あなたのクラスの中で，だれがバイオリンをひくことができましたか。
18-4	I make lunch on Sundays.	私は日曜日に昼食をつくります。
	Mike gave his mother some flowers.	マイクは母親に花をあげました。
	Can you show me your album?	私にあなたのアルバムを見せてくれませんか。
	Who taught English to them?	だれが彼らに英語を教えたのですか。

Lesson 19　不定詞①

Disk 2：05 ～ 07
DL：19-1 ～ 19-3

番　　号	英　　文	日本語訳
19-1	She came to see me yesterday.	彼女は昨日，私に会いに来ました[会うために来ました]。
	I want to buy a new car.	私は新しい車を買いたい。
	Mr. Brown was very happy to see her.	ブラウンさんは彼女に会えてとても幸せでした。
	It began to rain in the night.	夜に雨が降り出しました。
	He has a lot of homework to do every day.	彼には毎日しなければならない宿題がたくさんあります。
19-2	I have no house to live in.	私には住む家がありません。
	To master English is very difficult.	英語を習得（マスター）することはとても難しい。
	I went to the park to play tennis.	私はテニスをするために公園に行きました。
19-3	I want something cold to drink.	私は何か冷たい飲み物が欲しい。

| 19-3 | Do you like to take pictures? | あなたは写真を撮るのが好きですか。 |

Lesson 20　動名詞

Disk 2：08 ～ 11
DL：20-1 ～ 20-4

番　号	英　文	日本語訳
20-1	We enjoyed listening to music.	私たちは音楽を聴くことを［音楽を聴いて］楽しみました。
	He is good at playing the guitar.	彼はギターをひくのが得意です。
	Helping my mother is a lot of fun.	私の母親を手伝うことはとても楽しい。
	The girls stopped to swim in the sea.	女の子たちは海で泳ぐために立ち止まりました。
	The girls stopped swimming in the sea.	女の子たちは海で泳ぐのをやめました。
20-2	I have a lot of things to do today.	私には今日するべきたくさんのことがあります。
	I want to buy a new bag.	私は新しいカバンを買いたい。
	He must finish cleaning his room.	彼は自分の部屋を掃除し終えなければなりません。
	John was glad to see his old friends.	ジョンは古い友達に会えてうれしかった。
	Mika was sleeping in the bed then.	ミカはそのときベッドで寝ていました。
20-3	● He is good at playing soccer. ● He plays soccer well.	● 彼はサッカーをするのがじょうずです。 ● 彼はじょうずにサッカーをします。
	● I am fond of going to the movies. ● I like[love] going to the movies.	私は映画を見に行くことが好きです。

20-3	• To see is to believe. • Seeing is believing.	•「見ることは信じること」 •「百聞は一見にしかず」
20-4	• I had to give up looking for his house that day. • That day I had to give up looking for his house.	私はその日，彼の家をさがすことをあきらめなければなりませんでした。
	Writing a letter in English is not easy.	英語で手紙を書くことは簡単ではありません。

Lesson 21　受 動 態

Disk 2：12〜14
DL：21-1〜21-3

番　　号	英　　文	日本語訳
21-1	• He cooked dinner yesterday. • Dinner was cooked by him yesterday.	•彼は昨日，夕食をつくりました。 •昨日，夕食は彼によってつくられました。
	• You can do it easily. • It can be done by you easily.	•あなたはそれを簡単にできます。 •それはあなたによって簡単にされることができます［することができます］。
	• We knew the doctor. • The doctor was known to us.	•私たちはその医者を知っていました。 •その医者は私たちに知られていました。
	• They[People] speak English in Australia. • English is spoken in Australia.	オーストラリアでは英語が話されています。
21-2	• The book can be read by me. • I can read the book.	•その本は私に読まれることができます。 •私はその本を読むことができます。

21-2	• The story was not written by him. • He did not[didn't] write the story. • Where did they catch the monkey? • Where was the monkey caught by them?	• その物語は彼によって書かれませんでした。 • 彼はその物語を書きませんでした。 そのサルはどこで彼らに（よって）捕まえられましたか。
21-3	The letter has to be written in French.	その手紙はフランス語で書かれなければなりません。
	Why is he loved by her?	なぜ彼は彼女に愛されているのですか。
	Snow covered the mountain.	その山は雪でおおわれていました。

Lesson 22　前　置　詞

Disk 2：15・16
DL：22-1・22-2

番　　号	英　　文	日本語訳
22-1	The train runs between Tokyo and Hakata.	その電車は東京と博多のあいだを走ります。
	Cut the cake with this knife.	そのケーキをこのナイフで切りなさい。
	You are good at tennis.	あなたはテニスがじょうずです。
	We have to go there by July 26.	私たちは7月26日までにそこへ行かなければなりません。
	She is the most beautiful among those three ladies.	彼女はあの3人の女性のあいだで一番美しい。
22-2	She gets up at seven in the morning.	彼女は朝7時に起きます。
	She was born on April 15th.	彼女は4月15日に生まれました。
	There is an iron bridge over the river.	川の上に鉄橋があります。
	I am interested in snakes.	私はヘビに興味があります。

	英　文	日本語訳
	All the desks in the room are made of wood.	その部屋のすべての机は木でできています。
	We must finish this work by Friday.	私たちは金曜日までにこの仕事を終えなければなりません。
	Our airplane was flying above the cloud.	私たちの飛行機は雲の上のほうを飛んでいました。
	His name is known to everybody in this country.	彼の名前はこの国のみんなに知られています。
	She will come back within ten minutes.	彼女は10分のうちに戻ってくるでしょう。
22-2	The train ran through the tunnel at full speed.	その電車は全速力でトンネルの中を走り抜けました。
	She lives near my house.	彼女は私の家の近くに住んでいます。
	He wrote the letter with a pencil.	彼はえんぴつでその手紙を書きました。
	The sun rises in the east.	太陽は東から昇ります。
	I visited Tokyo Disneyland for the first time.	私ははじめて東京ディズニーランドを訪れました。
	Let's stay here until[till] five o'clock.	5時までここに滞在しましょう。

Lesson 23　接続詞②

Disk 2：17〜19
DL：23-1〜23-3

番　　号	英　　文	日本語訳
23-1	My sister was helping my mother when I got up.	私が起きたとき，私の姉［妹］は母を手伝っていました。
	Though he likes English, he can't speak it well.	彼は英語が好きだけれども，それをじょうずに話すことができません。
	I know that Mr. Smith is kind.	私はスミスさんがやさしいということを知っています。

23-2	He said that his father was sick.	彼は，父親は具合が悪いと言いました。
	It began to rain before my father got home.	私の父が家に着かないうちに雨が降り出しました。
	After I come home, I'm going to call my aunt.	私は帰宅してから，おばに電話するつもりです。
	He was absent from school because he caught a cold.	彼は風邪をひいたので，学校を休みました。
	We will go on a picnic if it is fine tomorrow.	明日晴れたら，私たちはピクニックに行くつもりです。
23-3	• We can't live without water. • We cannot live if we don't have water.	• 私たちは，水なしでは生きることができません。 • もし水がなければ，私たちは生きることができません。
	• It was raining, but he went out. • He went out though [although] it was raining.	雨が降っていたけれども，彼は外出しました。
	• Hurry up, or you will be late for school. • Unless you hurry up, you will be late for school.	• 急ぎなさい，さもないとあなたは学校に遅れるでしょう。 • 急がないと，あなたは学校に遅れるでしょう。
	• I came to Japan at the age of seven. • I came to Japan when I was seven years old.	私は，7歳のときに日本へ来ました。
	• Watch TV after you finish eating dinner. • Finish eating dinner before you watch TV.	• 夕食をすませたあと，テレビを見なさい。 • テレビを見る前に夕食をすませなさい。

中学3年

Lesson 24　現在完了

Disk 2：20 ～ 22
DL：24-1 ～ 24-3

番　号	英　文	日本語訳
24-1	● My sister became sick last Sunday and she is still sick.	● 私の姉[妹]は先週の日曜日に病気になり，いまだに病気です。
	● My sister has been sick since last Sunday.	● 私の姉[妹]は先週の日曜日から（ずっと）病気です（今も病気です）。
	● He went to America and he is still there.	● 彼はアメリカに行きました，そして，彼はいまだにそこ（＝アメリカ）にいます。
	● He has gone to America.	● 彼はアメリカに行ってしまいました（今はここにいません）。
24-2	Has your brother written a letter?	あなたのお兄さん［弟さん］は手紙を書きましたか。
	My brother has been busy for one week.	私の兄[弟]は1週間ずっと忙しい。
	Tom and Dick have finished lunch.	トムとディックは昼食を終えたところです。
24-3	I have been to Hokkaido three times.	私は3回北海道に行ったことがあります。
	How long has she been free?	彼女はいつからひまですか。
	How many times have you played baseball with him?	あなたは彼と何回野球をしたことがありますか。
	His father has been dead for five years.	彼の父親が亡くなって5年になります。
	It has been raining for five hours.	5時間雨が降っています。

Lesson 25　間接疑問文・付加疑問文

Disk 2：23 ～ 25
DL：25-1 ～ 25-3

番　号	英　文	日本語訳
25-1	I don't know where he lived.	私は彼がどこに住んでいたのか知りません。
	This book isn't yours, is it?	この本はあなたのではないですよね。
	Edward can play the guitar, can't he?	エドワードはギターをひけますよね。
	Do you know who that boy is?	あなたはあの少年がだれだか知っていますか。
25-2	• What did you study?　I don't know. • I don't know what you studied.	あなたが何を勉強したのかを私は知りません。
	• I know his birthday. • I know when he was born.	●私は彼の誕生日を知っています。 ●私は彼がいつ生まれたのか知っています。
	• He was absent from school yesterday.　Do you know why? • Do you know why he was absent from school?	●彼は昨日，学校を休みました。あなたはなぜだか知っていますか。 ●あなたはなぜ彼が学校を休んだのか知っていますか。
25-3	Do you know who drew the picture?	あなたはだれがその絵を描いたか知っていますか。
	Your brother is busy now, isn't he?	あなたのお兄さんは今忙しいですよね。

Lesson 26　文型のお話②

Disk 2：26・27
DL：26-1・26-2

番　号	英　文	日本語訳
26-1	He calls the cat Momotaro.	彼はそのネコを桃太郎と呼びます。

	英文	日本語訳
26-1	He called me a taxi.	彼は私にタクシーを呼んでくれました。
	She made her son a cake.	彼女は息子にケーキをつくってあげました。
	She made her son the boss of the company.	彼女は息子を，その会社の社長にしました。
26-2	● We call this flower a 'tulip.'	● 私たちはこの花を「チューリップ」と呼びます。
	● Mr. Roberts made his son happy.	● ロバートさんは息子を幸せにしました。
	● Are these houses very old?	● これらの家はとても古いのですか。
	● He will become a doctor.	● 彼は医者になるでしょう。
	● Please tell us a happy story.	● どうか私たちに楽しい話をしてください。
	● Who teaches them history?	● だれが彼らに歴史を教えているのですか。
	● We enjoyed listening to music.	● 私たちは音楽を聴くことを楽しみました。
	● She made a cake yesterday.	● 彼女は昨日ケーキをつくりました。
	● They can swim very fast.	● 彼らはとても速く泳ぐことができます。
	● There was a book on the desk.	● 机の上に本がありました。

Lesson 27　不定詞②

Disk 2：28〜30
DL：27-1〜27-3

番　号	英　文	日本語訳
27-1	I don't know how to drive a car.	私は車の運転の仕方を知りません。
	He asked Susan to come to the party.	彼はスーザンにパーティーに来てくれるように頼みました。

27-1	Please tell me where to go.	どこに行ったらいいのか，私に教えてください。
27-2	I want him to play baseball with them.	私は彼に，彼らと野球をしてほしい。
	It is important for them to study English.	彼らが英語を勉強することは大切です［重要です］。
	I told her to be quiet.	私は彼女に静かにするように言いました。
27-3	• I was too busy to help him. • I was so busy that I couldn't help him.	• 私は，彼を手伝うには忙しすぎました。 • 私はとても忙しくて，彼を手伝うことができませんでした。
	• My father can play tennis. • My father knows how to play tennis.	• 私の父はテニスをすることができます。 • 私の父はテニスのやり方を知っています。
	• Keeping early hours is difficult for me. • It is difficult for me to keep early hours.	私が［私にとって］早寝早起きをするのは難しい。
	• She was so kind that she told them the way to the station. • She was kind enough to tell them the way to the station.	• 彼女はとても親切なので，彼らに駅への道を教えてあげました。 • 彼女は彼らに駅への道を教えてあげるほど親切でした。

Lesson 28 分　詞

Disk 2：31 ～ 34
DL：28-1 ～ 28-4

番　　号	英　　文	日本語訳
28-1	There was a broken cup on the desk.	机の上に割られた［割れた］カップがありました。
	Look at the smiling girl.	その笑っている女の子を見てごらん。

28-1	This is the dictionary given to me by my uncle.	• これは，おじによって私に与えられた辞書です。 • これは私がおじにもらった辞書です。	
	The man standing by the piano is our teacher.	ピアノのそばに立っているその男の人は私たちの先生です。	
28-2	The girl listening to the radio over there is my sister.	向こうでラジオを聞いているその女の子は私の妹です。	
	The mountain covered with snow is Mt. Fuji.	雪でおおわれている山は富士山です。	
28-3	The boy was washing his father's car.	その少年は父親の車を洗っていました。	
	The famous story is read by many children.	その有名な物語は多くの子どもたちによって読まれています。	
	She kept sitting by the door.	彼女はドアのそばに座ったままでいました。	
28-4	• The boy playing tennis is Bob. • He spoke to the crying boy.	• テニスをしているその少年はボブです。 • 彼は泣いている少年に話しかけました。	

Lesson 29　関係代名詞

Disk 2：35 ～ 38
DL：29-1 ～ 29-4

番　　号	英　　文	日本語訳
29-1	The bike which is by the tree is mine.	木のそばにある自転車は私のものです。
	We have many friends who help us.	私たちには私たちを助けてくれる多くの友達がいます。
29-2	The man who made this box is my uncle.	この箱をつくった人は私のおじです。
	That building which you see over there is a school.	向こうに見えるあの建物は学校です。

29 -2	I don't know the man that I met at the station.	私は駅で会ったその人を知りません。
29 -3	• The baby playing with a toy is my son. • The baby who[that] is playing with a toy is my son.	おもちゃで遊んでいるその赤ちゃんは私の息子です。
	• This is a book written in 2009. • This is a book which [that] was written in 2009.	これは 2009 年に書かれた本です。
29 -4	The girl who is walking with a boy is Miho.	男の子といっしょに歩いているその女の子はミホです。
	Sit on the chair your father made yesterday.	あなたのお父さんが昨日つくったそのいすに座りなさい。
	The people I met in the country were very kind.	私がその国で会った人々はとても親切でした。

Lesson 30　仮 定 法

Disk 2：39 ～ 41
DL：30-1 ～ 30-3

番　　号	英　　文	日本語訳
31 -1	If it were fine today, we could see Mt. Fuji from here.	もし今日晴れていれば，ここから富士山が見えるでしょうに。
	If I had had a car then, I could have driven you home.	そのときもし車を持っていたら，あなたを車で自宅まで乗せていけたでしょうに。
	If I should meet a movie star, I would take a picture with him.	万が一（将来）映画スターに会うことになったら，いっしょに写真を撮るでしょうに。
	He would not have gone to America if he had not studied English.	もし彼が英語を勉強していなかったら，アメリカに行っていなかったでしょうに。

31-2	• He can't solve the problem because it is difficult. • If the problem were not difficult, he could solve it.	• （今）その問題は難しいので，彼はそれを解決できません。 • （今）その問題が難しくなければ，彼はそれを解決できるでしょうに。
	• If you had hurried, you could have caught the train. • You didn't hurry, so you couldn't catch the train.	• （過去に）もしあなたが急いでいたら，その電車に乗れたでしょうに。 • あなたは急ぎませんでした。だから，その電車に乗れませんでした。
31-3	Because I have no time, I cannot go with you.	もし時間があれば，あなたといっしょに行けるのですが。
	If it should rain tomorrow, we couldn't play baseball.	万が一明日雨なら，僕たちは野球の試合ができないでしょう。

高久　智弘（たかく　ともひろ）

　中学時代には得意教科だった英語が、高校入学後、勉強をおろそかにすることが続き、大の苦手に。クラスでビリの成績という屈辱を味わう。なんとかしなければと焦り大学受験用の参考書を読みあさるも、まったく理解できずに失意のどん底に。

　そんなあるとき、「中学で習った英語をイチから復習し直そう!」と思い立ち勉強していくうちに英語の論理性・法則性に気づくと、苦手意識を完全に克服。2001年から現在まで看護医療系予備校・ena新宿セミナー英語講師として、かつての自分と同じ境遇にいる受験生を指導。

　授業では、自身の体験から、暗記だけに頼らない「考え抜いて英語をモノにする」方法を指導。穏やかな口調とは裏腹の厳しくも受験生への愛情に満ちた講義は、基礎クラスから最難関クラスまでのすべての受講生から絶大な支持を受けている。

　著書に、『高校生のための中学英語をイチから復習する本』『高久智弘の　医療看護系入試英語長文が面白いほどとける本』（以上、KADOKAWA）がある。

CD2枚付・音声ダウンロード付
（まいつき）（おんせい）（つき）

改訂第2版 塾よりわかる中学英語
（かいていだい）（はんじゅく）（ちゅうがくえいご）

2020年3月9日　初版発行
2023年7月25日　4版発行

著者／高久　智弘

発行者／山下　直久

発行／株式会社KADOKAWA
〒102-8177　東京都千代田区富士見2-13-3
電話　0570-002-301(ナビダイヤル)

印刷所／株式会社加藤文明社印刷所